日本の歴史

近世・近現代編

藤井譲治／伊藤之雄 編著

ミネルヴァ書房

刊行にあたって

二一世紀を迎え、現代社会はますます混迷を深め、個人の関心や価値観も多様化している。このような時代に日本史は、どのようにすれば、その学問的使命を果たせるのだろうか。また、日本史の教育・研究をめぐっても、読書習慣や知識量の減退がいっそう顕著になりつつある。そのため、初学者はもちろん、少し専門的に勉強した人でさえ、「日本史は何をどのように研究するのか」「日本史で何ができるのか」といった戸惑いが見られる。また日本史を専門的に研究しようとする者にあっても、研究の細分化が進み、専門とする分野以外の研究状況が把握しづらくなっている。

焦点を少し絞り、大学における一般教養教育に目をそそぐと、一般教養としての日本史教育はいかにあるべきか、またいかに行うべきかは、きわめて大きな課題である。この課題は、近年に生じたものではなく年来のものと言ってよく、これまでも様々に取り上げられてきた。大学での一般教育の一科目としての日本史が、高等学校で学んだ「日本史」の焼き直しでは、新たな知識を求めて大学に入ってきた学生にとっては物足らないものであり、また現在の日本史研究の成果を充分に伝えることにもならない。言いかえれば研究者にとっては、現在の研究成果を充分には発信しえないでいる。

そこで、研究動向を把握しづらくなった個々の時代、個々の分野の動向を他時代、他分野の人たちも理解できるよう整理・提示し、そのことを通じて新たな展望への足がかりを築くとともに、大学での一般教養教育に役立て、教養日本史を魅力ありかつ豊かなものとすることを目指して、本書を刊行することとした。

本書は、情報量を豊かなものとするため、「古代・中世編」と「近世・近現代編」の二分冊とした。とはいえ、詳細な項目を網羅的にあげてそれぞれを解説するといった手法ではなく、読者が個々の時代やその特徴を把握できるよう、最新の研究成果を踏まえつつ、執筆者それぞれが、これまで取り組み、得意としてきた研究テーマや時代を取り上げ、できるだけ平易に叙述することとした。

本巻は、二分冊のうちの「近世・近現代編」である。本巻の第Ⅰ部「日本の近世」に六章、第Ⅱ部「日本の近現代」に七章を設けた。第Ⅰ部・第Ⅱ部ともに、原則として近世・近現代という時代をいろいろな角度から取り上げ、その時代の特質を捉えるよう各章を配置した。

教養教育として日本史を学ぶ学生だけでなく、歴史好きの一般の方々、日本史の研究状況を大きく把握しようとする研究者にも、本書が読まれ、利用されることを願っている。

最後に、本書の刊行にあたっては、ミネルヴァ書房の田引勝二氏、宮下幸子氏をはじめ編集部の方々にお世話になった。ここに記して感謝の意を表する次第である。

二〇一〇年二月一日

藤井讓治
勝山清次
西山良平
伊藤之雄

日本の歴史　近世・近現代編　**目次**

目　次

第Ⅱ部　日本の近現代

第十三章　戦後日本と日米関係……中西　寛　328

北海道
(蝦夷地)
松前
箱館
青森
陸奥
秋田
出羽
岩手
陸奥
酒田
佐渡
能登
山形
出羽
宮城
陸奥
富山
新潟
越後
越中
長野
信濃
福島
陸奥
群馬
上野
栃木
下野
松本
茨城
山梨
埼玉
武蔵
常陸
東京(江戸)
甲斐
東京
駿河
下総
上総
千葉
伊豆
神奈川
相模
安房
駿府
下田
横須賀
浦賀

日本地図

（旧国名は明朝体、都道府県名はゴチック体で表し、三都と若干の都市名を補った）

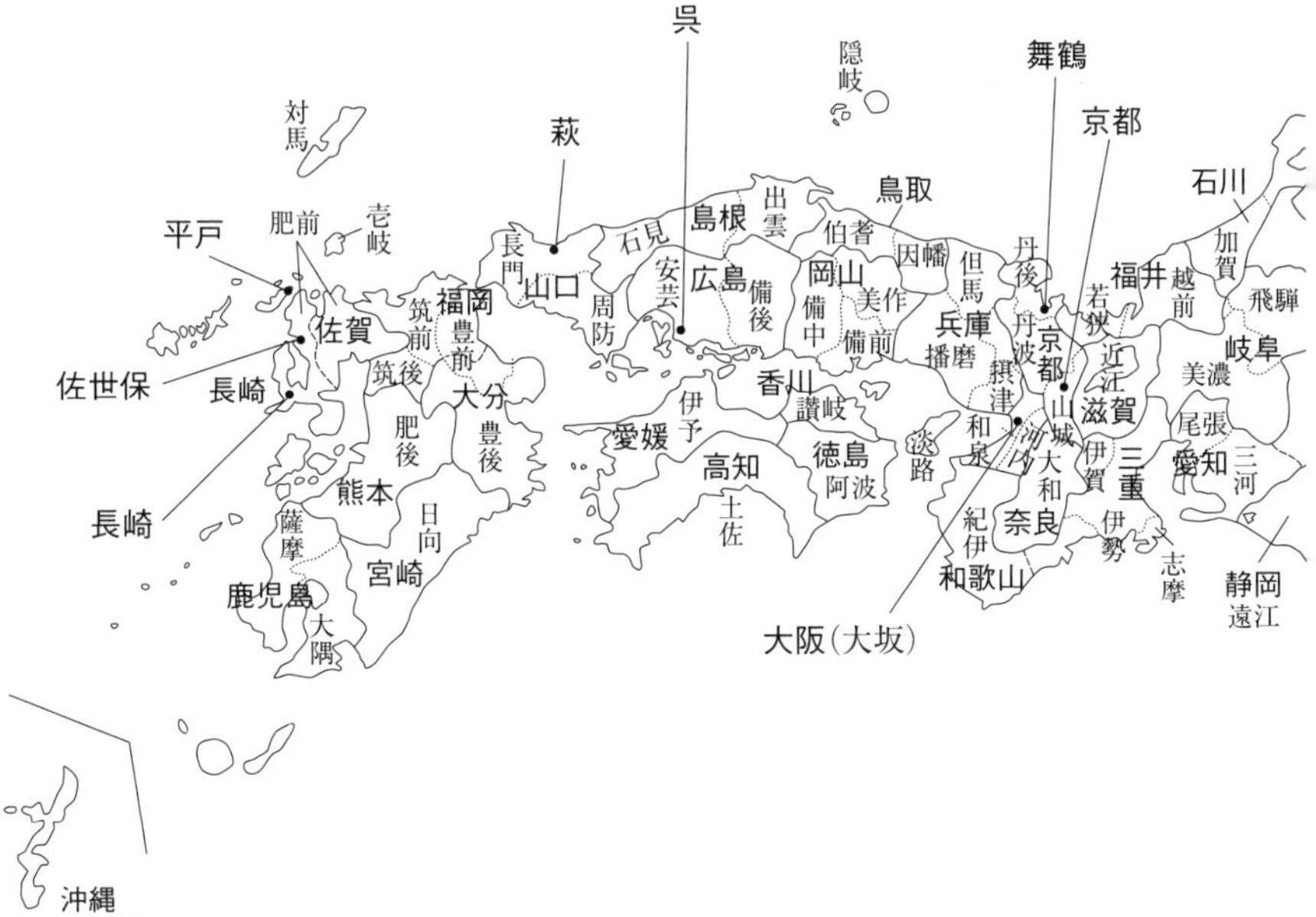

第Ⅰ部　日本の近世

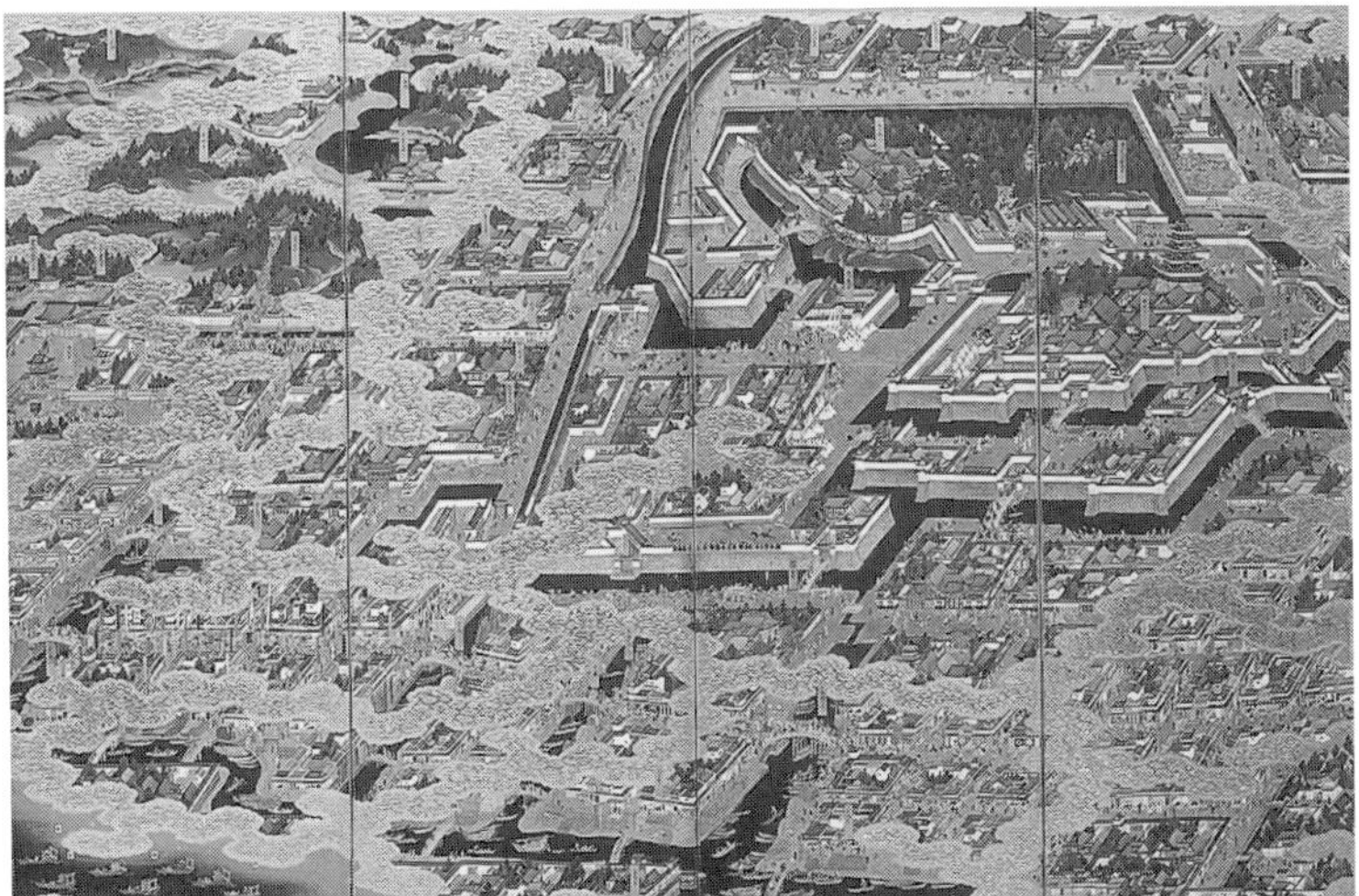

「江戸図屛風」（国立歴史民俗博物館蔵）部分

近世の概観

第Ⅰ部「日本の近世」は、織豊期から江戸時代後期までを対象とし、近年の研究成果をそれぞれの著者が得意とする方法で叙述したものである。近年の近世史研究は、権力構造、朝廷・公家研究、対外観・対外関係、村落論、都市論、身分制論、社会史、景観論、思想史、文化史など、それぞれの分野でそれぞれの視点で研究が進められ深まってきている。ここでは、そこでの成果や研究状況を出来るだけ提示し、また新たな視点を加え、近世という時代の特徴を様々な角度から提示することにした。

第一章「武家の国家」（藤井讓治）は、織田政権・豊臣政権・徳川政権前半を対象に、近世国家の成立とその特質を、政治過程を中心に叙述したものである。まず、「天下布武」を掲げて天下統一を目指した織田信長、関白となり太閤検地・刀狩りなどの政策を推し進め天下統一を成し遂げ最後は朝鮮出兵に突き進んだ豊臣秀吉、関ヶ原の戦いで勝利し征夷大将軍となった徳川家康を主人公としてその政治過程を描き、ついで家康の跡を継承した秀忠・家光・家綱・綱吉、それぞれの時代での主要な歴史的事柄をあげ、近世前期の政治過程を概観し、最後に近世国家における天皇に言及した。

第二章「近世の対外関係」（岩﨑奈緒子）は、近世の対外関係・対外観を扱ったものである。江戸時代のイメージとして今なお根強い「鎖国」。しかし、江戸時代の日本の消費生活は、国外から流れ込む多量の物資によって支えられていた。物資の供給元は、蝦夷地・朝鮮・中国・オランダ・琉球。これらを、松前・対馬・長崎・薩摩のいわゆる四つの口が媒介し、中でも、長崎だけは、国内経済の動向をにらみながら、幕府が直接貿易を統制していた。外交的には、東アジア世界の中でほぼ完結していた一八世紀から、ロシアを皮切りにヨーロッパ諸国との接触がはじまり、グローバルな規模での世界との対話がはじまる一九世紀へと展開した。東アジア世界に伝統的な秩序や価値観は、近世日本人の意識を大きく規定していたが、ヨーロッパ諸国との接触は、日本人の世界観や近隣諸国との関係にも変容をもたらすほどの大きな衝撃を与えた。

第三章「近世村の世界」（水本邦彦）では、近世の村社会の成り立ちとその構造を対象とした。近世後期に全国で六万を数えるにいたった近世の村は、農業を主たる生業とした百姓の共同組織であり、また領主による支配の基礎単位でもあった。現在の大字ないしは区に相当する近世村は、まさにこの時代の日本社会を構成する基本細胞と見ることができる。農業活動に欠かせない牛馬や山野の様子にも言及しながら概観してみる。

第四章「近世の都市社会」(安国良一)は、まず、城下町に典型的に表われた都市の特徴を、身分制的な空間構成や支配・自治組織の面からとらえ、京都・江戸・大坂の三都と呼ばれた巨大都市の形成過程を述べる。一七世紀前半に進められた貨幣制度や度量衡の統一、水陸交通網の整備など経済インフラを基盤に、中後期には都市の経済的発展がもたらされ、いっぽうでそれが町民や都市全体の変容をもたらし、人口増加、災害、物価上昇など様々な都市問題が生起した。こうした都市の危機とその対応に、領主・町民による新たな都市経営の動きや、かわら版の盛行など情報化社会の萌芽を見ている。

第五章「転換する社会」(東谷智)では、近世後期における社会の転換の様相を取り上げた。一八世紀になると、江戸時代初めに作られた行政の仕組みを修正する必要が生じてきた。その背景には社会の変容があり、様々な側面においてその対応が模索され、実施されていった。本章では、享保期以降の幕政・藩政の展開について、変動する社会と対比し、それを踏まえつつ叙述している。従来から分析が豊富な経済面、政治面における変化に加え、近年の研究が着目している書籍と政治の関係や民衆の天皇観、政策を支える地域などの変容にも触れ、江戸時代中後期の社会が展開していく様子を描いている。

第六章「近世の思想と文化」(柴田純)では、近世の思想・文化の展開を取り上げた。これまで近世思想を扱った概説書は、頂点思想家の思想を時代順に並べるだけで、近世社会の特質や民衆思想との関わりに着目することは少なかった。本章では、近世に特有な思想が何で、そうした思想が近世を通じてどう拡大・浸透していくかに留意する。近世は、中世の神仏中心から人中心に移行する社会である。そうした事情が、近世に特有な思想を生む。自ら考え、工夫し、行動することが一つの価値になったこと、文人が思想や文化の領域で重要性を増したことなどである。そうした思想性は、近世前期に思想家が提示し、やがて武家から民衆へと拡大・浸透し、文化面にも大きな影響を与えていく。かかる近世の思想・文化の展開をできるだけ一般人の目線でデッサンする。

(藤井讓治)

第一章　武家の国家

1　織田信長の頃

「天下布武」

織田信長は、美濃の斎藤氏を滅ぼし、美濃を版図に組み込んだ直後から、「天下布武」の印章を使用し始めた。これは、信長が天下統一を武をもってなしとげることを宣言したものと言ってよい。

しかし、その時点で日本全体を見まわすと、天下統一にはほど遠く、まさに戦国争乱のまっただ中にあった。

この時点での日本各地の様子を概観すると、畿内では、三好三人衆と松永久秀が相争い、信長の領国の東隣三河には同盟者徳川（松平）家康が、その東の遠江・駿河には今川氏、その北の甲斐には武田氏、関東には後北条・佐竹氏、陸奥・出羽には伊達・最上《もがみ》・芦名《あしな》・南部氏、北国には越前朝倉氏と加賀の一向一揆、越後上杉氏が、目を西に転じれば、近江の六角《ろっかく》・浅井《あざい》氏、中国の尼子《あまご》・毛利・大内氏、四国の長宗我部《ちょうそかべ》・河野氏、九州の大友・龍造寺《りゅうぞうじ》・島津氏など有力な戦国大名が割拠し、それぞれが隣接する戦国大名の背後にいる戦国大名・有力国人と連携あるいは同盟を結びながら相互に侵攻を繰り返していた。

織田信長の統一戦

織田信長は、永禄二年（一五五九）、尾張を平定し、また同年、侵攻してきた駿河の今川義元を桶狭間で討ち取り、尾張を死守した。その後、徳川家康と同盟を結び東を固め、永禄一〇年には美濃稲葉山城の斎藤龍興《たつおき》を滅ぼし、その地を岐阜と改称して本拠とした。これを機に「天下布武」の印判を使い始め、天下を武をもって統一することを示した。そして同一一年、足利義昭《よしあき》を擁して上洛し、義昭を将軍職に就け、畿内の掌握を図った。

信長のこうした動きに、近江の浅井氏、越前の朝倉氏、比叡山、石山本願寺、甲斐の武田信玄らは、信長包囲網を形成し対抗した。これに対し信長は、元亀元年（一五七〇）近江姉川の戦いで浅井・朝倉の連合軍を破り、翌二年には比叡山を焼き討ちした。さらに同四年には反信長を背後で画策していた足利義昭を逐い、事実上、室町幕府を倒し、なお勢力を保持していた浅井・朝倉氏を最終的に滅亡させ、ほぼ畿内近国を平定した。ついで天正三年（一五七五）、信長は、鉄砲隊を組織して長篠の戦いで武田勝頼《かつより》軍を撃破し、東を押さえるとともに、西国へも軍勢を派遣し毛利氏と対抗した。

一方、一向一揆との対決は熾烈なものであった。信長は、天正二年、伊勢長島の一向一揆を包囲戦でほぼ皆殺しにし、同四年には越前の一向一揆を殲滅した。ついで一向一揆の本拠である大坂石山本願寺を攻め、ようやく同八年に屈服させ、畿内を完全に制圧した。天正一〇年には自ら出陣し甲斐の武田氏を滅ぼし、信濃・甲斐を版図に加え、関東をもその勢力下に置いた。しかし、毛利攻めに出陣途中、京都の本能寺で家臣の明智光秀の謀叛にあい自刃した（本能寺の変）。

撰銭令と楽市

上洛直後の信長は、義昭からの副将軍就任要請を断り、堺・大津・草津に代官を置くことをもとめ、堺に莫大な矢銭《やせん》（軍資金）を課すことで、自治都市堺を屈服させた。また、撰銭令《えりぜにれい》を出し、銭の品質統制とともに、金銀銭三貨の比価を定めた。そして、南蛮貿易推進にも積極的姿勢を見せ、その担い手であるキリシタンに対して好意的態度をもって臨んだ。

天正四年（一五七六）、信長は、琵琶湖東岸で水陸交通の要衝である安土に新たな城郭、安土城の建設を始め、その地を本拠とし、本格的な天下統一事業に取りかかった。さらに、同七年に天守の完成を機に家督と岐阜城を子息の信忠《のぶただ》に譲った。この安土城には、家臣の屋敷を配し、また天皇の行幸《ぎょうこう》を視野にいれた行幸《みゆき》御殿が設けられた。さらに天正五年、城下を楽市とし、諸役・諸公事、普請役、伝馬役等を免除し、往還商人の寄宿を強制するなど、城下町の保護・振興をはかった。この安土は、近世城下町の嚆矢と言えるものである。

2　豊臣政権

秀吉による全国統一

天正一〇年（一五八二）六月二日、織田信長が、明智光秀に攻められ本能寺で自刃した。この報を備中高松で受けた羽柴秀吉は、対峙していた毛利氏と和睦し、馬を返して京都へと向かい、同一三日に山城山崎で明智光秀の軍と戦い、これを破った（山崎の戦い）。六月には、織田家の有力武将が集まり、本能寺の変後の処理策を協議し、信長の後継を秀吉が推す信長の嫡孫三法師（のちの秀信《ひでのぶ》）とし、尾張を信長の次男信雄《のぶかつ》が、美濃を三男信孝《のぶたか》が、丹波を四男で秀吉養子となっていた秀勝《ひでかつ》が領することとし、秀吉は近江長浜を柴田勝家に譲り、みずからは山城をその手中に収めた（清洲会議）。

こうした状況は長くは続かず、天正一一年、秀吉は、対立していた柴田勝家を近江賤ヶ岳の戦いで破り、北国を平定した。翌年には、小牧・長久手で徳川家康と対峙し、苦戦を強いられたものの、外交戦で勝利し、家康と和睦した。一三年に入ると秀吉は、小牧・長久手の戦いの際に秀吉包囲網に加わった紀州の根来《ねごろ》寺・雑賀《さいが》を攻め滅ぼし、ついで四国の長宗我部氏、越中の佐々成政《さっさなりまさ》を攻めて彼らを臣従させ、それらの地を版図の内に入れた。こうしたなか天正一三年七月一一日に、秀吉は関白となった。

天正一四年には上杉景勝《かげかつ》、ついで徳川家康を上洛させ、秀吉に臣下の礼をとらせ、統一事業を精力的に推し進めた。それより前、薩摩の島津氏に豊後の大友氏との停戦を、ついで小田原の北条氏に上洛を命じるが、それに応えなかった島津氏は天正一五年に、北条氏は同一八年に秀吉自らが出陣し、前者を臣従させ、後者を滅ぼした。小田原攻めのあと秀吉は陸奥会津まで馬を進め、陸奥・出羽の地までその支配下に置いた。ここに、天下統一がなった。

秀吉の諸政策

秀吉は、山崎の戦いの後、山崎に城を築き畿内の拠点とするが、天正一一年（一五八三）五月には、本拠を大坂に移した。ついで天正一五年、京都内野に築城した聚楽第《じゅらくだい》に本拠を移し、翌一六年後陽成《ごようぜい》天皇を聚楽弟に迎え、同時に大名たちから秀吉への忠誠を誓う起請文《きしょうもん》を提出させた。同一九年、秀吉は関白職を秀次《ひでつぐ》に譲るとともに、聚楽弟を秀次に与え、みずからはほどなく伏見に新城を築きそこを居所とした。

天正一六年、秀吉は刀狩令を出し、百姓の武具所持を禁じた。この刀狩令では、没収した武具は造営中の方広《ほうこう》寺《じ》大仏殿の釘などに利用するので来世の救済が約束されると標榜したが、その目的は一揆を起こさせないことにあり、ひいては百姓から侍の身分表象である刀・脇差を取り上げることで百姓身分を確定しようとするものでもあった。

豊臣秀吉は、拡大した版図において、検地を実施していった。この秀吉が行った検地を太閤検地と通称している。山崎の戦いの直後にはじまり、勢力圏の拡大とともに段階的に実施された。天下統一後も朝鮮出兵の兵粮確保のために畿内では文禄三年（一五九四）にも行われた。検地は、一筆の土地には一人の耕作者とする一地一作人が原則とされ、一間六尺三寸、一間四方を一歩、三〇〇歩一反とし、田畑屋敷に等級をつけ、一筆ごとに地字・面積・石高・名請人を登録した。石高の計量にあたっては京枡が用いられた。こうして定まった石高は、百姓の田畑の所持高だけでなく、領主の所領高をも表すものとなり、近世社会の編成原理となった。これを石高制と呼んでいる。

朝鮮出兵

秀吉は、九州攻めに取りかかった天正一四年（一五八六）頃から「唐入り《からいり》」（征明）を口にし始める。これが具体化するのは、奥羽仕置の翌々年、天正二〇年のことである。同年三月、秀吉は、自ら肥前名護屋《なごや》に出向き、そこを朝鮮出兵への前線基地とし、軍勢一六万を九軍に編成し、朝鮮へと渡海させた。

朝鮮に上陸した小西行長《ゆきなが》らの第一軍は、朝鮮に対して征明のためにその先導をすることを要求するが、朝鮮側がこれを拒否したことで、朝鮮での戦端が開かれた（文禄の役、朝鮮では壬辰倭乱《じんしんわらん》）。当初、日本側の攻勢によって五月初めには朝鮮の都である漢城（現・ソウル）が陥落し、さらに加藤清正らは朝鮮東北部、中国国境まで軍を進めた。漢城陥落の報を得た秀吉は、天皇を北京に移すなど征明後の国家構想を披瀝するが、ほどなく日本の水軍が朝鮮の水軍に敗れ、翌年正月には平壌の戦いで朝鮮の救援に派遣された明軍に敗北し、序々に劣勢となっていった。

こうしたなか、日明間で講和交渉がもたれ、和議の条件が探られた。その結果、朝鮮の咸鏡道で捕縛された朝鮮王子の解放、日本軍の釜山への撤退、明軍の遼東への引揚げ、明から日本への講和使節派遣ということで講和条件が調った。こうした講和交渉のうえで、明軍は、明皇帝の許可なく使節を日本へ送り込んだ。それに対し秀吉は、新たに和議条件七ヶ条を提示した。その主な内容は、明皇帝の娘を天皇の妃とすること、勘合貿易の復活、朝鮮領土の割譲等であった。一方、朝鮮では小西行長と沈惟敬《しんいけい》とが画策し、講和を進めるため、秀吉が降伏したとする偽の文書を作成し、それを持った偽の使節を仕立て北京へと派遣した。

これを受けて、明から日本へ冊封使《さくほう》が派遣され、この使節を、慶長元年（一五九六）九月に秀吉は大坂城で引見した。しかし、明皇帝からの書簡は、秀吉を日本国王に封じることを内容とするもので、秀吉の提示した和議案を全く無視するものであった。この結果、日本と明との講和は破綻し、慶長二年、朝鮮での戦闘が再び始まった（慶長の役、朝鮮では丁酉倭乱《ていゆう》）。しかし、日本側の朝鮮での戦闘は、朝鮮の義勇軍に悩まされ、地域的にも朝鮮南部に限られ、劣勢の状況が続いた。そうしたなか慶長三年八月、秀吉が死去し、それを機に日本側は撤兵を開始し、同年一一月には戦闘は終結した。

なお、この戦争に随伴して、連行された捕虜による陶業の発達や活字・典籍の招来などがあり、秀吉の朝鮮出兵が、その後の日本文化に与えた影響は少なからぬものがある。

3　徳川政権の成立

関ヶ原の戦い

関ヶ原の戦いの前年、五大老の一人であった前田利家が死去した。その夜、石田三成《いしだみつなり》に遺恨を持っていた加藤清正・黒田長政ら七人の武将が三成を亡きものにしようと動いた。それに気付いた三成は伏見へと逃げ、さらに居城佐和山へと退いた。これを機に、徳川家康は、伏見向島《むかいじま》の自邸から伏見城西の丸へと移った。これを聞いた奈良興福寺の僧英俊《えいしゅん》は、その日記に「天下殿に成られ候」と記した。人々の目には家康が天下人と映ったのである。しかし、形式上は、家康はなお豊臣政権の五大老の一人に過ぎなかった。

慶長五年（一六〇〇）、家康は、五大老の一人であり当時は国許会津に帰国していた上杉景勝に上洛を求めた。これに対し景勝は、会津への転封後なお時間が経っていないことを理由に上洛を拒むが、家康は、これを景勝に叛意ありとし、会津攻めに踏み切った。

家康の会津攻めを好機と見た五奉行の一人石田三成は、五大老の一人毛利輝元《てるもと》を西軍の盟主とし、家康追討を呼びかけ、決起した。西軍決起の報が家康のもとに届いたのは、家康が下野小山《おやま》に着いた七月二四日のことである。諸将が家康の陣に集められ、軍議が開かれ、三成らを討つため軍を上方へ返すことが決せられた。

先陣を命じられた福島正則《まさのり》ら豊臣系の大名らは、西上し、岐阜城を陥落させたが、家康が江戸を発ったのは、この報に接してからであった。岐阜城攻めのあと、東軍は美濃赤坂に陣を布き、西軍は大垣城に拠り、両軍は関ヶ原の戦いまで対峙しつづけた。戦いの前日、家康はようやく美濃赤坂に入った。

九月一五日の朝、関ヶ原で西軍八万、東軍七万五〇〇〇の戦いが始まった。戦いは、一進一退の激戦であったが、小早川秀秋《ひであき》の東軍への寝返りで、昼過ぎには家康率いる東軍が勝利を収めた。家康は、大坂に着き、まず本丸の秀《ひで》頼《より》に会い、ついで西の丸に入った。この戦いは、実質的には家康による天下掌握を意味したが、形式的には豊臣政権の内部抗争であった。

家康は、なお形式面では豊臣政権の五大老の地位を脱却していないが、大坂城西の丸にあって、西軍に参加した諸将の領知の没収と東軍に参加した諸将への論功行賞を行い、実権は自らにあることを示した。

この論功行賞の結果、関東・東海にいた外様大名が西国・東国に移され、そのあとへ一門・譜代大名が配置され、江戸と京都を結ぶ地域は、一門・譜代によって固められた。なお、慶長三年段階で四〇カ国に二二二万石あった豊臣氏の蔵入地《くらいり》は摂津・河内・和泉を中心に六五万石に削減された。

将軍宣下　慶長八年（一六〇三）二月一二日、家康は、伏見城に勅使を迎え、征夷大将軍に任じられた。既に天下を掌握していた家康の地位を、将軍という武家にとっては伝統的な官職によって権威化するものであった。

将軍宣下後の家康は、それまでとっていた秀頼への年頭の礼を行わなくなる。将軍宣下は、家康が豊臣政権の五大老の一人としての地位から脱し、武家の棟梁としてその頂点に名実ともに立つための重要な契機であったのである。

慶長一〇年四月、家康は、その子秀忠に将軍職を譲り、徳川氏が政権を世襲することを天下に知らせた。上洛した秀忠は家康と同様、伏見城で将軍宣下を受けた。家康のあとは秀頼にと、わずかに希望を抱いていた豊臣方にとっては、この一件は大きなショックであった。

慶長一六年の上洛　家康は、関ヶ原の戦いのあと大坂城西の丸に入り、約半年をそこで過ごし、翌年三月伏見城に居を移した。この後、慶長一二年に駿府に本拠を移すまで、江戸と伏見の間を行き来し、その多くを伏見で過ごした。駿府に移ってからの家康は、打って代わって慶長一六年（一六一一）の上洛を除いては、大坂冬の陣まで上洛することはなかった。

一六年の上洛は、後陽成天皇の譲位と後水尾《ごみずのお》天皇の即位を執り行うためのものであった。しかし、上洛の目的はそれだけではなかった。家康上洛の第二の目的は、二条城での豊臣秀頼との会見にあった。この会見は、家康が秀頼を臣従させたことを諸大名・公家衆をはじめ多くの人々に見せつけることになった。さらにもう一つの目的は、在京の西国諸大名を二条城に集め、三ヶ条の条々を示し、それを誓約させ、徳川氏への臣従を確固たるものとすることにあった。

大坂の陣　慶長一九年（一六一四）、秀頼による京都方広寺の大仏造営がなり、その開眼供養を間近にした七月の末、家康は、方広寺の鐘銘をめぐって豊臣方に難題をふっかけた。鐘銘にある「国家安康」の文字は、安の字をもって家康を引き裂いており、また「君臣豊楽　子孫殷昌」は、豊臣を君として子孫の殷昌を楽しむと読め、いずれも徳川氏を呪詛するものであるとしたのである。この難題に豊臣方は片桐且元《かたぎりかつもと》を駿府に派遣し弁明するが、決着を見ることなく、大坂冬の陣に突入していった。

冬の陣の本格的な戦闘は、一〇月一九日に始まるが、天下の名城大坂城は、容易には落ちなかった。こうした中、講和交渉が始まるが、交渉はもたついた。後水尾天皇の和議の勧めもあったが、家康は「禁中よりの御扱いは無用」とそれを拒絶した。そして、淀殿の居所である千畳敷への砲撃が効を奏したのか、講和がまとまり、本丸を残し二の丸・三の丸の堀を埋めること、人質を出すこと、秀頼の家臣および浪人衆は構いなきことを条件に講和が調った。

豊臣方にとって、この講和条件は屈辱的なものであり、大坂城に籠城した浪人たちの間には不満がくすぶり続けた。冬の陣の余燼がおさまらぬ三月初め、豊臣方は、戦いの準備を始めた。これに対し家康は、秀頼に大坂城を退去し大和か伊勢に移るか、浪人を召し放つかのいずれかを選ぶよう迫るが、折り合わず、再び戦闘に突入した。

夏の陣での本格的な戦闘は、家康が出陣した五月六日と七日の二日にすぎなかったが、この戦闘に参加した軍勢は、徳川方一五万五〇〇〇人、豊臣方五万五〇〇〇人であり、大規模な戦闘であった。七日夕刻、秀吉が築いた天下の名城大坂城は炎に包まれ落ちた。そして、八日、秀頼と母淀殿が自ら命を絶った。

一国一城令と武家諸法度

関ヶ原の戦い後、大坂の陣が終わるまで幕府だけでなく諸大名による城郭建設ラッシュが続いた。現在残る多くの城はこの時期に建設され、また改造されたものである。こうした状況は、大坂夏の陣の直後の慶長二〇年（一六一五）閏六月に出された一国一城令によって大きく変化し、諸大名に対し居城以外の城郭の破却が命じられた。

この直後、家康の手で作られた武家諸法度が将軍秀忠の名で交付された。その第一条は、「文武弓馬の道、専ら相嗜《たしな》むべきこと」である。この条文に付された説明には、「文を左にし、武を右にするは古の法なり、兼ね備えざるべからず、弓馬はこれ武家の要枢なり、兵と号して凶器となし、やむをえずしてこれを用う、治において乱を忘れず、なんぞ修練に励まざらんや」とある。すなわち家康は、「治において乱を忘れず」と、現状を「治」としながらも、「乱」においては「武」が「文」に優先するとし、「武」重視の姿勢を示す。

法度の第二条で群飲佚遊《ぐんいんいつゆう》を、第三条で法度に背いた者を領内に隠し置くことを禁じ、第四条で反逆・殺害人の領外追放を命じ、第五条では他国者を交え置くことを禁じている。このうち三条と四条は慶長一六年の大名誓紙の第二条と第三条をうけたものである。第六条では城郭の修補の届出と新城の禁止を定めている。これは先の一国一城令に続く大名の城郭に対する規制である。

第七条では隣国の新儀・徒党の届出を、第八条では私の婚姻の禁止を、第九条では参勤作法を、第一〇条では衣服の制を、第一一条では乗輿の制を定め、第一二条では諸国諸侍に倹約を命じ、最終条に「国主、政務の器用を撰ぶべきこと」が置かれている。

秀忠の上洛　家康は、大坂夏の陣の翌年元和二年（一六一六）四月一七日、七五歳の生涯を駿河で閉じた。その翌年、秀忠は、数万の軍勢を従えて上洛した。この上洛の第一の目的は、大名を実際に軍事動員することで大名に対する軍事指揮権が秀忠にあることを確認させるためであった。二つ目は、播磨姫路の池田氏の因幡鳥取への転封を軸に、それと連動してこの地域へ譜代大名を配置することにあり、三つ目は、諸大名と公家・門跡・諸寺社へ領知朱印状を交付することにあった。この秀忠による領知朱印状の発給は、以後将軍代替りごとに出される領知朱印状発給の出発点となった点で重要である。

秀忠は、元和五年に再び上洛する。上洛した秀忠は、まず安芸広島の福島正則の改易を断行し、広島城受取のために、毛利秀就をはじめとして中国・四国のほとんどすべての大名に出陣を命じた。同じとき、大坂の陣後に大坂を与えられていた松平忠明を大和郡山に移し、大坂の地を幕府の直轄地とし、さらに紀伊和歌山の浅野長晟《ながあきら》を安芸広島に、その跡に家康の十男の徳川頼宣《よりのぶ》を五五万石で入れるなどした。この結果、大坂城を中心とした親藩・一門・譜代による軍事配置が完成し、畿内だけでなく西国における幕府最大の軍事拠点が形成された。

大坂を直轄地とした秀忠は、西国大名を動員し、堀の深さと石垣の高さとを旧の二倍とする城郭の大改造を行った。そこには、かつて天下を統一した豊臣秀吉の威光の象徴であった豊臣氏の大坂城を、より壮大なものを築くことで消し去り、徳川氏の力の強大さを大坂だけでなく西国の人々に誇示しようとする意図が見てとれる。

このように秀忠は、上洛という機会を用い、大名の改易・転封、領知朱印状の交付、大坂の直轄化等を推し進めることで、家康に代わって天下人としての地位を獲得し、それを確固たるものとした。元和六年の大坂城普請が「御代替わりの御普請」と呼ばれたのは、このことを象徴的に示している。

4　幕政の確立と展開

元和九年（一六二三）、秀忠は、家光に将軍職を譲ったが、「大御所」「天下人」として実権を握り続けた。家光の政治が本格的に始まるのは、秀忠が死去した寛永九年（一六三二）以降のことである。

秀忠から家光へ

家光の政治は、外様大名加藤忠弘の改易に始まる。豊臣系の大大名であった肥後熊本の加藤氏の改易は、秀忠の跡を継いだ家光の存在感を示しその力を諸大名に見せ付けるに十分な効果をもった。それと同時に、九州の大名配置を大きく変化させた。加藤氏の跡には豊後小倉の細川忠利《ただとし》が、細川氏の跡には、小笠原一族をはじめ複数の譜代大名が入った。これにより、九州の譜代勢力は、大きく膨れ上がった。

ついで家光は、稲葉正勝《まさかつ》・松平信綱《のぶつな》など子飼いの家臣を取り立て、他方、秀忠大御所時代の年寄衆を半減し、その体制固めを図るとともに、老中と後の若年寄にあたる六人衆の職務を定め、政務の迅速化と公正化を図った。

さらに家光は、上洛を前に軍役令を定めそれを交付した。軍役は、領知や知行をその主人から与えられたことへの代償として軍事上の役割を負担することであり、軍役令では、領知・知行高ごとに動員人数・馬上数・武器数などが定められた。またこの年の軍役令は、直接には翌年の上洛に備えて定められたものであったが、その後幕末の軍制改革にいたるまで幕府による大名・旗本動員の基準として機能した。

寛永一一年七月、家光は、三〇万の軍勢を率いて上洛した。これは、家光が大名に対する軍事指揮権を掌握していることを具体的に示すものであった。また、この上洛中に諸大名への領知宛行状を一斉に発給し、大名との主従関係を確認した。さらに、京中のすべての家々に「御代替の御上洛」の祝いとして銀五〇〇〇貫を下賜した。このように家光は、この上洛を通して、「天下人」が秀忠から自らへと代わったことを認めさせたといえよう。

武家諸法度の改訂と老中制の確立

上洛の翌年の寛永一二年（一六三五）、家光は、武家諸法度を大きく改めた。改定の主な内容の一つ目は、大名の在府と四月交代を定め、それまで実体としてあった参勤交代を制度として確定したことである。二つ目には、大名が城郭を修復する場合の許可手続きを明確にし、大名城郭を間接的にではあるが管理下においた。三つ目は、不測の事態が江戸あるいはいずれの国において起っても、在国の大名は指示なく動いてはならないと定めた。さらに私の関所と新規の津留とを禁じ、五〇〇石以上の大船を所持することを禁止している。

ただ、この時の参勤交代制は、その対象を外様大名に限っており、譜代大名はこの中には含まれていなかった。譜代大名が参勤交代制のなかに組み込まれるのは、寛永一九年以降のことであり、この年の五月と九月の二度にわたって江戸城内の詰め所である殿席別に交代制が決められ、関東八州のうちにいる譜代大名は半年交代、それ以外のものは隔年の参勤となった。

武家諸法度が出された同じ寛永一二年、家光は、子飼いの松平信綱・阿部忠秋《ただあき》・堀田正盛《ほったまさもり》を老中に引き上げるとともに、前年の法度で老中の管掌となっていた事項のいくつかを、寺社奉行・勘定奉行・留守居などの「職」として分離・独立させ、それらの職を自ら掌握した。

しかし、その後、長期にわたる家光の病気により、将軍による諸職直轄の政治運営は麻痺状態におちいり、それを克服するために、老中を幕政運営の頂点におき、留守居・寺社奉行・町奉行・大目付・作事奉行・勘定奉行などの職をそのもとに配置し、将軍―老中―諸職というヒエラルヒッシュな組織・機構へと再編した。こうして出来た老中を核とする政治機構は、この後の幕政機構の根幹となった。

四代将軍家綱

慶安四年（一六五一）に家光が死去した後、わずか一一歳の家綱《いえつな》が将軍職を引き継ぐことになった。家光の死の直後には、由井正雪による幕府転覆の企てが起こるなど、政情不安が見られたのに象徴されるごとく、将軍とはなったものの、その地位は揺るぎなきものとは言えなかった。

将軍となった家綱は、家光以来の大老・老中に支えられ、明暦の大火で焼失した江戸城の普請をはじめとする諸普請に大名を動員し、また寛文三年（一六六三）には大名に供奉を命じて日光社参を実施し、軍事指揮権が家綱にあることを示し、さらに同年、武家諸法度を改めて公布した。そして翌年、大名への領知朱印状を一斉に発給することで、将軍代替わりにともなう一種の危機を克服し、将軍就職後一三年目にして家康・秀忠・家光が手にした「天下人」としての地位をようやく確保した。

家綱政権の時代は、支配機構のさらなる整備と全国政策の展開が大きな特徴をなす。寛文二年、老中と若年寄の支配分掌が定められ、旗本支配の体制がここに固まった。こうした幕府機構の整備は、この後も続き、寛文四年正月には評定所の制が、同年四月には老中奉書制が定められ、翌年翌々年にかけて大番頭・書院番頭・留守居・大目付・勘定奉行など三五の職に知行とは別に役料が支給された。

こうした中央での組織改革に連動して、京都町奉行の設置をはじめとする全国の遠国支配機構が新設あるいは改変された。この背景には、全国流通と江戸の拡大とがあった。全国流通に関連しては、諸国廻船の遭難を念頭においた高札が出され、また枡やはかりの全国的統一、寛永通宝の大量鋳造などの施策が実施された。江戸においては、人口の激増にともなう都市民の掌握、治安対策、流通・物価対策、防火対策、塵芥処理策、公事訴訟対策など、「都市問題」への対処・対策が様々なかたちでなされた。

この時代の全国政策として注意すべきものとして、宗門改め制度の全国化がある。江戸幕府は、早い頃からキリシタン禁圧政策を推し進めるなかで、個別的また地域的に宗門改めを実施してきたが、寛文四年、すべての大名に対して宗門改め役を設けることを命じた。この結果、諸藩でも全領民を対象とした宗門改めが実施されるようになった。この宗門改めは、キリシタンの取り締まりを軸としながら、全領民を把握する戸籍の役目を果たし、幕府・諸藩が領民を掌握し統制する重要な手段として機能した。

綱吉の政治

延宝八年（一六八〇）、四代将軍家綱の跡を受けて五代将軍となったのは、家光の四男綱吉《つなよし》であった。家綱には子供がなく、大老の酒井忠清《ただきよ》は、鎌倉幕府の例にならって朝廷から宮将軍を迎えるべく画策していると噂された。しかし、老中堀田正俊《まさとし》の強い意見によって、家綱は、弟の綱吉を後継者とした。綱吉は、当時上野館林《たてばやし》二五万石の城主であり、綱吉の兄たちは既に死去していた。

こうして将軍の座に就いた綱吉は、酒井忠清の職を解き、家綱時代に幕政を掌握していた譜代門閥勢力を圧迫し、また巡検使の報告をもとに越後高田藩の御家騒動をみずから再審、藩主松平光長《みつなが》を改易にするなどして、将軍としての力を誇示した。そして堀田正俊を重く用い、さらに館林藩時代の家臣の多くを幕臣とした。

天和三年（一六八三）、綱吉は武家諸法度を改定した。この改定は、これまでの武家諸法度の第一条「文武弓馬の道もっぱら相嗜むべき事」とあったのを、「文武忠孝を励まし、礼儀を正すべき事」という儒教的・道徳的色彩の強いものに改めた。この改定は、家光・家綱の時代に旗本を対象として出された諸士法度を廃止し、武家諸法度に一本化し、それまでの諸士法度の冒頭にあった「忠孝を励まし、礼法を正し」の一条を武家諸法度に取り込んだものであった。こうした点に象徴されるように、この改定は、旗本を大名並としたのではなく、旗本に対する規範を大名にも求めたものであり、少なくとも理念のうえでは大名を旗本と同等の徳川氏の家中とし、将軍独裁の強化をねらったものであった。さらに、「弓馬の道」の消滅と「忠孝」「礼儀」の強調は、幕初以来の武威による支配、すなわち武断から文治への転換を明確に示すものであった。

綱吉の政治は、貞享元年（一六八四）、堀田正俊が殿中で殺害された後は、館林時代の家臣である牧野成貞《なりさだ》、ついで柳沢吉保《よしやす》を側用人《そばようにん》に登用するなど、専制色の強いものであった。

前代からはじまった酒造制限令、枡・秤の統制、綱吉による生類憐みの令、鉄砲改め、酒・箔《はく》の運上令、国絵図・郷帳の作成など全国を対象とした諸政策の展開は、こうした理念を生み出しまたその根拠となった。さらに、武家諸法度における「忠孝」と「礼儀」の強調は、支配イデオロギーとしての儒教の役割を明確にすることにもなった。綱吉が林信篤《はやしのぶあつ》を大学頭とし湯島に聖堂を建てたのは、その具体的な表れの一端である。

財政・経済政策の展開

綱吉が将軍になった頃には、幕府の財政は既に逼迫していた。明暦の大火で焼失した江戸城や江戸の町の復興には莫大な費用を要し、家綱の代には家康以来の遺金は使い果たされた状態にあった。また、一七世紀前半まで順調であった国内金銀の産出も衰退していき、この頃には幕領からの年貢収入による以外、幕府財政を支えるものがなくなってきていた。さらに、綱吉の贅沢や護持院の造営をはじめ各地の大寺社の修復などに多額の費用を注ぎ込んだため、その財政はいっそう逼迫していった。

こうした状況に対し、綱吉は、堀田正俊を農政専管老中とし、寺社・勘定・町の三奉行を更迭し、ついで勘定奉行所の役人の監視のために、勘定吟味役を設置した。さらに、主として年貢滞納を理由に、それまで地域と強い結びつきのあった代官の多くを粛清し、新たに吏僚的代官を登用し、幕領支配の刷新を図った。

また、経済の発展に対応して全国を視野に入れた流通経済政策がいっそう推進された。その最大のものが貨幣改鋳であり、酒造統制と酒運上制もこうした動きに連なるものであった。勘定奉行荻原重秀の意見を入れて実施されたこの貨幣改鋳は、金銀貨の品位を数度にわたって切り下げることで幕府に莫大な収益をもたらした。この貨幣改鋳は、幕府財政補填・建て直しという側面と同時に、商業取引が活発化するなかで求められた貨幣の流通量増大に応えるものでもあった。

さらに貞享二年（一六八五）、幕府は、オランダ船・中国船による金銀の流出を銅で代替させることで抑制し、また年間の貿易額をオランダ船金五万両、中国船銀六〇〇〇貫に制限した。正徳五年には長崎会所を設け、銅・俵物・諸色の貿易を掌握し、ついで貿易を直轄貿易として、貿易利銀を一部残して幕府のものとした。この結果、幕府への長崎会所からの運上金は、幕府の年収の約一割にあたる七万両にも及んだ。

白石の政治

宝永六年（一七〇九）、綱吉が死去した。綱吉にも子はなく、兄綱重《つなしげ》の子で甲府藩主であった家宣《いえのぶ》が六代将軍となった。しかし家宣は、三年後の正徳二年（一七一二）に死去し、子の家継《いえつぐ》がわずか三歳で将軍となった。家宣は、綱吉の死の直後に、人々の怨嗟の的であった生類憐みの令を撤廃、また箔や酒の運上制を廃止した。しかし、その政治は、綱吉のときと同様、藩主時代の家臣を多く幕臣とし、側用人の間部詮房《まなべあきふさ》と家宣の儒学の師であった新井白石《あらいはくせき》を重く用いる側用人政治であった。

家宣・家継時代、幕政を指導した白石は、幕府の儀礼を整備し、朝鮮通信使の待遇を改めるなど、将軍の威信を高める政策を採った。しかし、これらの政策も将軍権威の弱さから譜代大名や旗本の抵抗にあい、実効あるものとはならなかった。

経済面では、綱吉時代に品位が落とされた金銀貨の質を元に戻し、その信用の回復を図ったが、良貨への改鋳にともなう貨幣流通量の減少は、その増大を求めてきた市場の要請に逆行し、経済の停滞と混迷を招いた。

5　統一政権と天皇

禁中並公家諸法度の前夜

徳川家康は、慶長一四年（一六〇九）六月、官女と若公家衆との密通事件への介入を梃子《てこ》に関係公家や官女の処分を自らの手で行い、朝廷の奥深くまでその手をのばすことに成功した。その直後、後陽成天皇が譲位の意向を表明するが、それを抑え込んで翌年に延期させ、さらにこれを機に摂家衆の天皇への意見具申を求めるなど、様々な干渉を加え、みずからの主張を押し通し、朝廷にとって最も重要な譲位・即位をもその統制下においた。

ついで慶長一七年、公家衆に家康の上意として「家々の学問行儀の事、油断なく相嗜み申すべ」きことと「鷹つかひ申すまじ」きことの二ヶ条が、武家と朝廷との間を取り次ぐ公家が勤めた武家伝奏《ぶけてんそう》を通して命じられた。さらに翌年、家康は、紫衣法度とともに五ヶ条の公家衆法度を申し渡した。その第一条は、公家衆は家々の学問を油断なく勤めること、第二条は、行儀を慎むこと、第三条は、禁裏の番を怠りなく勤めること、第四条は、用もなく町小路を徘徊することの禁止、第五条は、勝負事の禁止と無頼の青侍の召し抱えの禁止とであり、最後を「右条々相定むる所なり、五摂家ならびに伝奏より、その届けこれある時、武家より沙汰行うべきものなり」と結んでいる。摂家と伝奏とが公家支配にあたることと、最終的には武家が公家を処罰することを宣言したものとなっている。

禁中並公家諸法度

慶長二〇年（一六一五）、大坂夏の陣の終結後、武家諸法度に続いて、崇伝《すうでん》が起草した禁中並公家諸法度十七ヶ条が出された。「天子諸芸能之事、第一御学問也」ではじまるこの法度の第一条は、史上初めて天皇の行動を規制したものとしてこれまでも注目されてきたものである。その条文は、その大部分が一三世紀初めの天皇である順徳天皇がその皇子のために日常の作法や教養のあり方を説いた『禁秘抄《きんぴしょう》』からの引用であるが、そこでは有職としての学問の修熟と「我国の習俗」としての和歌の学習が求められ、天皇が政治に介入することを間接ながら否定している。

この法度は、大御所家康と将軍秀忠、そしてこの月の終りに関白に復帰する二条昭実《あきざね》の三人の名で出されたが、実質的には大御所家康の手で定められたものである。そして、この禁中並公家諸法度は、その後幕末にいたるまで改訂されることなく幕府の朝廷支配の根幹となった。

武家官位の掌握と近世的摂家の創出

慶長一一年（一六〇六）、家康は、武家への官位は家康の推挙なくしていっさい叙任しないよう朝廷に申し入れた。しかし、この時には貫徹させることはできず、豊臣秀頼による執奏などが残った。大坂夏の陣の後、家康は、天皇と一般の武家との関係をさらに引き離すため、朝廷内の官職と武家が補任される官職とを分離し、武家の官職を朝廷の定員枠からはずした。これを定めたのが、元和元年（一六一五）の禁中並公家諸法度の第七条「武家の官位は、公家当官の外たるべきこと」であった。この結果、幕府は、武家への官位叙任の権限を掌握し、天皇・朝廷の側には幕府の決定を権威化・オーソライズする機能だけが残された。

江戸時代にあって天皇の勅問に預かり、評議の席に列したのは、摂家と伝奏と少し遅れて設けられた議奏とであり、大臣であっても摂家以外の公家はその席から排除された。こうした体制は、慶長一五年の家康から後陽成天皇への七ヶ条の申し入れのなかで、摂家衆が天皇へ意見を具申することを求めたときに始まった。ついで、慶長一八年の公家衆法度で「五摂家ならびに伝奏より、その届けこれある時、武家より沙汰行うべきものなり」と定め、最終的に禁中並公家諸法度で、「関白・伝奏ならびに奉行職事等、申し渡す儀、堂上地下の輩、相背くにおいては流罪たるべし」と、近世摂家の位置を確定する。

このように近世の摂家は、天皇の意志を統制する朝廷内の幕府機構の核として家康によって創り出されたのである。また、武家伝奏も、当初は幕府のみを対象としたものではなかったが、大坂夏の陣を境として、朝廷の伝奏から幕府の伝奏へとその性格を変え、ここに近世の武家伝奏の姿が確定した。

和子入内

将軍秀忠の五女である和子《まさこ》が、元和六年（一六二〇）六月一八日、後水尾天皇の妃として御所に入った。和子一四歳、後水尾天皇二五歳であった。和子の入内は、慶長一九年（一六一四）には決まっていたが、大坂の冬の陣、夏の陣、そして家康の死、後陽成院の死と続き、延び延びとなっていた。

元和五年、秀忠上洛の折に入内《じゅだい》といったん決定するが、前年に後水尾天皇と寵愛する女性との間に皇子が誕生していたことが徳川氏の耳に入り、事は紛糾、入内は再び延期された。この延期に後水尾天皇は、譲位をほのめかし抵抗するが、秀忠は後水尾天皇の近臣公家衆を処分し圧力を加えたため、天皇もやむなく折れ、入内は翌年六月と決まった。

この和子入内にともなって、幕府は、女御警護を名目にお付の武士、弓気多昌吉《ゆげたまさよし》を配した。武家が直接に禁裏へ入り込んだ初めての出来事である。その後まもなく弓気多から天野長信《あまのながのぶ》と大橋親勝《ちかかつ》とに交替し、それぞれ与力一〇騎、同心三〇人が付された。これは後の仙洞付、禁裏付武士の配置へとつながり、朝廷監視の役割を担うものとなった。

二条城行幸

大坂の陣以降一度もなかった朝廷からの江戸への勅使は、和子入内以降、特別な事情がないかぎり江戸へ派遣されるようになった。また、元和九年（一六二三）には、女一宮興子《おきこ》内親王が誕生し、秀忠は、この年の上洛を機に朝廷に一万石を献じた。こうした幕府と朝廷の融和への歩みは、寛永三年（一六二六）の後水尾天皇の二条城行幸で一つの頂点に達した。

寛永三年、将軍家光とともに上洛した大御所秀忠は、大改造した二条城に後水尾天皇を迎えた。行幸の日、将軍家光が御所へ天皇を迎えに出向き、後水尾天皇は鳳輦《ほうれん》に乗って、家光の先導のもと二条城に入った。そして一〇日まで五日を二条城に過ごした。

この後水尾天皇の二条城行幸は、すべての大名を京に集め、迎えの行列に従わせることによって、徳川氏への臣従をよりいっそう確かなものとし、また徳川氏に反感をもった公家をはじめとする諸勢力に徳川氏の力を見せ付けるものであり、それとともに和子入内、女一宮の誕生といった融和への流れのなかで、長く続いてきた幕府と朝廷との軋轢にとどめをさそうとした大規模な政治ショーでもあった。

紫衣事件と後水尾天皇の譲位

二条城行幸によって幕府と朝廷との関係は、蜜月を迎えるかに見えた。ところが、翌年七月、大御所秀忠は、禅僧への紫衣《しえ》と浄土宗寺院での上人《しょうにん》号の勅許が家康の定めた法度に違反しみだりとなっているとして、元和元年（一六一五）以降の紫衣と上人号勅許の無効を命じた。

この幕府の意向に多くの寺院はやむなく従ったが、最も大きな影響を受けた大徳寺と妙心寺では、大きな反発を呼んだ。なかでも強硬派の沢庵宗彭《たくわんそうほう》・玉室宗珀《ぎょくしつそうはく》・江月宗玩《こうげつそうがん》の三人は連署して抗議の書を所司代板倉重宗《いたくらしげむね》にあげた。幕府ではこの抗議にあって妥協策を模索し、家康の一三回の祭礼を理由に、一部の紫衣の回復を認めるが、抗議した大徳寺の沢庵・玉室、妙心寺の東源慧等《とうげんえとう》・単伝士印《たんでんしいん》を配流に処した。

こうした幕府の朝権への圧迫に対し後水尾天皇は、譲位という方法で抵抗した。寛永六年（一六二九）一一月、後水尾天皇は突然譲位した。それに対し幕府側は当初打つ手がなかったが、しばらくの静観後、女一宮への譲位を承認した。翌年九月、わずか七歳の女一宮興子内親王が即位し明正《めいしょう》天皇となった。奈良時代以来、久方ぶりの女帝である。

後水尾天皇の突然の譲位は、たしかに幕府にとっては痛烈な一撃であり、幕府を慌てさせるものであった。しかし、幕府は、この機会をとらえて、朝廷の「政事」のあり方や院の行動に制限を加え、また伝奏の任免に介入し、武家官位の幕府による独占を確認した。さらにこれまでどおり摂家を天皇・朝廷の意志決定に深くかかわらせ、公家支配を行わせ、その不履行については「落度」とすることを明言することで、摂家を幕府の朝廷支配機構のなかに位置づけることに成功した。

（藤井譲治）

参考文献

朝尾直弘『鎖国・日本の歴史17』（小学館、一九七五年）
朝尾直弘『天下一統・大系日本の歴史8』（小学館、一九八八年）

朝尾直弘他編『岩波講座日本歴史9・10』（岩波書店、一九七五年）
朝尾直弘他編『日本の社会史1～3』（岩波書店、一九八七年）
朝尾直弘編『世界史のなかの近世・日本の近世1』（中央公論社、一九九一年）
朝尾直弘他編『岩波講座日本通史11・12』（岩波書店、一九九四年）
熱田公『天下一統・日本の歴史11』（集英社、一九九二年）
池上裕子『織豊政権と江戸幕府・日本の歴史15』（講談社、二〇〇二年）
熊倉功夫『後水尾院』（朝日新聞社、一九八二年）
高木昭作『日本近世国家史の研究』（岩波書店、一九九〇年）
高埜利彦「江戸幕府の朝廷支配」（『日本史研究』三一九、一九八九年）
高埜利彦『元禄・享保の時代・日本の歴史13』（集英社、一九九二年）
辻達也編『天皇と将軍・日本の近世2』（中央公論社、一九九一年）
中野等『豊臣政権の対外侵略と太閤検地』（吉川弘文館、二〇〇六年）
永原慶二他編『講座・前近代の天皇2』（青木書店、一九九三年）
藤井譲治編『支配のしくみ・日本の近世3』（中央公論社、一九九一年）
藤井譲治『江戸幕府老中制形成過程の研究』（校倉書房、一九九〇年）
藤井譲治『江戸開幕・日本の歴史12』（集英社、一九九二年）
藤井譲治『徳川家光』（吉川弘文館、一九九七年）
藤井譲治『徳川将軍家領知宛行制の研究』（思文閣出版、二〇〇八年）
藤木久志『織田・豊臣政権・日本の歴史15』（小学館、一九七五年）
藤木久志『豊臣平和令と戦国社会』（東京大学出版会、一九八五年）
藤野保『新訂幕藩体制史の研究』（吉川弘文館、一九七五年）
日光東照宮編『徳川家光公伝』（日光東照宮、一九六一年）
水本邦彦『徳川の国家デザイン・日本の歴史10』（小学館、二〇〇八年）
山田邦明『戦国の活力・日本の歴史8』（小学館、二〇〇八年）

山本博文『寛永時代』（吉川弘文館、一九八九年）
横田冬彦『天下泰平・日本の歴史16』（講談社、二〇〇二年）
歴史学研究会他編『講座日本歴史5・6』（東京大学出版会、一九八五年）
歴史学研究会他編『日本史講座5』（東京大学出版会、二〇〇四年）

コラム1　「惣無事令」はなかった

一九七八年、藤木久志氏が提唱された「惣無事令《そうぶじれい》」は、喧嘩停止令、刀狩令、海賊禁止令などとともに豊臣政権の政策基調をなすものとされ、日本史辞典の項目や高等学校の教科書にも採用され、いまや定説となっている。

近年、この藤木氏の「惣無事令」について、年代比定を中心に様々な角度から批判がなされてきている。批判の中には「惣無事令」の存在を認め、それを前提に説を主張するものがある。一方、「惣無事令」はなかったとするもの、法令ではなく一つの政策とすべきとするものなど、ニュアンスは異なるが、「令」とすることに否定的批判も出されている。

そもそも「惣無事」という用語は、秀吉が創出した言葉ではなく、広く関東・奥羽を含む東国において、「和平」「平和」「和与」「一和」などとともに和睦を意味する言葉として、戦国期以降使用されたもので、西国では基本的に見られないものである。

天正一一年（一五八三）、家康は、「関東惣無事」を自らの手で実現することを秀吉に報じるが、この「関東惣無事」の対象は、小田原の北条氏と佐竹をはじめとする北関東の諸大名・諸領主の間の戦闘を停止させ、講和を実現することにあった。この時の家康による「関東惣無事」は容易に実現せず、秀吉は、その実現を家康に求めるが、その後、両者の関係は悪化し、小牧・長久手の戦いに突入する。

「関東惣無事」がふたたび登場するのは、天正一四年の家康の上洛、秀吉への臣従をうけて、秀吉がそれを家康に委任したときである。そこでは、小田原の北条氏と関東諸領主との戦闘を停止させ、そのことを通じて豊臣政権にそれらの諸領主を従わせることが課題であり、あくまでこの地域を対象とした個別的なものであった。

天正一五年、九州攻めを終えたあと秀吉は、「関東・奥両国惣無事」を宣言するが、これは天正一四年以来解決を見ない関東での戦闘停止と奥両国での争乱状態を止めようとしたものであったが、秀吉のこの意向は、強権的に東国の諸大名・諸領主に一斉に発せられたのではなく、家康や秀吉家臣の富田知信などと東国諸大名・諸領主との従前からの関係を通して、個別的に伝えられたに過ぎなかった。

天正一六年の伊達・最上・田村等の「和平」も、秀吉が天正一四年に発した「惣無事令」に基づいてなされたものではなく、この三者間の「無事」実現を、個別に家康に委任している。

すなわち、「惣無事」「無事」は、秀吉が、東国における和睦の一形態である「無事」を利用し、新たな地域あるいは諸大名や諸領主を自らの勢力下におくためにとった働きかけの一つの形態であり、強力な政権が一方的にそれらの領主に命じた「令」でも、その機能が永続的な「令」でもない。その意味で、「惣無事令」という「令」は存在しないのである。ゆえに「令」としたことで、秀吉の権力の強大さを過大な評価に繋げた「惣無事令」論は見直さなければならない。

秀吉の東国制圧への過程は、「惣無事」がすべての前提ではない。その過程の一つは、軍事的緊張を背景に、それを解消するものとして、例えば秀吉と上杉景勝、また徳川家康との関係が、「入魂」として成立し、さらに「人質」が送られ、さらに本人の上洛という段階を経て、秀吉への臣従が進むといったものである。

もう一つの過程は、秀吉が、秀吉と通交のない大名等に上杉景勝・徳川家康あるいは秀吉に随ったものを介して、景勝・家康らが持っている秀吉にとっては未臣従の大名等との「入魂」を手づるとし、それらの大名等の秀吉への臣従を働きかけ、それを実現させるものである。この過程は、景勝・家康からの大名等への働きかけにはじまり、それを介しての秀吉への使者派遣、人質提出、最終的には自身の上洛、そして領土確定という過程で進行し実現された。

「惣無事」「無事」はそうした過程のなかで、戦闘を繰り返し対立するものたちを、ともに豊臣政権に随わせるための介入方策の一つであり、決して「惣無事令」がすべての秀吉の統一政策の前提にあるのではない。その意味で、「惣無事」「無事」はあっても、すべての前提となるような「惣無事令」はないのである。

（藤井讓治）

第二章　近世の対外関係

1　国境を越えたモノの流れ

異国渡りの商品

更紗《さらさ》。異国渡りのこの木綿の布は、エキゾチックな模様やあざやかな色彩で、江戸時代人のおしゃれ心をくすぐった。ぜいたくが禁じられていたために、人々は、タバコ入れや袋物、風呂敷など身の回りの小物に仕立てたり、着物の下に着る合着《あいぎ》の衿や袖口にあしらったりして楽しんだ。一八世紀の後半には、『佐羅紗《さらさ》便覧』や『更紗図譜』という更紗の解説書が売り出され、譜代大名の彦根藩主井伊家は、四五〇種もの更紗の小布を一枚ずつ台紙に貼り付けた「彦根更紗」を蔵した。高価な舶来物に手が出ない者は、文様をまねた日本製の更紗で満足した。身分を問わず、年令を問わず、性別を問わず、更紗は広く愛される衣料品であった。

更紗の生産地は、インド。日本に持ち渡ったのは、主にオランダ東インド会社である。大航海時代、インドの綿織物は各地に輸出されるようになり、一七世紀初めには、日本人好みの模様に染めた更紗も見られるようになった。一九世紀に入り、インドでのオランダの権益がイギリスによって脅かされると、インド更紗はヨーロッパ更紗にとって代わられる。舶来の綿織物は、相変わらずの人気だった。

近世の人々の心をとらえた異国の衣料品は他にもある。生糸は、唐船《とうせん》と呼ばれる中国船が中国産を、オランダ船がベンガル（現・バングラデシュ）産の糸をもたらし、高級衣料の原料となった。中国から朝鮮を経由して入る生糸もあった。倹約令が出ても、国産化が進んでも、絹物を偏重する日本人の嗜好は近世を通じて変わらず、品質の良い中国生糸の需要は高かった。また、琉球からは芭蕉布《ばしょう》が、蝦夷地からは、樹木布で仕立てた筒袖の衣服アットゥシが入った。芭蕉布は汗をかいても肌につかないので暑い夏の着衣として好まれ、水に強いアットゥシは、東北地方で漁業に用いられた。

近世日本にあふれる異国渡りの品々は、衣料品に限らない。図2－1を見てみよう。実に様々な商品が日本に集まっている。砂糖は、船を安定させる底荷になるので、唐船・オランダ船の定番の輸入品であり、甘い菓子となって、日本人の胃袋を満たした。砂糖の輸出元は、中国や東南アジア。少し遅れて、琉球でも砂糖の生産が始まった。朝鮮人参は、対馬藩の求めに応じて幕府が品質の良い銀をわざわざ鋳造してまで輸入につとめたもので、薬効優れた生薬《しょうやく》である。朝鮮人参以外でも、各種の薬の原料には、中国産や東南アジア産の薬種が用いられた。また、蝦夷地から入る鮭は新巻鮭《あらまき》にされ、歳暮の贈答品として定着した。同じく蝦夷地の鰊は肥料に加工され、近畿や瀬戸内で、綿や菜種、藍など商品作物の栽培に使われた。現代の感覚からすれば意外かもしれないが、書籍も中国からの輸入品の目玉の一つであった。封建制の編成原理を支える学問として儒学を重んじた江戸時代、日本では儒教の本家中国の書物の需要は高かった。およそ舶来物は高価であり、購買層はおのずから限られていたが、とはいえ江戸時代人の消費生活は、海外との貿易に支えられていたと言えるだろう。

主力の輸出品

一六世紀の中頃、朝鮮から灰吹法《はいふき》という精錬技術が伝わった。従来よりも省力化・省エネ化された最新の技術であり、安価で良質な銀の生産が可能となった。石見から始まり、生野・佐渡・院内などの銀山が次々と開発され、日本は東アジア随一の銀の生産国となった。銀を求めて、ポルトガルとスペインが、少し遅れてオランダとイギリスが日本にやってきた。銀はインドや中国へと運ばれ、朝鮮や琉球もまた日本の銀を求めた。

しかし、やがて銀の生産は頭打ちとなり、一時、小判を輸出した時期もあったが、それらに代わる商品に成長したのが、一七世紀後半に生産の増大した銅であった。銅は中国で貨幣に用いられた他、アジア各地はもちろん、市場の動向を見てヨーロッパにも運ばれた。銅は銀に代わる長崎貿易の主要な輸出品となり、幕府はその流出に頭を悩ませた。

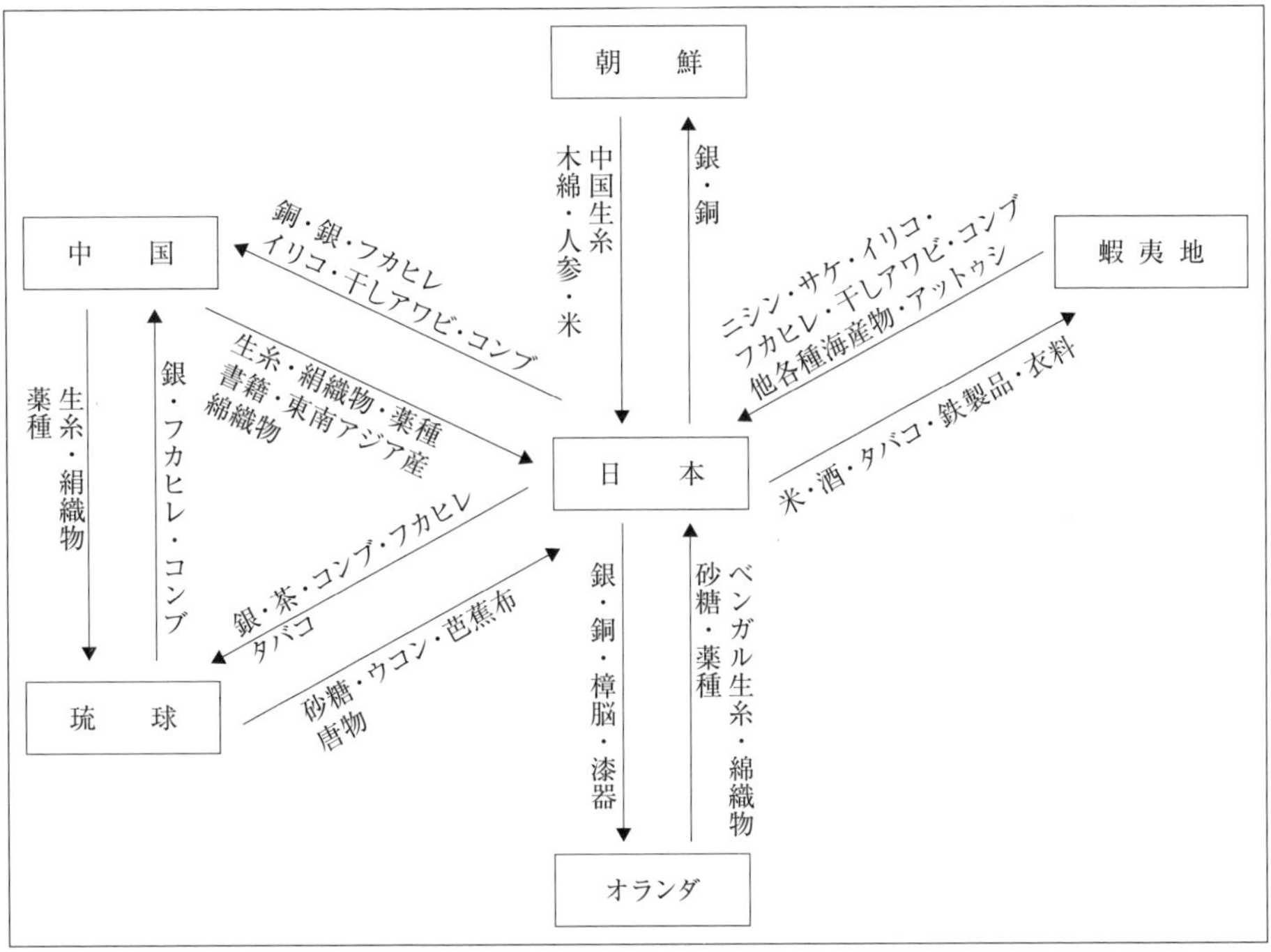

図2－1　国境を越えたモノの流れ

銅の次なる輸出品が、俵物《たわらもの》である。俵物とは、イリコ・フカヒレ・干しアワビの三つの海産物のことで、俵に包まれ中国に送られたことから、こう称された。他に、コンブやテングサなどの海産物も諸色《しょしき》として輸出され、中国で食材や薬用となった。異色なのは、近世日本の輸出品のほとんどが国産品であるのに対し、これら海産物商品は、蝦夷地が主な産地であったところだ。銀や銅に代わる輸出品として維持するために、幕府は、俵物の集荷体制を整え、商品の確保に力を注いだ。ちなみに、蝦夷地のコンブは、日本を経由して琉球に入り食卓を飾る一方で、琉球を経て中国にも届けられた。琉球から中国への輸出品には、日本製の銀もあり、琉球は、日本から中国への物資の流れを中継する位置にあった。

日本からの輸出品の中に、工芸品があったことも見逃せない。日本の漆器は、その優れた品質により、ヨーロッパで好まれ、漆器、あるいは漆塗りに似せた塗料を指して、japanの語が用いられた。蒔絵《まきえ》や螺鈿《らでん》をほどこした日本製の漆器は高価であったため、ヨーロッパでは、それには及びもつかない模造品が作られた。

四つの口

様々な種類とおびただしい量からなるこうした物資の交換は、どのように行われたのだろうか。日本人が行けたのは、朝鮮・琉球・蝦夷地に限られていたし、外国からやってくる船が、日本のどこの港にでも着岸できるわけではなかった。近世日本が外の世界へと開いた扉は、北から、松前・対馬・長崎・薩摩の地にあった。いわゆる四つの口である。

対馬藩が朝鮮に派遣する船の数は、一八世紀初め頃には平均八〇艘にのぼった。釜山《プサン》に置かれた倭館《わかん》での交易は、三つの要素から成っていた。第一が、対馬藩主が「進上」と称して朝鮮国王に献上品を進呈し、「回賜」と称して国王から藩主へ返礼の品が贈られる、儀式を伴う朝貢的貿易関係。第二が、朝鮮政府が銅など朝鮮で生産されない品を木綿で買い取る公貿易。第三が、朝鮮側の商人と対馬人との間でなされる相対取引である。進上と公貿易は渡航船一艘ずつに割り振られていた。時代が下がると、外交実務と貿易業務は分離されるが、こうした枠組みは近世を通じて維持された。

蝦夷地アイヌとの交易独占権を将軍から認められた松前藩では、上級家臣に交易権を知行として与えた。商場《あきないば》と呼ばれる交易場所一カ所に対して、交易権を持つ知行主は原則として一人。知行主は交易のための船を商い場に派遣したが、一八世紀に入ると、運上金の上納と引き替えに商人が交易を請け負う形態が一般化する。次第に、漁業の道具や加工のための設備などを蝦夷地に持ち込み、漁業を営む商人が増加し、アイヌの人々の中には、賃金を得て労働力を提供する者も見られるようになる。一九世紀前半には、蝦夷地内の交易拠点の数は六〇カ所にのぼっている。

薩摩に置かれた琉球館には、琉球王府の役人が常駐し、中国との進貢貿易で輸入した唐物《とうぶつ》や琉球産黒糖を販売した。日本人商人の琉球館への出入りは厳しく制限され、琉球から持ち渡った唐物の種類や販売額は、藩への申告が義務づけられていた。一方、那覇の薩摩仮屋《かりや》には、在番奉行が派遣され、琉球支配を担うとともに、琉球―中国間の進貢貿易を統轄した。薩摩藩は、中国貿易の資金である渡唐銀を琉球王府と折半して出資し、貿易利潤の獲得につとめた。薩摩―琉球間の物資輸送を担ったのは、薩摩藩が運航を認めた大和船と琉球王府の公用船である楷《カイ》船であり、近世後期には、ジャンク船風の馬艦《マーラン》船が加わった。

松前も対馬も、儀礼的関係を除けば、日本側から一方的に船を派遣する形であったのに対し、薩摩藩の場合は、琉球との間を相互に船が行き来した。

これら三つの窓口を直接管理統制したのは個別の藩であったが、長崎での貿易は、幕府が直轄した。長崎の港にやってくるのは、唐船とオランダ船に限られ、中国人は唐人屋敷、オランダ人は出島にのみ滞在を許された。中国人・オランダ人との貿易の一切を取り仕切るのは長崎奉行の下に置かれた長崎会所であった。

貿易統制

近世日本の消費生活は外国との貿易に深く依存しており、したがって国際貿易は、日本経済を左右する要因の一つであった。輸入を増やせば、主力商品の銀や銅の輸出が増える。銀と銅、そして金は江戸時代に通用した貨幣であり、金は東日本、銀は西日本を流通圏とし、銅銭が日常の小額貨幣として広く流通した。金と銀、そして銭との交換は日常的に行われていたから、国内の金銀銅の量は、貨幣の質や交換比率の変動に直結し、経済に混乱を引き起こす要因となる。しかし、だからと言って、輸入を抑えれば国内の物資が少なくなり物価は高騰する。近世初頭以来、幕府は、長崎貿易における輸出入のバランスをいかにとるかで、頭を悩ませた。

慶長九年（一六〇四）、徳川家康は糸割符《いとわっぷ》制度を始めた。商人が個々に取引をするのではなく、複数の商人が糸座を作って一括購入することにより値段を低く抑えつつ生糸を確保しようとするねらいで採用されたものである。これを皮切りに、幕府は、長崎貿易の統制をめぐり試行錯誤を繰り返した。その到達点が、正徳五年（一七一五）、七代将軍徳川家継のとき新井白石が実施した改革である。

正徳新例（海舶互市新例）と呼ばれるこの改革では、貿易額の上限が、唐船は銀六千貫、オランダ船は銀三千貫とされ、唐船に対しては、積荷の超過分を総額銀三千貫まで追加取引することが認められた。あわせて、唐船の輸出できる銀は丁銀《ちょうぎん》百二十貫目まで、銅は三百万斤までとされたため、これを超える取引については、俵物や諸色があてられた。オランダの銀輸出は寛文期に禁止されたままであったため、銅の持ち出しのみ百五十万斤までと定められた。唐船の入港数は三十艘に限られ、出帆地ごとに船数を定め、長崎での交易を公認する証明書として信牌《しんぱい》を発行した。オランダ船の入港数は、二艘とされた。また、すべての輸入品に対して、日本側が買い取り値段を提示する値組《ねぐみ》取引が導入された。

長崎での貿易額の総額を初めて制限したのは、貞享二年（一六八五）の定高仕法《じょうだかしほう》である。銀の流出を防ぐため貿易額の上限を定めたもので、正徳新例はそれを踏襲したものだ。ただ貞享令では、貿易額を上回る積荷は積み戻しされたため、密貿易の温床となった。そこで、積み戻しを減らすために、定高とは別に、銅や俵物・諸色で取引する代物替《しろものがえ》の枠が設けられ、結果として、貿易額の上限は倍近くにふくれあがった。加えて、代物替に銅があてられることになったため、今度は銅の流出が問題となった。こうした種々の課題を解決するため、正徳新例では二十三箇条にわたる細かい規定が作られ、これ以降、貿易額の減額などの変更を加えつつ、長崎貿易は原則として、これにのっとって行われた。

2　東アジアの中の近世日本

国境を越えたモノの流れのルートは、近世初期の国内統治や外交問題が複雑にからまりあい、段階的に整備され、できあがったものである。対外関係の窓口が松前・対馬・長崎・薩摩の四つの口に集約され、相手先もほぼ固定されたのは一七世紀前半のこと。東アジア世界との近世的な関係が構築される際に、大きな影響を与えたのは、豊臣秀吉の引き起こした朝鮮侵略戦争（文禄・慶長の役）である。

文禄・慶長の役

織田信長の死後覇権を握った豊臣秀吉は、インドまでも支配下に収める大帝国建設のプランを描いた。天正一三年（一五八五）の関白就任頃には、既に大陸征服が視野に入っていたという。家臣に充分な知行地を与え、秀吉への求心力を維持することが目的であり、朝鮮半島に派兵したのは、明遠征の道案内をさせようと考えたためであった。

文禄元年（一五九二）、日本軍は一気に攻め進み、漢城《ソウル》・平壌《ピョンヤン》をおとしいれる。しかし、明の援軍と朝鮮半島南部での義兵闘争、また、朝鮮水軍の活躍により形勢は逆転した。翌年五月から講和交渉が始まり、日本軍は朝鮮半島に駐屯したまま、文禄五年（一五九六）、明と朝鮮の使いが日本へと派遣された。当時の国際慣習では、講和使節の派遣は、派遣する側の降伏を意味した。ところが、使節が、朝鮮からの日本軍の完全撤兵を要求したために秀吉は激怒。さらに、朝鮮側が秀吉の求めに応じず朝鮮国王子を使節に同行させなかったことも秀吉を刺激し、交渉は決裂した。慶長二年（一五九七）、日本軍は再度出兵したが、苦戦を強いられ、最終的には、秀吉の死を契機に兵を撤収させた。

この戦争により、朝鮮半島では、耕地の大半が荒廃し、女性・老人・子供までもが殺戮の対象にされ人口も激減した。五、六万人を越える捕虜が日本に強制連行されたと言われる。朝鮮半島を蹂躙した秀吉の侵略戦争は、明と朝鮮の日本への警戒感を増幅させ、二国と日本との関係、ひいては琉球との関係にも影を落とした。

明から清へ　明からの使節を秀吉が追い返した後、公的な交通はあり得ないほどに、中国と日本の関係は冷え込んだ。当初家康は明との国交回復を望み、中国に国書を送ったり、慶長一四年（一六〇九）に島津氏の支配下に置かれた琉球王国を介して働きかけたりして、国交回復の道を模索した。しかし、日本に対する警戒を緩めなかった明は静観した。

中国北方に女真族の後金（後の清）が興ると、元和五年（一六一九）、日本との関係を安定させるべく、今度は中国側が日本に使節を派遣した。国交を回復する絶好の機会であったが、しかし、このときは、幕府が対等な立場での外交関係の構築を強く志向するようになっていたために、日本側が使節を拒んだ。日本が朝貢し、その恩恵として、国家の支配者として国王に認証されるという明の望む関係を、幕府は嫌ったのだ。

中国との外交関係の樹立を拒否する立場を、幕府が対外的に鮮明にしたのは、寛永一二年（一六三五）、朝鮮向けの国書である。この国書では、将軍の称号として「日本国大君《たいくん》」が採用された。これは、日本が中国側の求める外交関係の枠組みを受け入れず、独自の外交路線を選ぶことの宣言であった。

このように、中国の王朝と江戸幕府とが直接外交関係を結ぶことはなかった。ただ、唐船貿易は、明を滅ぼした清朝による全面的バックアップの下で展開した。銅銭を鋳造するための原料を確保すべく、民間の商人を募集して資金を貸し付け日本銅の購入を促進するなど、唐船は国策により維持された側面があった。また、中国や東南アジア各地に漂流した日本人漂流民の送還にあたっては、皇帝の命令を受けた地方行政官の指示の下で、貿易船が漂流民を日本に送り届けた。対する日本側も、貿易は、長崎奉行の管理の下長崎の町人で運営する長崎会所が行い、中国からの漂流民の送還は、長崎奉行が管轄し、唐船が漂流民を中国へ連れ戻った。長崎で行われた日中間の民間貿易は、国家意志のいわば緩衝材となって、両国の関係を維持する機能を果たしていたのである。

朝鮮王朝　中国とは外交関係を結ばなかったのに対して、日朝間では、日本軍が朝鮮半島から撤収したわずか九年後に、外交関係修復の動きが始まった。そして、慶長一四年（一六〇九）には、己酉約条が結ばれ戦争状態が終結。対馬から朝鮮に向けた派船が再開された。しかし、朝鮮側は国情を日本に把握されることを警戒し、かつてのように日本人が漢城《ソウル》まで出向くことを許さなかった。対馬藩は、釜山の倭館において、朝鮮国王への拝礼の儀式を行い、その見返りとして、藩や民間のレベルでの貿易が営まれた。一方、朝鮮からは、将軍の代替わりごとに外交使節が日本に派遣されるようになった。

朝鮮王朝からすれば、対馬藩の朝鮮国王への服属儀礼をともなってこその日朝関係であり、江戸幕府からすれば、朝鮮側から将軍のもとに使節が一方的に派遣されるところに意味があった。近世の日朝関係はこうした二重構造に最大の特徴があるが、近世初頭に対馬藩が手を染めた国書の改竄《かいざん》は、両国の思惑や幕府と対馬藩の立場の相違を象徴的に示す事件である。

対馬は山がちで農業生産力がきわめて低く、中世以来の権力者宗《そう》氏の存立基盤は朝鮮との貿易にあった。宗氏は日本軍に加わりはしたものの、朝鮮との関係が断絶したままでは、生きる術がない。朝鮮との貿易再開を働きかけたのは、宗氏であった。対する朝鮮にとって、日本は不倶戴天の敵である。しかし、戦後もなお続く明軍の駐留には、朝鮮側が膨大な経費をまかなわなければならず、荒廃した国土の復興を課題とする朝鮮には大きな負担だった。

対馬の貿易要求を受け入れることで、日本との関係を安定させ、明軍の撤収をはかり、当時活発化していた女真族の脅威にそなえようというのが、朝鮮側の思惑であった。一方、家康も、朝鮮との国交回復と使節派遣を望んでいた。対朝鮮交渉の窓口を対馬藩に任せることで、外交権が将軍にあることを示し、かつ、朝鮮からの使節を、幕府の権威の強化に利用しようとしたのである。

国交の回復という点で三者の思惑は一致を見たが、朝鮮側は、家康から国王に対してまずは国書を送付することを求めた。それは日本の降伏を意味し、これに対して使節を派遣する形であれば、朝鮮国内での名分が立つというわけだ。しかし、家康がその要求を受け入れるはずはない。対馬は、家康に代わって書状を作成。こうして派遣された使節に朝鮮国王が託した国書は、当然ながら、家康の書状に対する回答の体裁をとっている。帳尻を合わせるために、対馬では、朝鮮の国書も書き直された。

その後も何度か行われた国書の改竄は、柳川一件と称される対馬藩のお家騒動によって白日のもとにさらされた。幕府は、外交文書の作成にあたる以酊庵《いていあん》を対馬に置いて再発を防止する手を打った。ただ、国書改竄に当たった家臣を処罰するにとどめ、対馬藩自体の責任を問うことをしなかった。幕府は、対馬藩が媒介する日朝関係の二重構造を知りつつ、両国間の安定的な関係を維持すべく、その要の位置にある対馬藩を温存したのであった。

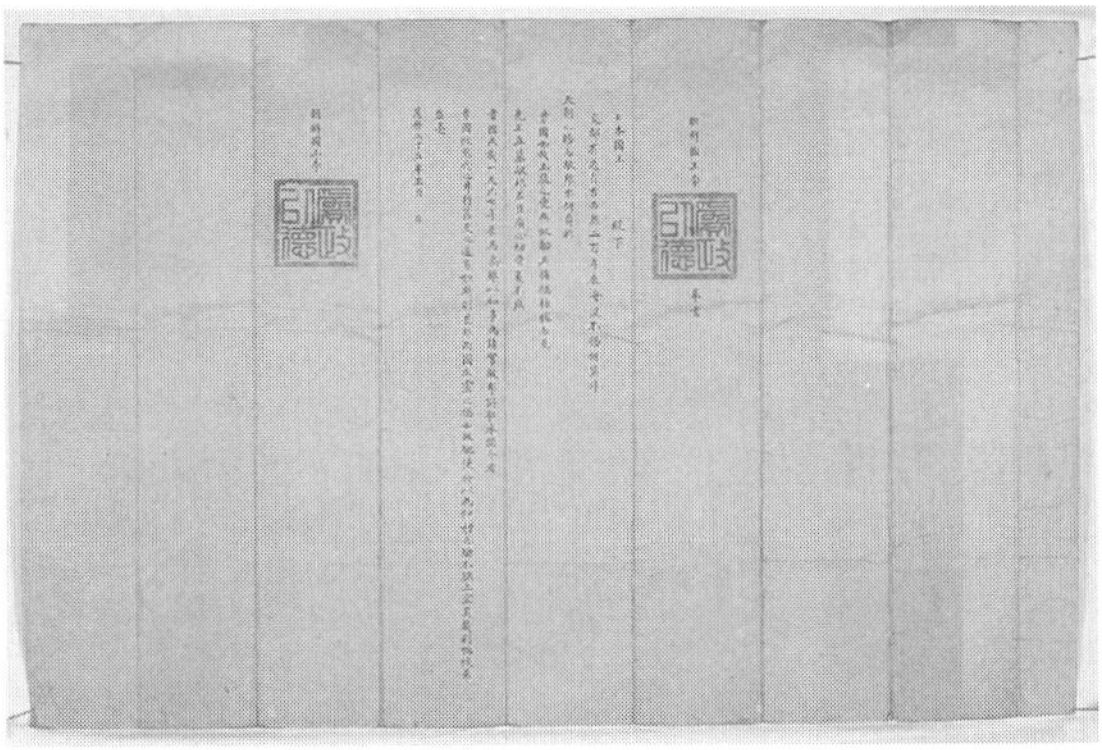

図2－2　改竄された朝鮮国王国書
（万暦35年〈1607〉正月日）（京都大学総合博物館蔵）

琉球王国

琉球王国の最盛期は、一五世紀から一六世紀にかけての時期である。明朝に朝貢し、その後ろ盾により、中央集権的な国家を形成する一方、明が私貿易を禁止する海禁政策をとる中、南はシャム・安南・マラッカなどの東南アジアから、北は日本・朝鮮まで船を派遣し、各国の産物を仲介する中継ぎ貿易で成長を遂げた。大航海時代のヨーロッパの地図を見ると、日本の存在は曖昧《あいまい》であるのに対して、琉球は大きく、位置もほぼ正確に把握されている。この時代、ヨーロッパには、日本よりもむしろ琉球の方が親しみのある存在であった。

琉球王国にとって貿易相手国の一つに過ぎなかった日本との関わりが、大きく転換する契機となったのは、文禄・慶長の役である。秀吉は、琉球王国と親交を持っていた戦国大名島津氏を介して、この戦争のための負担を求めた。秀吉の書状の形式は、朝鮮と同じ扱いになっており、この時点では、外国に対する協力要請という意味合いが強い。琉球側は、中国に日本の動向を伝える一方で、兵粮米を供出した。

琉球王国に対する支配の度合いを大きく深めたのが、慶長一四年（一六〇九）の薩摩藩による琉球出兵である。その七年前、家康は、琉球の船が伊達藩領に漂着した事件をとらえて、漂流民の送還に対する謝礼のための使節派遣を琉球王府に求めた。明との国交回復を琉球に仲介させるねらいがあった。以降、再三使節派遣を求めたにもかかわらず琉球が応じなかったために、島津氏は出兵を計画し、家康はそれを認めた。四月一日、首里城は陥落。家康は琉球を島津氏の領地と認め、統治を命じた。薩摩藩は検地を行い、琉球の生産高を把握し、琉球に対して、芭蕉布三千反、上布六千反の上納を命じた。琉球側は、王の就任や王府の高級官僚三司官の任命などに関して、薩摩側の意向をうかがうなど、日本による琉球支配は、この侵攻を契機に強化された。

しかし、以上のような側面だけを見ていても、近世の琉球の本質はとらえきれない。琉球は、対外的には独立した国家として、中国への朝貢を近世を通じて継続したのである。これは、薩摩藩の意向に添うものでもあった。そもそも薩摩がなにゆえ琉球侵攻を企てたかといえば、朝鮮出兵や関ヶ原の戦いなど相次ぐ合戦による財政の逼迫を、琉球の中国への進貢貿易を抱え込むことにより打開しようというところに最大のねらいがあった。島津氏が琉球に求めたのは、中世以来の中国との貿易の継続であり、そのためには、日本の支配を隠蔽する必要があった。琉球が独立の国家として存在することが、島津氏の琉球支配の目的にかなうという、逆説的な関係にあった。

一方の中国は、琉球が日本の支配下に置かれており、琉球からの中国への働きかけにも日本側の意向が強く働いていることを察知しながら、それを正面から問うこともなく、琉球の朝貢を受け入れた。琉球の朝貢を拒否することで、日本側を刺激することを避ける意向が働いたものと考えられる。

当の琉球は、薩摩藩の領分としての位置を日本側から与えられながらも、中国との関係において、政治的・外交的主体性の回復を志向した。それと歩調をあわせるように、王朝や外交の歴史を振り返る書物の編纂が始まり、琉球王国としての自意識を高める契機となった。絵画や陶芸、染色といった美術工芸や音楽や踊りなどの芸能も発展し、一七世紀から一八世紀にかけての時期は、琉球王国の独自性が育まれた時代であった。

朝鮮と琉球の使節

朝鮮から日本に派遣された使節は、全部で一二回。偽造された国書に対して派遣されたときの使節の呼称は、回答兼刷還使であったものが、四回目からは、通信使へと変わった。対馬から瀬戸内海を通って、大坂で上陸し、中山道を通り、江戸へというルートであった。使節の通る道筋では、大名から庶民までを動員した盛大な接待が繰り広げられた。粗相があっては日本の恥という意識の下で、周到な準備をして、使節の通行に備えた。

一方の対馬藩は、朝鮮に頻繁に使節を派遣。将軍家や朝鮮国王、宗氏、それぞれの代替わりや誕生、即位、あるいは、通信使の招聘など、様々な機会をとらえ、年間五〇〇人を超える人員が釜山に赴いた。ただ、そうした実態は日本国内には見えず、朝鮮から将軍のもとへ使節が遣わされることが、日本人に強い印象を残した。

寛永期以降、朝鮮からの使節は将軍が代替わりして三年後に派遣されるのが恒例となっていた。しかし、徳川家斉の将軍就任時には、延期が決められた。そして、久々に来日した文化八年（一八一一）の使節は、江戸まで上ることなく、対馬で将軍への拝礼儀式が行われた。易地聘礼と呼ばれたこの時を最後に、朝鮮から使節が派遣されることはなくなった。

朝鮮使節の受け入れの延期や簡略化は、凶作や飢饉のために沿道の大名や領民が疲弊し、巨額の費用負担の生じる通信使の受け入れは困難と判断した結果であった。ところが、こうした見直しにあたっては、使節の行列が掲げる旗に日本に対して無礼な文字が書かれているとか、朝鮮は千年もの間日本に服属した国であるとか、それまで盛大に行っていた使節への応接の簡略化を正当化するために、朝鮮を一段下に見るような論理が持ち出された。対する朝鮮にとっても、使節派遣の延期や停止は、時宜にかなったものであった。そもそも使節派遣の要請に応じたのは、文禄・慶長の役で日本に対する警戒感を募らせた朝鮮にとって、日本の動静を直接把握できる得難い機会であったし、北の女真族からの圧力が拡大する中、南の日本との関係を安定させておきたいという、政治的意図が働いたからであった。一八世紀後半には中朝関係は安定し、朝鮮も洪水や干ばつに見舞われ国内の疲弊が著しく、使節派遣の必要性は軽減していたのである。両国の思惑が一致して、近世後期以降、二国間の関係の中で外交的要素が希薄化していく方向にあった。

将軍権威の高揚に一役買った異国の使節としては、他に琉球から遣わされる謝恩使・慶賀使がある。琉球からの使節は、朝鮮使節を参考にしながら、行列人数・献上物が決定された。将軍・国王の代替わりに江戸まで赴いた使節は、寛永一一年（一六三四）から嘉永三年（一八五〇）まで、全部で一九回を数える。通信使と同様、中山道を通り、江戸までのぼった。

使節の立ち寄った土地での応接の実態は、朝鮮と琉球とでは微妙に異なっている。例えば、朝鮮使節を迎える準備は一年前から始めるのに対して、琉球使節は二カ月前から。朝鮮国王への将軍からの贈り物は「江戸よりの御献上物」として運ばれるのに対して、琉球国王へのそれは「御拝領物」であるなど、使節の通行は、近世日本が唯一対等な立場で外交関係を結んだ独立国家朝鮮と、幕藩権力の統治権が及ぶ地域である琉球王国の位置づけの相違を肌で感じる機会でもあった。

蝦夷地アイヌ　現在の北海道の大半は、江戸時代には蝦夷地と呼ばれ、国家という組織や制度を持たない地域であった。主にアイヌ語を話す人々が、蝦夷地、カラフト南部、千島列島に居住し、熊送りに代表される独自の信仰世界を持っていた。アイヌの人々は、居住分布に照応するように、南は日本へ、北はカラフトから中国へ、東は千島からロシアへと交易活動を展開した。

ソウヤなど北部に住むアイヌの人々の中には、カラフトから大陸に入り、アムール川中流域に居住する人々と山丹交易を行うものがいた。清朝の辺民政策が展開する中で、清朝の役所に貢納し、アムール川とソウヤとを結ぶ交易に従事するカラフトのアイヌもあらわれた。一方、千島は、古くからラッコの産地として知られ、良質の鷲羽がとれた。日本との交易にあてるため、蝦夷地のアイヌが千島に出向き、狩猟・交易活動を展開した。一八世紀後半以降は、ロシアの東方進出に伴い、ロシア産の織物が交易品に加わった。南に位置する日本との緊密な関係を象徴するのは、十三湊《とさみなと》（青森市市浦村）である。津軽安藤氏の拠点であったこの港湾都市からは、中国産や国産の陶磁器が出土し、中世段階に展開した大陸まで広がる交易の跡が明らかにされている。

十三湊が交易港として栄えた頃、本州から津軽海峡を渡り、渡島半島に定住する者も増加した。やがて、複数の土豪的な武装集団が成長し、館《たて》と呼ばれる構築物を作り勢力を争った。その中で覇権を握ったのが蠣崎《かきざき》氏であった。天正一八年（一五九〇）、蠣崎慶広《よしひろ》が秀吉と謁見。「狄《えぞ》の島主」として迎えられ、文禄・慶長の役には、蠣崎氏も参陣した。蝦夷地が北高麗《きたこうらい》＝オランカイ（韃靼《だったん》）に続いていると考えていた秀吉は、文禄二年（一五九三）の慶広との再度の謁見を喜び、朱印状を発給した。朱印状の中身は、往来する船から租税を徴収する権利を保障するというものであった。北海道島に、統一権力と結び付いた日本側の拠点が形成された瞬間である。

慶長四年（一五九九）、慶広は家康に謁見し、北高麗の様子を尋ねられている。松前氏への正式な改称はこのときとされる。その五年後には、参勤していた慶広に対して、黒印状が発給された。他の大名のように領地を与えられるのではなく、蝦夷地アイヌとの交易独占権を保証するという内容であった。他の大名と比べると、処遇に例外的な部分は少なくなかったが、松前氏は最北の大名として幕藩権力の中に位置づけられていた。大陸の動向を念頭に置き、その備えのために置かれた大名であった。寛永一〇年（一六三三）、三代将軍徳川家光のとき、巡見使が派遣され、渡島半島の南西端を中心とした日本人の居留域＝和人地の範囲が確定される。これを機に、自由往来をしていたアイヌは、和人地に自由に入ることを禁じられた。

松前藩の拠点は和人地にあり、蝦夷地内に松前藩の役人が常駐することはなかった。藩主の独占品であるラッコなどの軽物交易のため上乗役《うわのりやく》が交易船に乗り込み、蝦夷地に出向いた際に、法度を読み聞かせ、地域の有力者と面会する儀礼（オムシャ）を行った。逆に、アイヌの中には、松前藩主と謁見するウイマム儀礼のため、和人地に出向く者もあった。シャクシャインの戦いやクナシリ・メナシの戦いのように、和人とアイヌとの間になんらかの事件が起こった際には、松前藩は軍事的な介入を行ったが、「夷のことは夷次第」を原則とする不介入の立場をとっていた。

3　西洋と日本

鎖国論

「鎖国」という言葉は、一九世紀の初頭に、蘭学者志筑忠雄《しづきただお》が作った造語である。元禄期にオランダ商館の医師として日本に滞在したケンペルの『日本誌』という書物の附録の中から、「日本国を現在のように閉鎖して、国民が国の内外いずれを問わず他国の人と通商を行なうことを許さないことが、日本国民のために有利なりや否やの研究」（現代語訳）というテーマの論文を抄訳した際に作ったものだ。

元禄時代の繁栄ぶりを目にしたケンペルは、この論文の中で、奇跡の国として近世日本にきわめて高い評価を与えている。諸国の通交が神の意志であるにもかかわらず、国を鎖した近世日本は、自給自足の経済体制の下で国内流通を発展させ、いくつもの都市が繁栄し、法の行き届いた平和で豊かな国家を実現している、というのだ。ケンペルは、日本と琉球・朝鮮・中国との関わりには触れており、したがって、「日本国を現在のように閉鎖」した状態が、オランダ以外のヨーロッパ諸国との関係において意識されていたことは明らかである。

興味深いのは、志筑が、ロシアの接近に触発されてこの本を翻訳したところだ。志筑はあとがきで、「鎖国の一件、元よりこれ大に義あり利あるの務たり」というケンペルの結論を踏まえ、あえてロシアと貿易する必要はない、と結論づけている。ロシア使節ラクスマンによる通商要求にいかに対応すべきか。志筑は、その問いに対する回答を、ヨーロッパ人の著述の中に探り、日本がヨーロッパに対して国を鎖すことの妥当性を主張したのであった。

ケンペルが、国を鎖していると評したヨーロッパとの近世的関係は、どのように形成されていったのだろうか。まずは前提として、近世初頭の日本をとりまいたヨーロッパ勢力を概観しておこう。

一七世紀初頭のヨーロッパ勢力

いち早く東アジアに進出を果たしたのは、ポルトガルである。ヴァスコ・ダ・ガマが喜望峰をまわりインド洋に到達したのが、一四九八年。ゴア・マラッカに進出し、一五五七年には、倭寇鎮圧への協力の代償として、マカオ居住が認められ、ポルトガルと明との貿易が始まった。ポルトガルにやや遅れて、この海域に現れたのが、スペインである。一五七一年にマニラを占領し、拠点を築いた。

これらヨーロッパ勢力を支えたのは、中国への銀の供給であった。ポルトガルは、日明勘合貿易の途絶後、中国生糸と日本銀を仲介する役割を果たし、スペインは、メキシコのポトシ銀山の銀を太平洋を越えて持ち込み、大陸の絹・陶器と交換する貿易ルートを開いた。彼らは、これらの産物を東洋各地で交換し、自国の必要とする品を得て母国にもたらすなど、二重三重の仲介貿易を展開したのである。

関ヶ原の戦いの後覇権をにぎった徳川家康は、東南アジア諸国に対して、数多くの国書を送った。これらの書簡は、海外に向けて、家康が日本の統治者であることを知らせるところにその目的があった。同時に家康は、自分の朱印を押した渡航許可証を発行し、東南アジアに向け、積極的な貿易活動を展開した。日本の海外渡航が原則として禁止される寛永期までのほぼ三〇年間に、海を渡った朱印船は三五六隻にのぼる。朱印船の出資者には、大名やヨーロッパ人も含まれていた。

ここに参入したのが、オランダとイギリスである。慶長五年（一六〇〇）、オランダ船リーフデ号が豊後臼杵《うすき》に漂着。その乗組員であったウィリアム・アダムスとヤン・ヨーステンが、家康のブレーンとして重用され、両国との貿易の道が開かれた。オランダ東インド会社の船は、慶長一四年（一六〇九）に平戸へ来航し、オランダ連邦共和国総統の国書を携えた使節が駿府の徳川家康のもとに送られ、家康の国書と交換した。イギリス東インド会社の船は、その四年後に来航し、オランダ・イギリスともに、平戸に商館を建設した。

オランダ・イギリスの両東インド会社は、本国政府によって種々の特権をあたえられた東インド植民のための国策会社であるが、一面では貿易企業体であった。貿易と布教とを不可分のものとして展開したポルトガル・スペインとは対照的に、貿易利潤の追求を第一義とし、キリスト教布教を行わないところに特徴があった。

一七世紀初頭の東アジアは、ポルトガルとスペイン、オランダとイギリス、それに中国人海商と日本の朱印船貿易家が、貿易の利をめぐってせめぎあう世界であった。

禁教と貿易制限　最初の禁教令から五〇年余り。キリスト教を排除するために、貿易を制限するという枠組みが完成するまでには、長い道程があった。

日本で最初の禁教令は、天正一五年（一五八七）の伴天連《バテレン》追放令である。天文一八年（一五四九）にザビエルが鹿児島に上陸し、初めて伝導して以来、キリスト教は一気に広がった。一七世紀初頭の信者数は七〇万人とも言われる。九州を平定し、天下統一をほぼ成し遂げた豊臣秀吉がバテレンの追放を命じた背景には、長崎がイエズス会に寄進され異国人の所有となっていたことを認めず、また、イエズス会が掌握していた長崎の生糸貿易の主導権を奪うねらいがあった。

家康も、早くからキリスト教への警戒心を持っていたが、禁止の態度を明確に打ち出したのは、慶長一七年（一六一二）から翌年にかけて、まず幕府直轄領、次いで全国に向けて出した禁教令である。これより前の慶長一六年（一六一一）、家康は、京都二条城で秀吉の後継秀頼と謁見し、徳川氏の優位をアピールするとともに、二代将軍秀忠の命令を守ることなどを命じた法令三ヶ条を西国の諸大名に示し、遵守を誓約させた。東国の大名も、翌年二月には誓詞をあげさせられている。この三ヶ条では、将軍家の法度に背いたものを領内にかくまったり、家臣としてかかえたりしないことが求められており、禁教令の発令以降、大名がキリシタンの武士を領内に置けば、それは将軍への反逆を意味することになった。江戸幕府の出した最初の禁教令には、将軍による大名統制を強める意図が働いていた。

ただ、これらの禁教令にあまり効果はなかった。ポルトガルとスペインとの貿易は布教と一体のものであり、貿易の継続はすなわち布教の継続であったからだ。秀吉にせよ、家康にせよ、両国との貿易を止めることはしなかったため、キリスト教対策は、おのずから不徹底なものとならざるを得なかったのである。

禁教政策を推し進めるために、貿易そのものを制限する方向へと転換したのが、秀忠である。彼は、元和二年（一六一六）八月、薩摩藩に対して、キリシタンを領内から一掃するとともに、ポルトガル・イギリスの船はキリシタンなので、領内での取引を許さず、長崎・平戸へ回送させるよう求めた。その五年後には、秀忠は、オランダ・イギリスに対して、日本人を乗船させ国外へ連れ出したり、武器を輸出することを禁じ、元和一〇年、スペインと断交するにいたる。家康没後の政権を盤石にすべく、秀忠は、対象を武士から庶民へと広げ、苛酷なキリシタン弾圧を行うとともに、布教のルートそのものを掌握し、幕府の統制下に置く挙に出たのであった。

秀忠の政策は、三代将軍家光に引き継がれた。寛永八年（一六三一）、東南アジアで朱印船への乱暴が頻発し、将軍権威が傷つけられていることを重く見た家光は、朱印船が宣教師潜入の手だてになっていたこともあいまって、老中奉書を発給された船以外の海外渡航を禁じ、その四年後には、日本船の海外渡航と在外日本人の帰国を全面的に禁止した。そして、寛永一四年（一六三七）に島原の乱が起こると、その二年後、布教のための密航ルートになっていることを理由に、ポルトガル船の来航を禁止した。

こうして、スペイン、朱印船、そしてポルトガルが排除された。イギリスはオランダとの争いに負けて既に自発的に撤退していたので、残るヨーロッパ勢力は、オランダのみとなった。

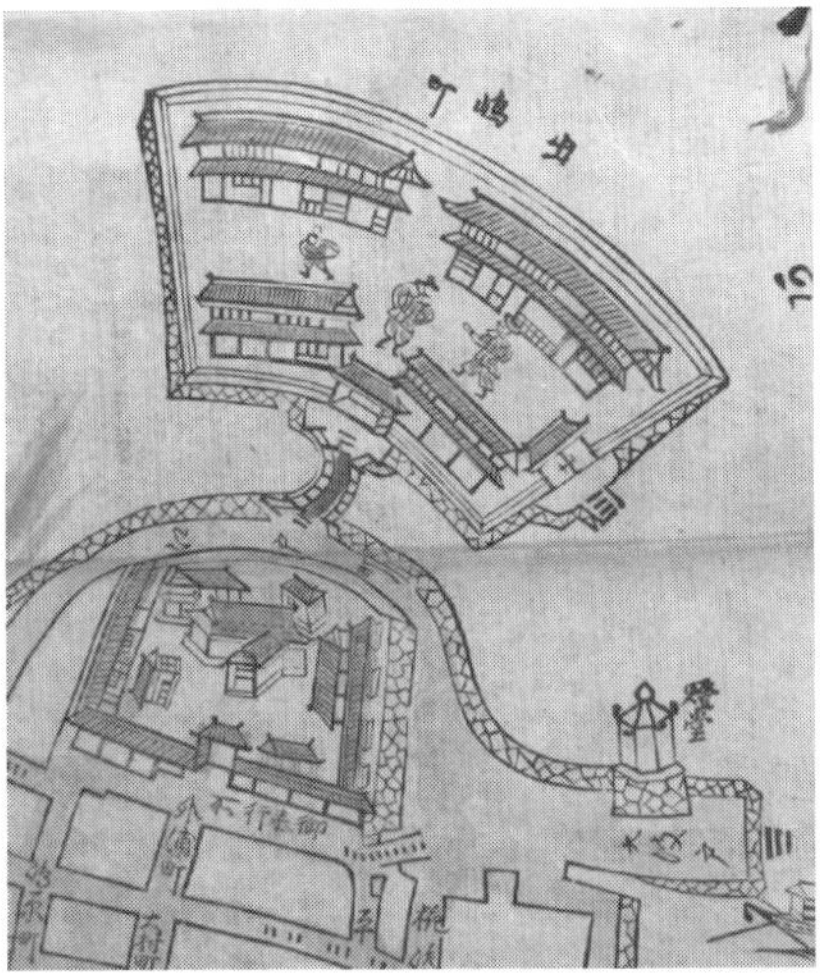

図2－3　出島
「新板長崎絵図」（京都大学文学部蔵）

オランダ商館

当初ポルトガル人を収容する目的で建設された出島は、オランダ人の住居となった。周囲五二〇メートル余り、面積四千坪弱の扇形の築島には、オランダ商館が置かれ、商館長以下一五人ほどの職員たちが常駐。荷揚げから取引まで、貿易取引の一切がここで行われた。一八世紀には、六五棟の建物が確認できる。出入りは厳しく監視され、鑑札を与えられたものだけが近寄ることができた。

商館長は、商館での取引・庶務・会計すべてについて、総督府に対して責任を負う代表者であり、毎年、歴代商館長が将軍を訪問、拝謁した。寛永一〇年（一六三三）以来、嘉永三年（一八五〇）まで、一六六回を数えた。西洋の人間がわざわざ将軍のもとへ謁見に出向くこの江戸参府は、朝鮮や琉球からの使節と同様、将軍権威の向上に一定の効果があった。

オランダ船の来航時には、オランダ風説書が作成され、幕府に送達された。延宝五年（一六七七）に制度化されたもので、ヨーロッパ・アジアの戦争や平和、国王の即位や死去など各種の情報を提供した。オランダに都合の悪いことは盛り込まれないなどの問題ははらみつつも、幕府にとっては、世界の情勢を知る貴重な手がかりであった。風説書のみならず、オランダ商館を経由して入る学術的な知識も、近世後期以降の外交において重要な意味を持った。享保五年（一七二〇）、八代将軍吉宗のとき、天文学・暦法に関心を持ち、実用的学術の導入に積極的であった彼は、漢訳された洋書輸入の制限を緩和した。漢訳洋書は、西洋の学問を親しみのある漢語で学ぶことができるため、オランダの書物を学ぶ参考書として重宝された。また、貿易実務を主な任務としていた長崎のオランダ通詞の中から、学術書を読み解く能力を備えた者があらわれるとともに、江戸でも、オランダ語に通じた学者が育った。一八世紀後半には、『解体新書』をはじめとして、医学・天文学・物理学・科学・博物学などに関わる各種の専門書が翻訳され、オランダ語を読み解くための辞書も編纂された。この時期は、蝦夷地への第三の勢力の接近が伝えられたこともあり、その勢力の実態解明のため、蘭書から世界地理を学ぼうとする動きも加速した。

西洋学問の受容は、中国を相対化するまなざしを育むことになった。一七世紀初頭における中国の政治体制の、明から清への変化は、周辺地域において、中華を価値の源泉とする華夷観念の相対化という現象を引き起こし、日本では、華夷変態と表現された。蛮族の一つたる北狄が中華をのっとった中国は、もはや中華ではないというわけだ。一八世紀初め頃には、中華の概念は、特定の国や国土から切り離され抽象化が進んでいたが、一八世紀後期には、西洋地図に記載されるCHINAの訳語「支那」を用いて中国を表現する蘭学者があらわれる。蘭学の普及に功の大きかった大槻玄沢は、「支那は一辺に僻在せるに、独り中国と称す」とのべ、中華意識の独善性を批判するにいたっている。

鎖国観念の確立と「鎖国」体制の維持

ヨーロッパに対して国を鎖すという意味での「鎖国」という概念が成立したのは、志筑の「鎖国論」以降だが、幕府には、それにやや先んじて、「鎖国」的な体制を意識する機会があった。ラクスマンの来航がそれである。

一八世紀後半以降、蝦夷地近辺への第三勢力の進出は取り沙汰されていたが、それが、ロシアという新興の帝国が拡大した結果であることを、日本側がほぼ理解するにいたるのは、天明頃のことである。そして、寛政四年（一七九二）、ロシア皇帝から使節が派遣された。大黒屋光太夫《だいこくやこうだゆう》ら漂流民を連れてラクスマンが来航したのである。貿易の開始を求めるラクスマンに対して松平定信が示した回答は、日本は決まった国以外との貿易をしないのが国法である、というものであった。秀忠・家光の時代に実行されたのは、ポルトガル・スペインとの断交であって、オランダだけが貿易相手国として残ったのはその結果に過ぎない。定信は、オランダ、そして、中国・朝鮮・琉球以外の国とは貿易していない時代が一五〇年余り続いた歴史を、日本の国法としてとらえかえしたのであった。

表向きは要求を拒絶しつつ、しかし定信は、場合によってはロシアとの貿易を始めることも視野の中に入れていた。ところが、文化二年（一八〇五）、定信がラクスマンに与えた入港許可証を持って長崎に来航したレザノフの再度の貿易要求を、幕府は完全に拒絶した。オランダ・中国・朝鮮・琉球以外の国との関係を絶つのが祖法だから、というのがその主張であった。定信が国法ととらえ、ケンペルが「鎖国」と評した近世日本の対外関係の枠組みは、レザノフへの回答において、江戸幕府始まって以来の変更の許されない制度として定置されたのであった。

こうして実態化された「鎖国」体制は、外国船の撃退という強硬姿勢に支えられていた。正保期以降、沿岸部での紛争が国威を傷つけることを恐れ、来航した異国船には穏便に対応し長崎への回航を促すことが原則とされていた。こうした温和な姿勢が強硬策に転じたのは、寛政三年（一七九一）のこと。ロシアの進出が取り沙汰された時期である。日本海側に出没する異国船を警戒してこの年出された異国船取り扱い令は、異国船が臨検を拒否した場合は、船も人も打ちくだくよう命じたものである。ポルトガルとの断交の意思を断固として示すため、来航したポルトガル船を焼き払い乗組員を殺害した寛永段階に復する措置であった。

レザノフの要求を受け入れないことを決めた幕府は、文化三年（一八〇六）、ロシア船の再来を見越して、寛政三年令を一部変更した。相手の出方次第で打ち払うという規定は残されたが、ロシア船には穏便に対応し出帆を促し、漂流船に間違いがない場合は食物や薪水《しんすい》を与えるよう命じた。しかし、日本側の対応に不満を抱いたレザノフ一行は、エトロフ・カラフトの日本人施設や近海の日本船を襲撃した。文化露寇事件と呼ばれるこの紛争への報復として、幕府は文化三年令を変更。文化四年にはロシア船の打ち払いを命じた。「鎖国」を維持する目的のためには、実力行使による外国船の排撃をも辞さない強い姿勢がここに初めて示されたのであった。

この法令から四年後、幕府は、クナシリ島で測量中のゴロウニンを拘留。ロシア側も高田屋嘉兵衛《たかたやかへえ》の船を拿捕し対抗した。交渉の過程で、文化露寇事件がロシア政府の関知しない私的な事件であったことをロシア側が説明・謝罪し、双方が人質を返還し事件は決着した。ナポレオン戦争の影響でロシアの注意がヨーロッパに向けられたこともあり、緊迫したロシアとの関係はいったん安定した。

打ち払いの対象が、異国船すべてに拡大されるのは、文政七年（一八二四）である。産業革命の進展に伴い照明や機械の潤滑油に用いられる鯨油《げいゆ》の需要が高まったことを背景に、イギリス・アメリカの捕鯨船が日本近海に頻繁に出没し、上陸する者まであらわれたためであった。日本側の強硬姿勢をオランダを介して諸外国に知らせ、接近を回避させるところにその目的があったとされるが、天保八年（一八三七）には、浦賀に来航したアメリカの商船モリソン号を、実際に打ち払うという事件が起こった。

漂流船も含め異国船をすべて打ち払うことにより「鎖国」体制を維持する体制は、アヘン戦争の勃発を機に一変する。東アジアの帝国たる清がイギリスとの戦争で敗北し、イギリスの次なる目標が日本であるとの情報を得た幕府は、天保一三年（一八四二）、ヨーロッパ勢との直接衝突が戦争へと展開しかねないことを恐れ、打ち払い令を停止。漂流船には欠乏品を提供することを定めた文化三年令に戻すとともに、老中の中に海防掛を置き、西洋式に軍備を積極的に導入するなど沿岸防備を本格化させた。

この時期になると、商船や捕鯨船ではなくフランス・イギリス・アメリカの軍艦が長崎や浦賀、下田に相次いで来航し通商を要求した。日本側の制止を聞かず測量を行ったり、横暴を働くこともあった。文化三年令は、相手次第で打ち払うことも命じていたが、幕府は有効な手だてを講ずることなく、アメリカ使節ペリーとロシア使節プチャーチンの来航の時を迎えた。

安政元年（一八五四）、幕府がアメリカ・イギリス・ロシアとの間で締結した和親条約は、日本が最初に結んだ近代的条約であり、片務的最恵国待遇が盛り込まれた不平等な条約であった。圧倒的な軍事力の前に屈伏を余儀なくされた面は否めない。とはいえ、「鎖国」という観点からみれば、通商を棚上げにして、開港地に寄港した船への薪水や欠乏品の供給や遭難船員の救助の規定にとどめたこの条約は、文化三年令の延長線上にあるといえ、幕府が「鎖国」体制を瀬戸際で維持した条約と評することもできよう。

近世後期の蝦夷地と琉球

近世後期におけるヨーロッパとの関係の変化は、日本と東アジアとの関わりに影響を与えた。直接の影響が及んだのは、蝦夷地との関係である。ロシアの接近により、ロシアと日本の狭間にある境界領域として浮上した蝦夷地に対しては、一八世紀末以降、積極的な囲い込みが図られた。まず寛政一一年（一七九九）に、千島列島でのロシアの動きに対応すべく、東蝦夷地が幕府の直轄とされ、文化期にカラフトが紛争地となるに及んで、全蝦夷地が幕領化された。松前藩を介して蝦夷地・アイヌとの関係を取り結ぶ、近世初頭以来の体制を変え、箱館や松前に遠国奉行を置き、蝦夷地政策を管掌させた。

これを機に、蝦夷地内各地に役人の常駐する会所が設置され、アイヌの人々に対する政治的支配が本格化した。日本の支配下にあることを象徴的に示すべく、勧農や同化政策が採用されたが、アイヌ独自の文化を軽視した独断的政策が受け入れるはずはない。文化露寇事件の際、エトロフのアイヌは日本人と共に戦うことなく避難し、幕府に衝撃を与えた。蝦夷地の囲い込みを正当なものとして対外的にアピールするには、先住者たるアイヌの人々の人心掌握が不可欠であり、幕府はその支配をめぐり試行錯誤を繰り返した。

幕府は蝦夷地直轄に際して、エトロフを蝦夷地警備の最前線基地とし、幕府役人や東北諸藩の藩兵を在勤させた。しかしこの島は、既にウルップに居をしめていたロシア人に対峙するために、直轄を契機に初めて日本との通路が開かれたに過ぎず、紛争の発生など不測の事態が生じた場合には、撤退もやむなしというのが幕府の立場であった。ロシアと蝦夷地上で国境を接する事態を何より恐れた幕府にとって、死守すべきは和人地と陸続きの蝦夷地であり、クナシリ・エトロフは、その外郭の位置にあった。

日露和親条約では、この直轄策が功を奏し、エトロフまでを日本の領域とする条項が盛り込まれた。一九世紀以降、「鎖国」観念の生成・普及と歩調を合わせつつ、その閉鎖的なイメージとは裏腹に、近世日本の領域を大きく拡大する動きが進んだといえよう。

一八四〇年代に入ると、ヨーロッパ勢は琉球王国にも急接近した。フランスやイギリス船が来航し、貿易を要求しただけでなく、宣教師を琉球に残し置くなど、日本国内であれば到底考えられないような状況が生じた。しかし、日本の対応は、蝦夷地に対するそれとは対照的であった。

琉球の対応は、貿易を拒否する姿勢で一貫し、外国人の早期退去を望んだ。そして、ヨーロッパに対して日本による支配を隠蔽するとともに、宗主国である清に使節を派遣し、貿易拒否と外国人退去の周旋を繰り返し求めた。琉球王府の嘆願を受けた中国側は、ヨーロッパに働きかけ、フランス人宣教師の退去が実現するなど、中国との朝貢関係を利用した琉球の対ヨーロッパ外交には一定の効果があった。

このように、中国の属国としての立場を利用し、琉球は苦境を乗り越えようとしたわけだが、幕府は、琉球問題を薩摩藩に一任し、薩摩藩も積極的に介入しなかった。日本側が懸念していたのは、中国との対決であった。仮にヨーロッパとの貿易を日本側が反対しても、ヨーロッパ勢が清の許可を得て琉球との貿易を始めれば、琉球に対する清の影響力がかえって増すことになり、日本の琉球支配が損なわれてしまう。アヘン戦争により、中国の威信にかげりは生じてはいたものの、琉球をめぐって清と対立することを避けようとする力が働き、幕末に到るまで、琉球問題に関して消極姿勢をとり続けた。東アジア世界との近世的な関係の清算は、江戸幕府の消滅をまって本格化するのである。

（岩﨑奈緒子）

参考文献

朝尾直弘『天下一統・大系日本の歴史8』（小学館、一九八八年）
朝尾直弘『鎖国・日本の歴史17』（小学館、一九七五年）
荒野泰典『近世日本と東アジア』（東京大学出版会、一九八八年）
荒野泰典「近世の対外観」（『岩波講座日本通史　一三巻近世三』岩波書店、一九九四年）
井上勝生『開国と幕末変革・日本の歴史18』（講談社、二〇〇二年）
岩﨑奈緒子「蝦夷地・琉球の『近代』」（東京大学出版会、二〇〇五年）
岩﨑奈緒子「一八世紀後期における北辺認識の展開」（『大地の肖像』京都大学学術出版会、二〇〇八年）
上原兼善『鎖国と藩貿易』（大成舎、一九八一年）
菊池勇夫『アイヌ民族と日本人』（朝日新聞社、一九九四年）
菊池勇夫編『蝦夷島と北方世界』（吉川弘文館、二〇〇三年）
鈴木康子『近世日蘭貿易史の研究』（思文閣出版、二〇〇四年）
田代和生『近世日朝通交貿易史の研究』（創文社、一九八一年）
徳永和喜『薩摩藩対外交渉史の研究』（九州大学出版会、二〇〇五年）
豊見山和行『琉球王国の外交と王権』（吉川弘文館、二〇〇四年）
豊見山和行「近世中期における琉球王国の対薩摩外交」『新しい近世史』二（新人物往来社、一九九六年）
中野等『文禄慶長の役』（吉川弘文館、二〇〇八年）
沼田次郎「ドイツ人医師ケンペルとその著書「日本誌」について（1）」
藤井讓治『江戸開幕・日本の歴史12』（集英社、一九九二年）

藤井譲治「一七世紀の日本」（『岩波講座日本通史　一二巻近世二』岩波書店、一九九四年）
夫馬進「一六〇九年、日本の琉球併合以降における中国・朝鮮の対琉球外交——東アジア四国における冊封、通信そして杜絶」（『朝鮮史研究会論文集』第四十六集、二〇〇八年）
山口啓二『鎖国と開国』（岩波書店、一九九三年）
山口啓二「海防」（『世界歴史事典』平凡社、一九五五年）
山脇悌二郎『長崎の唐人貿易』（吉川弘文館、一九六四年）
山脇悌二郎『絹と木綿の江戸時代』（吉川弘文館、二〇〇二年）
「柴谷家文書　東西蝦夷地受負控」（『新修彦根市史　第七巻史料編近世二』彦根市、二〇〇四年）
『新修彦根市史　第二巻通史編近世』（彦根市、二〇〇四年）

コラム2　松平定信とロシア

寛政の改革の実施者として知られる松平定信は、保守的なイメージで語られることがある。朱子学以外の学問を排除した寛政異学の禁など、定信の打ち出した封建反動的な色合いの強い政策を念頭においたものだが、こうしたイメージとは裏腹に、蘭学に対する定信の関心が強かったことも、古くから指摘されてきた。長崎のオランダ通詞であった石井常右衛門を家臣にとりたて、ドドネウスの本草書を翻訳させたことはよく知られるが、定信の蘭学への関心を示すものとして紹介されてきたのは、「秘録大要」である。

定信のこの小文は、子孫に対してロシアについて学ぶことの必要を説いたもので、読むべき書物を適切な順番に並べたリストを付している。「秘録大要」を含め全三三タイトル。内容は、ロシア事情、レザノフの長崎滞留、文化露寇事件、西洋の軍備に関わるもので、最後尾に、世界各地の地誌が附録的に付され、ほぼこの順に書目が配列されている。リストの中では、ロシア事情と西洋の軍備に関する書籍が多いことが目を引く。

全三三タイトルの内、蘭書の翻訳本であることが確実なのは五点。残念ながら原本が残っておらず推測になるが、西洋の軍事関連の書物は翻訳本以外に考えにくいので、これを加えると一二点。全体の三分の一を、西洋の知識を元にした書物が占める。定信にとって、蘭学は、当時最大の懸案であったロシア問題を分析するために欠くことのできない貴重な情報源であった。

順序を示す数字には書き直した跡がいくつもあって、書物の配列に定信がこだわりを持っていたことがうかがえる。リストは冒頭の「秘録大要」に続き、定信が桂川甫周に世界地理書「ゼオガラヒー」から抄訳させた「魯西亜志」、松前から入ったロシア情報と蘭書の知識とを比較研究した工藤平助著「加模西葛杜加《カムサスカ》国風説考」（本書はこれまで「赤蝦夷風説考」と誤称されてきた）、「大清一統志」からロシア関連記事を抜粋した「鄂羅斯《ヲロス》紀事」と並ぶ。このリストに従って読み進めれば、はじめに、西洋・日本・中国の三つの視点から、ロシアの成り立ちや歴史に関わる基本的な事実について、客観的に学ぶことができるというわけだ。そして、すべての書籍を読破した暁には、広大な国土を持ち、海外貿易により繁栄し、強大な軍隊を備えた新興の帝国ロシアが立ちあらわれ、その軍備の詳細を把握できるのだ。

リストの中で、定信が政権の座にあった頃入手しえた書籍は四点。「魯西亜志」・「加模西葛杜加国風説考」・「鄂羅斯紀事」の三点、そして、天明の蝦夷地探険で得られた蝦夷地とその周辺情報をまとめた最上徳内の「蝦夷草紙」である。当時としては最新の情報が盛り込まれたこの四点があれば、ロシア帝国の特質と日本への接近の事情については押さえられる。ラクスマンの来航に際して、定信はこれらを熟読し、いかなる対応が適切か熟考したに違いない。

ところで、定信は、「秘録大要」を、次のような文章で結んでいる。

> 日本人は愚かで了見がせまく、只、自分たちだけを尊いと考え、外国といえば卑しいものとみなす。しかし、他国の天子からの認証を必要としない帝王をいただいた国家は、等しく尊ぶべきであり、国土が広く大きな国家であれば、尚更尊いと言うべきなのに、外国と聞けば、鳥や獣のように考えることは、いったいどういうことなのか。これらの道理を踏まえて、この書をよみなさい。

古来よりの華夷主義的なものの見方に向けられた批判。ロシアの接近は、日本の伝統的な価値観をも揺るがすような大きな衝撃だったのだ。先入観をとりはらって学べ。定信のメッセージは、来るべき近代にそなえるための警鐘でもあった。

（岩崎奈緒子）

表2－1　「秘録大要」巻末書籍リスト

順序	書名	内容	順序	書名	内容
1	秘録大要	ロシア学習の必要を説く	15	治五録	文化日露紛争
2	＊魯西亜志	ロシア地誌	16	覆霜秘説	千島事情
3	加模西葛杜加国風説考	カムチャツカ地誌	17	船軍秘説	西洋軍事関連か
4	鄂羅斯紀事	中ロ関係史	18	船軍秘説集	西洋軍事関連か
5	＊鎖国論	日本誌		蛮国砲術書二冊	西洋軍事関連か
5・6の間	蝦夷双㭑	松前・蝦夷地・千島～カムチャッカ、カラフトの民族誌	18・19の間	蛮国水戦記事	西洋軍事関連か
6	大幸雑録	ロシア事情		蛮国船軍紀事	西洋軍事関連か
7	寒沢秘説	ロシア事情	19	蛮船の図	西洋軍事関連か
8	崎鎮要録	レザノフ来航	20	遠西軍書考	西洋軍事関連か
9	崎陽私記	レザノフ来航	21	北狄政要	ロシア事情
10	崎陽秘録	レザノフ来航	終	婆心録をミるへし	海防論
10・11の間	北辺秘事	ロシア事情		漂客奇談	漂流民口書
11	環海異聞	ロシア事情		増訳采覧異言	世界地理書
12	牛泉秘説	文化日露紛争		＊東西紀遊	南米等地誌
13	唐太秘説	文化日露紛争		＊百児西亜志	ペルシア地誌
14	秘匣秘説	文化日露紛争		＊亜細亜諸島志	東南アジアの島々の地誌
14・15の間	千波秘録	文化日露紛争			

（注１）順序の項にある数字は，松平定信が付したもの。
（注２）書名の前に＊を付したのは，蘭書からの翻訳が確実なもの。

第三章　近世村の世界

1　統一権力の国づくり

稲作農業を主産業とした近世において、農村社会の担い手は百姓であった。彼らは村と呼ばれる組織に拠りながら生産・生活を営んでいた。こうした社会の仕組みは、織田信長に始まる近世統一政権の国づくり政策のなかでその枠組みが形作られ、それを承けながら進められた百姓たちの能動的な村づくりを通じて、実体化したものである。

地域権力の解体

織田信長や豊臣秀吉らが登場する前段階の一五〜一六世紀、全国各地には大小さまざまの規模の権力体が生まれていた。一つは一揆型、他は戦国大名型の地域権力である。各権力は自領域の防衛と秩序維持のために武装し、領域内限りの法や身分編成、流通のルールをつくっていた。京都を中心にした畿内やその近国地域には、地侍や土豪が連携した一揆型の地域権力が形成された。戦国時代の国民議会と評された「山城国一揆」をはじめ、近江国甲賀上郡を範囲とした「甲賀郡中惣《こうかぐんちゅうそう》」、紀伊国北部の「紀州惣国一揆」、伊賀国北部を中心地域とする「伊賀国一揆」などがその代表例である。「加賀一向一揆」のように一向宗の門徒である武士や商工業者・農民らが結集して地域権力を樹立することもあった。他方、東国や西国には大名を頂点に武士団を編成した戦国大名型の地域権力も多数形成された。西国では、島津・大友・長宗我部・大内・尼子・毛利氏など、また東国には伊達・上杉・武田・朝倉・北条・今川氏などが輩出した。戦国大名は、一族・譜代の家臣を中心に据えて権力集中を図り、服属させた地侍たちを家臣団に編成するとともに、領民を軍役衆・百姓・町人など職能別に組織して富国強兵策を推進した。一揆型、戦国大名型のいずれもが、しばしば自権力の勢力範囲を「国」と呼んだように、列島内は多数の小国家の乱立の様相を呈し、そして、それらの小国家は相互に対立し、紛争を繰り返していた。

こうした小国家の乱立状態を平定して統一国家を樹立したのが、東海の戦国大名の中から出た信長・秀吉・家康らの権力である。かれらは強力な軍団編成と鉄砲をもって各地の地域権力を粉砕し、天皇や公家の持つ伝統的権威も利用しながら、おおむね日本列島を国土とする新しい国づくりに成功した。全国統一戦争の途上に死去した信長の権力を継承した秀吉は、列島内部を都市と農村に区分し、国民を大きく武士、百姓、町人（商人・職人）身分に編成した。秀吉の政策は、各地の地域権力がそれぞれの領域内に形づくっていた身分や分業の体系の、全国的規模への適用である。列島社会は武士と町人が住む城下町と、それを取り巻く百姓世界に整理された。近世農村の起点はここに求められる。

統一権力による新国家の樹立に際しては、列島外部からの契機も大きく影響していた。一五世紀半ばから始まったヨーロッパ人（南蛮人）の到来である。キリスト教の布教と貿易をセットにした大航海時代の波は、日本各地の地域権力に対して大きな影響を及ぼした。このウエスタン・インパクトに最も強く反応した者たちが統一権力者になりえたと言えるかもしれない。彼らは、南蛮勢力との緊張関係の中で自らのアイデンティティを再発見し、紆余曲折の末、キリスト教禁止と管理貿易という新国家の枠組みを完成させることになる。

検地と石高制

豊臣秀吉による列島規模での新体制づくりは、刀狩や検地という政策を通じて進められた。百姓の武装解除を命じた刀狩や土地を調査して石高に換算する太閤検地は、本能寺の変の三年後の天正一三年（一五八五）、和泉・紀州攻略の戦後処理を大きな画期として進展する。

同年四月二一日に紀伊国の太田城に籠城していた地侍・百姓ら一揆勢を降伏させた秀吉は、翌二二日、紀州・泉州両国に対して三ヵ条の法令を発した（太田家文書）。第一条では、「ことごとく首を刎《は》ぬべしと思し召し候えども、寛宥の儀をもって、地百姓の儀は免じ置くによって、その在々にいたり先々のごとく立ち帰り候こと」と百姓らに対して在所への帰還を命じ、第二条では、「秀吉あわれミをなし、免じ置き候こと」と百姓の助命嘆願を認める。

そのうえで、第三条において、「在々百姓など、自今以後、弓箭《きゅうせん》・鑓《やり》・鉄砲・腰刀等停止せしめおわんぬ。然る上は、鋤《すき》・鍬《くわ》など農具をたしなみ、耕作をもっぱらにすべきものなり」として、百姓が弓・槍・鉄砲などの武器を所持することを禁止している。この「原刀狩令」の延長線上で、三年後の天正一六年、全国に向けて「刀狩令」が発令される。

在所への帰還命令と武装解除のうえで、田畑・屋敷地の土地調査（検地）が実施される。和泉・紀伊両国においては豊臣秀長《ひでなが》のもとで、天正一三年八月から着手された。土地面積を米の収穫量に換算し、これを基準に徴税や軍事動員を行う石高制は、秀吉以前に京極氏や浅井氏、六角氏など近江を中心に採用されており、信長もこの政策を採用していた。秀吉は太閤検地を通じて、この制度を全国に押し広げて適用したのである。

秀吉が命じた全国的な検地の施行は、担い手の種類によって、いくつかの類型に分けられる。

A豊臣氏の直接の家臣が検地した場合

①畿内・近国などの豊臣氏の直轄領や譜代家臣の領国内で行われたもの

②豊臣氏に服属した大名の領国単位のもの

B豊臣氏の子飼い大名がAと同様の方式で、自らの領国で施行したもの

C豊臣氏に服属した大名が自らの領国で独自に実施したもの

和泉国検地はA①に該当する。C型検地の一例として九州豊後国をあげてみよう。ここでは、秀吉に服属した大友氏の手で検地が行われた。ただ、そうした検地の場合でも、秀吉からの強力な指導があった。大友家関係史料には、豊後検地に対する秀吉の朱印状が残されている。要約して示せば、次のような内容である。

豊後国検地は、京都・大坂辺りと同じように念を入れて申しつけよ。家臣への領地配分は検地を行ったうえで、入り組みがないように分け与えよ。家臣の妻子は、大友氏の城下町へ常住するように申し付けよ。

表3－1　耕地開発関連の土木工事件数　　（　）は%

	河川工事	溜　池	用水路	新田開発
1550年以前	25（ 20.5）	46（ 12.9）	24（　5.5）	—
1551〜1600	16（ 13.1）	3（　0.8）	11（　2.5）	14（　1.4）
1601〜1650	31（ 25.4）	66（ 18.5）	55（ 12.7）	122（ 12.2）
1651〜1700	13（ 10.7）	93（ 26.1）	121（ 27.9）	220（ 22.1）
1701〜1750	11（　9.0）	27（　7.6）	52（ 12.0）	103（ 10.3）
1751〜1800	12（　9.8）	23（　6.4）	31（　7.2）	88（　8.8）
1801〜1868	14（ 11.5）	99（ 27.7）	139（ 32.2）	450（ 45.2）
計	122（100.0）	357（100.0）	433（100.0）	997（100.0）

（出所）速水融・宮本又郎編『日本経済史１　経済社会の成立』。

天正一七年（一五八九）後半と推定されるこの指示は、秀吉の検地政策が全国津々浦々まで浸透したことをよく示している。さらにここで、家臣への領地配分は検地の上で行うようにと命じている点や、家臣妻子を大名城下町に居住させよと命じている点も注目される。検地事業は大名の家臣団編成と連動しながら推進されていった。

秀吉の検地政策によって算出された石高は徳川権力もこれを継承した。先の和泉国に即してみると、徳川検地は慶長九年（一六〇四）八月に命じられた。この検地は田畑の丈量は行わず、秀吉による文禄検地帳を基本台帳として慶長段階の持ち主の名に書き換えて作成されたものであった。家康は、秀吉の実績を引き継いだのである。この数値はその後、徳川権力のもとでも基準的な数値として継承されることになる。

広域土木行政

全国を統一した豊臣・徳川政権は、土台となる農業活動を増進し、安定的な貢租獲得を目指して、大規模な土木事業に取り組んだ。一七世紀は、近世を通じて河川工事や溜め池・用水路工事が最も活発に行われた時期であり（表３－１）、その結果、耕地面積や石高が急増した世紀となった（表３－２）。

幕府や諸藩を担い手として全国各地で繰り広げられたこうした大規模事業は、それぞれの地域の自然的・社会的条件から、開発の種類に特色が見られた。西日本では、狭山《さやま》池のような溜め池築造による開発や、児島《こじま》湾・有明海に見られるような干潟の干拓事業が主流であった。これに対して東日本では、河川中流域平野の河川灌漑による開発や湖沼の干拓が中心をなした。

現場で広域土木行政を推進した担い手の一人として、小泉次大夫を取り上げてみよう。天文八年（一五三九）今

表3－2　全国の人口・耕地・実収石高の推移

年	人口（万人）	耕地（千町）	実収石高（千石）
1600	1,200	2,065	19,731
1650	1,718	2,354	23,133
1700	2,769	2,841	30,630
1750	3,110	2,991	34,140
1800	3,065	3,032	37,650
1850	3,228	3,170	41,160

（出所）速水融・宮本又郎編『日本経済史１　経済社会の成立』。

川義元の家臣植松泰清の長男として生まれた彼は、主家の滅亡後徳川家康に臣従し、小泉姓を賜った。天正一八年（一五九〇）関東に転封となった家康が新田開発を計画するに際して、多摩川からの農業用水路の敷設を建言し、認められて稲毛・川崎領に居住して用水奉行を務めた。慶長六年（一六〇一）には稲毛・川崎代官に任じられ、それ以前に着手していた二ヶ領用水、六郷用水の開発に本格的に取りかかる。慶長一四年に用水の本流開削を完了、一六年には分水小堀開削も完了させている。この功績によって知行とは別に本田・新田の一割が支給された。元和一〇年（一六二四）没、享年八十六歳。土木行政に尽くした一生であった。次大夫の生家植松家は鎌倉時代に地元駿河国の用水開削に携わり、代々樋代官を務めたというから、土木事業技術を継承する家柄であったのだろう。近世が始まる一六、一七世紀、各地に彼のような土木技術に優れた人間が輩出され、全国的に展開した用水土木工事や城普請を牽引・推進した。

新田開発の事例としては、一七世紀初頭に摂津国武庫川西岸で進められた事例を、年表風に紹介しておきたい。⑴元和年間（一六一五〜二四）尼崎藩主戸田氏より瓦林大庄屋岡本氏の祖先に対して「武庫川堤下荒場」の開発が命じられたが、武庫川の「漉水」（滲み出し水）が多く、用水確保も困難であったため延期された。⑵青山氏の尼崎入封（寛永一二年・一六三五）の翌年、改めて開発が命じられた。⑶「漉水」「用水」の処理は、藩営工事として取り組まれ、上大市村支配の武庫川堤下に二個の出水池（鯨池）を築造し、同池より川除堤に沿って河口まで悪水抜き川（新堀川）を開削することで解決された。⑷これによって、寛永一四年には助兵衛、久右衛門の二新田が成立、また寛永一九年には五郎右衛門新田が成立した。

全国各地でこうした開発事業が進められた。

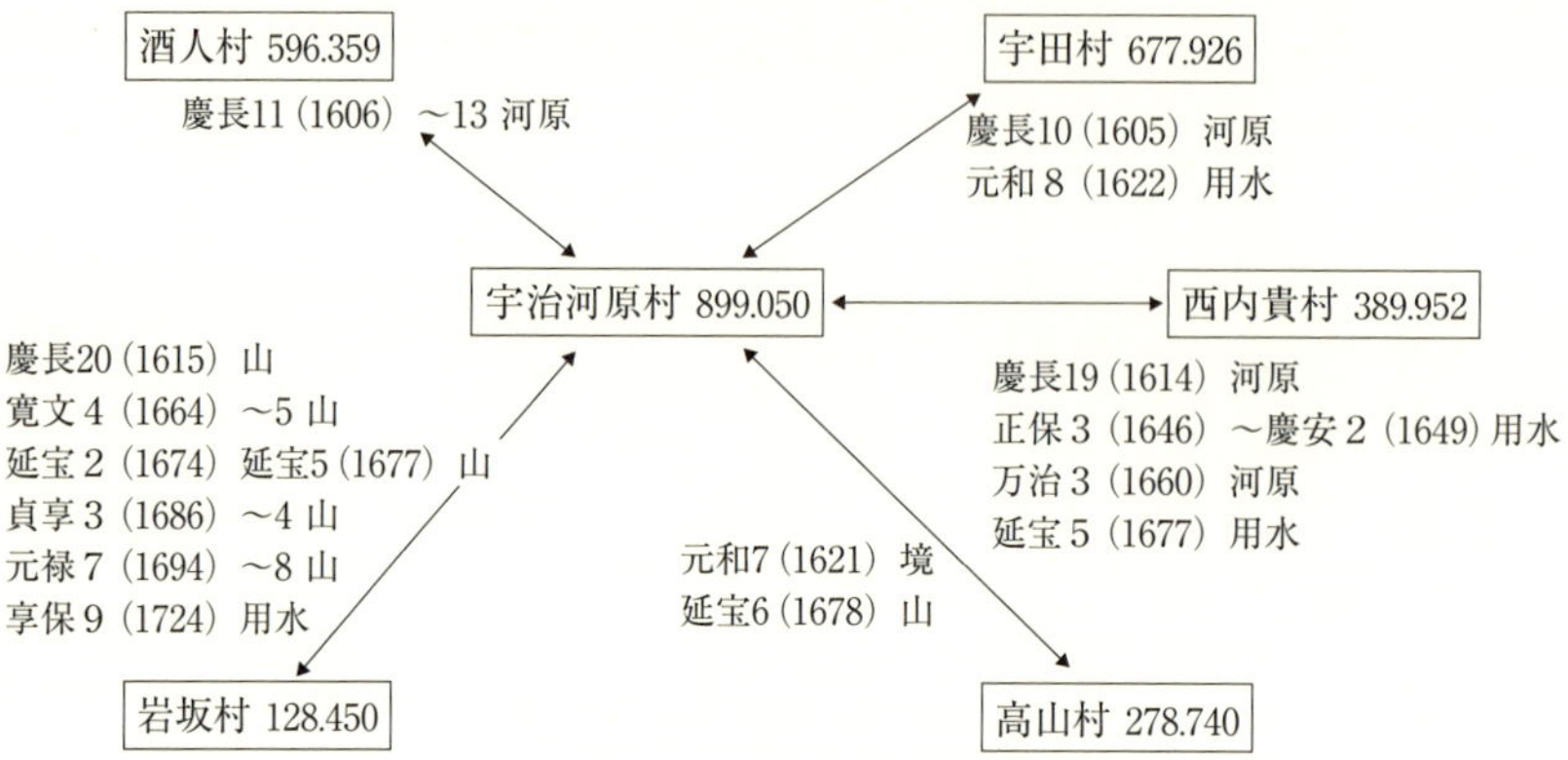

図3－1　宇治河原村をめぐる紛争
＊村名後の数値は正保郷帳村高

＊その他　慶長９（1604）宇治河原←→北内貴・高山・岩坂　出入り作争論
慶長６（1601）～13 北内貴←→東内貴　山
慶長14（1609）北内貴←→東内貴　山
延宝８（1680）宇田←→三雲（酒人の西）　山

2　百姓身分と村社会

水争い・山争い　統一政権が推進した刀狩・検地政策や身分制度を枠組みとしながら、一七世紀、百姓たち自身による新しい村づくり運動が展開していった。その運動には、隣村との生産条件をめぐる激しい争いや、統一政権に抜擢された庄屋の村運営に対する異議申し立て、あるいは隷属百姓の主家からの自立闘争など各種があった。よりよい生産・生活条件を求めて他村へ移転してしまう動きも各地で生じた。

戦国時代末期に、「甲賀郡中惣」と呼ばれる地域権力が君臨していた近江国甲賀郡宇治河原村付近では、郡中惣解体後の一七世紀初め、村落間の激しい紛争が生じていた。争点は河原や山の草柴の取得や用水利用をめぐるものであった。宇治河原村に即して整理すると、図3－1のようになる。境を接する隣村のほとんどと繰り返し紛争を起こしている。

こうした地域紛争の頻発の原因は、統一政権の検地政策と、それに並行して進められた村切り政策によるものであった。村切りとは、集落と田畑をユニットにして検地を行い、このユニットを行政の基礎単位（村）として把握する政策を指すが、この政策により、従来、各地域権力のもとで、土豪・地侍層や百姓たちが生活を営む場であった村は、新たに貢納や地域管理を担う社会的・公的単位として認定されることになった。一七世紀に頻発する地域紛争は、そうした村切り政策を前提条件として、自村単位で生産条件を確保しようとした百姓間の権益争いであった。

慶長一四年（一六〇九）、宇治河原村の近隣村である北内貴村のしたためた訴状は、紛争頻発の理由を明快に語っている。東内貴との山争いに際して、北内貴村は次のように述べる（北内貴川田神社文書）。問題の山について、相手の東内貴村は「かの山の内を昔甲賀の時分、内貴侍衆知行仕たる儀候あいだ、たた今立ち入り競望仕るべし」と主張するが、それはまったく沙汰の限りである。たしかに「二十四ヶ年先（天正一三年、一五八五）侍衆郡内に住居の時分は、田地・田畠・山林、郷を隔て、入りくみに知行仕りたる例多く御座候へとも」、「甲賀ゆれにて侍衆方々へ牢人仕られ候後は、何れもその所々の領内へ田地・田畠・山ことごとく落ち申し候」。太閤検地でも、この度の米津清右衛門奉行の御検地でも、「嶺きりに傍示をさし、この方の領にあい極まり候ゆえ、かの村の者一人も立ち入り、くさ・柴かりの儀、たた今に至りて少しも御座なく候こと」。北内貴村はこう主張している。

土豪層が広域的に入り組みで領地を持ちながら地域を統治する権力体（郡中惣）は解体して、現在は、太閤検地・徳川検地により、領域も村単位になったというのである。

刀狩・検地によって社会の基礎単位となった村は、近隣との激しい権益争いを繰り広げながら、近世村へと成長していく。

庄屋と年寄衆

統一政権が推進した全国的規模での社会の編成替えは、村内においても、村運営の方法や検地帳の登録人問題をめぐって、様々なトラブルを生むことになった。

紛争の一つは村運営の方法をめぐってあらわれた。統一政権は村切りによって作り出した村の管理者として、百姓の中に庄屋や名主という役職を設定した。彼らは、村の管理者として年貢の徴収や法の伝達を担わされて行い、その見返りとして、屋敷地の年貢免除や給米などの特権を得ることになった。

こうした庄屋・名主に対して、あちこちで権限を掣肘する紛争が生じた。従来の村運営層が庄屋を集団内に取り込もうとする動き、全村民が一丸となって庄屋による村運営を監視するケースなど、いろいろな形態があったが、庄屋による一方的な村管理の方式を批判する点で共通していた。

近江国宇治河原村が近隣村と激しい山争い・水争いを行っていた慶長年間（一五九六～一六一五）、摂津国芥川郡柱本村では、旧来の村運営層である年寄衆が、新しく設定された庄屋を自分たちの意向に沿うよう組み替える運動が活発に展開していた（葉間家文書）。

同村の管理を統一政権によって命じられた庄屋は甚右衛門という百姓であったが、じつは彼はこの村の伝統的運営層である年寄衆の一員でもあった。他の年寄衆たちは新たに領主に連なることになった甚右衛門の動きを封じるために、甚右衛門を含んだ誓約書や起請文を作成した。たとえば慶長一二年一二月には、次のような連判状を作成する。

今度各々申し合わせの通り、互いに相違あるまじく候、もしこの儀について後日に何かと出入り仕り候はば、今生にてはいかようの御せっかんも請け、その上一期申す念仏互いに無になり、うかむ事あるまじく候、そのため各々連判かくのごとく候、よってくだんのごとし

（甚右衛門など七名連署・花押あり）

前後の史料からすると、ここでいう申し合わせは年貢算用をめぐっての約束の模様だが、庄屋甚右衛門も含めた年寄衆の連帯が表明されている。同じ頃に甚右衛門にあてて作成された年寄衆を中心とした要望書もある。

おい免の様子承り候、中々左様の儀にては御うけ申し候ては、在所のかんにん成るまじく候（中略）、すこしの出入にて候はば各々に任せ置き申すべく候へとも、過分にちかい申候あいだ百姓御うけ申す事まかりならす候

（後略）

「おい免」（減税）に関して、領主の意向を庄屋が安易に認めることは許さないというものである。領主から村運営を委任された庄屋は、村民の力によって村の代表者へと作りかえられていく。

初期村方騒動　柱本村と同じ郡に属する東天川村では慶長一三年（一六〇八）に、惣百姓が結束して庄屋を糾弾する運動を展開した。慶長一三年一〇月、それまで村運営を主導してきた年寄衆が中心となり、幕府代官に宛てて一二ヶ条の庄屋弾劾状を提出したのである。訴状は庄屋弥次郎兵衛の村運営を次のように批判する。

庄屋は年貢納入の際、百姓の同意も得ずに一％上乗せし、その分を私物化している。検地奉行衆から測り間違いに用いるように与えられた土地を私物化してしまった。検地奉行衆から下付された蔵屋敷地以外の地に蔵を建て、惣百姓に年貢を割り当てている。屋敷荒れ地などに生える葦や草、蓮などを小百姓には分け与えずに年々隠し取っている。検地帳を秘匿して別帳を作り、自分の土地は半分に、小百姓の土地は倍にして年貢徴収を行う。検地の竿外れ地を私有した。検地帳掲載の田畑から堤用の土を採取したため、荒地からも年貢を徴収する。年貢未納分について三割の利子で借米し、四割の利子で返済させた、など。

いずれも、庄屋の村運営を強く批判したものである。これらの批判に対して、庄屋弥次郎兵衛は逐一反論する。水増しと糾弾された年貢に一％の上乗せは村民同意のことである。検地奉行衆から下付された一四石分の土地は、検地に際して自分が負担した出費への見返りである。蔵屋敷については村惣中と相談の上でのことである。葦や薦は、境を守って互いに刈り取っている。蓮は下代官から自分に与えられたものである。検地帳の別帳を作成したというようなことはない。

百姓の言い分と庄屋の言い分には大きな開きがあり、かなりの認識のズレがみられる。庄屋側が提出した別の言上状には、太閤検地に際しての自己負担額が書き上げられており、総額八石を超える飲食代などの出費があったとする。庄屋役遂行に伴っての負担が各種圧し掛かっていたこともまた事実であろう。ただし、庄屋が独断的な村運営を行ったことは確かである。代官や下代官との繋がりを背景にしながら、上から一方的に進められようとした村運営は批判され、惣百姓の意向を反映した村運営へと進展していく。

こうした村内運営をめぐる紛争とは別に、一七世紀初頭から中期にかけて、中・下層の百姓が自村を離れ、条件の良い村に移動してしまう「走り」現象が多数見られた。これも、新しい村づくり運動の一形態である。自領・自国を越えて移動してしまう走り状況に対して、大名たちは「人返し」の相互協定を結ぶようになった。しかし、多くの場合、帰される者は返還要求者に限られ、大多数は新しい村の住人として定着していったのである。

3　村の景観と百姓家族

統一政権による検地政策や、百姓による村づくり運動を経て形作られた近世村の姿を概観してみよう。全国合わせて六万を数えると言われる村々は、それぞれの置かれた自然的、歴史的条件により様々な形をとったが、最も典型的な形態は、百姓たちが集住して生活する集落と、農作業の現場である耕地、および草肥《くさごえ》や燃料を取得する山野の三要素から構成されていた。

村絵図から

図3－2は、前節「水争い・山争い」の項で取り上げた近江国甲賀郡宇治河原村（氏河原村）の略絵図である（延宝六年〈一六七八〉作図）。これによれば、同村は、杣《そま》川と野洲《やす》川の合流点近くに立地していた。村内は一集落から構成される集村形態をとっている。ちなみに、同村の家数は、慶長・元和期（一五九六～一六二四）には六〇軒前後で、享保六年（一七二一）の調査では一〇八軒（高持ち八五軒、水呑み二三軒）に増加している。この地域の村としてはやや大きめの規模である。集落に隣接して村氏神の天神社、集落内に浄土宗正明寺（称名寺）があり、また高《こう》札場《さつば》や、村の倉庫である御蔵（郷蔵）もみえる。

同村の田畑は集落の外側に広がる。絵図には太閤検地～徳川検地によって算出された「八百九十九石五升」という村高が書き込まれているが、この略絵図作成の翌年に実施された延宝検地では、田六五町五反余、畑一町四反余、屋敷二町一反余、石高に換算して一一二一石余が新しい村高となった。宇治河原村の山は杣川の対岸、岩坂村の背

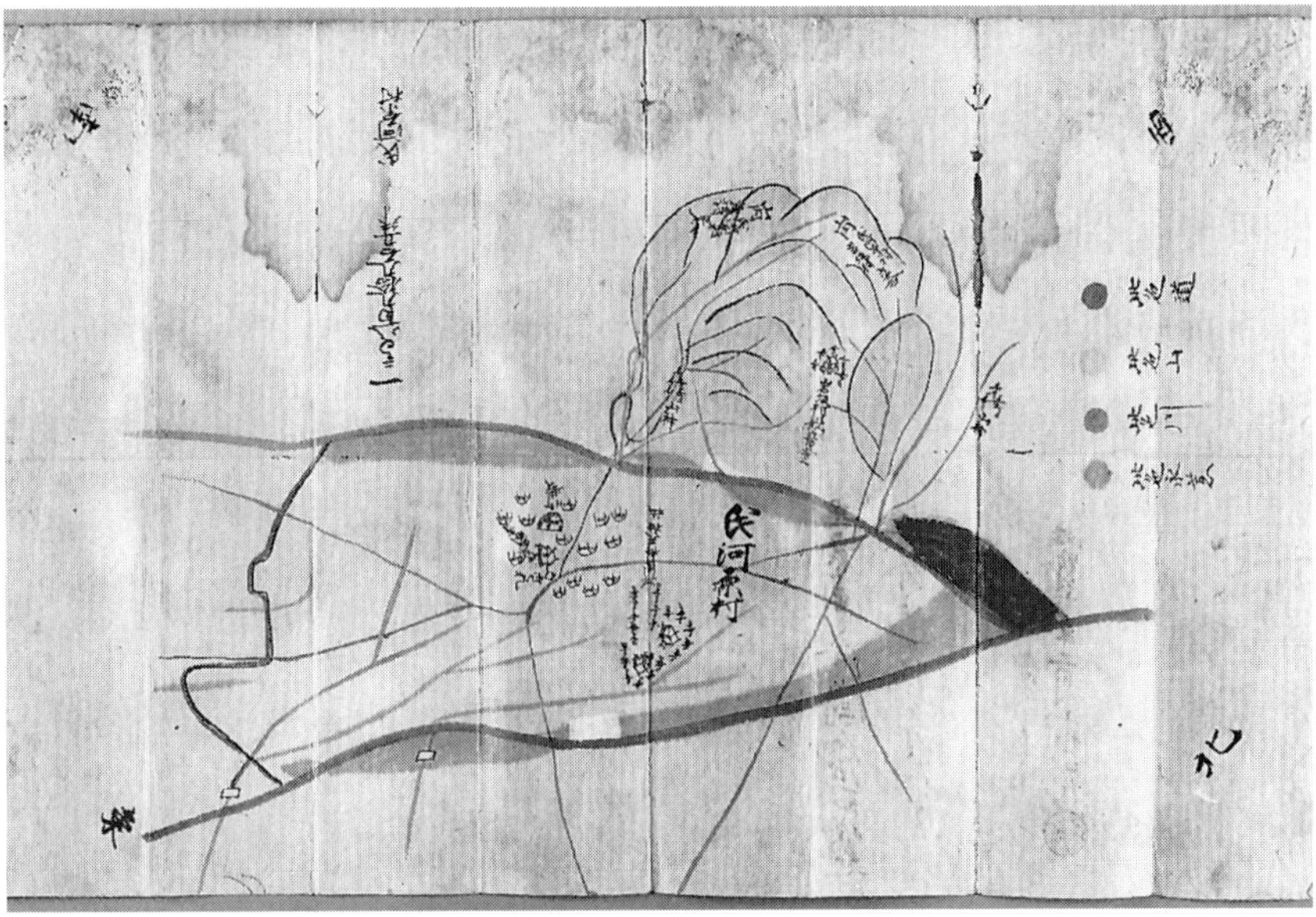

図3－2　氏河原村絵図
（出所）水口町立歴史民俗資料館『宇川共有文書調査報告書　下』。

後に広がる。「山内　氏河原村・岩坂村立合」とあるように、岩坂村との共有山であった。延宝検地帳によれば、一二三町にのぼる。山の口には、山仕事の安全や資源の豊穣を祈願する山神も二カ所に配置されている。

宇治河原村は、一集落を中心としたコンパクトな集村だが、村の形には様々なものがあった。図３－３に示した山城国相楽《そうらく》郡相楽《さがなか》村は、三つの集落（小村）から構成される複合村である。こうした複合村の場合は、村全体と小村の二つの次元で掟が作られ運営されるという特色を持った。小村社会では主として日常生活の管理が行われ、三小村を統合する全体社会では、村氏神の運営や用水管理、他村との折衝などが中心テーマとなった。このほか、図３－４の相楽郡山田村のように、百姓家が数軒ずつ村域に散在する散居型の村の形もあった。

屋敷地共住から小家族へ

近世村を構成する百姓は、どのような家族構成だったか。一七世紀前期、百姓家族の形態には、屋敷地共住の大家族型と夫婦単位の小家族（単婚家族）型があり、

図3－3　相楽村絵図（安永4年（1775））

（出所）『木津町史』本文編。

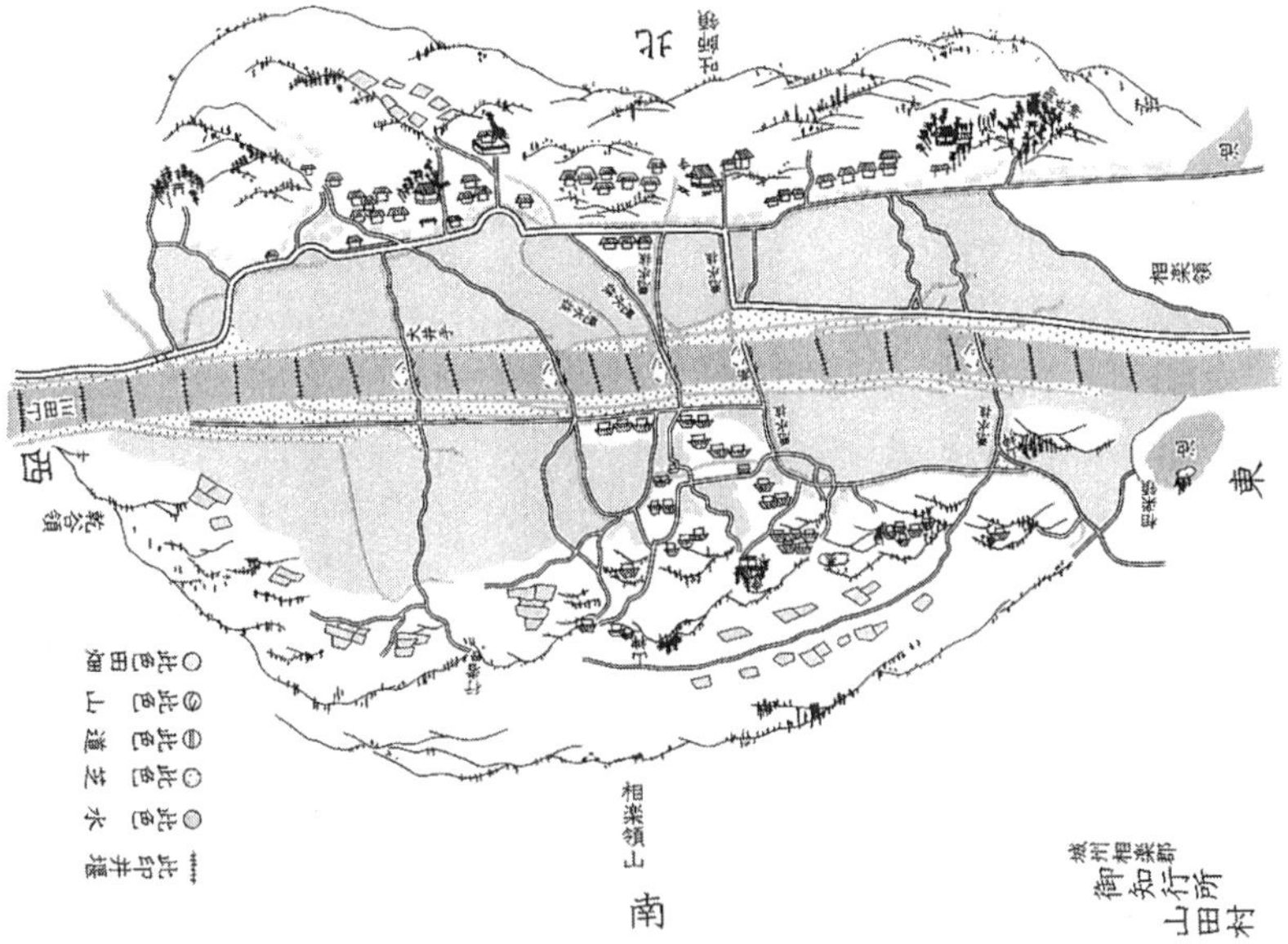

図3－4　山田村の村絵図
（出所）『精華町史』本文編。

前者から後者への移行過程にあった。

屋敷地共住型の村として信濃国南佐久郡臼田村を例示してみる。八ヶ岳の東山裾に立地する臼田村は、承応三年（一六五四）の明細帳によれば、家数一八五棟、人口五一三人からなる大村だったが、この村の百姓家の特色は、「本家」（母屋）を中心に、付属家屋の「添屋」「門屋」を組み合わせた四六のユニットから構成されていたことである。内訳は、〈本家＋添屋〉の組み合わせが最も多く二〇ユニット、〈本家＋添屋＋門屋〉が八、〈本家＋門屋〉が二、〈本家のみ〉の小家族ユニットが一六となっている。添屋居住者は当主家族（本家）の兄弟や従兄弟家族（血縁別家ないしは傍系家族）、門屋家族は非血縁の隷属的な家来百姓と推定される。このように同村では、本家に居住する家族を中心に、添屋家族や門屋家族、それに農村奉公人である下男・下女が同一の屋敷地に共住し、これを基礎単位として生産活動に従事する形態を主流としていた。

こうした形態とは対照的に、一組の夫婦とその家族からなる小家族を基本単位に村が構成される所もあった。寛永二一年（一六四四）の様子がわかる河内国古市郡碓井村（大阪府羽曳野市）は、多数の独立した小家族の集合体だった。

河内南部の平野部に位置する碓井村は、村高五八八石四斗九升、本家数三五軒を数える。この地域にあっては比較的小規模な村である。臼田村と比較すると、本家の数においてはさほど違いはないが、同村は、家屋の様子や人口においてまったく異なる形をしていた。一番の違いは、屋敷地共住集団に相当する〈本家＋かしや（借屋）〉の類型が四例に留まり、残る三一軒は本家のみで構成されている点である。借屋数も全体で九軒に過ぎず、添屋、門屋が合わせて五七軒と本家数を上回った臼田村とは異なっている。このことに対応して、人口も碓井村では二五一人と臼田村の半数程度であった。ここでは、直系ないしは単婚家族単位の生産・生活が展開している。

臼田村型と碓井村型という二つの異なる百姓家族のあり方は、歴史的には前者から後者へと向かう流れにあった。備中国浅口郡乙嶋村の事例は、その動向を明瞭に示すものである。それは同村の寛永二〇年（一六四三）と寛文元年（一六六一）の家族形態の変化によく現れている。

寛永二〇年時点で見ると、乙嶋村は「本家」三二軒、「内子」（血縁別家）一八軒、「下人」（家来百姓）一二軒のあわせて六二軒から構成されており、本家三二軒のうちの過半一八軒が、内子や下人家族とともに生産・生活のユニットを形成していた。

これに対して、二〇年ほどを経過した寛文元年（一六六一）になると、そうしたユニットは解体し、内子・下人のほとんどの消滅と、他方、本家家族数の倍増（七一軒中、本家六三軒）へと大きく変化するのである。屋敷地共住型の大家族形態を脱した小家族の急増と、彼らを中心にした村構成が近世農村の主流となる。

牛馬所有と小農民経営

家族形態の変化と軌を一にするのが、村内の牛馬数の増加や飼育単位の変化である。

牛馬数については全国各地から、いくつかのデータが紹介されている。備前国では、延宝七年（一六七九）から元禄一七年（一七〇四）の間に牛数が三六〇〇匹増え、一万七〇〇〇匹台から二万一〇〇〇匹台へと一・二倍になった。同国ではその後は明治に至るまで二万台前半であり、一七世紀の急増が顕著だったことがわかる。播磨国宍粟《しそう》藩では慶安二年（一六五〇）からの牛馬数が記録されており、寛文四年（一六六四）に至る一四年間に、牛は二一三二匹から三七三三匹へ一・七五倍の増、馬も九三八匹から一〇五二匹へと増加している。寛文四年（一六六四）会津藩領では三万六八二四戸の百姓家に対して、二万六一二三匹の馬と五五一匹の牛が飼育されていた。一・四軒に一匹の割合である。また、元禄一五年（一七〇二）の相馬藩では領内一万五二九二戸に対して、一万六九二二匹の馬がいた。

こうした牛馬数の増加とともに注目されるのが、牛馬所有・飼育単位の変化である。先の臼田村では牛馬は屋敷地共住集団型家族一ユニットに対して一匹という対応関係にあった。他方、碓井村では小家族が所有単位である。そして、備中国乙嶋村のデータによれば、興味深いことに、同村の牛馬所有・飼育単位は、家族形態の変化と並行して屋敷地共住集団から単婚家族単位へと変化したことが判明する。つまり、家族形態の変化に連動しながら牛馬所有が進展したといえるのである。農業生産活動の発展にとって、厩肥を製造し、耕耘・運搬に役立つ牛馬の所持は不可欠の要件であった。乙嶋村の動向は、共住集団に包摂されていた内子家族や下人家族が経済力を蓄え、牛馬を所持することを通じて独立していったことを暗示している。

4　村の平和と公儀権力

村掟と制裁

村により「掟」「置目」「議定」「定」などと呼び名は異なるが、近世の村々は、それぞれが独自の掟を定め、また違反者に対して制裁を課していた。その内容は、近世村が農業を生業とする百姓たちの共同体に純化されたことを投影して、農作業時間の設定、入会や用水利用の管理や方法、村寄り合いの運営、村役人の選定、氏神祭礼や宮座運営、窃盗・博奕禁止など、生産活動や生活秩序の維持を中心的なテーマとした。

違反行為に対する制裁も、体系性をもって定められていた。制裁別に列挙してみよう。

(1)追放刑・家毀ち　違反者を村から排除する追放刑は中世以来の伝統的制裁の一つであるが、近世村にあっても最高刑として広く村掟に掲げられていた。盗みなどの刑事犯や、村の権益毀損者に適用されることが多い。また、刑事犯に対する追放刑に類似した制裁として、犯人の家を壊す「家毀《こぼ》ち」の刑もあった。古来日本には、罪で穢れた物は祓うべきとする観念が存在したが、この制裁は近世にも継承されている。追放刑と家毀ちの抱き合わせの掟の存在などからすると、近世の追放刑にも、また家毀ちの刑にも、禍いを祓うという観念が色濃く存在していたと見られる。

(2)**付き合い禁止**　これもまた、村掟にしばしばあげられる制裁の一つである。これは一般的には、先の村の権益毀損者の追放刑に準ずる制裁として発動されることが多い。他所で自村の悪口を言うことも付き合い禁止の対象となった。村が生産・生活共同体であったことを反映して、村掟は、村の権益を損なう者に対しても厳しい制裁を用意していた。

(3)**見せしめ刑**　盗みなどを制裁事由とした見せしめ刑には色々な種類があった。主なものを列挙すると、耳を剃ぎ追放、坊主になり謹慎、片鬢《びん》剃り落とし赤頭巾を着て葬式行列の前に立つ、人前に出る時は赤頭巾を被る、外出の折りは盗人札を下げて歩く、橋の上に晒すなど。身体刑を含む見せしめ刑は、むしろ公儀の刑罰の特徴なのだが、村掟にも数多くあげられている。耳剃り、鬢剃りなどは、中世にもしばしば見られる制裁である。赤頭巾刑などは非人装束に擬したものであろう。

(4)**罰金刑**　村掟の制裁のうち最も一般的なものが、米銭や酒などを拠出させる罰金刑である。これは刑事犯、規律違反のいずれにも適用されており、違反事項と刑量の対応を明記した掟も多い。

(5)**神罰・仏罰**　こうした制裁に加えて氏神や仏の罰を掲げた掟もある。河内国のある村では一三カ条にわたる禁止条項とそれぞれについての制裁を記したうえで、「その上、氏神の御罰を蒙るべきものなり」としている。氏神の神前で入札を行い、札の多い者を犯人とする盗犯・火付け犯の摘発法も、多くの村々で採用されていた。近世村の制裁の外枠は、神罰・仏罰によって囲われていた。

村民生活の平和は二つの力によって保たれていた。一つは村掟に代表される村の自治的活動であり、一つは幕府や藩の制定した法度によってである。

勧請縄と高札

村掟による自治活動を象徴する民俗に「勧請吊り」がある。勧請吊りとは、毎年新しく綯《な》われた縄を村の出入り口や氏神境内に張る行事で、その場所が内と外の結界であることを示すものであった。縄の綯い方や、縄にはさむ杉葉・榊葉・御幣などには各村それぞれのデザインがあった。勧請縄には多くの場合、村民の願望を書き入れた祈祷札が差し込まれていた。「村中安全」「風雨順調」「火盗潜消」「悪疫退散」「五穀豊穣」「万民快楽」「天下泰平」などである。村の制裁によって追放刑に処せられた犯罪者・規律違反者は、出入り口に張られたこの勧請縄から外への放逐となった。まさに勧請縄は、村掟によって統括された村社会の平和のシンボルということができる。勧請縄の代わりに、近江国菅浦村のように常設の門を持つ村もあった。

他方、近世の村社会は、国家的規模で維持・担保される平和領域の一部でもあった。幕藩領主を担い手とする近世国家（公儀）は、キリシタン禁止を国是とし、国内を法度によって統治しながら国政を進めた。例えば、寛永末年から公儀国家の統治理念を領内村々に繰り返し通達した仙台藩の法令は、次のような内容を命じている（中野共有文書）。

(1)毎年五人組内でキリシタンの詮索を行い、宗門帳を作成せよ。牢人や身元の不確かな者、街道の往来人への宿提供の禁止。博奕・賭け勝負の禁止。徒党の禁止。(2)山や林の境目争い、水争い、その他万事他領との紛争を禁止する。(3)街道を往来する他大名の侍衆（武家奉公人衆）へ無礼を働かないこと。(4)年貢諸役の徴収に際して庄屋・肝煎の指示に背く者は言上せよ。また庄屋・肝煎の非分についても訴え出ること。(5)竹木の無断伐採の禁止。(6)頼母子講《たのもしこう》などの禁止。倹約の励行。

キリシタン改めに始まり、治安の維持、紛争の禁止や公平な村運営、倹約が命じられる。

元禄一一年（一六九八）、旗本板倉氏が領内に通達した法度も同種の構成である（土器町共有文書）。第一条で「公儀御法度堅くこれをあい守るべし、切支丹の儀いよいよ念を入れあい改める」ようにと命じたうえで、人身売買の禁止、博奕・賭け勝負の禁止、火の用心、堤・道橋普請の徹底、農耕への専念、田畑永代売りの禁止や分地の制限、徒党の禁止など、全一九ヶ条の条目を掲げている。

幕府領・大名領の区別なく、全国すべての村や町に建設された高札は「公儀が担う平和」を視覚的に明示する施設である。高札に記された公儀の法度は多種類に及ぶが、その中心はキリシタン禁止である。バテレンやキリシタンを見つけた者には褒美銀を与えるという高札は、宗門改め制度と連動しながら、近世国家による国民づくりの中核をなした。

国家的次元で国土の平和維持を図る公儀の法度もまた、村社会を大きくおおっていた。

法度と掟の関係　構成員自身の手で定められた村の掟と、幕府や藩レベルで制定された公儀の法度とを対比してみると、そこには大きな違いがあった。公儀の法度が国民全体を対象に国家的秩序やアイデンティティの維持を主題としたのに対して、村の掟は自村内部の生業や生活秩序、権益確保を第一義とした。公儀の刑罰が死刑を頂点に組み立てられた体系であったのに対して、村の制裁は、犯人を自エリアから追い払う村内第一主義を原理とした。しかし、国家と村という、法源を異にする二つの法は、それぞれに限界を持っており、実際には相互に補完する形で運用されていた。

村の掟は、様々な形で公儀の法度や刑罰に依存していた。例えば村掟は、盗みや作荒らしなどの窃盗は扱うけれども、殺人事件や、村域を超えた広域的問題群には対応しきれず、それらについては公儀の法度や刑罰に依存せざるをえなかった。近江国野洲郡安治村の延宝三年（一六七五）の掟は、「家に入り盗みを働いた者は公儀に訴え、村を払う。作荒らしをした者には過料を科す」と定め、公儀へ届ける犯罪と村掟で処理する犯罪とを区分している（安治区有文書）。

また、公儀の法度を村掟に取り入れ両者を重ね合わせて秩序の維持を図る手法も、広く一般に用いられた。村掟の冒頭に「御公儀様より仰せ出され候御法度の趣を堅く守り申すべく候」という条項を掲げるのも、同様の考えによるものである。

他方、公儀権力の法度や刑罰は、その実現のためには、民衆側の協力を不可欠の条件としていた。先の仙台藩や旗本の法度にも、そのことが随所に表れている。「吉利支丹穿鑿《きりしたんせんさく》、前々のごとく油断なく吟味仕り、不審なる義も候はば、早々披露申すべきこと」「御村のうちに、いたずら者候はば早々申し上ぐべく候」など、キリシタンの詮索から、いたずら者の摘発、村運営のトラブル解決に至るまで、百姓からの告訴や告発、届出が前提にされている。公儀の法度は民衆の協力をまって初めて機能する。

公儀と村の相互補完関係を象徴するものに、「内済《ないさい》」という方式があった。これは、当事者同士で解決に至らない問題を、公儀に指名された近隣庄屋などが仲裁に入り解決に導く方式である。地域紛争の解決にしばしば採用され、時として刑事事件に対しても適用された。指名された仲裁人は、村や地域社会に精通した村掟の体現者である一方、公儀の権威・権力を背景に解決を図るという点で、公儀の法度の執行者でもあった。

勧請縄の平和（村掟）と高札の平和（公儀の法度）の補完関係とせめぎあい。近世百姓の世界は、この枠組みの中で展開していく。

5　百姓社会の発展

村役人の社会観

兵農分離にもとづいた身分制や、石高制・キリシタン禁止などを国制の中核にすえた近世国家に対して、同時代の人々はどのように認識していたであろうか。一例として、島原の乱勃発前年生まれの百姓河内屋可正（壺井五兵衛）の綴った教訓書『大ヶ塚来由記（河内屋可正旧記）』を見てみよう。河内国石川郡大ヶ塚村に生まれ、ここで一生を送った彼は、正徳三年（一七一三）に死去するまでの間、農業活動を主な生業としながら酒・油商売にも手を染め、庄屋・年寄などの村役人も勤めた人物である。ここには国家と社会を結ぶ位置にいた者の国家観・社会観が示されている。

近世の国家やその下で展開した社会に対して、可正はプラスの評価を与えている。例えば「元和の始よりは天下目出度治りし故、御政道ただしくましまして、諸役難儀なる事なし」とする。大坂の陣で戦争が終結した元和年間以来、政治は順調に進展していると評価している。

公儀と一般庶民との関係については、天と地のような関係だとする。「人たらんと思はば、天道を恐ルべし。天の道とは陰陽五行也。天と君とは陽也。地と臣とは陰也。天よりほどこし給ふ雨露の恵ミを、地受て万物を養ふ」という。戦国時代の頃から、日本社会では、人の幸不幸や戦争の勝敗を司る絶対者を「天道」と呼び、天道に適う人間になろうとする能動的な思想が流行していたが、可正の場合も、社会全体を正しく秩序づける思想としてこの天道思想を受容していた。

天道を体現した公儀によって統治される国家のもとで、各身分の活動が活発に展開する。可正は家業である農業とそれを営む百姓を、「農業ハ五穀を作りて人を養ふ事を常のたのしミとせり。されば、天道に叶ふ謂有にや」と自負をもって高く評価する。「つくづくとかんがふるに、諸芸の中に農業程目出度物はあらじとぞ覚る。たとへバ拾石作り出すべき田地に、拾壱石作り出さバ其家の宝也。是を弘くなす時ハ天下の重宝也」とも言っている。

彼の自負が身分的な差別意識と一対である点も注目される。例えば職人・商人を蔑視して、「士農工商の四民ハ国の宝にして、天下になくて叶ハぬ物也。然れ共諸職人と諸商人の多きハ、国の宝に似て宝に非、其故ハ、人の侈りに随フ物なれば、遊民に近し、百姓のミ無上のたから也」などとする。しかし、彼によれば、士農工商をはじめ、儒者・僧侶・医者など、上から下までの身分がそれぞれに精勤することで、社会は安定し繁栄するというのである。

新しい社会や国家に対する可正のプラス評価が、大坂近郊の大ヶ塚という地で、近隣住民の動向を見聞きしたうえで導き出されている点が重要であろう。大ヶ塚は、戦国末期に寺内町として発達し、信長と本願寺の石山合戦にも参加した経験を持つ土地柄であった。可正の祖父源助ももとをただせば上河内村（南河内郡河南町）出身の地侍である。

そして、またこれらの評価が、公儀の側から与えられた支配のためのイデオロギーではなく、生活実感から生み出されていることも重要である。彼のような体制派勢力に支えられながら、身分別に編成された非キリシタンの公儀国家は発展していく。

灌漑施設の整備などを背景とした農業生産活動の発展にともない、肥料源としての山野の改造もまた急速に進んだ。古来、山野に生育する草柴は最も重要な肥料であり、直接田畑に敷きこむ刈敷、牛馬の糞尿と混ぜ合わされた厩肥、腐らせて利用する堆肥などの形で用いられた。近世中期・後期に普及する金肥のような即効性を持たない代わりに、毎年入れ続けることで地力の保持に役立った。農学者の宮崎安貞は草肥の項でつぎのようにいっている。

草肥農業の展開

草糞と云ふは、山野の若き柴や草を、ほどろといひ、又かしきとも云ふなり、是を取りて牛馬にしかせをき、或はつみかさねて腐らかし、またはそのまま田畠に多く入れば、とりわけよくきく物なり、ことにその田畠のつちやはらぎはらぎて、後まで肥るものなり、陽気発生のさかむなる時の物なれば、その柴草の陽気を以て、すなはち五穀作物の陽気を助けてよくさかゆる理なり
（『農業全書』）

厩肥を製造する牛馬の飼料もまた生草であった。稲作農業の満面開花を迎えた近世農村にあって、草肥の確保は最重要課題であり、山野をめぐる争いの多くはその取得を論点としていた。十分な草肥を確保するためには田地面積の一〇倍に及ぶ山野が必要と記す史料もある。近世の山野は樹木が伐採され草山柴山化が進行した。

正保年間（一六四四～四八）、江戸幕府が全国に命じて提出させた郷帳に、各村の里山の状態記載が見られる。これは、作成に際して「村に付き候はへ山（生え山）、並びに芝山これある所は書き付け候事」と命じたことによる。幕府の意図は、林産物への課税目的にあったと思われるが、この指示により「草山、芝山、柴山、松山、杉山、はへ山、雑木山」などと、村々の山の様子が書き上げられることになった。草山はススキ・チガヤ・ササなどの山、芝山はシバ、また柴山はハギ・馬酔木《あせび》・山ツツジ・捩木《ねじき》・黒文字・小松などの低木類の繁茂する山と見られる。いま、これらを草柴系とし、それ以外の松山・生え山などを木山系と大別して整理してみると、全国どこでも、草柴

系が主流という結果がえられる。例えば、丹波国の郷帳によれば、この国の山々の六割以上は草柴山化されていた。木山系は二割弱に留まり、ほかに両者混在が二割強あった。

一七世紀の半ば頃、美作国の津山藩領内では、百姓たちが「共有山に立木があっては、芝草が生育せず、肥やしの確保の妨げになる」として、数百年来の大木や小木を伐り払ったという。近世農業の進展の中で、山野の草山化という大改造が進められていた。

発展する百姓社会

それぞれの職業に専念する態勢の整備とともに、諸身分から構成された近世社会は、一七世紀を通じて発展していく。会津藩の農政担当奉行はこうした情勢を評して、「慶安元年（一六四八）より元禄元年（一六八八）まで四十一か年、民勢さし潮のごとく、盛時にござ候」と記している。

農業面でも土壌や肥料に対する関心が深まり、農具の改良が進められた。一七世紀後半から始まる農書の編纂は、こうした動向を背景にしながら、農業技術のより一層の発展を目指したものである。既に一七世紀前半、伊予国宇和島地方で日本最古の農書と言われる「清良記《せいりょうき》」（土居清良著）が作成されていたが、一七世紀後半になると、天和年間（一六八一〜八四）に「百姓伝記」、貞享元年（一六八四）には「会津農書」（佐瀬与次右衛門）、元禄元年（一六八八）の「地方の聞書」（松村兼永）、元禄二（一六八九）〜三年の「若林農書」（若林宗氏・利朝）など、各地で農書の編纂が進む。

三河・遠江地方をフィールドにして編纂された「百姓伝記」を見てみよう。武士生活の前歴を持つ上層農民の共同執筆に係る本書は、土壌論、肥料論、農具論に始まり、稲・麦、八八種の雑穀、野菜、工芸作物に関する栽培法や治水技術に及んでいる。当該地域の風土を勘案しながら小農農法の確立を目指すという目的は、いずれの農書にも共通している。

こうした流れの中で、地方的農書を越えた広い視野で編纂された農書が登場する。元禄一〇年（一六九七）に出版された宮崎安貞の『農業全書』である。広島藩士の家に生まれた彼は、福岡藩辞官後、四〇年に及ぶ農業体験や各地調査の結果をもとに、中国農書も吸収しつつ、全十一巻に及ぶ大著を著した。一七世紀を通じて発展してきた近世農業の体系化・総合化と言ってよい。

農業技術の進歩や、近世農村の活況は、文学作品にも投影されている。井原西鶴作『日本永代蔵』（元禄元年刊行）に「大豆一粒の光り堂」という小話が記されている。大和国朝日の里の小百姓「川はたの九介」を主人公とした話である。

牛も所持できず、本家の別棟の小屋に住んでいた九介が、五〇歳を過ぎたある年越しの夜、ふと「煎り豆でも花の咲くことがあるかもしれない」と豆まきの豆を一粒を埋めておいた。すると、（物事は軽々しく判断してはいけない、）翌年の夏には青々と枝が茂り、秋には一合余の大豆が収穫できた。毎年毎年収穫を増やし、一〇年後には彼は大百姓となった。大百姓となっても、彼は農業に工夫を重ね、「細攫《さら》え」「唐箕《とうみ》」「千石通し」「唐弓《とうゆみ》」などの農具を次々と発明し、また綿商売にも手を染めて、大和に隠れなき綿商人に生長した。

言うまでもなく九介自身は架空の人物だが、この時期、農村社会は九介のモデルとなるような新興農民を多数輩出していた。農具の改良、商品作物の栽培、農村工業の勃興など、百姓の身分的営為による発展である。ただ、同時に、この中にはマイナスの兆しも含まれていた。例えば、九介の一子九之助の瞬く間の没落である。酒淫に耽《ふけ》った九之助は財産を使い果たして三四歳で頓死している。社会は成功と没落が背中合わせの、新しい時代に向かいつつあった。

（水本邦彦）

参考文献

秋沢繁「太閤検地」『岩波講座日本通史11　近世1』（岩波書店、一九九三年）
朝尾直弘『朝尾直弘著作集1～8』（岩波書店、二〇〇三～〇四年）
安良城盛昭『太閤検地と石高制』（日本放送出版協会、一九六九年）

磯田道史「十七世紀の農業発展をめぐって——草と牛の利用から」(『日本史研究』四〇二、一九九六年)
大阪府立狭山池博物館『平成一六年度特別展　近世を拓いた土木技術』(二〇〇四年)
大島真理夫「近世初期の屋敷地共住集団と中後期の本分家集団」(『歴史評論』四一六、一九八四年)
加藤秀幸「『俵かさね耕作絵巻』考」『東京大学史料編纂所研究紀要』三、一九九三年)
鬼頭宏『文明としての江戸システム・日本の歴史19』(講談社、二〇〇二年)
久留島浩「近世の村の高札」『大名領国を歩く』(吉川弘文館、一九九三年)
野村豊・由井喜太郎編『河内屋可正旧記』(清文堂出版、一九五五年)
長谷川善計「同族団の初源的形態と二つの家系譜——有賀喜左衛門の同族団理論の再検討」(『神戸大学文学部紀要』九・一〇、一九八一・八三年)
速水融・宮本又郎編『日本経済史1　経済社会の成立』(岩波書店、一九八八年)
原田誠司「近世前期の村落と役家——備中国浅口郡乙嶋村の事例」(『近世瀬戸内農村の研究』渓水社、一九八八年)
播磨良紀「太田城水攻めと原刀狩令」(『封建社会と近代』一九八九年)
福島雅蔵「近世狭山池の管理と分水」(『狭山町立郷土資料館　狭山シリーズ14』一九八四年)
福田アジオ『戦う村の民俗誌』(歴史民俗博物館振興会、二〇〇三年)
藤井讓治編『支配のしくみ・日本の近世3』(中央公論社、一九九一年)
藤井讓治「一七世紀の日本——武家の国家の形成」(『岩波講座日本通史12　近世2』岩波書店、一九九四年)
藤木久志『刀狩り』(岩波書店、二〇〇五年)
本多隆成『初期徳川氏の農村支配』(吉川弘文館、二〇〇六年)
町田市立博物館『「農耕図」と「農耕具」展』(一九九三年)
町田市立博物館『たはらかさね耕作絵巻　康熙帝御製耕織図』(二〇〇〇年)
水本邦彦『近世の村社会と国家』(東京大学出版会、一九八七年)
水本邦彦『近世の郷村自治と行政』(東京大学出版会、一九九三年)
水本邦彦『絵図と景観の近世』(校倉書房、二〇〇二年)
水本邦彦『草山の語る近世』(山川出版社、二〇〇三年)

水本邦彦『徳川の国家デザイン・日本の歴史10』（小学館、二〇〇八年）
水口町立歴史民俗資料館『宇川共有文書調査報告書　上・下』（一九九六・九七年）
水口町立歴史民俗資料館『北内貴川田神社文書』（一九九〇年）
宮崎克則『大名権力と走り者の研究』（校倉書房、一九九五年）
湯沢典子「中世後期在地領主層の一動向――甲賀郡山中氏について」（『歴史学研究』四九七、一九八八年）
吉田ゆり子「百姓の家と家族」（『岩波講座日本通史12　近世2』岩波書店、一九九四年）
脇田修『近世封建制成立史論』（東京大学出版会、一九七七年）
渡辺恒一「近世初期の村落間争論と地域秩序――近江国甲賀郡を事例として」（『歴史科学』一五二、一九九八年）

コラム3　耕作図屏風と耕作絵巻

近世の農村風景は、名所記や農書の挿絵、浮世絵など様々な絵画資料にその姿をとどめている。なかでも、耕作図屏風や耕作絵巻は、近世の早い時期から農村世界を描写対象としており、歴史研究の資料としても貴重である。

一双の屏風に農村の四季を描く耕作図屏風は、室町時代より日本で広く作成されるようになった。中国江南の稲作農業と養蚕・織物作業を描いた南宋の画家梁楷筆の耕織図などが、室町幕府同朋衆を経由して狩野派に伝えられ、同派のレパートリーとなったのである。足利・徳川の将軍や、戦国大名・近世大名など、主として武家世界の人々が注文主であった。

右隻に種籾浸しから田植えや灌漑・草取りなど春・夏の風景を描き、左隻に稲刈り・脱穀・蔵入れなど秋から初冬の様子を描くパターンが、この屏風の定番である。当初は手本に従い登場人物は中国風俗で描かれたが、やがて日本の農民と農村風景に置き換えられ、日本農業を描写する図となった。充実した百姓世界が美の対象となり始めた証拠であろう。好んで四季耕作図屏風を描いた一七世紀狩野派の画家久隅守景作の屏風にも、中国風俗系と日本風俗系の二系統がある。

一方、農村風景を絵巻物の形で描いたものに「たはらかさね耕作絵巻」がある。現在、三本が知られ、東京大学史料編纂所、福岡市博物館、町田市博物館に所蔵されている。史料編纂所所蔵本が最も古く慶長・寛永年間の製作、福岡市博物館本は京都の狩野派鶴沢探鯨の手になると推測されている。いずれも絵物語として耕作と養蚕・機織に関する年中行事を、おおむね十二段・十二カ月に配分する。ちなみに史料編纂所本では、勧農を内容とする序文に始まり、土牛の祭、春社、苗代、田植え、灌漑、雨乞い、田草取り、豊稔見分、稲刈り、籾摺り・稲扱き・俵詰め、検数、倉入れの一二場面が描かれている。将来、為政者となる者のための教育や戒めを目的とした児童用の教育絵本であろうと評されている。

全体として、農民による耕作、養蚕・機織の作業が、厳しい自然のなかで営まれる苦難の労働であることを解説し、為政者としての仁慈を諭している。福岡市博物館本については、寛保三年（一七四三）に朝廷から将軍家に贈呈された「耕作図巻物」との説も出されている。

（水本邦彦）

第四章　近世の都市社会

1　近世都市の成立

都市の時代の幕開け

近世は全国的に都市化が進んだ時代であった。兵農分離を経て城下町が各地に建設されて大名領国の政治・経済・文化の中心地となり、交通や運輸の要衝として宿場町や港町、その他の在郷町が経済的に栄えた。近世前期には、金山や銀山の開発によって一時的な繁栄を見た鉱山町もあった。

人口規模のうえで、町方人口一万人以上の城下町は数多く見られた。名古屋・金沢が五、六万で武士を加えて約一〇万人、ついで仙台・岡山・熊本・広島・徳島・福井・秋田といった大藩の城下町が二、三万で武士を加えて四、五万人と推定されている。三都と呼ばれた幕府直轄都市では、京都が一七世紀前半で四〇万人近かったが、その後減少し、近世中期には三五万人前後で推移するようになった。大坂は一七世紀半ばから末にかけて二五〜三五万人に増加し、明和二年（一七六五）に四二万人弱で最高を記録した。新興都市江戸は近世中期に五三万人、武家を含めれば一〇〇万人を超えて他を圧する巨大都市に成長した。こうした都市では、武士とともに、商工業やサービス業に従事する多様な諸身分の人々が集い、彼らの活動がさらに新たな生業や文化を生み出していく。貨幣経済の浸透によって生産と消費の両面で活気に満ちた生活が展開する一方、過密な空間には様々な都市問題が胚胎されていた。

ミヤコの変貌

中世末の京都は、室町幕府の権威が衰えたとはいえ、依然として政治・経済・文化の中心であり、賑わいは「洛中洛外図屏風」にも表現され、地方からは羨望の目で見られていた。その景観は、中心を持つというより多元的であり、惣構という防御施設に囲まれた上京・下京の二つの都市集落と、それと連なる公家・武家の屋敷や寺院で構成されていた。戦国期の政治的混乱のなかで結束した上京・下京の都市民は、地縁的団体として町《ちょう》・町組を組織し、それぞれ自治的に運営していた。一方公家・武家や寺院は都市領主として、自らの屋敷や境内とともに、町方の土地にも得分権を持っていた。豊臣秀吉は、こうした分散化・重層化した土地所有関係を本格的に変革し、京都の近世都市化を推し進めた。

天正一四年（一五八六）、関白秀吉の居城として聚楽第の建設に着手し、天下に君臨する権威の象徴とした。ついで洛中検地を実施したうえで天正一九年に地子免許を行い、旧都市領主の所有地を外部に替地し、重層化していた土地所有関係を清算した。身分による居住地の区分けも行い、禁裏を中心とする公家町、聚楽第周辺の武家町、寺院は上京北辺の寺の内と東の京極の寺町に集中させ、下京南辺には本願寺を大坂天満から移した。こうした配置替えとともに、市街地にあらたに南北路を通して短冊状街区に改変し、これまで奥まって未利用であった土地の開発を進めた。そして仕上げとして、天正一九年に市街地全体を囲む御土居を築造して、土居や堀による治水によって鴨川の洪水に備えるとともに、新しい洛中を地域的に確定した。聚楽第を中心とする城下町として改造された新しい京都には、この時期多くの人々が流入して人口も増大し、武家政権の首都にふさわしい変貌をとげるかに見えた。

だが秀吉は関白職を秀次に譲って太閤となり、秀次事件後には聚楽第も破却されて、その構想は変化していく。武家の中核都市は大坂や伏見が一時その役割を担い、徳川政権発足後は次第に江戸へと重心を移していった。

徳川氏の支配下に入った京都では、慶長七年（一六〇二）二条城の造営、東本願寺と寺内町の建設、慶長一八年高瀬川の開削などが行われたが、建設ラッシュの時代は終わり、朝廷や公家町、多くの宗派の本山寺院、二条城周辺に上方支配の幕府機関を並存させた近世都市京都の骨格ができあがった。一七世紀の幕府の都市政策は、都市改造の段階から町方支配の充実へと重点を移した。

城下町の景観と江戸・大坂

近世初頭、完成した江戸や大坂の都市を鳥瞰した「江戸名所図屏風」「江戸図屏風」や「大坂市街図屏風」には、統治と権威の象徴として城郭が描かれる一方、商工業や遊興でにぎわう町人町の姿が描かれている。そこには一般の城下町と共通の空間構成が見られるものの、江戸や大坂は幕府が諸大名を動員して新たな巨大都市として作りあげたものだった。

一般に城下町は身分的に居住地が区分され、次のような特色をもっている。家臣団は城を中心にして上位から下位へ階層別に屋敷を与えられ、領主の軍事力の中核を構成するとともに、領内支配のための様々な行政・司法の役職を担った。足軽・中間と呼ばれた下級の武士は長屋などに集住させられ、軍団に編成され、平時には城館などの維持に使役された。寺社は、一般に寺町と称し、外延部付近に土地を与えられ軒を連ねた。領内寺社の統制や寺請制の維持に協力し、領主の法事などに動員されて荘厳化に寄与させられた。

町方住民に対して、領主は軍事的需要や日常の生活を充足させるよう求めた。研師・鞘師・弓師・大工・左官・瓦師・畳師など武器生産や城郭普請にたずさわる手工業者たちに、領主の御用を勤めるかわりに、町方諸役の免除や営業独占などの特権を与えた。こうした職人たちは集団ごとに居住地域が決められている場合が多く、それぞれ職人頭を介して彼らを統制し動員した。手工業生産や流通を統制するため、商業についても商人司を任命して、城下町や領内で商売する行商人たちを支配した。

都市周辺部には、遊郭や芝居小屋など非日常的な施設が立地した。また非人など被差別身分の人々がある程度まとまって集住していた。

江戸や大坂は、こうした一般の城下町とは隔絶した規模と機能をもっていた。江戸には家康が将軍となった慶長八年（一六〇三）頃から主な大名に屋敷が与えられ、集住するようになった。寛永一三年（一六三六）の外郭整備工事で完成した江戸の城下には、譜代大名・外様大名・旗本・御家人の屋敷が、江戸城を中心にして渦を巻くように外延部へむかう堀に沿うように連なり、諸国に通じる街道が城門から放射状に延び、江戸湾や隅田川に面した低地に町人町や寺が配置された。江戸は外様大名を含む武家が集住する首都としてできあがった。

海に開けた大坂は、元和五年（一六一九）に幕府直轄となって大坂城代・大坂町奉行が置かれ、西国に向けた軍事拠点、列島の物流の中心として新たに再出発した。西に向かって多くの堀川が掘削され、土地を造成し水路を確保して、町場化と舟運インフラの整備が進んだ。瀬戸内海水運、小型船（上荷《うわに》船・茶船）による都市内輸送、淀川・大和川水系の川船が水運体系としてつながった。諸藩の蔵屋敷も堂島・中之島付近に数多く設けられ、諸藩の蔵米《くらまい》を中心とした米穀取引市場として堂島米市場がにぎわった。

自治と支配の組織

中世に生まれた町という地縁的組織が母体となって、近世都市の行政的な基本単位ができあがった。京都はその典型である。町は、空間的には街路に面した家屋敷（土地＋家屋）の集合体であり、道路をはさんだ両側町の形態をとるものが多く、家屋敷の裏側で町と町とが背中合わせに境を接していた。この家屋敷の所有者が本来の町人であり、正式な町の構成員としてその運営にたずさわり、家屋敷を単位とする軒役などを負担した。家屋敷を持たない借家人も町内に居住していたが、彼らは家主の支配を受けるだけで、町の行事に参加したり利益配分などにあずかる資格はなかった。町人のことを借家人に対して家持とも呼ぶが、町は人的側面から見ればこうした町人＝家持による地縁的な身分団体であった。町には年寄・宿老などと呼ばれる年長者が指導層として存在し、その下に輪番の月行事などをおいて運営を行った。各町では自主的に町式目や町掟と呼ばれる成文法を制定し、おもに家屋敷売買に関して細かく取り決めて職業規制をするなど、町柄の維持に努めた。町は、家屋敷を中核とする彼らの財産と生活を守る目的をもっていた。

町は何町か集まって町組（組町）を構成し、さらにこうした町組が幾つか集まって惣町を形作った。町や組にはできた時期によって古・新の区別があり、また親町・枝町といった分岐や従属を示す名称もあって、由緒や権利において町間の格差が存在した。そのなかで古町や親町と呼ばれた伝統ある町が、組や惣町の指導層を独占した。京都では中世以来の上京・下京が惣町であり、東・西本願寺の寺内町もそれぞれ別の惣町を構成した。大坂では三郷と称される北組・南組・天満組を惣町として、その下に宗旨組合・通達組合などの組町が機能別に存在した。

都市の支配は、町奉行という武家の専門役職者が町奉行所において行った。町奉行には与力・同心が付属し、区分された職務を分担したが、その人数は少なく、支配には惣町の組織が利用された。その際、町奉行所と惣町の間にあって、行政的実務を担う中間的な存在がいた。京都では町組ごとに町代という世襲の者が奉行所内に詰め、法令などの下達や諸届・訴願などの民意上申に関わった。大坂三郷にはそれぞれ惣会所があって、数名の世襲の惣年寄が統括し、その下で惣代や他の下級職員が行政的職務に当たった。また末端の町においては、責任者として町《ちょう》年寄が位置づけられ、町用人（大坂では町代という）が事務職として町政を補佐した。江戸においては、町《まち》年寄と呼ばれた樽屋・奈良屋（舘氏）・喜多村の三家が江戸町人の代表として格式を誇り、法令の伝達や訴願の上申などをおこない、その下で町名主《まちなぬし》が末端の責任者として位置づけられた。

2　都市と経済のインフラ整備

金銀の生産と貨幣制度

金銀山の開発は戦国大名によって盛んに行われた。一六世紀半ばに灰吹法《はいふき》という新たな銀の製錬法が伝来・普及し、採鉱においても坑道を掘削する技術が進んだ。戦国大名は鉱山の領有をめぐって争い、こうした技術者を動員して金銀を調達し、武器の購入、兵糧米の調達、論功行賞、贈答などの用途にあてた。金・銀の流通は、やがて都市において金屋・銀屋と呼ばれた両替業者を生み出し、彼らが質や量を保証した判金や極印銀が貨幣として流通するようになった。統一政権をはじめ各地の大名も、彼らのなかで有力な業者を指定して貨幣を作らせた。豊臣秀吉は主要な金銀山の直轄化を進め、彫金を家業とした後藤四郎兵衛（徳乗）に贈答用に一枚一〇両（一六五グラム）の重さの天正大判の製造を命じたが、政権の短命もあって一般の貨幣の統一にまで及ばなかった。

関ヶ原の戦いに勝利した徳川家康は、新たな貨幣体系の構築に着手した。慶長六年（一六〇一）に伏見に銀座を設けて、大黒常是《だいこくじょうぜ》（湯浅作兵衛）に丁銀《ちょうぎん》・小玉銀（豆板銀）を鋳造させ、同じ頃江戸で金座の後藤庄三郎光次による小判・一分判の金貨製造を開始させた。光次はこれまでも徳川氏の金貨を作っていたが、今回は両・分を単位として表面に額面を打刻し、大量生産に向く形状に変えた。大判は引き続き京都の後藤四郎兵衛家が製作したが、新たな金銀貨は天下人家康が全国に通用する標準貨幣として作り出したものであった。

銀座は慶長一三年に京都に移転し、駿府のちには江戸にも設けられた。銀は匁《もんめ》という重量単位で価値をはかる秤量貨幣で、品位八〇%に定められた。極印銀の流れを引く丁銀は一枚三〇～五〇匁のなまこ形で、小玉銀はそれ以下の重さで不定形であった。また銀は戦国期から最大の輸出品であり、その大量流出を防ぐため高品位の灰吹銀に代えて丁銀の輸出が命じられ、監視のため元和二年（一六一六）長崎にも銀座が設置された。同時に、徳川政権による金銀山の直轄化や金座・銀座を介した地金の統制が進んだ。

一方銭貨に対する統制は金銀貨に比べずいぶん遅れた。依然として中世以来の輸入銭やその模鋳銭が流通しており、西日本には独自に領国通用の銭を発行する大名もいた。幕府は関東における永楽通宝の優位を停止し、比較的良質の銭を京銭《きょうせん》という範疇でくくり、これを標準の銭貨として交換比価（金一両＝銀五〇匁＝銭四貫文）を定めた。だが国内における銭流通が不安定なうえに、銭の輸出も続いていた。ようやく寛永一三年（一六三六）になって幕府は寛永通宝の大量鋳造に踏み切った。まず江戸と近江坂本、ついで京都・大坂に幕府の銭座を設け、さらに同年一一月には全国八カ所の大名を指定して鋳造を命じた。鋳銭材料である銅の輸出は寛永一四年から正保二年（一六四五）まで停止され、寛永二〇年には銭の私鋳が禁止された。この結果、幕府は銭貨の発行権を掌中に収めたが、なお寛永通宝が全国に普及するためには、寛文年間における文銭（裏に文の字を鋳込んだ寛永通宝）の大量鋳造を待たなければならなかった。

こうして成立した近世の貨幣制度は一般に三貨制度と呼ばれ、金・銀・銭の三種の金属貨幣が、地域や階層や用途を別にして流通した。このほか金銀鉱山を領内にもつ大名領では、領国貨幣と総称される領内通用の独自の金銀貨が流通したところもあったが、それも一七世紀後半には姿を消した。江戸を中心とした東日本は金遣い、京都・大坂を中心とする上方以西は銀遣いというように、東西の通貨に地域的差違があった。おおむね金・銀は高額支払に、銭は東・西の区別なく少額支払に使用された。品物によっては地域を問わず、基準とする貨幣の種類が決まっていたものもある。三貨の間には公定の交換比価（元禄改鋳後に金一両＝銀六〇匁＝銭四貫文に改定）が定められたが、都市の両替商の間では独自に相場が立てられ、日々変動した。

こうした両替商は、貨幣の計量、真贋判定、包封など流通過程にあって近世の貨幣制度を支えた。東西の基軸通貨の相違はやがて為替取引を盛んにし、金融取引の拡大へとむかった。

街道と宿場

貨幣の整備とほぼ時を同じくして、家康は、江戸・駿府と京都・伏見・大坂の間の街道整備に着手した。慶長六年（一六〇一）に東海道の宿場を定め、伝馬朱印状・伝馬定書を交付して公用の伝馬を常備するよう命じた。伝馬は、重要な公的輸送に無償で人馬を提供する仕組みである。東海道の一部では戦国大名による伝馬制度や宿駅設置が見られたが、家康は全国政権としてこれを江戸―上方間に拡大した。一宿あたり常備する伝馬数は三六疋、隣宿までの輸送区間を指定し、積載量は一駄三〇貫目を上限とし、こうした負担を課すかわりに屋敷地を無税にした。いまだ徳川政権が不安定な近世初期に将軍・大御所の上洛がたびたび行われたことも、江戸―上方間の街道整備を促した。

翌年から中山道や奥州道中にも同様の制度が適用されていく。宿場も、五街道と呼ばれた東海道・中山道・奥州道中・日光道中・甲州道中についてほぼ寛永年間までに整備され、ほかに美濃路・佐屋街道・日光例幣使街道などの脇往還が幕府の管轄となった。また近世初期から江戸の防衛のため関東を中心に関所が多数設けられ、鉄砲改めや人質の逃亡を防ぐため女性の通行が厳しく検査された。街道支配は、時期や地域によって代官頭や老中、江戸町奉行、京都所司代、若年寄などが担当したが、万治二年（一六五九）に大目付が兼任する道中奉行が設けられ、一元化された。

宿場には、大名や幕府役人の宿泊施設として本陣や脇本陣、輸送業務を行う問屋場が置かれ、それを中心に一般の旅籠や酒屋・茶店などが道沿いに軒を連ね、小都市の様相を見せた。伝馬は将軍の命による無償徴発であり、その役を果たす代わりに運輸業者は営業特権を得て人馬継立てを行った。公用輸送は宿場間で定められた御定賃銭によったが、一般の輸送はその倍ほどの相対賃銭で行われた。近世初期の二、三〇年の間にこうした運輸・旅館業を中心にした町が多数できあがり、街道筋は一挙に貨幣経済に巻き込まれ、都市化が進んだ。貨幣（銭）の支払によって大量の輸送や宿泊が可能になり、参勤交代の大名など増大する交通量を支えた。寛永一四年（一六三七）に東海道に助馬が命じられ、翌年には常備の伝馬も東海道は一〇〇疋、中山道は五〇疋と引き上げられたが、やがてそれでも不足するようになって、宿場周辺の農村に助郷役として人馬の徴発が課されるようになった。

海上交通と廻船　幕府は海上交通についても、沿岸部の諸領に対して遭難船の救助を命じるなど海の交通管理を行った。元和七年（一六二一）に海難救助を命じた浦高札を西日本各地に立てたのが最初であり、寛永一三年（一六三六）には救助の報酬などを定めた。寛文七年（一六六七）にはこうした施策を全国に広げ、難破した荷物の配分方法や漂流する船・荷物の扱いを定めるなど七ヶ条からなる包括的な浦高札を交付した。これが以後の基本法令となった。

安全な航路の開発には民間の力が利用された。伊勢出身の材木商・土木業者であった河村瑞賢《かわむらずいけん》は、幕府から陸奥米の江戸廻送を請け負い、寛文一一年に太平洋岸を南下して房総半島を経由する航路を開いた。津軽半島から太平洋岸を南下する東廻り航路の完成である。翌一二年には出羽の幕府米の廻送にも成功して、出羽酒田から日本海側を進み、下関・瀬戸内海・紀伊半島を経由して江戸へ至る西廻り航路を開拓した。とくに西廻り海運の隆盛はその後の大坂市場の発展をもたらした。同じく瑞賢が治水工事の一環として進めた安治川・木津川の河口整備によって、艀載貨物の市中への受け入れも便利になった。

江戸・大坂間の輸送船ははじめ菱垣廻船の優位が続いたが、一八世紀に入ると酒問屋が利用した高速の樽廻船との競争になり、次第に後者が有利となった。一九世紀には、日本海側の北前船、太平洋岸では知多半島沿岸の尾州廻船が勢力を伸ばした。運賃を取って荷物を運ぶ運賃積船のほか、船主が自ら荷物を買い取って運ぶ買積船の活躍も目立ってきた。

度量衡の統一　経済取引が円滑に進むには度量衡の統一が欠かせない。こうした整備が進むのは全国的な市場が成立してくる将軍家綱治世の寛文期であった。

長さの単位である尺については時代や地域によってあまり異同はなかった。既に古代から建築用に用いられた曲尺《かねじゃく》が近世でも引き続き使用された。物差しが鉄製であったため目盛りが変化することがなかったと言われる。

しかし布や裁縫用には、呉服尺（一尺が曲尺の一尺二寸に相当）や鯨尺（同一尺二寸五分）が使用された。一七世紀前半の幕府の法令では布の丈・幅を曲尺で測っているが、曲尺を強制することはなく、用途によっては他の物差しも排除しなかった。

混乱していた枡は、中世末には京都・奈良で淘汰されて京枡と呼ばれる枡が多用されるようになった。幕府は江戸の樽屋藤左衛門、京都の福井作左衛門を枡座に指定して枡の製作・販売の特権を与えた。しかし両者の枡は容量や大きさが若干異なっていたので、寛文九年（一六六九）に幕府は京枡をもって基準枡とし、一挙に全国に普及させようとした。しかし年貢収納にかかわる枡については、領内で独自の枡を使用していた大名もあり、幕府の統制策への対応も様々であった。徐々に基準枡は普及していくが、両枡座による東西分掌が実現したのは一七世紀後半の安永年間であった。

秤は大きく天秤と竿秤に区分される。天秤はおもに両替商において、分銅とともに使用された。重さの原器となる分銅の製作は、秀吉以来、大判の製作とともに彫金師後藤四郎兵衛家の家業となった。幕府は寛文五年（一六六五）に後藤家の極印がない分銅の使用を禁じて他の分銅を排除するとともに、その後も精度維持のため分銅改めを実施した。

一方錘《おもり》をつけた竿秤は、秤座と呼ばれた組織によって製作・販売された。既に一六世紀末から京都では神善四郎の秤が、徳川領国では家康に特権を認められた守随の秤が流通していたが、幕府は承応二年（一六五三）に東西分掌を定め、東三三カ国は江戸秤座の守随家、西三三カ国は京都秤座の神家が管轄することになった。支配国が確定するのは寛文八年まで下るが、両家は秤の製造・販売のみならず修理なども行い、さらに似せ秤の排除や秤の精度を保持するため秤改めも実施した。こうして秤の統制は全国に及んだ。

3　経済発展と都市の変容

町と都市の構造変化

一七世紀初めの町人地は、ほぼ同規模の家屋敷が立ち並ぶ景観であったが、一七世紀中頃から都市の中心部において有力町人による家屋敷の兼併が進み、大店《おおだな》が立ち並ぶ地域となった。数十人の奉公人を抱え、一〇メートルの間口をもつ店舗も珍しくなかった。大規模な商人ともなれば、同じ都市内の他の町に多くの抱屋敷を所有し、自らの居宅や店舗として利用するほか、家守《やもり》という管理人を置いて、地代・店賃など不動産収入を得るため貸家経営を行った。大商人は、領主の御用を引き受ける際に、こうした抱屋敷を担保として提出した。経済的な階層分化が町の景観を変えていった。

大店では主人とその家族や奉公人たちが一家をなし、彼らの生活のため、商人・職人・日用など多様な人々を普請方・台所方の出入の者として従えていた。店によっては店名前として名義人が設定され、番頭が店を差配し、主人が不在のこともあった。抱屋敷にも家守が置かれただけだった。こうしたなかで当該町に居住する家持町人は減少し、町の運営は少数の居町人を中心に行われるようになり、代理人（番頭や家守）には一部の権利しか認められなかった。町は行政単位として維持されながら、その共同体的機能は次第に低下し、一方で有力町人は自立の度を高めた。大店はその典型で、店に関わる人々の集まりは町を越えてもう一つの世界を形作った。こうした動向は三都に共通したものであった。

由緒・格式による町間の差は形骸化し、借家人を含めた住民と領主をむすぶ行政の単位として定着していった。一七世紀末から一八世紀初頭にかけて、行政の末端あるいは中間にある町役人の位置づけに変化が見られた。京都では町年寄とそれを補佐する五人組の任期制が導入され、特定の町人による独占がくずれた。法令の伝達や諸届上申に関わった町代については、都市政策を実施する上での実態把握の調査にも従事するようになった。江戸では、居町人の減少を受けて町名主が減り、支配管轄を広げた支配名主が一般化し、さらに番組編成を受けて惣町的結集ができあがった。名主の代表者組織である年番名主は、町奉行所からの様々な行政的諮問を受けて答申を行った。政策提言の道も新たに作られた。享保改革までは政策の立案は役所の専管事項で、住民からの提案は違法とされたが、享保六年（一七二一）に始まる江戸の目安箱に見られるように、都市の民意を問う方向へと転換した。

大坂の経済的地位と金融市場の動向

大坂は一七世紀後半になると、西廻り航路をはじめとする水運やその他の経済インフラの整備によって、全国の流通の中心都市となった。正徳四年（一七一四）の移出入商品表は、他国との品目別取引を通して大坂が「天下の台所」となった姿を見せてくれる。食糧を含む原材料を移入し、加工品を移出する構造を基本とし、高度な工芸品や織物は伝統ある京都に依存している。この商品調査には武具などを作る御用職人調査も付随していたが、大坂経済の現状を把握する商品表の部分が詳細を極め分厚くなっている。調査品目も時期が下がるにつれて拡大し、都市内で展開する分業を反映して、細かな商品まで調査がおよんだ。

大坂には堂島の米市場、天満の青物市場、雑喉場《ざこば》の魚市場があって、都市民の食料需要を満たしたが、米市場は金融取引とも深く関係していた。諸藩の年貢米が大坂で換金されて江戸・国元の財政にあてられるという資金循環が形成されていた。堂島や中之島の蔵屋敷に入荷した米は入札によって仲買に払い下げられ、仲買は蔵屋敷から米の預かり証券である米切手の発行を受け、それを堂島米市場において商人間で売買した。諸藩では、有力町人のうちから蔵物を管理する蔵元や資金の出納を行う掛屋を任命して資金管理をまかせたが、こうした恒常的な関係のもと大名貸が一般化していった。

米市場では新たな金融取引も派生した。現物米の裏づけのない過米・空米切手によって一時的な資金調達が行われたが、これは幕府が禁止し非合法となった。帳簿上だけで取引される帳合米と呼ばれる先物取引も始まり、米商人たちは価格変動リスクに備えた。

米以外にも商品取引には前貸しや延払い金融がつきもので、商業金融が発展した。こうした基盤を支えたのが、十人両替を筆頭とする大坂の両替商とその仲間であった。三貨の両替はもとより、各種手形（預り手形・振出し手形・為替手形など）の発行・決済、資金の預託・融通を個別の両替商やその系列両替商間で処理した。両替商は、社会的分業の発展による取引の増大や隔地間取引の盛行のなかでその役割を高めた。とくに一大消費市場である江戸へ向けて大坂から下す酒・油・木綿などの主要商品の代価回収と、西国大名の蔵米代金の江戸送金を相殺する為替取引は、江戸—上方間の物流と資金流通を支えた。こうした仕組みは一七世紀中頃にはできていたが、元禄四年（一六九一）に畿内幕領の年貢米代の江戸下しに関わる大坂御金蔵為替御用がはじまり、豊富な資金が金融市場に供給された。

だが金融市場としての大坂の展開は、決して順調なものではなかった。一つは領主財政の逼迫によって大名貸の不良債権化が進んだためであり、もう一つは米価引き上げなどを目的とした幕府の御用金政策が始まって、たびたび金融逼迫を経験したからである。買米を目的とした宝暦一一年（一七六一）の御用金はすぐに撤回されたが、天明五年（一七八五）の御用金は大名への融資を目的としたもので、これまでの大坂の両替商による大名金融を脅かすものだった。田沼政権の崩壊とともに計画は潰え去ったが、その後も買米を目的とした御用金は行われた。こうしたなか、一部の藩では専売制や有力商品の国産化を進めて藩債を減らし、物流・金融両面で大坂市場に頼らない道を探り始めていた。やがて一九世紀に入ると大坂の経済的地位の低下が認識されるようになった。

会所と株仲間

一八世紀前半から中頃にかけて、三都では新たな会所設立や仲間立ての出願が目立つようになった。公共的な機能に関するものを見ると、京都では、借家請け・奉公人改め・火消人足請負など町の機能低下を代替するような内容の出願が繰り返され、そのつど町・町組の反対運動が展開された。大坂でも、火消や塵芥処理など町の機能を請負うもの、借家人の統制に関わる家請人仲間、橋や川浚えなど都市公共工事の請負、金融機関の設立などが出願された。いずれも効率的で利便性もあったが、旧来の町の権限と抵触するものは反対によって認可されなかったものが多い。

一八世紀中頃、大坂での株仲間の認可も同様の動きでとらえることができる。天明年間の大坂には一二〇種を超える仲間が存在したが、その多くは田沼政権期に認可されたものであった。治安警察に関係する茶屋・風呂・旅籠・質屋・古手・芝居などは御免株として一七世紀からあったが、この時期は願株と言われる業者の申請による株立てが多い。その場合も、既存の業者が仲間外の出願に対抗して、自らの権利を守る立場から願い出て、結果として多数の近似した業種が認められた。田沼政権が積極的に株仲間を認可した背景には、運上や冥加金の収入より、こうした仲間外の新興層を含めた流通機構や物価の統制にねらいがあったようだ。

江戸の成熟と都市問題

江戸は明暦三年（一六五七）の大火を経て、武家屋敷が郊外に移転させられ、大名の下屋敷も多数建設されて、都市域は拡大し、一八世紀前半には武家人口も五〇万人を越えた。しかし本来武家の居住地である地域は、地代店賃を目当てにした町人への賃貸や実質的な売買によって変貌し、さらに郊外では抱屋敷を集積して町屋敷経営を展開する武家もいた。武家地と町人地の境界は次第に曖昧になっていた。また寺社地とされた大きな寺社の門前・境内にも町屋敷が建てられ、寺社にとって地代店賃の収入源となる一方、参詣客を相手にした盛り場としてにぎわった。江戸は、旧来の身分毎の居住区分を越えて拡大した。

人が流入し雑居性を見せ始めた江戸では、都市問題が先鋭的にあらわれた。まず人口の増加は、上水道の整備を促し、近世初期からあった神田上水に加えて、承応三年（一六五四）竣工の玉川上水が飲料水をまかなった。ゴミ処理問題も発生して、明暦元年（一六五五）に永代浦への搬送が命じられ、江戸湾の湿地帯をゴミで埋める新田開発が進行した。明暦大火後は防火対策も課題となった。先に触れた武家屋敷の移転や市域拡大に加えて、両国・中橋・上野・筋違橋門など橋詰めや道路の交差するところに広小路と呼ばれる火除地が設けられた。消防制度も旗本による定火消制度が大火の翌年に発足した。その後も防火・消防政策は、天和頃に火の見櫓の設置、享保五年（一七二〇）に町火消いろは四七組が編成され充実していった。

江戸の生鮮食料品は、神田青物市場、日本橋・新肴場・芝雑魚場・四日市の魚市場でまかなわれた。酒や油・木綿などは大坂周辺、呉服などの高級品は京都から供給を受け続けたが、その他の物資の大半は江戸地廻りと呼ばれた周辺部から供給された。大局的に見れば、領主の年貢米代金が資金的起動力となってこの消費市場を動かしていた。一八世紀に入ると「米価安の諸色高」と言われる物価の不均衡があらわれはじめ、幕府は消費物資の供給量と価格の調査や統制を行うようになった。江戸の消費市場の安定という指針は後の改革政治のなかでも受け継がれていく。

人口流入は都市の下層社会を拡大した。幕府は人宿を通じた奉公人統制を行いながら、不法滞在者である無宿や野非人を取り締まり非人社会に取り込もうとしたり、一方で飢饉時の施行や小石川養生所のような救恤施設の設置を行った。下層民対策は、天明の打ちこわしを経た寛政の改革政治のなかで、より幅広い充実した内容で展開していく。

防火対策の一環として設けられた広小路は、水・陸交通の結節点であり、生鮮品の市場となったり、葭簀《よしず》張りの茶屋が設けられ、諸芸人も集まる民衆の盛り場へと変貌した。都市周辺部に近い寺社の門前・境内も、秘仏を公開して結縁する開帳や、寺社の資金源となった富札・勧進相撲などでにぎわった。両国付近ではこうした盛り場が連続していた。そこは諸身分が交錯する市場であり、遊興の場であり、宗教や庶民文化が花開く複合的な空間となっていた。

4　都市の危機と災害対応

都市の飢饉と貨幣経済

凶作による食糧の供給不足は、米価の高騰という価格メカニズムを通して、都市民の生活を圧迫し、ときに飢餓状態を引き起こした。さらに三貨制度という近世特有の貨幣制度のせいで、物価変動の影響が金・銀貨を遣う階層と銭貨で生活する階層との間で異なることがあった。おおむね賃銭を稼いで生活する零細な人たちがその被害をこうむることが多かった。ここに、近世都市に特有の飢饉のあり方を見ることができる。

こうした事態は早くも一七世紀半ばの寛永飢饉においてあらわれた。近世前期の農政の転換点と位置づけられてきたこの飢饉は、京都など都市部でも悲惨な飢餓状況を生んだ。しかもこのとき、寛永通宝の過剰な鋳造による銭相場の下落が続いたことによって、賃労働で銭を稼ぐ層の購買力を著しく低下させ、この事態に拍車をかけた。整備されたばかりの東海道など街道筋の宿場町が大打撃を受け、幕府は宿駅・伝馬制度を維持するため、米の安値販売や銭相場の引き上げをはかるなど、緊急の助成策を実施した。

同様の事態は、天明七年（一七八七）の飢饉の時にも顕著に見られた。前年の凶作の影響とこの年の銭相場の急落によって、大坂をはじめとして全国の都市に打ち壊しがひろがった。天譴論《てんけん》の対象として田沼政権期の諸政策がやり玉に挙げられ、幕府の支配正統性が都市の民衆運動によって揺るがされて政治問題化したのが、この時期の特色であった。大坂の米市場は全国の相場を主導しており、価格騰貴と民衆の生活苦も全国に及んだ。既に大坂の米市場は大名の資金調達のための金融市場として機能していたから、事態をさらに複雑にしていた。高度化した都市の経済構造を背景に、物価政策はますます難しくなり、都市における飢饉と騒擾が波及したのである。

都市の施行と社倉の設立

飢饉に対する幕府の対応は、ながらく施行米の支給を基本とした。だが天明七年の民衆騒擾を経て幕府は、一時的な救済策のみならず、将来に備えた備荒貯穀策として都市に大規模な社倉を設け、民間の出資を募った。江戸町会所を運営母体とする七分積金制度は有名であるが、京都や大坂でも方式こそ異なるものの、同様の囲米政策が実施された。こうした救済機能を会所的組織に編成し民間の協力を得ながら作ったことは、都市において社会政策を遂行する能力を民間が蓄えており、その力を借りなければ実効を挙げ得なかったことを示している。

民間による大規模な施行は享保一七年（一七三二）の飢饉時にさかのぼる。このときウンカの異常発生によって西南日本が凶作・飢饉におちいり、幕府は被害の大きい大名や旗本に拝借金を支給し、被災地に大坂などから米を回送した。大坂・京都にも困窮者があふれ、幕府も救済を奨励したので、町人や寺社による救済が活発に行われた。大坂では一万人以上が支援活動に参加し、町内毎に家持層が米銀を出して借家人に与えたり、多額の救済金を惣会所に拠出した者もいた。規模は大坂ほど大きくなかったが、京都でも大店や寺社や町による施行が幅広く行われた。そしてのちに義捐《ぎえん》者のリストというべき『仁風一覧』という書物も出版されて、多大の援助をした者が褒賞された。

寄附した商人たちには商売を続けてこれたことへの報恩の念が底流にあり、一方で過大な儲けは困窮者に施すべきだという民衆意識も見られた。事実、江戸では米商人高間伝兵衛が初の打ちこわしに遭っている。しかし、これほどの支援が都市規模で行われたことは、都市社会を自らが治めていく公共的な意識と行動を都市民が持ちはじめていたことを示している。領主の「仁政」による「御救」だけを期待するのではなく、階層差を抱えながらも、都市の危機を自らの手で乗り越えようとする新しい動きである。

寛政改革期の社倉政策はこうした動きを巧みにとり入れた。幕府の指導命令が必要だったという限界はあるが、民間社会をとりこんだ新しい都市経営が始まろうとしていた。

災害と情報化社会の萌芽

人と家屋が密集した都市では、地震・風水害・火災など災害の影響を受けた。衛生観念や科学的認識に乏しい段階にあっては、コレラなど伝染病も不安のなかで流行した。

都市災害の記録としては、仮名草子の作者として名高い浅井了意《あさいりょうい》の二つの著作が最初である。了意は、明暦三年（一六五七）の江戸大火を題材にした『むさしあぶみ』、寛文二年（一六六二）の京都周辺の地震をとりあげた『かなめいし』を書いている。前者は必ずしも自身の経験にはもとづかないようだが、いずれも本格的な災害誌と評価され、内容は啓蒙的で教訓的色彩が強い。挿絵をともなった仮名草子として出版され、多くの読者を獲得するメディアとしての条件を備えていた。とはいえ複数巻の木版本であるから、一七世紀中頃の段階では、こうした書物を購入することができる支配者層や知識人を読者としたのであろう。中枢都市の機能を破壊するような大規模災害に対する関心は、まず事象に教訓的な意味を発見しようとするこうした階層に広がった。

災害に意味づけを求める考えは長く続くが、災害の社会的影響を考えると、近世都市における災害情報の発信・伝播の仕方が注目される。

災害情報の迅速性という点では、近世後期の「かわら版」と呼ばれる一枚刷りの普及が大きな意味を持った。一八世紀中頃から江戸で火事の被災地域を墨色で示した焼場図が発行され、天明八年（一七八八）の京都大火では既成の地図に焼失地域を重ね刷りしたものが何種類も出ている。さらに一九世紀に至ると、火災の火元や延焼過程、焼失範囲を文字情報で綴った刷り物も、飛脚屋の手で他都市の得意先の商人に配布された。江戸の大火なら京都・大坂の商人に数日で伝達され、三都に店を構える大商人は、店舗間の特別仕立て便によって災害情報を伝えた。被災地区を迅速に他地域に知らせるこうした印刷物は、店員の安否情報や相場変動を知るためだけにとどまらず、商人たちにとって取引大名・旗本への被災見舞いのために重宝され、円満な関係を維持するため確かで速い情報が求められた。首都江戸の情報は政治的色合いをもっていた。

災害かわら版の発行は、嘉永七年（安政元年、一八五四）年の東海・南海地震と安政二年の江戸安政地震後に一つのピークを迎えた。政治批判を避ければ、かわら版による災害情報の広がりを幕府は黙認したが、民間もまた出版統制を巧みに逃れるため、現世謳歌やお上のお救いによる世の中の安泰を紙面で訴えていた。この時期、地震鯰を題材にした鯰絵《なまずえ》と呼ばれる多色刷り版が盛んに出されたが、こうした絵は、被災者への励ましや癒しを与えるものとしての機能も評価されている。また歌川広重の錦絵「名所江戸百景」について、二年余りにわたるその発行には、安政地震の復興過程が秘かに込められていたという時事的な解釈が行われている。既に江戸は数々の名所や娯楽をかかえ観光都市化していた。地震で破壊されたこうした名所の再興を知らせる錦絵が、江戸の土産として購入されたことが想像できよう。政治や経済ばかりでなく、都市の情報は様々な場面で渇望されていた。

一方幕府の統制にもかかわらず、政治情勢に関わるかわら版も幕末期に見られるようになった。京都では、元治元年（一八六四）蛤御門《はまぐりごもん》の変による焼場図が多種類見られ、発行のピークとなっている。幕末に向かって、情報は政治性を高めニュースの時代を迎えた。

（安国良一）

参考文献

朝尾直弘『近世都市論・朝尾直弘著作集6』（岩波書店、二〇〇四年）
岩田浩太郎『近世都市騒擾の研究』（吉川弘文館、二〇〇四年）
岩橋勝「徳川経済の制度的枠組」（『経済社会の成立・日本経済史1』岩波書店、一九八八年）
宇佐美英機『近世京都の金銀出入と社会慣習』（清文堂出版、二〇〇八年）
菊池勇夫『近世の飢饉』（吉川弘文館、一九九七年）

北原糸子『都市と貧困の社会史』（吉川弘文館、一九九五年）
北原糸子編『日本災害史』（吉川弘文館、二〇〇六年）
倉地克直『徳川社会のゆらぎ・日本の歴史11』（小学館、二〇〇八年）
杉森哲也『近世京都の都市と社会』（東京大学出版会、二〇〇八年）
塚本明「都市構造の転換」（『岩波講座日本通史　近世4』岩波書店、一九九五年）
中川すがね『大坂両替商の金融と社会』（清文堂出版、二〇〇三年）
西坂靖『三井越後屋奉公人の研究』（東京大学出版会、二〇〇六年）
浜野潔『近世京都の歴史人口学的研究』（慶應義塾大学出版会、二〇〇七年）
原信田実『謎解き広重「江戸百」』（集英社、二〇〇七年）
藤井讓治『幕藩領主の権力構造』（岩波書店、二〇〇二年）
水本邦彦『徳川の国家デザイン・日本の歴史10』（小学館、二〇〇八年）
安国良一「貨幣の機能」（『岩波講座日本通史　近世2』岩波書店、一九九四年）
安国良一「近世初期の撰銭令をめぐって」（『越境する貨幣』青木書店、一九九九年）
吉田伸之『成熟する江戸』（講談社、二〇〇二年）

コラム4　近世の商人像

近世は米の商品化を基盤として、貨幣と商品の動きを構造的に組み込んだ社会であった。そこに商人の活躍の場があり、都市化の流れに乗って成長した。季節性のある米を売買しながら、貨幣による消費が年間を通じて行われれば、金融が生まれる素地がある。彼らは時代とともに主役を代えながら、都市の物流や金融を支え、家業として自らの経営を育んでいった。

戦国期から領主と結んだ初期豪商や海外交易に進出した朱印船貿易家の時代は、一七世紀前半に終わろうとしていた。京都では、由緒ある有力な呉服商たちが大名の儀礼に必要な装いを調進する呉服所を長く勤めたが、大名への貸付が次第に滞るようになって経営を悪化させた。

一七世紀中頃からは、国内経済に基盤を置く商人たちの活躍が目立つようになった。武家の首都として発展した江戸においては、材木商紀伊國屋文左衛門《きのくにやぶんざえもん》や奈良屋茂左衛門《らやもざえもん》が公儀の御用を引き受けて財を成し、全国的な物資の集散地となった大坂においては、淀屋が魚市場の開設や米取引で名をはせたが、彼らもまた奢侈的生活にふけり一時的な繁栄に終わった。

一七世紀後半以降も経営を拡大していったのは、専門商人として単一の業種から出発し、その展開途上に生まれた関連業種を兼営した商人たちであった。彼らは財産を蓄えると、領主御用を引き受け、全国的な商品流通と金融取引とを新たに結びつけ利用した。鴻池《こうのいけ》は、伊丹酒の生産・流通から始め、江戸下り酒の代価回収を大名の送金為替と相殺する方法を定着させ、大坂の両替商の筆頭として有力大名の蔵元・掛屋を引き受け、大名貸を拡大していった。三井（越後屋）は、呉服店において京都から仕入れた呉服を消費地の江戸の店前売で現金取引する新しい販売形式によって業績をあげ、納戸御用を引き受けて幕府の呉服所の格式を得るとともに、両替店で幕府の大坂御金蔵為替御用（上方から江戸への送金為替）を取扱い、それを原資に商業金融を展開した。いずれも、安定的に発展してきた江戸—上方間の商品と資金の流れをたくみに利用しており、この時期の経営革新をリードした。

底流には経済と社会の変化があり、井原西鶴は、こうした貨幣経済下の都市の人間模様を、機知と才覚によって経済的上昇を遂げ、奢侈と放蕩に財を失った商人たちの盛衰を通して描いた。三井高房は、京都の由緒ある豪商たちの没落を描いた「町人考見録」を編んで、自家の教訓とすべく子孫に遺した。

こうした大経営が発展した条件として、輸送手段や交通路の変更と大規模化、取扱商品の専門化と自己資金による売買、損益計算と財産の増減を正確に把握するための日本的な複式簿記の発生があった。人事面でも、複数の店舗を経営し多人数を駆使するため、奉公人の規律化や経営組織の整備が進められた。成功した経営者は、創業者を顕彰したり家訓などを定めて、商売の倫理や家産の維持を相続人や奉公人にくり返し説いた。相続人には危険な新事業を禁じ、為政者（政治）とも一定の距離を置くよう説く者もいた。大規模な事業を維持するため、分割相続を避け、営業資本を一体として管理・運用し、相続人たちが一定比率の持ち分を以て収益分配を受ける共同企業化の道も執られた。

だが近世の企業体が家業として発展せざるを得なかったことは、一家の相続人の確保という重い課題をともなうことになった。家系の維持のため、養子を迎えることがしばしば行われた。また商家では、創業や中興の主人夫婦の像を造り尊崇してきた例が少なくない。商家の繁栄にとって、家業経営と家系の維持が二つの柱であったことを暗示しているようだ。

（安国良一）

図4－1　三井高利夫妻木像（真如堂蔵）

第五章　転換する社会

1　収支構造の転換と将軍権力の強化

享保の改革

享保元年（一七一六）に紀州徳川家から徳川吉宗が将軍となると、側用人《そばようにん》であった間部詮房《まなべあきふさ》を高崎藩（上野国）から村上藩（越後国）へ転封させ、幕政の中核から排除した。間部詮房、新井白石らの罷免によって綱吉以来の側用人制が廃止され、新たに将軍と老中を取り次ぐ御用取次が設置された。御用取次には紀州藩の家臣であった小笠原胤次《たねつぐ》、有馬氏倫《うじのり》、加納久通《かのうひさみち》が就任し、御用取次のもと、三奉行と実務官僚が幕政の中核を担っていた。享保二年に町奉行に登用された大岡忠相《ただすけ》は、元文元年（一七三六）に寺社奉行に昇進し、寛延四年（一七五一）までその職にあった。大岡忠相が町奉行、寺社奉行であった時期は、享保の改革が進められ、行政機構や法体系の整備、文書体系の構築などが実施されていた。

享保の改革の政策は大別して、⑴将軍権力の強化、⑵幕府財政の健全化、に分けることが出来る。開幕以来一〇〇年が過ぎ、社会の変化にともなって諸制度が現状に合わなくなっていた。個別の領主で対応できない状況に幕府は直面しており、個別領主を超えた諸制度の整備や、新たな施策の実施が必要となっていた。

国土と生産力の把握

享保二年に吉宗の指示によって日本図の編集が行われた。元禄日本図の不備を修正するため再編集が試みられ、勘定奉行大久保忠位《ただつら》の責任で享保八年に一応の完成を見ている。その後も離島部の編集が続けられ、享保一三年に完成している。元禄国絵図が完成から一五年しか経っていないにもかかわらず、日本図が作成されたのは、国土の統治者が吉宗であることを明示することが目的であった。

また、享保六年には全国規模で耕作地の面積と人口の調査を江戸幕府として初めて行った。調査対象に武士や子供が含まれておらず、遺漏はあるものの、享保六年には二六〇〇万人余りの人口が把握されている。人口調査は、享保一一年以降、子年と午年の六年ごとに調査され（子午改め）、国家の人的資源を将軍が把握することが可能となった（以後弘化三年〈一八四六〉まで一九回の人口調査の統計が残されている）。耕作地および人口調査を行うことにより、国家の生産力に応じた施策を行うため、前提となるデータの把握を目指したのであった（大石学『吉宗と享保の改革』）。

朝鮮通信使の饗応と象の輸入

豊臣秀吉の朝鮮出兵後、中断していた朝鮮と日本との国交は、慶長一二年（一六〇七）に「回答兼刷還使」として再開し、寛永一三年（一六三六）から通信使として来日した。四〇〇名以上にもなる一行は将軍の賓客として迎えられ、御三家並みに扱われ、諸大名が並み居る江戸城で外交儀礼が取り結ばれた。正徳元年（一七一一）、家宣の将軍宣下を賀するために通信使が来日した際、新井白石は通信使一行の饗応を簡素化し、費用の削減を図った。享保二年の通信使来日の際には、饗応を綱吉期の旧例に復し、厚遇した。外交儀礼の場を通じて、諸大名へ将軍権力を誇示することを目的としていた。

また、享保一四年には将軍吉宗は江戸城で象と対面している。この象は中国から献上され、長崎から江戸へ二カ月ほどかけて移動していった。沿道の人々に対し、将軍権力をアピールすることとなった。また、家康が交趾《こうち》から象を献上されたこととも相俟って、諸大名に対して将軍権力の強化を印象づけるとともに、外交権の所在を示す役割を果たしていた。

商品経済の浸透と財政再建策

吉宗は、武士の窮乏と農村の荒廃、米価下落、物価の騰貴など幕府財政に関わる多くの問題に直面していた。一七世紀後半からの貨幣経済・商品経済の発展により、年貢収入を基礎とした幕府や藩の財政構造は破綻し、武士個人も大きな影響を受けた。下級の武士の中には番に出る時のみ質屋から着物を取り戻す者がいるほどである（『世事見聞録』）。幕府の財政再建のため、吉宗は収入増加を目指し上米《あげまい》の制を実施した。参勤交代の期間を半減するかわりに藩が幕府へ石高の一％の米を上納するため、幕府にとっても藩にとってもメリットがあった。幕府財政は若干好転したとして享保一五年に上米の制は廃止されたが、各藩の財政状況は必ずしも好転したわけではなかった。幕府は定免制の導入や年貢増徴、新田開発などによって収入増加を目指した。享保以降の約三〇年間では、年貢収納高は上昇傾向にあり、幕領の総石高も約四〇〇万石から五〇万石ほどの増加を見た。収入増加策の一方、足し高の制によって支出を抑制しつつ人材登用が可能になる制度を導入し、倹約令による支出削減を目指した。

価格統制

収入増加・支出減少の施策だけでは財政は好転しなかった。米価の下落と物価の高騰に対する対策が必要であった。米価については、米の需要を高めることを目的とし、享保一五年に大坂堂島米会所で正米取引のほかに帳合米取引を公認し、現米授受をともなわない延売買が行われることとなった。投機による価格変動のリスクはあるものの、仮想の需要喚起による米価高騰を期待した施策である。また、酒造制限を緩和して米の流通量を増加させ、大名への囲い米を命じるなど、米価の引き上げを目指した。

また、組合を公認し、従来より販売してきた品物以外に新規の品物を販売することを組合を通して禁じた。筵《むしろ》などの組合は月行事が相場を毎月三度届け出ることが命じられた。吉宗は組合を通した流通統制と物価統制とに取り組んだが、政権担当者が市場を統制する施策を行う必要が生じたことは、商品経済の発展によって米を中心とした収支構造が成り立たなくなっていたことを示しており、新たな収支構造の構築が幕府の課題であった。

株仲間の公認と長崎貿易

新たな収支構造を構築したのは田沼意次である。意次は将軍世子《せいし》であった家重の小姓から、家重の将軍襲職にともなって御用取次となり、将軍家治《いえはる》の治世でも将軍側近として力をつけていった。宝暦八年（一七五八）には評定所へ出座することとなり、明和四年（一七六七）には側用人、安永元年（一七七二）には老中に進み、相良《さがら》（駿河国）に本拠を置き、石高は最大で五万七〇〇〇石となった。意次は、株仲間を公認し冥加金を徴収するという政策を実施した。年貢収納が行き詰まるなか、新たな財源の確保に乗り出したのである。天明期には一三〇もの業種の株仲間が公認され、小売りや職人までもが株仲間の認可を得たため、物価が高騰し、人々の生活に大きな影響を与えることとなった。

田沼時代の幕府経済政策を主導したのは石谷清昌《いしがやきよまさ》である。石谷は佐渡奉行から勘定奉行に進み、宝暦一二年から明和七年まで長崎奉行を兼任した。石谷が進めたのは、鉱山の産出物、貿易が密接に関連した経済政策であり、佐渡奉行の経験を活かした上で、国家的規模での経済政策を実施したことが特徴的である。石谷は、長崎貿易の輸出品であった銅や俵物の専売制度を実施することにより、金銀の輸入増加を目指した。こうした貿易利銀をもとにして、安永二年に計数貨幣である南鐐二朱銀が発行され、金銀の相場の固定化が図られた。しかし、金貨の流通量の増加から金相場が下落するなど、貨幣経済に混乱をもたらし、天明八年に南鐐二朱銀の発行を取りやめた。

蝦夷地探検とロシア交易　天明三年、工藤平助が『赤蝦夷風説考』(加模西葛杜加国風説考)を老中田沼意次に献上した。工藤は、ロシアの南下政策に触れ、蝦夷地の開発とロシア交易の必要性を主張した。田沼意次は工藤の献策を受ける形で、アイヌの風俗や蝦夷地の産物について調査するため、天明五年に最上徳内らを蝦夷地に派遣した。徳内らは千島列島や樺太まで調査に赴いた。蝦夷地探検は、年貢以外の収入を探ることも目的の一つであった。田沼時代の政策により、幕府の財政は一時的に好転した。宝暦三年に二五三万両であった幕府の貯蓄金は、明和七年には三〇〇万両余りに増加したものの、その後減少に転じている。新たな財源の確保策が、必ずしも十全の経済政策ではなかったことを物語っている。

2　民間社会の成長

享保の改革と飢饉対策　享保の改革において、吉宗は個別領主では実現できない国家的・公共的な政策として飢饉への備えや疫病対策を行った。幕府は既に寛永の飢饉を経験している。寛永一九年(一六四二)には幕府は全国的な飢饉対策を開始し、百姓に対し夫食確保のため多葉粉の作付けを制限したり、倹約を求めた。諸藩でも百姓に夫食米や種貸しによって百姓の耕作を確保するための政策を行った。この飢饉以後、領主層は百姓の成り立ちに関心を高めることとなる。

享保一三年（一七二八）、吉宗は全国の幕領に対し囲米として年貢米の一部を郷蔵などに備蓄することを命じ、全国各地で六〇万石もの備荒貯蓄米が確保された。飢饉が起きてからの対処策ではなく、飢饉に備えた危機管理の意味合いがあったことが寛永期とは異なる。享保一七年には西日本でウンカが大量発生し、餓死者は一万二〇〇〇人に達し、一万四〇〇〇頭の牛馬が死んだと言われている（享保の飢饉）。実際、備荒貯蓄米を西日本へ廻送したものの、必ずしも十分に機能しなかった。また、幕府の米価高騰策に加え、凶作によるさらなる高騰によって、下層都市民の生活は大きな影響を受けた。江戸では、幕府の米価高騰策に積極的に加担した高間伝兵衛の店に対し、一七〇〇人が打ちこわしを行った。

民間が支える社会

享保の飢饉では、幕府の飢饉対策に加え、民間資金による窮民救恤が行われた。大坂市中では一万一七七七人が私財を投じた。出銀者は後に銀を下賜され、醵出額の大きかった大和屋三郎左衛門や泉屋吉左衛門などは家屋敷の諸役が免除された。享保一九年には幕府の資金援助を受け、大坂書林が『仁風一覧』を刊行した。享保の飢饉の際、救恤を行った氏名とその物品が記載されている（『大阪市史』）。『仁風一覧』は、民間が果たした公共的役割を幕府が評価し、その役割を広く周知させる働きがあった。民間の力を活用した公共的施策へと幕府の政治が展開したことを物語っている。

享保の飢饉を受け、幕府は享保一九年に産物を届け出るよう全国に命じた。届け出の結果は、稲生若水が編纂した『諸物類纂』の続編、補編として丹羽正伯によってまとめられ、国家の産物資源の系統的な把握が可能となった。また、疾病対策として、享保五年以降宝暦三年まで吉宗は薬草調査を進めた。この間ほぼ毎年、薬草見分のため植村正勝や本草学者を全国に派遣した。見分先では薬草調査に加え、薬草に関する知識の普及が行われ、幕府による薬種資源の把握と地域による資源活用を目指した。また、疫病への対処法を丹羽正伯らがまとめた『普及類方』を販売させ、疫病への対策を地域が取ることを可能にした。享保の改革は、飢饉に備えるため、民間の力と地域による対策が可能となる国造りへの政策転換だったのである。

天明の飢饉と備荒貯蓄

天明二年の全国的な凶作と翌年の浅間山の噴火を引き金とした米価高騰によって、天明の飢饉が起こった。東北諸藩では大凶作の様相を見せるなか、江戸・大坂への廻米が継続され、夫食米が不足する事態となった。弘前《ひろさき》藩では廻米中止を求めた打ちこわしが起き、一カ月後には領民が糧を求めて土地を離れ、流民化、乞食化し、飢饉状態となった。藩は弘前城下に「施行《せぎょう》小屋」を建て、食料の施行を行うこととした。弘前藩の「施行小屋」は飢人を収容隔離する施設の性格を帯びていたが、施粥所程度の性格である藩もあった。「施行小屋」の運営は、藩主導で実施するものと、町人側に全面的に依存するものとがあった（菊池勇夫『飢饉の社会史』）。

短期間に全国主要都市で打ちこわしが起こり、最も大規模な打ちこわしは江戸で起こった。打ちこわしでは、領主に対して「御救い」を求め、商人資本に対しては富の還元を求めていた。階層分化が激しくなった結果、下層の者の成り立ちを実現するため、領主による仁政の展開と富の再配分構造の再構築が求められることとなった。天明の飢饉と江戸での打ちこわしによって、天明期に幕政を主導していた田沼意次の失脚が決定づけられることとなった。新たな施策が松平定信による寛政の改革で実施されていった。

寛政の改革と商人資本

田沼政権を受けて寛政の改革を推進した松平定信の政策は、天明の飢饉による打ちこわしの主体となった下層民に対する政策が課題であった。打ちこわしの要因は米価の高騰と払底であったことから、流通と金融の統制が一つの柱となった。田沼時代における商人資本と幕府との癒着を批判しつつも、田沼時代よりもさらに商人資本への依存を深めていった。天明八年、三谷三九郎ら一〇名の豪商を御勘定所御用達に任じ、彼らの資本に依存しつつ諸政策を進めていった。もはや民間の資金に頼らなければ幕政の運営が成り立たない状況になっていたのである。

寛政元年（一七八九）、旗本・御家人の困窮対策として、旗本・御家人に対する札差《ふださし》の債権放棄を命じる棄捐《きえん》令を出した。札差は総額一一八万両余りともいわれる大損害を被ったが、その見返りとして浅草猿屋町に貸金会所が設置され、資金繰りが悪化した札差への貸し付けを担当した。貸金会所の原資には、買米によって御勘定所御用達が得た利益が宛てられていた。

農業人口の減少

一八世紀半ば、関東農村では農業人口が減少し、耕作されない荒れ地が増加していく傾向にあった。年貢収納の減少のみならず、大きな社会問題を引き起こしていた。その一つは、商品作物の生産を手広く手がけ、没落した百姓の土地を買得し集積するなど、資本を蓄えていく百姓と土地を手放す百姓との階層差が広がってきたことである。没落した百姓が土地を離れて欠落すると、村の人口が減少し、より少ない人数で年貢・諸役を負担しなければならない状況が生まれてくる。

播磨国河合中村では、享保七年には持ち高が五石以下の百姓の家は約六一％（一石以下は約二〇％）だったのが、天保七年（一八三六）には五石以下が約七六％（一石以下が約三五％）と下層の百姓の割合が増大している。一方、村内の最大の高持ちは、享保七年には五四石であったが天保七年には一四九石となっており、次第に村落の階層差が顕著になってきている。

都市下層民対策

江戸では、周辺の農村から欠落して無宿人や浮浪人となった百姓が多数おり、天明の飢饉後も大量に農業人口が流入した。流入した無宿人や浮浪人は武家や町家の奉公人になる者もいたが、棒手売りなどその日暮らしの日用として暮らす者もいた。また、なかには博徒になるなど、社会の混乱と不安の要因の一つともなった。寛政二年、火付盗賊改方の長谷川平蔵の献策を受け、江戸石川島に人足寄せ場を設置し、無宿人や軽犯罪者を収容した。無宿人らは大工などの技術を身につけるかたわら、中沢道二から心学道話を聞くことで社会復帰を目指した。また同年、荒廃した農村人口の確保を目指して旧里帰農令を出し、路用金を支給して帰農を勧めたが効果は上がらなかった。

寛政の改革と備荒貯蓄策

寛政の改革において注目されるのが、社倉の設置による備荒貯蓄策の展開である。享保の改革においても、幕府が費用を負担する方式ではなく、農民相互の扶助による方式によって備荒貯蓄米を確保するという、民間資金による救民救恤策が展開したが実効性に乏しかった。寛政期の備荒貯蓄策は、地主・豪農層を管理・運営の主体とする点に特徴があり、民間の富を再配分することによって地域の成り立ちを実現する政策が実施されていた。

畿内幕領や御三卿領では、天明の飢饉以降の年貢増徴策に反対した地域が、惣代庄屋を核とした「御救い」要求の運動を展開した。幕府はその要求を汲み取り、「御救い」の実施を惣代庄屋の中から有力な地主・豪農層に担わすことにより、寛政改革における地方支配機構の再編の過程で「取締役」として位置づけた。「取締役」は領主の責務である「御救い」を代行し、百姓成り立ちを実現する存在となった。享保の改革において、民間の力を活用した政策へと大きく転換した幕政の流れは、寛政の改革において地域の成り立ちを前面に立てた政策の実施へと変化していった（山崎善弘『近世後期の領主支配と地域社会』）。

3　社会の変容

藩財政の悪化と財政改革　享保期に、幕府は上米の制など諸藩の財政支援策を打ち出したが、多くの藩では財政は好転しなかった。長岡藩（越後国）では、延宝九年（一六八一）の越後高田藩改易にともなう高田城請取で一万両の出費があるなど、度重なる幕府の勤役による支出が大きかった。また、享保一三年（一七二八）に長岡城と城下が大火となり、幕府から七千両の借入を余儀なくされている。延享三年（一七四六）に六代藩主忠敬が襲封すると、延享四年から「御建」と呼ばれる新たな財政再建策が開始された。この財政再建策は、藩と家中の成り立ちを目指し、郷中人足の削減や年貢収納の強化など収入増加・支出減少策を打ち出した。しかし、「御建」政策において藩と家中の財政再建策は一定の効果を上げたものの、地方支配の複雑化により郷中の負担が増加した。

宝暦七年（一七五七）に長岡藩は領民を対象とした目安箱を設置し、領内からの政策具申を募り、宝暦一二年には、地方支配の一部権限を割元《わりもと》（大庄屋）に移譲し、在地の実状に明るい割元が地方支配を行うことによって、支配の効率化を目指し、郷中の負担の減少をはかった。藩と家中の成り立ちを目的とする財政政策から、藩と藩領の双方の成り立ちを目指す財政政策へと藩政が大きく転換した（東谷智「近世中後期における地方支配の変容」）。宝暦・天明期から寛政期における藩政の転換は、彦根藩（近江国）や山上《やまかみ》藩（近江国）でも見られる。

書籍・文書の配布と藩政改革

長岡藩において藩政の転換を主導したのは、元文四年（一七三九）から天明八年（一七八八）にかけて家老を勤めた山本老迂斎《ろううさい》である。山本老迂斎は農書に着目し、その普及による藩政改革を天明期に展開した。天明の飢饉に対応するため、救荒と生産の視点を持つ『民間備荒録』という農書を天明四年に藩内に配布し、『和語牧民忠告』を天明六年に刊行した。両書の配布は藩主の「御救い」と位置づけられ、両書で示された飢饉対策と富国策の実践を、郷村を熟知している割元・庄屋層が担うことにより、藩政改革の実現を目指したのであった（小川和也『牧民の思想』）。

彦根藩の新藩主井伊直幸《なおひで》が彦根に初入部した宝暦六年、直幸は筋奉行宛と筋奉行・家老宛の二通の書付を出した。いずれも領民の倹約に関わる箇条が並んでおり、家中への三年間の納米と併せて、家中・藩領民の双方に倹約を求めることで財政の好転化をはかっている。二通の書付は藩領内すべての村々で写しが作成され、年二回、村役人が村人に読み聞かせ、倹約の遵守が確認された。本来、領内の村々へ伝わることのない藩主の直書が、意図的に領内に伝達されている。二通の書付は藩主の「御憐愍」と認識されており、藩主の権威を利用した倹約策の実施とともに、その実現の担い手として村役人が位置づけられている（東谷智「彦根藩筋奉行の成立と機構改編」）。近世中後期の藩政改革は、藩主権威を活用し、藩主権威を領内村々へ浸透させることにより改革の実現を目指している。その際、書籍や文書を媒介としている点に特色があり、村役人の行政能力を活用した改革が行われていた。

村役人の行政能力

日常的に武士と百姓が接することなく江戸時代の行政は成り立っていた。その背景には文書による行政が確立していたことがあった。領主からの法令や通達は、触れや廻状として村継ぎで伝達された。廻状を受け取った村は、廻状の文面を写し、受け取りの時刻を記した廻状を継ぎの村まで送付した。各村では触や廻状を書き留めた帳面（触留）が作成され、蓄積されていった。また、人別管理や土地の売買などの行政は村が担っていた。引っ越し、結婚など人別が移動する時には「人別送り状」や「宗旨送り状」などの書類が村で作成され、移動先の村へ送られ、宗門改帳へ記載された。土地の売買の際には、作成された売買証文に庄屋が署名捺印し、土地所有者の変更を村が管理する土地台帳へ反映させた。

村の行政能力、特に文書作成能力に依拠することで江戸時代の行政は成り立っていた。こうした背景によって、書籍や文書を媒介とし、村役人を活用した藩政改革が可能となった。なお、村にとって作成した文書の蓄積は資産であり、厳密に管理された。明和三年（一七六六）、近江国山上村で庄屋の交代があった際には、文書の引き継ぎ目録が作成された。年貢納入や村財政に関わる文書や、土地管理、人別管理に関わる三四種類の文書と算盤が目録に記載されている（『永源寺町史』）。

出版と読書

一七世紀に入ると印刷技術の進展もあり、民間業者によって大量の書籍が出版された。儒書や仏書のような専門性の高い書籍のみならず、農書のような実用書、俳諧書、名所記など幅広い分野にわたっていた。読者層も知識人のみならず、あらゆる層に広がっていた。地域における書籍サークルや貸本屋を通したネットワークなどの形成もあり、江戸時代中期には広範な読者層が存在していた。

その背景には、識字能力を獲得していた層が大きかったことがある。安永四年（一七七五）生まれの彦根城下の町人中村全前は、一一歳の養子哲太郎を寺子屋に入れ、翌年に哲太郎につける手習いの師匠を推薦されている。この寺子屋は本屋を兼ね、手習いの師匠は町抱えの筆耕であった。識字能力の獲得を支える仕組みが地域において知識人によって形成されていたことを示す事例である。先に見た文書作成能力の獲得の再生産は地域にゆだねられていたのである（横田冬彦「知識と学問をになう人々」）。

蔵書と読書

中村家には文庫蔵があり、中村全前は本屋の他、貸本屋、親類、医師などから書籍を入手し、蔵書を形成していった。全前の読書は儒書・医書・俳書・軍書・読本など、多岐にわたっていた（横田冬彦「知識と学問をになう人々」）。こうした蔵書を形成する家は都市部やその周辺部に限られてはいなかった。既に元禄期に土佐藩の儒者谷秦山が、京都や大坂の書肆と土佐の読者との間を仲介し、書籍の入手に尽力している（小林准士「近世における知の配分構造」）。一七世紀から一八世紀において出版が隆盛したのは、都市部の読者層のみならず、地方における知識人を媒介とした広範な読者層の存在があったからである。

名所と出版

地域における書籍文化の伝播とその需要によって、新たな文化が生み出されていった。蔵書には名所記が含まれることが多い。河内国柏原村の三田家には、元文元年（一七三六）時点で一千冊を超える蔵書があった。三田家初代浄久は、河内国の名所や産物を読み込んだ俳句が載せられている『河内鏡名所記』を延宝七年（一六七九）に出版した。浄久は、河内の人々と京・大坂の師匠との間を前句付けによって媒介する存在であり、入句した俳句が掲載されたのが『河内鏡名所記』であった（横田冬彦『天下太平』）。また、元禄二年（一六八九）に大津在住の原田六蔵によって編纂された民間地誌『淡海録』では、『万葉集』や『新千載和歌集』に掲載された琵琶湖を題材とした和歌が収録されている。原田六蔵は、『江源武鑑』などの書籍を題材にして近江八景に関する和歌・漢詩・制定伝承などの歴史的・文化的イメージを形成し、地誌によって普及させた（青柳周一「十七・十八世紀における近江八景の展開」）。こうしたイメージと名所が出版によって結びつき、普及していくことによって近世における旅行文化が産み出されていった。

旅と記録

安永九年（一七八〇）、秋里籬島《あきさとりとう》によって『都名所図会《みやこめいしょずえ》』（六巻一一冊）が刊行され、名所記は一つの転機を迎える。名所について故事来歴や詠歌が絵とセットで記され、歴史的・文化的イメージに加え、視覚的なイメージで名所を捉えることが可能となった。様々な地域を対象とした「名所図会」が刊行され、当時のベストセラーとなった。名所記の出版というソフト面に加え、旅行者を受け入れる宿泊施設などのハード面の整備が進むことにより、庶民における観光文化が成立した（青柳周一『富嶽旅百景』）。

旅の記録を残す者もいた。参勤交代など、公務に関わる記録も多く作成されたが、名所を巡る旅日記も記され、女性の旅日記も残されている。地域における識字能力の獲得が、一方では文化的営みに繋がり、一方では地域の行政運営に繋がっていた。

4　訴願の変質と藩政の展開

目安箱の設置

享保の改革において設置された目安箱への投書をきっかけとして、小石川に養生所が設置されたことは広く知られている。しかし、目安箱の設置は江戸時代初めにさかのぼる。所司代板倉勝重《かつしげ》は元和六年（一六二〇）、申し分のある町人は書付を目安箱へ入れるように京都町中に触れている。岡山藩では、藩主池田光政《みつまさ》によって「諫箱《いさめばこ》」が設置され、藩の不当な命令についての意見を領民に求めた。承応三年（一六五四）には、書付の内容に関する詮索方法について光政が郡奉行に指示するなど、領民からの投書が政策に実際に反映される仕組みが整っていた（大平祐一『目安箱の研究』）。江戸時代初期の目安箱は領主の非法・不法についての訴願であった点が特徴である。

享保の改革では政治向きに関する事柄（「御仕置筋」）について投書することが認められたが、求められたのは将軍の統治にメリットのある意見（「御為之品」）であった。享保七年（一七二二）に長岡藩（越後国）で設置された目安箱も、求められたのは割元や庄屋など村役人の非義についての訴えであり、政策の具申ではなかった。

目安箱の役割の変化

宝暦七年（一七五七）三月、長岡藩は目安箱を設置する。求められたのは藩財政好転化に実効性のある具体的な政策であった。対象となったのは御家中・在方・町方に至るまで、長岡藩の藩士とすべての藩領民である。有益な意見は採用し褒美を与える一方、採用されなかった意見は焼き捨て、機密性の保証によって意見具申を活発化する狙いもあった。目安箱設置を受け、長岡藩のすべての藩領村々は宝暦七年四月に箱訴を行い、延享二年（一七四五）以降の政策からの転換を求め、「地下益」「惣郷益」という藩領村々の利益になる政策を提案した。藩が進める藩財政の好転化策に対し、「惣郷益」となる政策の提案によって対抗したのである（東谷智「近世中後期における地方支配の変容」）。

第3節で見たように、宝暦一二年以降、政策提案を受け、藩と藩領双方の成り立ちをはかる藩政改革が実施された。その背景には、訴願（「箱訴」）を行う主体が全藩領へと広域化したことと、政策立案過程における地域からの献策があったことが挙げられる。前者は訴願の変質であり、後者は政策決定の構造的変化であった。両者があたかも車の両輪のごとくに並進していくことにより、一八世紀以降の社会が変質していった。

宝暦七年の目安箱設置に際し、長岡藩は箱訴以外の越訴や落文などを禁止し、箱訴を唯一の意見集約の手段とした。一方全藩領村々は意見が採り上げられなければ徒党に発展する可能性を示唆している。藩側が合法的な訴願方法を提示し、藩領村々が合法から非合法への境界線上で訴願を展開するなか、藩政改革が実施されていった。

全藩領による訴願

訴願が広域化したことは、藩財政の規定性を強く受けた藩政が展開していったことによる。長岡藩では、城付領と飛地領の財政を一体化し、藩領全体での財政政策が実施されていた。そのため、個々の村々を越え、全藩領が結合した訴願を展開せざるを得なかった。宝暦七年の箱訴では、一村あたり二人の惣代を選び、藩領として意見を集約していくことで訴願は実現された。地域からの献策を藩が求め、それに地域が応えるという時代へと大きく変化した。

この変化は一七世紀末から一八世紀にかけて展開した。訴願のみならず、逃散《ちょうさん》や目安という少数の村による運動形態も変質し、全領的な運動へと変化していった。領内で統一的な政策が実施されることにより、共通の利害を持つ村々が連合して全藩的な運動となった。訴願という合法的な運動から非合法の一揆へと展開することもあったが、両者の運動原理は同一であった。

領主制原理と地域性原理

全藩領一揆に代表される領主制の原理にもとづく訴願が行われたが、それとは異なる原理による訴願の広域化も展開した。一八世紀半ばには畿内の村々で干鰯《ほしか》高騰や綿売り業者の仲間結成に対抗するため、地域的な村落結合を基礎とする訴願が展開した。村落結合は郡中寄合に発展し、郡を越えて国単位での訴願に発展することもあった。安永二年（一七七三）には実綿・繰屋職の株仲間廃止を求めて大和国内一三郡の村々が訴願を行った。文政六年（一八二三）には大坂の実綿問屋の停止を求めて摂津・河内両国七八六カ村が結集し、後から訴願に加わった村々を併せて一〇〇七カ村の村々が大坂町奉行所へ訴願を行った（国訴）。

綿、菜種、肥料などは地域を越えて産地と消費地の間を広域的に流通し、市場が形成される。流通の発展や市場の成熟にともない、中央市場圏に属する畿内・近国の村々は大坂と共通の市場圏を持っていた。生産者、流通業者と都市における特権的商業資本との対抗関係のなか、地域における生産者や流通業者が共通利害にもとづいた広域的な訴願を行うようになった。この訴願は個別領主を越えて展開し、地域の代表である惣代へ訴願を委任する形で行われた（藪田貫『国訴と百姓一揆の研究』）。

藩政機構の構造的変化

訴願による民衆知の活用や利害対立の解消など、社会の変化に対応して政策決定や紛争処理のあり様も変容していった。こうした変容を構造化する動向も見られる。民間の財と知を活用する流れのなか、長岡藩では村役人である割元の武士化が急速に進んでいった。宝暦一二年に割元の苗字・帯刀について記した庄屋の覚書に、「正徳以前、享保年中迄は割元・庄屋も同輩に等しくこれ在り候、只今思い廻し候えば、正徳以前の御代官と今の割元と引き合い申すべき哉」と記している。宝暦期の藩政改革に至る過程で割元の権限が拡大し、苗字・帯刀を認められて武士化した結果、藩士が就任する代官と同格になったと庄屋は感じているのである。割元は、少なくとも寛延三年（一七五〇）以降、新年などを祝して長岡城で行われた能・囃子に参加している。

本来、藩士が拝見する能・囃子の場に割元が招かれることは、割元の武士化を象徴しており、地域の意向を反映させた藩政が展開していたことの顕れである。また、一八世紀末から才覚金上納を理由とした割元格の就任が広く見られるようになる。地域の知の活用に加え、地域の富の再配分が目的であった。政策決定に割元ら中間層が関わる藩政機構が整備された結果、身分・格式の面からも中間層が位置づけられていった（東谷智「近世中後期における地方支配の変容」）。

藩と藩領の一体化

一八世紀における藩政の転換は、領主と領民の関係にも変化をもたらした。一つは倹約遂行にともなう藩と藩領の一体感の醸成であり、一つは中間層の藩政への取り込みにともなう領民の意識変革である。明和四年（一七六七）、長岡藩政の基礎を固めたと言われる三代藩主牧野忠辰《ただとき》を祭神とした社殿を長岡城内から城外へ移転し、新たな社殿の造営を計画した。家中・町中・郷中から冥加金を募り、明和八年に社殿が完成した。忠辰は京都吉田家から蒼柴大明神の号を贈られ、新たに創建された蒼柴神社で忠辰五十回忌が営まれた。

長岡藩は、忠辰の権威の活用によって改革を進めようとした。藩領全体の寄進による蒼柴神社という場を設定し、忠辰の年忌を核とした「大明神様御贈進御祭礼」の実施によって藩と藩領の一体化をはかったのである。さらに、城内では「御神号御祝儀御囃子」が催され、割元が拝礼した。町中・郷中との差異化を藩領に浸透する役割を果たしていた。

こうした祭礼や神社を紐帯とした藩と藩領民の一体化は他藩でも見られる。山上藩（近江国）では、陣屋の鎮守として勧請していた稲荷大明神の社殿を新たに造営し、その資金を領中世話方が祠堂金として調達した。天保一一年（一八四〇）に社殿が完成すると、臨時祭が行われるとともに、藩主代替わりの領内巡検が実施された。藩と藩領民との一体化のもと、藩政改革が実施されたのである（『永源寺町史』）。

5　天皇の浮上と民衆

大政委任論の認識

天明八年（一七八八）、老中松平定信は天皇から将軍が大政を委任されたとの認識を表明した。将軍徳川家斉に呈上した一五ヶ条の心得で、日本の国土と国民は将軍が天皇から預かった物であり、将軍の職分は預かった天下を統治することだと述べている（藤田覚『近世政治史と天皇』）。将軍は天皇から任じられる（将軍宣下）。家康から家光は将軍宣下を伏見城で受けたが、家綱以降は江戸城となった。開幕当初は、天皇のいる京都へ赴いて将軍に任じられていたが、四代将軍以降は天皇から任命されるという形式は堅持しつつ、将軍の城で将軍宣下が行われた。形式と実態の乖離は、朝幕の力関係が変化したことを物語っている。定信が大政委任論を将軍に説いたのは、形式と実態の乖離を不問に付すだけの将軍の力（「御威光」）が弱ったことの顕れであり、結果として相対的に天皇の位置が浮上したことが明示され、朝幕間の関係が変化する画期となった。

信仰の対象としての天皇

大政委任論の認識を定信が示した時期は、田沼政治の行き詰まりが明確になり、天明の飢饉の最中で全国的に打ちこわしが頻発した時期である。この時期、幕府の「御威光」弱体化に反比例して天皇権威が浮上してくる。その前提には、京都における天皇への信仰の高まりがあった。

天皇の住居である禁裏《きんり》御所には一般民衆が入ることができた。節分の日には、天照大神の霊代である神鏡を祀る内侍所の拝観が可能であり、多くの人々が一二文の賽銭を上げ、豆をもらっていた。明和七年（一七七〇）の後桃《ごもも》園《ぞの》天皇即位式で紫宸殿を拝観した大和国の農民は、紫宸殿を拝む対象と捉え、太子信仰と重ね合わせている。天明七年（一七八七）に刊行された京都のベストセラーガイドブックである『拾遺《しゅうい》都名所図会』では、観光スポットとなっていた公卿門（公卿が禁裏御所に参内する門）の絵詞に、「民やすく国ゆたかなる御代なれば君がちとせを誰が祈らぬ」との歌が引かれている。「御威光」が弱体化するなか、一般民衆は天皇を信仰の対象とし、豊かな国を体現する存在との認識を高めていった（高木博志「近世の内裏空間・近代の京都御苑」）。

千度参りと天明の大火

天明七年、天明の飢饉のさなか、京都では御所の築地を数万人の人々が回り、御所の南門もしくは唐門で拝礼して五穀成就を祈願し、賽銭を投げ入れるという行動を取った（御所千度参り）。凶作による米価高騰や生活の困窮のなか、豊作による飢饉からの脱出を信仰の対象としての天皇に願う行動であった。天皇への嘆願行為には、救民対策を実現できない幕府への批判が前提としてあった。幕府は朝廷に千度参りの禁止を申し入れたが、朝廷や公家は食べ物や湯茶を提供した。また、朝廷は武家伝奏を通じて幕府に窮民救済を申し入れ、それを受けて幕府は一五〇〇石のお救い米を放出した（藤田覚『近世政治史と天皇』）。朝廷を通したルートで救恤が実現したことは、幕府の政策実現力の低下を如実に示す一方で、政策を実現する主体としての天皇という位置づけが生まれてくることに繋がる。

天明八年、京都の町の八割弱が焼失した天明の大火が起こった。金融機能の麻痺や物価高騰など、都市機能の停止に対し、幕府は貨幣の流通調整や債権債務の固定化を行うなど、都市機能の回復に努めた。御所の焼失にともなって天皇は聖護院《しょうごいん》を仮皇居とした。御所の再建は幕府が費用を負担した（安国良一「京都天明大火研究序説」）。御所の造営は御救いとしての雇用創出であり、都市機能回復の象徴的事業であった。幕府による仁政が御所という場で展開されたことが、天皇権威の浮上に繋がっていった。

天明の大火で焼失した御所の復興をめぐっては、平安京内裏の御所の規模で新たに造営したい朝廷側の復古的な意見と、焼失前の宝永度造営の規模で再建したい幕府側の意見が対立した。再建にかかる費用は幕府が負担するため、財政再建策に影響を与えない規模での再建を幕府は目指した。天明八年に上京した老中松平定信は、関白鷹司輔平《たかつかさすけひら》と御所再建について交渉した。定信は再建費用が最終的に庶民の負担になることを避けるため、計画の縮小を朝廷側に申し入れたが、最終的に朝廷側に押し切られた（藤田覚『幕末の天皇』）。

天皇権威の強化

これ以後、朝廷の強硬な姿勢が幕府との間で衝突する場面が度々あった。寛政元年（一七八九）、光格《こうかく》天皇は実父典仁《すけひと》親王に太上《だいじょう》天皇号を贈りたいとの希望を正式に幕府に伝えた（尊号一件）。松平定信は関白鷹司輔平と意思疎通を図り、先例に照らし合わせた上で、再考を朝廷に促した。しかし寛政三年には、関白鷹司と武家伝奏久我信通《こがのぶみち》を更迭し、幕府へ強い反発を感じていた一条輝良《いちじょうてるよし》を関白の後任に、正親町公明《おおぎまちきんあき》を武家伝奏の後任に選び、幕府に対する強硬姿勢を示した。朝廷は尊号宣下を強行しようとしたが、幕府は尊号宣下の撤回と、武家伝奏正親町公明らの江戸召還を朝廷に通告した（藤田覚『幕末の天皇』）。寛政五年、主だった公家の処罰によって事態は収拾するが、朝幕関係は協調から対立へと大きく変化した。

こうした天皇権威・朝廷権威の強化策は、文化一四年（一八一七）に光格天皇が譲位した後も続き、朝儀の復興が目論まれた。天保一一年（一八四〇）、光格上皇が没すると、六三代冷泉院以来、長年中絶していた天皇号が復活した（藤田覚『幕末の天皇』）。将軍の「御威光」の弱体化、民衆の中での天皇の浮上、朝廷による朝廷権威の強化などによる朝幕間の関係性の変化が幕末維新期の政治状況に大きな影響を与えた。

幕藩関係の変化と天保の改革

天皇号が復活した天保一一年、幕府の「御威光」弱体化を象徴する出来事が起こった。当時、水野忠邦を中心とした幕政運営が行われていた（天保の改革）。幕府は、長岡藩（越後国）の牧野氏を庄内へ、庄内藩（出羽国）の酒井氏を川越へ、川越藩（武蔵国）の松平氏を長岡へ移す、いわゆる三方領知替えを命じた。しかし、庄内藩領で転封反対一揆が起こり、諸大名が幕府に転封理由を糾すなど、転封の実施が困難な事態となった。幕府は転封の命令を撤回したが、譜代藩の転封が実現できなかったことにより、幕府の権威が低下していることが明瞭になった。

水戸徳川家の斉昭《なりあき》は、相次ぐ百姓一揆や外国船の来訪という内憂外患の事態に対し、天保一〇年、将軍家慶《いえよし》に「戊戌封事」を献上し、幕政改革を求めた。幕府の弱体化によって幕府と諸藩の関係が変化し、幕政に対して御三家が意見を述べるなど、従来の政治運営システムが機能しなくなっていた。上知令《あげちれい》の失敗などを受け水野忠邦が失脚すると、従来の幕政の運営体制では、危機への対応が不可能なことが明らかとなり、幕政の担い手にも変化が見られた。安政元年（一八五四）、日米和親条約の締結に際し、老中阿部正弘は外様大名や幕臣にも意見を求め、有力大名と協調することによる幕政運営へと変化せざるを得なかった。

対外危機と天皇

尊号一件をめぐる公家の処罰について幕府内部で評議がなされると、定信が示した大政委任論を軸にした天皇の位置が老中、御三家、将軍らの間での共通理解となっていった。対外関係の危機に直面すると、委任元となる天皇の存在が政治上にクローズアップされ、対外的に国家を代表する存在としての天皇認識が生まれ、朝廷が政治的な役割を担うこととなる。

先に見た信仰の対象として庶民が天皇を認識していた京都では、幕府に代わる政治的存在として意識されることが特に強かった。大老となった彦根藩主井伊直弼《なおすけ》に召し抱えられ、幕末の政治課題に取り組んだ国学者長野義言《よしとき》は、たびたび京都における風聞探索や、朝廷との周旋を行ったことでも知られる。弘化四年（一八四七）に上京した義言は、堂上方や神官、一般人などに国学を講じ、京都での人脈を形成していた。この人脈を背景に、義言は同年九月二三日に行われた孝明《こうめい》天皇の即位式を間近で見ている。義言は関白らの知遇も得、紫宸殿・内侍所・清涼殿の内部をつぶさに見学している。義言は、伊勢国の堀内広城に書状を送りこの様子を知らせている。広城は義言の国学活動を支える経済的な支援者でもあり、義言の親族でもある（佐藤隆一「長野義言が伊勢国堀内家にもたらした情報」）。政治的役割の担い手が幕府から天皇へ変化した背景には、京都における天皇認識が、人的ネットワークを通じて地方に普及したことがあった。

（東谷　智）

参考文献

青柳周一『富嶽旅百景』（角川書店、二〇〇二年）
青柳周一「十七・十八世紀における近江八景の展開」（青柳周一・高埜利彦・西田かほる編『地域の広がりと宗教・近世の宗教と社会Ⅰ』吉川弘文館、二〇〇八年）
牛久市史編さん委員会編『牛久市史　近世』（牛久市、二〇〇三年）
永源寺町史編さん委員会編『永源寺町史』（永源寺町、二〇〇一〜〇六年）
小川和也『牧民の思想――江戸の知者意識』（平凡社、二〇〇八年）
大石学『吉宗と享保の改革』（東京堂出版、一九九五年）
大平祐一『目安箱の研究』（創文社、二〇〇三年）
小野市史編纂専門委員会編『小野市史　第二巻』（小野市、二〇〇三年）
賀川隆行『崩れゆく鎖国』（集英社、一九九二年）
菊池勇夫『飢饉の社会史』（校倉書房、一九九四年）
鬼頭宏『文明としての江戸システム・日本の歴史19』（講談社、二〇〇二年）
国絵図研究会編『国絵図の世界』（柏書房、二〇〇五年）
小林准士「近世における知の配分構造」（『日本史研究』四三九、一九九九年）
佐藤隆一「長野義言が伊勢国堀内家にもたらした情報」（佐々木克編『幕末維新の彦根藩・彦根城博物館叢書1』サンライズ出版、二〇〇一年）
高木博志「近世の内裏空間・近代の京都御苑」（岩波講座近代日本の文化史2『コスモロジーの「近世」』岩波書店、二〇〇一年）

高埜利彦『元禄・享保の時代・日本の歴史13』(集英社、一九九二年)
二宮町史編さん委員会編『二宮町史　通史編二』(二宮町、二〇〇八年)
東谷智「近世中後期における地方支配の変容——越後長岡藩の割元を中心に」(『日本史研究』四七五、二〇〇二年)
東谷智「彦根藩筋奉行の成立と機構改編」(藤井讓治編『彦根藩の藩政機構・彦根城博物館叢書3』サンライズ出版、二〇〇三年)
平川新『紛争と世論』(東京大学出版会、一九九六年)
藤井駿ほか編『池田光政日記』(国書刊行会、一九八三年)
藤田覚『幕末の天皇』(講談社、一九九四年)
藤田覚『近世政治史と天皇』(吉川弘文館、一九九九年)
保坂智『百姓一揆とその作法』(吉川弘文館、二〇〇二年)
安国良一「京都天明大火研究序説」(『日本史研究』四一二、一九九六年)
藪田貫『国訴と百姓一揆の研究』(校倉書房、一九九二年)
山崎善弘『近世後期の領主支配と地域社会』(清文堂出版、二〇〇七年)
横田冬彦『天下泰平・日本の歴史16』(講談社、二〇〇二年)
横田冬彦「知識と学問をになう人々」(横田冬彦編『知識と学問をになう人々・身分的周縁と近世社会5』吉川弘文館、二〇〇七年)

コラム5　文書行政の展開とハンコ

江戸時代には高度の文書行政が展開しており、領主から村や町への法令の伝達や通達は文書によって行われていた。では村や町は、日常的に受け取る行政文書が領主から出された文書であるとどのように判断したのだろうか。

　近江国愛知《えち》郡君ヶ畑《きみがはた》村に、享保一〇年（一七二五）の「判鑑《はんかがみ》」という史料が伝存している。「判鑑」には海老江《えびえ》門平ら六名の氏名が書き上げられ、各人の印章が捺されている。この六名は君ヶ畑村を領地とする彦根藩の藩士であり、地方支配を担当する筋奉行である。注目すべきは、「判鑑」の右肩に「百五拾五番」とあり、各村に固有の番号が付されていたと考えられる点である（宝永八年〈一七一一〉における近江国内の彦根藩領は五三二ヶ村）。つまり、彦根藩領の各村には筋奉行の「判鑑」が備えられ、藩からの文書に捺された筋奉行のハンコと比較することにより、文書の真偽を確認することができたのである。

　彦根藩領の村々には鷹方役所《たかかたやくしょ》の「判鑑」や「筋方役所」（筋奉行の役所）の「判鑑」も伝存している。寛保三年（一七四三）に彦根藩は鷹方役人の「判鑑」について、村々へ以下の運用を命じていた。村に鷹方役人が参り、人足等の御用を命じる場合、村へ渡しておいた「御印鑑紙札」（「判鑑」）と鷹方役人が持参した印鑑を引き合わせるようにと。その上で村は人足等の負担をしたのである。

　文書行政の展開とは、行政を担当する役人が村や町に日常的に滞在しないことが背景となって成り立っていた。裏を返せば、日常的に送られて来る文書と、たまに村や町へ来る役人によって行政が展開していた。両者の真偽を確認する仕組みが「判鑑」であった。

　文書行政が展開するなか、村や町から領主への届や願書も文書によって行われた。では村や町からの文書の真偽を領主はどう判断したのだろうか。

　寛政四年（一七九二）、近江国甲賀《こうか》郡葛木《かずらぎ》村の年寄忠兵衛は、領主の稲垣氏に印判の変更を届け出ている。また、宝永七年（一七一〇）に君ヶ畑村から彦根藩に出した証文に捺された印判は、無届けで変更されたものが多かったため、君ヶ畑村は誤り証文を藩に提出している。村役人や百姓がどの印判を用いているのかを藩が管理し、実際に証文の印影を比較したことが窺える事例である。

　なお、備前国津高《つだか》郡尾上《おのうえ》村の則武《のりたけ》文書の用例では、寛永期に宗門改めのため印判の使用が始まり、寛文五年（一六六五）の宗門改めの確立を契機として村人の印判使用が始まり、寛文八年に村全体に印判が普及している（東昇『村人が語る一七世紀の村』）。文書行政が展開する基礎が寛文期に固まったことを示唆している。

江戸時代、藩の役人や百姓、町人が公文書へ捺印する際、黒の印肉が用いられた（黒印）。明治に入ると、黒印と朱印が混在する時期が見られる。山城国綴喜《つづき》郡出垣内《でがいと》村の森島家文書の用例では、明治一四年（一八八一）が朱印の初見であり、明治一九年が黒印のもっとも遅い事例である。五年間の朱印・黒印併用期があり、一斉に黒印から朱印に変化したのではない（後藤真澄「近世・近代移行期における印鑑の使用について」）。地方文書の調査では朱印と黒印が混在している明治期の古文書に出会うことはしばしばある。移行の時期や併存の期間は文書群によってばらつきがある印象があるが、その理由については今後の課題としたい。

（東谷　智）

参考文献

後藤真澄「近世・近代移行期における印鑑の使用について——黒印から朱印への移行を中心に」（京都造形芸術大学歴史遺産研究センター『紀要』五号、二〇〇六年）

東昇『村人が語る一七世紀の村——岡山藩領備前国尾上村総合研究報告書』（九州大学大学院比較社会文化研究科・地域資料叢書1、一九九七年）

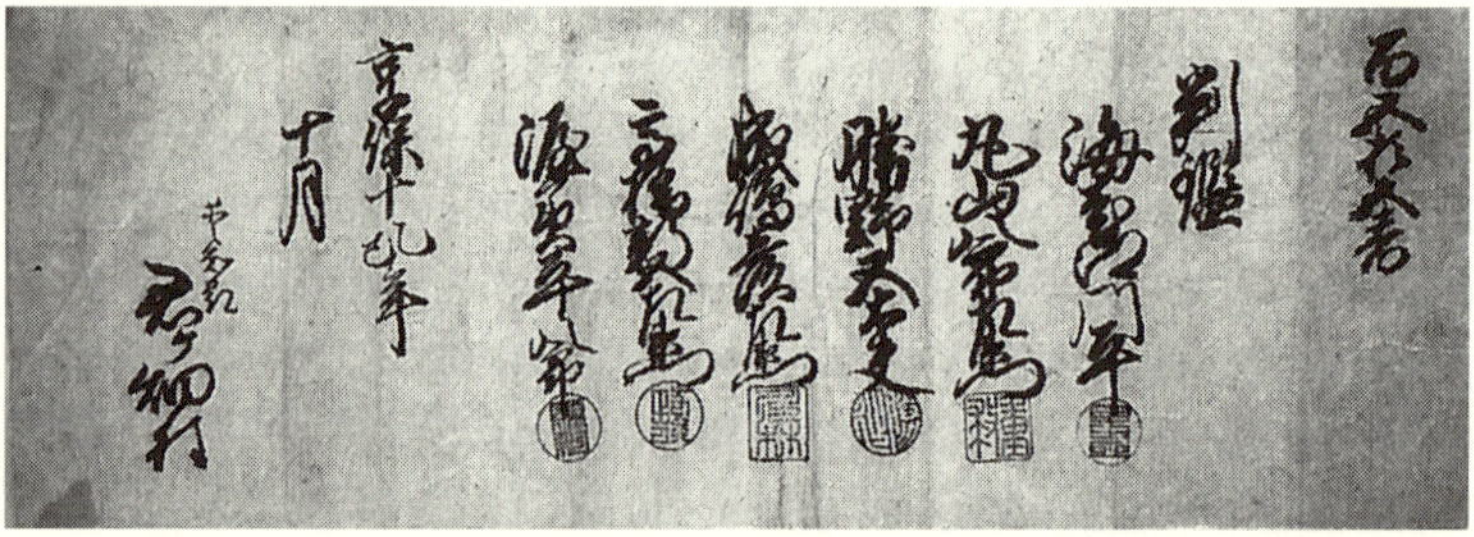

図5－1　享保10年（1725）の彦根藩筋奉行の判鑑（『君ヶ畑共有文書』）
（出所）『永源寺町史』。

第六章　近世の思想と文化

1　近世的思想とは

通説と課題

近世の思想史に関する通説的記述を図式的に示せば次のようになろう。

近世になると朱子学を中心とした儒学がさかえ、藤原惺窩《ふじわらせいか》や林羅山《はやしらざん》が出て、上下の身分秩序や礼節の重視を、永遠不変の理として正当化し、幕府や藩の支配思想となった。朱子学の立場からは、その後、山崎闇斎《やまざきあんさい》や新井白石、室鳩巣《むろきゅうそう》などの学者が出た。

これに対して、中江藤樹《とうじゅ》や熊沢蕃山《くまざわばんざん》は、知行合一の立場から朱子学を批判する陽明学を学び、また、古代の聖賢にかえることを主張した山鹿素行《やまがそこう》や、孔子の思想を重視し欲望を肯定する伊藤仁斎《じんさい》、中国古代の聖人が作為した「先王の道」を説き、経世論に道を開いた荻生徂徠《おぎゅうそらい》が出て、古学派と呼ばれた。さらに、町人の商業活動を正当化した石田梅岩《ばいがん》が心学をはじめた。

その後近世後期には、古学派の影響から、荷田春満《かだのあずままろ》や賀茂真淵《かものまぶち》を経て、本居宣長により国学が大成された。国学は日本古代の固有の道を探求して、人間の真情やありのままの事実を尊重し、また芸術に独自の価値を見い出した。他方この時期には、漢訳洋書が輸入されたことで、西洋文化への関心が高まり、前野良沢、杉田玄白らがオランダ語の解剖書を翻訳した『解体新書』を出版するにおよんで、蘭学としての発展が開け、医学や天文学を中心にさかえ、医学では大槻玄沢や稲村三伯《さんぱく》、天文暦学では高橋至時《よしとき》や志筑忠雄《しづきただお》が活躍した。

儒学が発達すると、その合理的で実証的な考え方に影響されて様々な学問が発達した。貝原益軒《かいばらえきけん》の本草学、宮崎安貞《やすさだ》の農学、関孝和《せきたかかず》の和算、渋川春海《はるみ》の天文暦学などである。

古学派以降、儒学では、諸学折衷の立場をとる折衷学派や、清朝で生まれた実証的な考証学派がさかんになる一方で、封建社会を批判して「自然世」を理想とした安藤昌益《あんどうしょうえき》や、合理主義の立場から社会や歴史を科学的に認識し、既成の教学を批判した山片蟠桃《やまがたばんとう》などの社会批判の思想が登場し、また、政治や経済の改革を説く経世論が活発になり、海保青陵《かいほせいりょう》、本多利明《としあき》、佐藤信淵《のぶひろ》、二宮尊徳らが現れた。

右のような描き方は大筋ではまちがっていない。しかし、言わば学問史を述べているにすぎず、近世の思想的世界の特質がどこにあるのかはまるでわからない。近世社会では、少なくとも中期以降、知識人の基礎教養はほとんど儒学に依拠していた。国学者や蘭学者も同様である。また、著名な思想家を取り上げて時代順に排列したにすぎないため、近世社会を特質づける思想性は何かといった視点が見えない。政治思想を中心にして描かれたための結果でもある。

そこで本章では、中世とは異なる近世の特徴的な思想とは何かをまず描き出し、そうした思想がはじめはいかなる人々によって担われ、近世を通じてどう変化していくのかに注意しながら、そうした思想の特質が文化の展開にどう反映したのかに注目して、近世の思想・文化の展開を、もっぱら一般人の目線で捉え、近世を通じて民衆的世界が質量ともに拡大していく様相をデッサンしていきたい。

近世の思想状況を考えるうえで重要な朱子学は、既に鎌倉時代には日本に伝えられていた。しかし、中世社会は、神仏がこの世界を支配していたため、人の主体的活動を重視する朱子学を理解するまでには成熟しておらず、朱子学的知が十分に活用されることはなかった。黒田俊雄によれば、『徒然草』の著者吉田兼好は、一四世紀に登場した新しい型の知識人とされるが、それでも名誉欲や性欲、食欲などの欲望や、「深く案じ、才覚をあらは」すことに否定的であったという。中世的思想の限界がうかがわれる。

戦国期になると、「来迎の阿弥陀は雲を踏みはづし」とか「彩色の仏の箔はみなはげて」（『犬筑波集』）といった、神仏を滑稽化する風潮が生まれてきた。やがて、織田信長や豊臣秀吉によって戦国の争乱が終結し、一定の「平和」が人の力によって実現すると、人の世界の問題は人知によって解決できるという新しい考え方が成立してくる。

右の変化は、人が自然（神仏や天）から相対的に独立した人間社会を形成しているという自覚に基づいている。人はその自覚の中でおのれ自身を見つめ直し、神仏に頼るのではなく、自己の主体的営為で現実を切り開いていくことになる。近世は人間的世界が自立していく時代となったのだ。かくして、人の主体的営為が重視されるようになったことで、朱子学的知が受容され活かされる素地が生まれた。近世儒学の祖とされる藤原惺窩の登場である。

惺窩と羅山

惺窩の受容した儒学は、宋・元・明を通じて蓄積されたもので、いわゆる朱子学・陽明学である。惺窩の時代には、両者の知識が同時平行的に日本に招来された。そこで両者を合わせて宋明学と呼ぶ。宋明学の一つの特質は、人倫日用の世界、つまり眼前の現実世界は、問いと答えをあわせもつ唯一の実なる世界だとするもので、現実の社会のうちにこそ真実をみる学問、すなわち、学知とともに経験知を重視する学問であった。

惺窩は、戦国の下克上的状況が残り、主君や父母を殺害しても何とも思わない現実社会に強い危機意識を抱き、そうした道徳的頽廃状況の変革を自己の課題とした。そこで、宋明学の本格的学習に励み、やがて、自己の修養につとめて、その成果を「人を治め」、「物に及ぼ」すこと（「楽活撮要序」）、つまり「修己治人」こそが自己の課題だと自覚する。

惺窩はまた、戦国期に流行した、神秘性と倫理性をあわせもつ「超越的主宰者」（石毛忠「戦国・安土桃山時代の倫理思想」）たる天道を、自然と人のうちに内在する天地万物の理（自然界の道理）たる天道に転換させた。つまり、運命を司る天道が人間的世界を一方的に支配するのではなく、天道は人の心に内在するとして、人間的世界では人の努力如何、すなわち、己が心己が力こそが問題なのだと、人の主体的営為の問題に転換させた。これは宋明学の天人合一説と言ってよい。ここに近世的思想の成立が認められ、惺窩が近世儒学の祖といわれるゆえんである。

惺窩の弟子林羅山は、現実社会の人間関係としての人倫の道を主要な課題とした。羅山の人倫の道は、菅野覚明によれば次のようである。「天地造化」の本質は、「物を生ずること」にあって、「物を生ずる心が、人に内在する」のが「仁」である。この仁の覆う範囲は、「仏教の慈悲や、後の古学・陽明学の愛をはじめ、通俗文芸で好んで主題化された情愛、さらには猿の声に涙する芭蕉の風雅から、本居宣長の『物の哀れ』まで、およそ近世に問題化された情愛のすべてにわたる広がりにおいて押さえ」られていた。しかし羅山は、社会秩序の維持という観点から、「公的秩序に適応する愛のみが真実の愛であり、私的な情愛の偶発は愛の範疇から切り捨て」てしまったという。羅山においては、人の自然性はなおそのものとしては肯定されなかったのである。

　惺窩が「明鏡止水」に「とらわれのない自然本来の自由な心境」（「大学要略」）を見、羅山が心を「枯木のごとく、ひえたる灰のごとくせよ」（「童観抄」）と述べ、「思念の起こる以前の平静な心を重視」（日野龍夫「儒学思想論」）していたように、両者は、心の主体性の回復という共通の願望をもち、それを「流行」（気）の側面においてではなく、心の「不動」（不易＝理）なるあり方において実現せんとしていた。この流れは、相良亨が言うように、無私とか無妄、誠意を重視する立場で、近世を通じて生き続けることになった。だが、右の立場は、惺窩のもう一人の弟子で、惺窩の思想を発展させた那波活所《なばかっしょ》によって克服されていく。

欲望の肯定と「思」の重視

　活所は、大名にとって大切な家臣が落雷で死去した事例をあげ、そこに天意の有無を問い、大名にとって家臣はかけがえのない存在、つまり人間的論理を設定して、天意の存在を否定する（「活所備忘録」）。すなわち、天は、究極的な道理そのもので、霊妙なはたらきをもち、人知で測ることができないが、人の社会に審判を下すような存在ではなく、自然の摂理そのもの、つまり自然の理法を指すにすぎないと考える。そのうえで、万物は陰陽二気の感通によって生じた存在だから、互いに共鳴し交感しあうことができるとする。そうした感通を本質とする人間的生は、死が避けられないのと同様に、「好色」（性欲）を本質とし、それは「天地の常理」なのであり、人の自然そのものだとして肯定する。また、気を第一とし、作者と受け手との共感・共鳴を前提とする「書画詩文」のような芸術を積極的に肯定する。「書画詩文」は、「活動」性を本質とし人間社会に活力を与えるからである。かくして性欲や芸術欲は、人間的自然として積極的に肯定されることになったのである。活所は、書画において字形や字勢を個性豊かにさせる気の大切さを主張して、人の個性を重視するとともに、李白・杜甫の詩は、両者の心中が広大で、精妙な神気が実現されており、水の流れるごとく自然に涌きいで、全く作為的に按排されていないと絶賛する。そのうえで、雪月花のごとき自然だけでなく、「人情世態」のごとき人情と世間そのものを題材とし、「新意」を出すことの必要性を強調する。こうした主張は、人の本質が「活動」（生意）性にあり、人は行為する存在だとされたからで、「行雲流水」とか「動中静有り」といったあり方が理想視されたのである。

活所はまた、人は天賦の知により天理を認識する能力を与えられたが、その活用いかんはまさに人自身の問題で、「羨《うらや》む所のものは智のみ」と宣言する。そのうえで、「学の功、固《もと》より大なり、思の善、亦豈《あ》に学より減ぜんや（中略）僕の工夫、此の一字に止まる」と主張する。「言行」つまり知行合一は、学問（読書）と思索（内省）によって実現できるという。これは『論語』の「学びて思わざれば則ち罔《くら》し、思ひて学ばざれば則ち殆《あや》うし」をふまえた言葉だが、「思」が「学」と同等の価値をもつとされたことに注目したい。島田虔次が宋学の特徴として「思弁主義」、つまり「ひろく知識を求めるよりは、深く思索（実践）しようとする態度」を指摘したように、宋明学でもそうした傾向はあったが、あえて「思」が「学」と同価値と宣言したところに活所の面目がある。ただし、活所が『論語』のいわゆる四絶、「意必固我」（恣意、無理押し、固執、執着）をふまえていたことは言うまでもないことである。

右の「思」は、やさしく言えば、「考える」とか、「工夫」「才覚」「思案」などを指す。例えば「工夫」は、本来、①「てま、労力」の意で、やがて、②静坐の工夫といった使い方の「実践的てだて」の意となり、さらには、③「熟考して事に対処するてだてを練ること」の意となった。近世では②と③の用法が併存するが、次第に③が多くなり、現代は③の用法で頻繁に活用されている。また「才覚」は、吉田兼好の段階では否定的な用例が多いが、戦国頃から肯定と否定が半ばとなり、近世には肯定的な用例が多くなった。活所は、「思」を重視することで、人が事にあたって深く主体的に考え抜くことの大切さを訴えたのである。

中人思想

「思」の重視は、宋明学の「学びて聖人に至るべし」という共通のテーゼをふまえ、現実の世界で大部分を占める「中人」の向上可能性を追求した中人思想と深く関わっていた。活所は、「至聖は過《あやま》ち無く、大賢は過ちを改む、中人は過ちを改むるに吝《やぶさか》にして、下愚は過ちを文《かざ》る、至愚は過ちを知らず」と述べ、過ちにどう対処するかで人を五段階に分類する。この分類は、『論語』の「中人以下、下愚は移らず」の語に対して、「厲《れい》に非ずや」と反発したところに成立した。活所は、中国の王符や荀悦らによって展開された性三品説をふまえたうえで、現実の社会のなかで最大多数を占める中人の問題を自己の課題にしたのである。

活所の言う過ちとは、一般的かつ偶然的におこる過失だけでなく、現実の意志的行為であっても、何らかの反省的契機があれば含められていた。それゆえ、活所が上知・中人・下愚の性三品説ではなく、あえて五段階に分類したのは、現実にはほとんど存在しない「至聖」や「至愚」を設定し、できる限り「中人」の範囲を拡大することで、「楽」と「憂」をあわせもつ「中人」を何とかして善的方向に向わせんとしたからである。すなわち、「心に聖学を知り、躬《みずか》ら五倫の類を行なう」ことが可能な「中人」に対して、「中人」から「大賢」へという具体的な道徳的上向の道を指し示すことで、「中人」自身を「修己」に努めさせんとしたことがわかる。

近世になってこうした「中人」の問題が重視されてくる事情は、例えば山鹿素行が、「上知と下愚とは二五《にご》の聚《あつ》まる純粋至雑にして尤も希有なり、大概皆中人のみ、中人は専ら教を以て格物すれば則ちその知自《おのずか》ら致す、これ聖学の功なり」(『山鹿語類』)と述べるなど、たびたび「中人」の問題が取り上げられていることからも裏づけられる。

さて、これまで惺窩、羅山、活所の思想を簡単に整理してきたが、近世を通じて問題となる論点の多くが、すでにこの段階で出されていたことがわかる。そうした論点は、これ以降の各時期に生起する新たな状況変化、つまり社会経済史的、政治史的変化や思想を担う人々の階層的拡大などの変化のなかで、各時期に思索する人々のそれぞれの課題や関心の違いに応じて捉え直され、かつ、新たに蓄積された知識や経験が援用されて、深められ精緻化されたり、批判的に継承され、あるいは全く新しい思想が提起されていくことになるが、宋明学が近世を通じて主流であったことは注意しておきたい。宮城公子が言うように、幕末社会においても、修己治人や天人合一思想、誠意の重視といった儒学思想が脈々と生き続けていたからである。

なお、活所と同時代の大徳寺の僧沢庵は、「天道次第」の生き方に対して、「只《ただ》人々才覚次第にて候（中略）何事も人間之わざと御心得存候」（秋庭半兵衛宛書状）と主張する。仏教者もまた、「何事も人間之わざ」と主張し、活所と共通の認識をもっていたことがわかる。「人々才覚次第」とか「何事も人間之わざ」という生き方は、その後、儒者や知識人に限らず近世人の共通認識となっていったのである。

仁斎と徂徠　近世思想史上最も著名な人物は、伊藤仁斎と荻生徂徠の二人である。「思」の民衆への拡大を主題とする本章の立場と両者はどう関わるか、次に検討していく。

仁斎の思想は、気の重視や「活動」性の強調、人間的生の鼓吹《こすい》、他者志向的な「存誠」の強調、「人情世態」の重視、詩文論における公安派への接近など、活所思想の影響を受けて成立した。活所と仁斎は右のような影響関係を一方でもちながら、活所が天人合一の立場をとったのに対して、仁斎はそれを否定して、天道と人道を分離させた。なぜか。それは仁斎が天の主宰性を認めていたことと深く関連する。

仁斎は、宋明学が理の普遍性に基づいてその思想を構築したのに対して、これを否定し、かわって聖人たる孔子の書『論語』を「最上至極宇宙第一の書」（『童子問』）と規定し、この書に基づいて自己の思想を構築した。しかし、仁斎自身が「聖人も亦人のみ」（『童子問』）と述べるように、孔子は聖人中の第一人者たるにすぎなかった。それにもかかわらず『論語』が究極の典拠であるためには、『論語』は主宰性をもつ天が聖人孔子に命じて生まれた書であると、天の主宰性によって絶対化させねばならなかった。だから、学ぶ者は、『論語』を信じて「徳行」にはげむべきだとされる。その結果、活所とは異なり、「思」が重視されることはなかった。

仁斎は「工夫」という言葉を頻繁に使うが、「熟考して事に対処するてだてを練ること」といった用法はなく、もっぱら「実践、修養、努力などの行為として労力をついやすことに使う」（日本思想体系33、補注）とされる。だから、「人若《も》し志を立てて回《かえ》らず、力《つと》め学んで倦《う》まざるときは、則ち以て聖為《せいた》るべく、以て賢為るべ」（『童子問』）しとあるように、『論語』を信じて学問に励み、たゆみなく努力し続けることが大切であり、「徳行」を「本」とすれば「思索」は特に必要ない（「童子問」）とまで主張するのである。

徂徠は、仁斎の立場を継承しながら、仁斎の『論語』に代わって、「先王」がこの人間的世界を万全に営むために制作した「礼楽刑政」こそがすべての典拠なのだから、「先王の道」を信じて、それに基づいた政治を実践すべきだとする。しかし、「先王」もまた人である以上、「先王の道」の普遍性が別の何かによって保証される必要があった。そのため、「帝もまた天なり」（「弁名」）と天帝概念をもち出し、天帝の主宰性によって「先王の道」を保証したのである。だが、徂徠は「思」に対しては仁斎と異なった対応をした。田尻祐一郎が、「徂徠は、後々まで『管子』の『思レ之思レ之、又重思レ之、思レ之而不レ通、鬼神将レ通レ之』（「内業篇」）という一節を好んで引くが、学ぶということは、誰かに教わることではなく、自分で思い悩み考え抜くことなのである」とまとめているように、ひたすら「思う」ことの重要性を主張していたからである。

だが、徂徠の「思」は、聖人や君子、老中・若年寄など一部のエリート集団である「上知」の人に求められたのであり、民衆が念頭におかれていたわけではない。民とは「自から発得」する者ではなく、「愚なる者」で、奉行が「仕込」むべき存在にすぎないからである（「政談」）。それゆえ、『論語』の「中人以下」の注釈で、「聖人は人を強ふるにその知の及ばざるところを以てせざるなり」（論語徴）と述べ、自ら喩《さと》ることのない愚民にあれやこれや喧《やかまし》く呼びかけても無意味だと主張した。つまり、民衆は治術の対象にすぎず、「思」は全く想定されていなかったのである。

仁斎が「思」を重視していなかったこと、徂徠が「上知」の「思」を重視しながら、民衆の「思」は全く想定していなかったことがわかる。右のような立場からは、民衆が「思」を通じて自己の主体性を拡大させていく道は閉ざされていたと言ってよい。仁斎・徂徠はその思想的根拠に宗教性をひそませてしまったからである。徂徠の思想が国学や水戸学、あるいは近代の国家主義思想に影響を与えたことは事実だが、それは徂徠の思想が治者のための政治思想だったからで、信じる対象を転回させたにすぎないとも言える。辻本雅史が言うように、一八世紀後半には、早くも徂徠学が後退し、折衷学がおこり、宋明学がまた盛んになってくるのである。

2　領主と民衆の思想

思想家が新しい時勢を鋭敏にとらえ、超越的な力（神仏、天）を人の心の問題として内在化したうえで、人間的諸問題は「智」や「思」によってしか解決できない、つまり、人は考え、工夫し、行動することで、人間的諸問題を解決すべきだとする思想性を獲得したのに対して、すぐれた政治家は、時代の雰囲気といった時勢をいち早く直観的に肌で感じ取り、治者としての責任意識を自らのものとして、次代へと続く新しい政策を実行する人々だと言ってよい。統一政権の覇者となった信長や秀吉、家康はそうした政治家である。以下、近世前期の何人かの大名を取り上げて、彼らが自己の課題解決をどのようにして実現させていったのか、彼らの主張に耳を傾けていこう。

治者の責任意識

思想家が大名に期待した役割をまず述べておく。惺窩は大名の役割を、「天下の主人のやく（役）は、万民を飢《う》えず寒《こご》えずして、人倫を教て、善人を以て治めさする」（「大学要略」）ことだと規定し、そのためには、「我知がなければなら」ず、「自《みずから》工夫」して、「よき人を知り」「財をなす」の「二つ」のことに「工夫をつく」すことが大切だとする。大名は、よき家臣を見分け、実際の政治をその家臣に委ね、藩財政を豊かにして、民衆の安定した生活（安民、仁政）を実現するために、自己の内面性を鍛えること、つまり、学問によって統治者としての主体を確立すべきこと（修己治人）を強調した。大名に治者としての責任意識を自覚させんとしたことがわかる。大名は右のような教えに対してどう対応したのか。

人は人の作るもの

佐賀藩の藩祖鍋島直茂《なべしまなおしげ》は、嫡子勝茂《かつしげ》に対して、「国家長久」のためには賢臣の登用が必要だと述べた。勝茂はこれに対して、「仏神に祈願」して実現するよう努めたいと答えた。直茂はこの返答に対して、「仏神に願」うのは「問題」による。「人力の及ばざる事」は「仏神」に祈ったらいい。しかし、「人は人の作るもの」、つまり賢臣登用の問題は人の力で解決でき、おまえの「心入」（学問）次第で実現可能だと教え諭した（直茂公御咄之趣、勝茂公御書取ニて、光茂公江被進候御教訓之写）。治者として藩政を担当するためには、「仏神」の加護を期待するのではなく、藩主自身が学問に励み、治者としての主体性を確立して、賢臣の所在を見極める能力をもつべきだという。直茂は政治が人知によって克服すべき問題だと自覚し、修己治人が大名の任務であることを正しく認識していたのである。

御三家紀州藩の藩祖徳川頼宣《よりのぶ》は、那波活所の「教導」をうけ、近世大名としての課題意識のなかでそれを反芻《はんすう》しながら、自己の藩教学思想を形成して、家臣団への教訓書『南龍公訓諭』を著した。頼宣は右の書で、大名の任務は「治国を本」とすると述べたうえで、「神道、仏道、儒道」を「文学」とし、これが「諸道の根元」だと主張する。こうした神儒仏のいわゆる三教一致の立場から、「学文」は「治国」の根本を学ぶための不可欠の手段だという。そして、家老衆の任務は、主君の真意を正しく認識して、幕府への奉公、家臣団統制、民衆支配を遂行することだと規定する。また一般家臣の任務は、「心」と「形」の両面から自己の内面を鍛え、「教のふかき道理」を「物知共」に尋ね、自己の身体にそれらを「染つけ置」くことだと説いた。さらに、郡奉行や代官などの民政官は、主君の民政に対する意向を正しく認識して、「御為」によいと思うことは自分裁量で積極的に行うべきだと説く。頼宣もまた、修己治人が自己の任務だと自覚し、その実現のために家臣団教化に努めたことがわかるのである。

岡山藩主池田光政《みつまさ》は、熊沢蕃山の影響を受け、近世前期の名君として有名だが、『池田光政日記』によってその考え方がわかる。光政は、承応三年（一六五四）に領内を襲った「旱洪水《かんこうずい》」という自然災害に直面した際、それが自然のめぐり合わせでおこったか、天の「御戒《おいさめ》」（天譴事応説）でおこったかは関係なく、大名としての責任が民の安寧維持にあるので、自己の人知を尽くして藩の再建に着手すると宣言する。直茂と同様に、自然災害は人知によって克服できる問題、つまり、政治が人の主体的営為にかかわる問題だと自覚していたことがわかるのである。

光政は、そうした自覚のもと、現実に領民救助のための様々な復興策を実行していった。ところが、そうした復興策に対して、家臣の間から農民ばかりを大切にすると批判が広がった。光政はそれに対して、「民は餓死すべきとも、先《ま》ず士さえよければと存ずる者は、いかなりあさましく候えば、士の本意にも、民を豊にするに有る事必然たり」と反論し、「百姓成立《なりたち》」が政治の根本だと説き伏せた。光政は修己治人の学問に励み、治者としての責任意識を自覚していたのである。

分別・工夫・思案

彦根藩主井伊《いい》直孝《なおたか》は、家康・秀忠・家光・家綱と四代の将軍に仕えた。特に家光・家綱の時代は、老臣として江戸に詰め、国元に帰ることはできなかった。直孝は、そうした状況下で、家臣団の吏僚化を図るため、国元へ頻繁に書状を送り、自己の意志を伝えた。そうした書状の一部は、『久昌公御書写』に二〇九通が収められている。そこでは、直孝が期待した藩主像や家臣像が生々しく語られている。すなわち、世子や家老、筋奉行や勘定奉行、目付などが、それぞれの役割を自覚し、主体的に自己の役儀を果たすべきことが求められたのである。

直孝は人の向上可能性を信じ、そうした人間観を土台にして、「道理」と「損益」をふまえた藩運営を基本としつつ、中途半端ではない厳格な法度の適用を要請した。そのうえで、「成次第」（天道次第）の「大まかな」藩運営ではなく、諸役人がそれぞれの役儀を「細ニ吟味」し、かつ当座のことだけではなく将来を見越して、「主之為」に精勤し、主体的に問題解決のために工夫すべきだと主張する。そして、そのためには自分でよく考えることが大切だと述べ、「能《よく》考え見申さるべし」とか「左様之考え肝要にて候」といった言葉を繰り返し使い、執拗に自分で考えることの重要性を力説して、家臣を叱咤激励した。ちなみに、「考」という言葉が、二〇九通の書状に一六六回見え、その他、思案とか才覚、工夫といった言葉が繰り返されたのである。

だが他方で、「目付　仕《つかまつる》者は分別・工夫・思案入儀にてこれ無く候、何事成と申聞せ候役人」とか、「勘定之もの」は「別して思案・工夫・分別だて入儀にて無」く、「結句考だて・分別だて仕候得ば、邪魔に成、はかも行ず、しまる所もしまらず、悪物にて候」と述べ、さらに勘定方を監督する筋奉行も、自分が「不合点成儀」または「おちつきがたき儀」があれば、「老中（家老）へ相尋相極落着候様に」と主張する。すなわち、「分別・工夫・思案」して全体を統括するのは、主君および家老衆が行うべき任務だと言う。徂徠が、「思」は聖人や君子、老中・若年寄など一部のエリートに限定していたのと同様に、「思」は、大名や家老など一部治者の専有事とされていたのである。

自ら考え、工夫して行動するという、主体的なあり方を限定した右のような大名や思想家の動向にもかかわらず、一七世紀末には、一般武士の内に主体的に行動する人々が登場してくる。

決断と行動の人

紀州藩士浅井駒之助は、儒学を学んだ後、藩政の頽廃を目のあたりにし、「御家中侍下々町人百姓」の立場に立った仁政を求めて、厳しい藩政批判の書を提出した。罪を得た駒之助は、批判書の趣旨が何とか活かされればと、牢で四年間待ったが甲斐なく、「人は人、我れは我れなり」と述べて、断食して果てた（『南紀徳川史』）。

駒之助の三男忠八は、追放された兄二人とは違って、成人後、「大番組二十石」で新たに召し出された。その後、郡奉行を歴任し、やがて御勘定頭、町奉行となり、大番頭格となって八〇〇石の知行取になった。忠八は、当時大嶋伴六とならぶ「時の明吏」と称され、「寄合」に出仕して、藩政に参画するまでに出世した（『南紀徳川史』）。忠八が活躍した時代は、紀州藩が落ち着きを取り戻していた時期にあたっており、この時期に「明吏」となった忠八の姿は、藩政の危機を批判し、絶食して果てた駒之助のもう一つの姿だと言ってよい。二人はともに治者としての責任意識を内面化させた家臣の姿なのであり、彼らに自立した独立の精神を認めることができる。

『葉隠《はがくれ》』で有名な山本常朝《つねとも》は、主君の絶対的優位という現実のなかで、家臣がそうした現実に適応しつつ、自己の可能性を最大限に生かそうとした姿と認められる。常朝は、主君への没我的献身や仏教的無常観のなかに生き、自己の内面的な純粋さを追求する、個としての修行者的立場へと大きく傾斜はしたが、「御家を一人にて荷申《にない》」すと主張したように、自立した独立の精神をもっていたからである。

さらにこの頃には、代官や郡奉行といった民政官の中にも、地域の実情を踏まえつつ、かつ幕府や藩の治政方針に鑑みながら、自己判断による意見具申を行う人々が登場してきた。こうした民政官は、自己の職務に関わった学問受容を通じて、吏僚として成長していったのである。

一八世紀に入れば、諸藩での藩校設立が次第に増加し、一八世紀後半に最大の開校数を見るにいたる。そうした状況のなかで、右に見たような、主体的に考え、工夫し、行動する家臣が増加していったのである。

宮津藩の沢辺《さわべ》北溟《ほくめい》は、明和元年（一七六四）に藩医の子として生まれ、最初古学を学び、やがて折衷学の皆川淇《みながわき》園《えん》の門に入り、上方では「山陰の宿儒」と呼ばれて、声望ともに厚い儒者となった。やがて、藩主本庄宗発《ほんじょうむねあきら》に登用され、「御番頭格御勝手頭取」と「奥表御用人」を兼ね、窮乏の度を深めつつあった藩財政の再建に取り組むことになった。その後、十数年の間、上方での金策に東奔西走するが、文政五年（一八二二）に起こった大一揆の責任をとらされ「蟄居《ちっきょ》」となった。

北溟は、自分を「凡愚輩」と述べ、まことに頼りなき「常人」の「士《さむらい》」だと自覚したうえで、現実の職務遂行は、自己の「志節を内にたしかに」（「北溟紀聞」）保持することで、様々な事態に対応できるという。そして、常に「義理」を基準にして「決断」すべきだと主張する。「義理」とは「利欲損得をはなれて」中立ないしは公平な立場を維持することで、そうした「義理」の立場での裁定には、「下も納得する」からである（「北溟随劄」）。また北溟にとって、「義理」や「志節」を守るとは、主君の命を決死の覚悟で実行することと同義であった。「常人」の「士」たる北溟にとって、「己れが身を無きもの」とし、「主君の旨趣を達する」ため専念努力すること、それが「至誠」なのであり、「かくと決して、当然と見たらんには、それを行ふより外はなきこと」と、決断と行動こそが重要なのであった（「幽谷一燈」）。北溟は、読書（学知）と現実（経験知）との葛藤のなかで、「反観内省」をくり返し、節欲の重要性を説くとともに、きわめて決断力と行動力に富んだ思想性を獲得した。そうした思想性は、幕末維新期に登場してくる、自立した独立の精神を持つ志士に通底するものがあったのである。

其上に又工夫すべし

一七世紀末には、武士だけでなく民衆上層にも主体的に行動する人々が登場してくる。河内国石川郡大ヶ塚村の河内屋五兵衛可正が、元禄から宝永年間に書き記した書物を『河内屋可正旧記』という。同書によれば、可正家は大ヶ塚村の有力者として庄屋筋の家柄で、可正も早くから学問に励み、儒仏をはじめ軍書や和歌俳諧を好み、能楽にも通じていた。可正が獲得した思想を見ていこう。

可正は、「我等ごときの中分以下の者」と述べ、自らを「中分以下の者」と規定する。その一方で、「誤《過》て改る事憚《はばか》る事なかれ。是魯論にのする名言に非《あらず》や」と、『論語』の「過ちては則ち改むるに憚ること勿《なか》れ」の言葉を「名言」だと主張する。これは何を意味するのだろうか。可正は、『論語』の「中人以下」の言葉に接し、自分が何者なのか自問せざるをえなかった。そして、自問を繰り返すなかで、「小人は非をかざ」り、「下愚」は「あしきとしりながらも其等をやめ」ない者だが、自分はそういった「小人」や「下愚」ではなく、過ちを知って改めることのできる人だと自覚した。だから、「をのれが非を知て改るは賢き人なり」と言うのである。つまり可正は、「中分以下の者」と建前では卑下しながら、本音では、自分は「中分以上の者」と大差ないと考えていたのである。

可正の右のような意識は、自分は「あやまちを改める」ことの大切さを知り、実践しているという自負に裏打ちされていた。だから、「あやまりをあらため」ることが大切だと、書中で繰り返し主張したのである。かくして可正は、因果応報や天道次第の生き方を否定して、「目に見」える現実の世界で、「言と行とに顕は」れる「過」を常に改め、自己の最善を尽くすべきだと主張しえたのである。

可正の右の考えは、「庄屋年寄の心得」を繰り返し説いていることにもあらわれている。可正は、「村の中にては上」たる「庄屋年寄」は、村に「何事も出来せぬやうに、常々心に懸て仕置をし」、村人に「理非のわかち」を教えるべきだが、「庄屋年寄」の「言と行」は、「村中用る故」に、「あやまれる事」がなきように、「諸事を吟味すべき」だという。それゆえ晩年に、「此来由記一部は、家を斉《ととの》へ身をおさむる事を、人間の身の上の至極と思ひし故、所々に其心をあらはせり」と述べたように、繰り返し「家を斉へ身をおさむる」ことの大切さを説いたのである。「庄屋年寄」役の重大さを認識し、村を治める者としての自覚をもち、その任務を実現するために、自ら「あやまりをあらため」て「修身」に努めるとともに、村人の範となるため「斉家」の大切さを説いたことがわかる。可正は村のレベルで「修己治人」を実践していたのである。

可正は、「儒者・仏者・易・暦・医・神道・歌道・其道々の学文、たとひ千巻万巻まなびたり共、別の事はなし。手前に少にても悪き事有を改て、よき道に入より外の事はないぞと也」と述べ、読書によって様々な知識を獲得する（学知）一方、「所々」の「功有《こうある》農夫」から聞いた農業の知識を大部にわたり記録（経験知）していた。また可正は、繰り返し「工夫」「才覚」「思案」といった言葉を使用してもいた。日記最終の「処世訓（八）」は一頁分だが、「工夫」の語が八回も登場する。その一条に、「進退をかせぐにも、其業々に精を出して、心には工夫すべし。聖賢の教に随ふ事尤《もっとも》よろし。其上に又工夫すべし。其所に相応不相応有、時代々々に叶とかなはぬと有、とにかくに工夫にしくはなし」とある。「聖賢の教」に従うのみでなく、「其上に又工夫」すべきだという。可正は、学知や経験知をふまえたうえで、自分で工夫し、考え抜くことの大切さを強調したのである。

津軽の中村喜時が安永五年（一七七六）に著した『耕作噺』に、「天の時の冷気にも負ず、土地の善悪にもまけず、稔《みのり》よき稲を取事は人の仕方に有」とある。「人の仕方」とは、土地の風土を「勘弁」し、冷涼な年も収穫の見込みが狂わないよう、耕作開始から管理手入れを良くする「工夫」をすれば、天候不順や土地の肥瘠《ひせき》に負けない収穫が可能だというのである。可正の思想が農書の中に脈々として活かされていることがわかる。すでに述べた、直孝や徂徠の思惑《おもわく》を超えて、民衆自身が工夫し、考え抜いて行動することの大切さを自覚するに至ったことがわかるのである。

佐久間正は、可正と同時代に、町人の立場から思想的営為をした人物として、「町人の町人たる理」に基づいて「町人のあり方」を思索した西川如見《じょけん》や、「商人に商人の道あること」を教えて、商人の「売利」を肯定した石田梅岩の思想を検討したうえで、「梅岩に私たちが見るのは、儒教を自らの生活体験に裏付けられた言葉で語り得る者、儒教（朱子学）の影響を強く受けながらもなおそれを特権化しない思想的態度を持つ者が庶民から生まれたことである」と主張する。町人社会にも自ら考え、工夫する人々が生まれていたのである。

右のような農民や町民の思想的成長は、いかなる事態を生み出していくのだろうか。倉地克直は、享保期の幕政改革で活躍した田中丘隅《きゅうぐ》の『民間省要』を取り上げ、丘隅の「民間の実情に通じた『村里の知』『下々の知』を『治』に活用しなければならない」との主張をふまえたうえで、「村の治者」や「町の治者」が、民間施行や飢民救済で活躍した具体相を描き出している。可正のような「修己治人」を自己の任務とする村役人や町役人が、一八世紀には広範に登場してきたことがわかる。ようやく「智」や「思」をめぐって、領主と民衆がせめぎ合う時代になってきたことがわかるのである。

一八世紀後半以降、農民や町民が家産の維持・拡大や家業の永続を目的にして、多くの家訓を残すようになったが、そうした家訓に新しい思想性を見い出すことができる。

己《おのれの》働し事は皆己が事

近江国五個荘《ごかしょう》川並村の農民で、若い時から行商の旅に出、苦労しながら財をなした塚本定右衛門が、嘉永元年（一八四八）に著した『規則守福路』を素材に考えてみる。同書に、「天道好還と申て、車の輪のめぐるがごとし、何事を致すにも、人の為なりと思ふべからず、人の事なりと思へば、物ごとにうき《（憂）》事に思ふて、早く退屈し怠りを示して、勲功遂がたし、己働し事は皆己が事にして、いづれへも行ずして、終には己に帰る者也」とある。自分の努力は結局は自分自身の為なのだとの主張だが、同書がこのあと、『論語』の「積善の家には必ず余慶有り」の条を引用していることから、『論語』の「古の学ぶ者は己がために為し、今の学ぶ者は人のために為す」を受けた言葉と考えられるのである。

佐藤一斎は、『論語』の右の言葉を受けて、嘉永四年に著した『言志耋録』で、「この学は、己の為にす。固より宜しく自得を尚《とうと》ぶべし。駁雑《ばくざつ》を以て粧飾と做《な》すことなかれ。近時の学は、殆ど所謂他人の為に嫁衣装を做すのみ」と、学問は自己の道徳的完成のためになさるべきだと説いていた。先の定右衛門の言葉は、必ずしも一斎の言う自己の道徳的完成を主眼としたものではないが、「己働し事は皆己が事」という主張には、自己の行動責任は自己が担うべきだとする考え、すなわち、「己（おのれ）」という強固な自己意識を認めることができる。『論語』の学問への心がけを商人の立場で読みかえたと言ってもよい。

定右衛門は、右の考えに立って、「人立身出世せんと思はば、兼光《（好）》法師が徒然草に言る如く、万事外に求むべからず、只こゝもとを正しくすべし」と、「立身出世」は自分自身で「人の道」を十分に尽すことで実現できると言う。そして、「物壱つ何によらず天の器物なり、されば其道理を真にさとり、天の冥鑑《みょうかん》を畏れて、ほしいまゝに天物をくたけ《（腐）》じと思ふべき也」と述べ、商品を在庫のまま活用させないことは、「天物」たる商品の本来あるべき「天性」を無駄にさせることだから、「利潤」という観点だけからでなく「大いなる罪」だと主張し、「天」の名において、目先の欲にかられた売り惜しみを否定して、商人倫理を説いたのである。そのうえで、同書の奥書で、

「家の者」に同書を読み、主人の「胸中」を十分に熟知して行動すべきことを求めた。定右衛門は、行商の合間の読書と行商での経験知をふまえて、自分なりに考え、工夫して右のような思想性を獲得した。そうした自分の思想を「家の者」にまで及ぼすことで、塚本家という家のレベルで「修己治人」を実現させせんとしたのである。「修己治人」が、家や店の管理にまで応用されたことがわかる。幕末期には、儒学が民衆社会の中に広範に浸透していたことがわかる。宮城公子は、そうした状況をふまえて、「儒学の大衆化を指して儒学史における幕末とよぶ」と表現したのである。

3　文化の諸相

作物《つくりもの》の世界

戦国から近世初頭は、人の主体的営為が重視されるようになって、人間的自覚が高まった時代である。そうした社会状況を反映して、この時期には新しい様々な文化が生まれてくる。

この時期に新しく普及した芸能に立花《りっか》がある。立花が、「むく〳〵とまろく立」て、「たしやかにしてつよ〳〵とあ」るべきこと（『文阿弥花伝書』）、つまり、生気を重視して、濃密な生命の充足をもとにする芸能で、生命讃美の考え方があったからである。立花は自然を切り取って、人間的世界に仮想的自然を演出し、大広間や書院といった儀礼や生活の場を荘厳化するうえで必要な装置だったのである。

千利休によって大成された茶の湯も同様である。四畳半という空間を一つの宇宙に見立てて人工的に仮想し、そこでは主客の交わりが立場を越えたものとして演出された。侘び茶は、安土城や大坂城などの豪華な城郭建築や、その内部を飾った狩野永徳の力動感あふれる障壁画とは違って、一見すると禁欲的な精神が認められる。しかし、秀吉が黄金の茶室と山里丸の茶室をともに好んだように、侘び茶は、周到に計算しつくされた「やつし」の演出で、黄金の茶室に負けない周到な人工的演出が背景にあったのである。

右のような立花や茶の湯の世界は、中世末に始まる人間的世界の自立という時代背景のなかで、それまで神仏中心であった芸能の世界に、人間的世界の論理が持ち込まれることで成立したのであり、こうした流れが近世的文化の主流になっていくのである。

中世後期以降、民衆は商業活動や村落運営の必要から、次第に読み・書き・算術の能力を獲得するようになってきたが、そうした民衆の識字率の向上を前提にして、一七世紀半ば以降、出版活動が急速に発展していった。

民衆の識字能力の向上と出版技術の発達は、安価で大量の書物を供給可能にした。その結果、ある程度の経済的・時間的余裕があれば、武士や公家、僧侶などだけでなく、農民や町民もまた学問や諸芸能に対して、自己の欲求を満足させることが可能になった。

出版活動の発達にともない、一七世紀後半には、貸本屋が成立したり、本屋が各地に訪問販売に出向き、都市の様々な情報を地方に伝達する、情報中継者の役割を果たすようになった。また、参勤交代を通じて、地方に在住する諸藩の下級武士や諸職人、農民が江戸に出て、知見を広め視野を拡大させていくとともに、地方の知識人が、都市の情報をいち早く入手しうるルートが成立した。こうした条件により、地方の村役人層を中心にして地域的文化圏が形成され、芭蕉など都市の文化人が全国に行脚していくようになった。さらに、一七世紀後半以降、農書が出版されるようになって、農業技術が地方へ伝播し、往来物の出版は、婦女子用の絵入り雑誌類にまでおよび、大雑書や重宝記のような生活百科全書が刊行されることで、民衆の識字能力をさらに向上させていった。出版技術の発達はまた、菱川師宣《ひしかわもろのぶ》による浮世絵版画の創出に繋がった。浮世絵が一枚刷で安価に購入できたことから、絵画に接する機会が民衆の間に増大していったのである。

ところで、この時期には、様々な「作物《つくりもの》」が新たに生み出されてきた。河内屋可正が、「種々の翫《もてあそ》び物、女子にはひゐな遊びの器物、男子は人形操の品々、すべて数々かぎりなし。予がいとけなかりし比は、目に見る事は云に及ばず、音に聞たる事もなかりしが、当世になりて、案の深き者どもたく《(巧)》み出せる」と回顧しているように、民衆の世界に多くの「作物」が出回るようになった。こうした「たくみ出せる」「作物」は、「一代の仕出の上手のまねは、にせべからず」(「わらんべ草」)と言われるように、趣向に工夫をこらす「上手」や「案の深き者」によって創作され、都市だけでなく地方にも広まっていった。そうした事情は、幕府が寛文七年（一六六七）に、「五月もてあそびの甲《かぶと》、いにしへのごとく、かぶり候やうにこしらへ、人形作り物無用たるべし」（『御触書寛保集成』）と触書を出していることからも窺い知られる。甲は、実用第一を旨とし、趣向をこらした飾り付けの「作物」が禁止されているからである。

こうした「作物」の世界は、馬の見た目をよくする「拵馬《こしらへうま》」や、園芸の世界の「作り木」や「作り菊」など、商品貨幣経済が広く浸透していくなかで、様々な分野に拡大していく。中尾佐助は、江戸の「花卉《かき》園芸文化」が、元禄頃には「江戸の中流社会へと普及」し、幕末には、「日本全国に庶民の末端まで浸透していた」と主張する。また、博物学的知と植木屋の経験知との合作である変化アサガオの大流行は有名である。こうした園芸文化の広がりが、本草学や博物学の裾野となっていたのである。

文人の登場　近世前期の文化的特色は、文化活動が武家や公家といったパトロンの存在を前提にして可能だったことである。一七世紀末に始まる元禄文化も基本的には武家文化だが、都市社会の成熟のなかで、民衆的要素がようやく大きな割合を占めるようになり、一八世紀になると、何らかの文化的能力で生計を立てられる文人と呼ばれる人々が、一つの階層として広範に登場してくる。その結果、様々な身分、階層の人々が、それぞれの興味や関心に沿って、文化的活動に参加していくことになった。そうした文人の登場を可能にした背景の一端を次に述べていく。

那波活所は、「一才一芸」に通達した者は、「孔顔の至楽」、つまり孔子や顔回と同等の境地に至りうると主張する。「才」とは学問であり、「芸」とは「書画詩文」のような芸能を指し、芸能がそれ自体として一定の価値を持つとされたことがわかる。そして、杜甫の詩や王羲之の書は、「千変万態」それぞれの奥義を極めていると絶讃する。「千変万態」とは「行雲流水」とか「動中静有り」といった表現と同様に、自然体にあることをいう。

ちなみに活所は、「生静に跋して云《いわ》く、緑陰に生まれる昼の静けさ、古今の絶唱なり」と述べ、万物を育《はぐく》むまばゆいばかりの生の世界（動）を象徴する自然のなかに、一瞬の静寂（静）を見つけ、両者を対比することで、静もまた生の世界にとってなくてはならない自然だという。一瞬の静寂のうちに動的世界の源を見い出すのである。「動中静有り」とは、動と静のこうしたダイナミズムを表現した言葉で、そこに生命の息吹を読み取ろうとしたのである。こうした活所の芸術論は、人が自己の力を自覚して、人の力に絶大な信頼をもつにいたった近世社会にふさわしいものだった。活所が芸術欲を積極的に肯定し、「芸」が「才」と同等の価値を持つと主張したことは、その後の芸能の発達に大きく寄与することになるのである。

松尾芭蕉は、立石寺《りっしゃくじ》で「閑《しづか》さや　岩にしみ入　蟬《せみ》の声」（『奥の細道』）という有名な句を残した。この句は、生気でむせかえりながら静寂さを保っていた夏の山寺で、一斉に蟬が鳴き出し静寂を破った情景を詠んだもので、静と動のダイナミズムが絶妙に織り込まれている。芭蕉の句作に活所の芸術論が影響を与えたことが窺われるのである。また、井原西鶴が『日本永代蔵』で、才覚や工夫、知恵、分別、思案、仕出しといった、人の知的な働きを重視したことはよく知られているが、近世的思想が、活所の重視した「智」と「思」に始まり、主流になっていったことをふまえれば、西鶴がそうした流れの中で文筆活動をしていたことがわかる。

中村幸彦は、「文学は『人情を道《い》ふ』の説」で、芭蕉や西鶴、近松門左衛門の作品が、伊藤仁斎の影響を強く受けて成立したと主張するが、既に述べたように、活所が「人情世態」を重視し、仁斎がそうした活所の詩文論に強く影響されていたことから、惺窩―活所―仁斎―芭蕉・西鶴・近松という影響関係を認めることができるのである。かくして、一定の社会的価値を与えられた芸能の師匠は、都市社会の富裕層を中心とした人々に支持され、彼らを弟子にとることである程度の経済的基盤を獲得し、自立した活動を行っていくことになった。こうした人々は文人と言われ、新たな一つの階層となり、やがて地方に豊かな人脈を形成して、ネットワークを拡大させ、様々な分野の芸能を発展させていったのである。

元禄文化は上方を中心にしていたが、やがて一八世紀後半になると、江戸も文化の中心になって、三都の都市文化がさかえた。この時期には、明清画の諸様式が吸収され、ヨーロッパ絵画が様々な形で影響を与えた。その結果、池大雅《いけのたいが》や与謝蕪村《よさぶそん》による日本的な文人画、円山応挙による写生画が完成した。また、伊藤若冲《じゃくちゅう》や曾我蕭白《そがしょうはく》らが個性的な絵画を描いた。浮世絵でも、師宣時代の墨摺りから、中国の色刷り手法の影響を受けて、鈴木春信《はるのぶ》によって錦絵《にしきえ》が考案された。喜多川歌麿や東洲斎写楽は、独自の美人画と役者絵に才能を発揮し、司馬江漢《しばこうかん》が銅版画の制作に成功した。一九世紀に入ると、葛飾北斎や歌川広重が、西洋画から学んだ遠近法や陰影法を取り入れ、風景版画にすぐれた作品を残した。

文学では、恋川春町《こいかわはるまち》の黄表紙、山東京伝《さんとうきょうでん》の洒落本、十返舎一九《じっぺんしゃいっく》や式亭三馬《しきていさんば》の滑稽本、為永春水《ためながしゅんすい》の人情本などが、遊里の美学を受けつぎ、日常を楽しもうとする「いき」の精神を描いて民衆の支持を得、歌舞伎の中にも「いき」の精神が生かされていた。

講談、落語、曲芸などが演じられた寄席は、歌舞伎と違って夜間興行で安価だったことから庶民の人気を得、寺社の祭礼や縁日には店が出て賑わいを見せ、花見や月見、花火なども都市生活の楽しみとなり、服装や化粧、料理などにも工夫がこらされるようになった。

行動文化としての旅

庶民の旅がさかんになるのも一八世紀後半のことである。当時の旅は届出制が基本で、領主は領民が領外に出ることを嫌ったが、参詣や病気での湯治を理由にすれば許されたので、庶民の旅はほとんどが寺社への参詣になった。かくして、都市近郊への数日間の旅から、伊勢参りや金毘羅《こんぴら》参り、善光寺参り、四国八十八ヶ所めぐり、西国三十三ヶ所めぐり、さらには、日本全国の霊場をめぐる六十六部のような数年間を要する修行に近い旅まで、様々な旅が盛行するようになった。こうした庶民の旅の盛行は、街道や宿場などの輸送組織が発達したこと、農民や町民の地位が向上したこと、金銀銭貨が通用し為替が発達したこと、伊勢講や富士講などの講が発達したこと、さらには、中世までの修行から、レジャー化して遊楽を目的にしたものへと変化したことなどが背景にある。しかし、一八世紀後半に庶民の旅が激増したのには別の理由があった。

庶民の旅盛行の直接的契機は、一七世紀後半から一八世紀半ばにかけて、行旅難渋者救済システムが整備されたからである。行旅難渋者救済システムとは、参詣や湯治、出稼ぎなどの旅人が、病気など不測の事態によって困窮した際、何らかの方法で身許を証明できれば、無料で医者の加療を受け、希望すれば国元まで宿継村継で送還してもらえることができ、途中で死去した場合、その地に埋葬し、国元にその旨を連絡してもらえる体制をいう。こうした行旅難渋者の救済は、既に一七世紀半ばには民間で慣行として行われていたが、一七世紀末以降に幕府や藩での法的整備が進められ、幕府の明和四年（一七六七）令によって、往来手形（国内用パスポート）を携帯していれば、難渋者が発生した際、往来手形で身許を確認したうえで、国元まで送還する方向で、対応が一致することになった。これをパスポート体制という。近世後期には、パスポート体制によって、毎年数千人の難渋者救済が行われていた。このパスポート体制が旅人の不安をある程度緩和させ、民衆の旅盛行を実現したのである。

　パスポート体制は、地域住民のボランティア的な協力があって初めて十全に機能した。丹後国宮津の庄屋彦坂久左衛門は、文政年間（一八一八～二九）に、「千歳峠幷外々之道造り之世話」や、「千歳峠幷村方にて、旅人病気或は倒れ人等御座候節は、深切に不便をかけ、食事等気を付世話」するような「寄特成者《きとくなるもの》」であった（粉川家文書）。久左衛門のような「村の治」を担う村役人層の存在を前提にして、パスポート体制が円滑に機能していたことがわかる。

　民衆はこうした旅を通じて、地域を超えた新しい知見を獲得し、「日本」を一つの国として見る目を養っていった。近江国神崎郡五個荘北庄村の野村単五郎《ぜんごろう》は、寺子屋時習斎で六年間学び、その後父とともに行商の旅に出、成人後も国元に戻ると時習斎で学習を続けた。単五郎は、明治二年に民部省から通商司京都通商会社の副頭取に任命され、同年に自己の商業活動の体験をふまえて、明治政府に建言書を提出した。そこでは、外国貿易で外国商人に翻弄されている日本の現実に対して、近江商人が新しい地で商売を始める場合、「其地理人情の勝劣測量の者を求め、而《しかる》後其地に至り、土産風俗の好みを索め、賢察の上其商売を開」いて大利を得た経験をふまえ、こうした近江商人のやり方を実践するため、欧米に大使節団を派遣して、「地理、土人の情、産物諸品の出所多寡分数を迄知覚」させることが大切だと主張された。単五郎は、時習斎での学習と、行商の旅で得た経験をふまえ、現実の日本の実情を熟考するなかで、外国貿易での日本側の主体的な立場の構築に向け大使節団の派遣を提案したのである。

地域文化の成長

　単五郎を生んだ五個荘の地域は、中山道が中央を貫通していたこともあり、早くから行商の旅に出る者が多く、近江商人が輩出した地として有名である。この地はまた、時習斎のような寺子屋が早くから発達し、教育が盛んで、住民が深い教養をそなえていた。時習斎があった北庄村の就学率は、幕末期に女子の就学率が急増し、男女の入門者数がほぼ等しくなったこともあり、明治初年の段階で九〇％強になっており、皆学がほぼ実現されていたのである。

時習斎は一六〇〇部弱の蔵書を持ち、書道や医書のほか、俳諧や和歌・詩文集、日本史や伝記、儒書や仏書・神道書、さらには茶道・香道《こうどう》・華道・謡曲など、様々なジャンルにわたっており、地域の図書館的役割を果たしていた。時習斎はまた、行商から帰国した人々が集う場であり、ある種の文化サロン的役割を果たしてもいた。また、当地木流の深尾忠一郎家には、現在も、手習書や算学書、儒書、仏書、教訓書のほか、和歌、連歌、俳諧の書、浄瑠璃・新内の書、名所案内記、辞書、実用書、さらには役者絵、人名手本など多岐にわたる書物が伝存しているが、同様の特徴は、山本の片山巌家、北町屋の市田太郎兵衛家、金堂の磯部幸治郎家、北庄の野村単五郎家、七里の三上家などでも見られる。こうした事実は、当地の人々が様々な分野への関心を深め、豊かな教養を身につけていたことを知らせてくれるのである。

五個荘地域での右のような文化的状況は、地域差はあるものの、一九世紀の日本列島に共通する事態であった。三都を中心とした都市文化が、この時期には地方へと広がり、各地域で個性あふれる文化が生まれたのである。

近世の人々は、学知と経験知をふまえながら、自ら考え、工夫し、行動して、自己の課題や関心に促されながら、様々な思想を形成していった。そうした思想活動は、最初一部の人々に限られていたが、やがて大名や一般武士に広がり、さらには民衆の中間層以上もそうした活動に加わっていった。右のような事情は文化の世界でも同様で、近世中期以降は、民衆出身の人々が文化活動をリードしていったとさえ言える。近世社会は、民衆の多くが自ら考え、工夫して、あるいは思想活動に、あるいは文化活動に参加し、多くの成果をあげうるような地平に到達していた。近世社会は、人間生活のあらゆる場面で、自ら考え、工夫し、行動することが、多くの人々にとってあたりまえになった社会だと言ってもよい。近代社会は、そうした到達点から新たな出発を遂げていくのである。

（柴田　純）

参考文献

石毛忠「戦国・安土桃山時代の倫理思想」（日本思想史研究会編『日本における倫理思想の展開』吉川弘文館、一九七二年）
伊東貴之『思想としての中国近世』（東京大学出版会、二〇〇五年）
岩田浩太郎編『新しい近世史5』（新人物往来社、一九九六年）
大桑斉『日本近世の思想と仏教』（法蔵館、一九八九年）
大月明『近世日本の儒学と洋学』（思文閣出版、一九八八年）
小川和也『牧民の思想――江戸の治者意識』（平凡社、二〇〇八年）
菅野覚明「人倫の道と日本の古代」（竹内整一他編『「古学」の思想』ぺりかん社、一九九四年）
菅野和太郎『近江商人の研究』（有斐閣、一九四一年）
衣笠安喜『近世儒学思想史の研究』（法政大学出版局、一九七六年）
木下鉄矢『朱子学の位置』（知泉書館、二〇〇七年）
九鬼周造『「いき」の構造』（岩波文庫、一九七九年）
倉地克直『江戸文化をよむ』（吉川弘文館、二〇〇六年）
倉地克直『徳川社会のゆらぎ・全集日本の歴史11』（小学館、二〇〇八年）
黒住真『近世日本社会と儒教』（ぺりかん社、二〇〇三年）
黒田俊雄「中世的知識体系の形成」（相良亨他編『講座日本思想2　知性』東京大学出版会、一九八三年）
小島毅『宋学の形成と展開』（創文社、一九九九年）
子安宣邦『伊藤仁斎』（東京大学出版会、一九八二年）
相良亨「日本の天」（『文学』第五十五巻第十二号、岩波書店、一九八七年）
佐久間正『徳川日本の思想形成と儒教』（ぺりかん社、二〇〇七年）
柴田純『思想史における近世』（思文閣出版、一九九一年）
柴田純「五個荘の学芸と文化」（『五個荘町史第二巻　近世近現代』五個荘町役場、一九九四年）
柴田純「近世中後期近江国在村一寺子屋の動向――門人帳の数量的分析を中心に」（朝尾直弘教授退官記念会編『日本社会の史的構造　近世・近代』思文閣出版、一九九五年）

柴田純「近世的思想の形成」(『岩波講座日本文学史第七巻』岩波書店、一九九六年)
柴田純『江戸武士の日常生活』(講談社、二〇〇〇年)
柴田純「行旅難渋者救済システム――法的整備を中心にして」(『史窓』第五八号、二〇〇一年)
柴田純「近世のパスポート体制――紀州藩田辺領を中心に」(『史窓』第六二号、二〇〇四年)
柴田純「思想と生活文化」(『宮津市史　通史編下巻』宮津市役所、二〇〇四年)
柴田純「彦根藩『御家風』の形成」(村井康彦編『彦根城博物館叢書6　武家の生活と教養』彦根城博物館、二〇〇五年)
島田虔次『朱子学と陽明学』(岩波新書、一九六七年)
新城常三『社寺参詣の社会経済史的研究』(塙書房、一九六四年)
杉仁『近世の地域と在村文化――技術と商品と風雅の交流』(吉川弘文館、二〇〇一年)
田尻祐一郎『荻生徂徠・叢書日本の思想家15』(明徳出版社、二〇〇八年)
田原嗣郎『徳川思想史研究』(未來社、一九六七年)
辻惟雄『日本美術の歴史』(東京大学出版会、二〇〇五年)
辻本雅史『近世教育思想史の研究』(思文閣出版、一九九〇年)
辻本雅史『「学び」の復権――模倣と習熟』(角川書店、一九九九年)
土田建次郎『道学の形成』(創文社、二〇〇二年)
中尾佐助『花と木の文化史』(岩波新書、一九八六年)
中野節子『考える女たち――仮名草子から「女大学」』(大空社、一九九九年)
中村幸彦「文学は『人情を道《い》ふ』の説」(『近世文藝思潮攷』岩波書店、一九七五年)
尾藤正英『日本封建思想史研究』(青木書店、一九六一年)
尾藤正英「国家主義の祖型としての徂徠」(『荻生徂徠・日本の名著16』中央公論社、一九七四年)
日野龍夫「儒学思想論」(『講座日本近世史9　近世思想論』有斐閣、一九八一年)
平石直昭「徳川思想史における天と鬼神――前半期儒学を中心に」(溝口雄三他編『世界像の形成・アジアから考える7』東京大学出版会、一九九四年)
前田勉『近世日本の儒学と兵学』(ぺりかん社、一九九六年)

丸山眞男『日本政治思想史研究』（東京大学出版会、一九五二年）
水本邦彦『徳川の国家デザイン・全集日本の歴史10』（小学館、二〇〇八年）
溝口雄三『中国前近代思想の屈折と展開』（東京大学出版会、一九八〇年）
溝口雄三「中国の『天』上下」（『文学』第五十五巻第十二号、一九八七年、第五十六巻第二号、一九八八年）
宮城公子『幕末期の思想と習俗』（ぺりかん社、二〇〇四年）
三宅正彦『京都町衆伊藤仁斎の思想形成』（思文閣出版、一九八七年）
安丸良夫『日本の近代化と民衆思想』（青木書店、一九七四年）
山井湧他編『気の思想』（東京大学出版会、一九七八年）
山井湧『明清思想史の研究』（東京大学出版会、一九八〇年）
若尾政希『安藤昌益からみえる日本近世』（東京大学出版会、二〇〇四年）
『伊藤仁斎、伊藤東涯・日本思想大系33』語孟字義「功夫」の補注（岩波書店、一九七一年）
「直茂公御咄之趣、勝茂公御書取ニて、光茂公江被進候砌御教訓之写」（近藤斉『近世以降武家家訓の研究』風間書房、一九七五年）
『南紀徳川史』第六冊、名臣伝（清文堂出版、一九八九年復刻版）
彦根市史近世史部会『久昌公御書写――井伊直孝書下留』（彦根市教育委員会、二〇〇三年）
野村豊・由井喜太郎編『河内屋可正旧記』（清文堂史料叢書、一九五五年）
柴田純「史料紹介――近江商人塚本定悦の家訓（規則守福路）」（京都外国語大学日本語学科紀要『無差』第三号、一九九六年）
「文阿弥花伝書」（『五個荘町史　第三巻史料Ⅰ』五個荘町役場、一九九二年）
「活所備忘録」（都立中央図書館所蔵、写本）
沢辺北溟関係文書（舞鶴市立郷土資料館所蔵糸井文庫）
国民精神文化研究所編『藤原惺窩集』上下（思文閣出版復刊本、一九七八年）

コラム６　〝七つ前は神のうち〟は本当か

柳田國男が主張した〝七つ前は神のうち〟という説は、後に幼児の生まれ直り説と結びついて民俗学の通説となり、現在では、様々な分野で無批判に受容され、古代からそうした観念が存在していたかのように語られている。

例えば、民俗学の宮田登が、「『七歳までは神の子』という諺は、全国的に流布している。これと対で、『七つから大人の葬式をするもの』という説もある。『七歳未満忌服なし』という表現も、同様の心情によるものだろう」（『老人と子供の民俗学』）と述べ、中世史家の黒田日出男が、「最近の子ども論でもしばしば引用されるものであるが、大藤ゆき氏『児やらい』によれば、民俗では『七つまでは神のうち』とされているという。七歳までの子どもは、神のよりまし的な存在として位置づけられたりもしていたのである」（『越界の中世　象徴の中世』）と述べているように、七歳までの幼児は、常に「聖性」とか「神性」と結びつけて語られてきた。その真偽を以下で考えてみよう（拙稿『〝七つ前は神のうち〟は本当か』国立歴史民俗博物館研究報告、第一四一集）。

養令律令では、すでに「九十以上、七歳以下」は絶対責任無能力者と規定されていたが、平安期に入って、伝染性の触穢観が強まってくると、幼児の服喪問題と神事挙行問題とが関連づけて議論されるようになった。その結果、延喜七年（九〇七）の明法家による新たな法解釈の提示以後、幼児は、親の死去や自身の死去いずれの場合にも「無服」として、服忌の対象から除外された。それは、神事の挙行という大人社会にとって重要な儀礼が円滑に実施できることを期待しての措置であった。こうした措置が継続されるなかで、やがて幼児と神事とを結びつける観念が、次第に生まれていった。かくして、「水左記」の承保四年（一〇七七）九月七日の記事に、「七歳之中尊卑只同事也」とあるように、幼児の世界では、大人社会の「尊卑」の観念は通用せず、幼児は、大人社会の秩序から疎外された存在になったのである。

しかし、一五世紀から一七世紀にかけての家と村をめぐる新しい動向のなかで、幼児に対する意識も変わり、幼児は、中世までの取りかえのきく存在から、近世には「子宝」として保護されるべき存在へと変化する。そして、近世後期には、幼児を大切に養育するという社会意識が確実に成立した。

他方、近世の武家服忌令にも「七歳未満小児、自他共に無服」と、平安朝以来の規定がそのまま踏襲された。この服忌令は、刊行物として出版されたり、大雑書や節用集、教訓書の類に取り込まれることで、武家だけでなく庶民の間にも広く浸透し、やがて、「無服」であることがある種の特権視を生じさせることになった。また、「七歳以下」は絶対責任無能力者だとする観念は、近世にも継承され、武蔵国葛飾郡下野村の村法などから、現実の近世社会の中で生きていたことがわかる。

ちなみに、近世の在方史料には、幼児は服忌の対象外ということが、「七歳未満之事故」と表現され、当時の常識になっていた。宮田登の「七歳未満忌服なし」とは、この常識を述べたにすぎないことがわかるのである。

現在、〝七つ前は神のうち〟という表現の具体例は、能田多代子と大間知篤三が、昭和一二年に報告した二例と、昭和五二年に刊行された『日本民俗地図』中の二例、合計四例ある。だがそのいずれの事例も、幼児は「無服」で、大人とは違って、神仏に対する「不敬」の対象とはならず、かつ絶対責任無能力者だという観念と、近世に成立する幼児保護観念が結びついたものにすぎない。

つまり、〝七つ前は神のうち〟という表現は、近世以来の右のような背景のなかで、近代になってから一部地域で生まれた俗説的表現にすぎず、幼児が「聖性」や「神性」をもった存在だという観念が、古代以来連綿と続いていたというのは、全くの誤解にすぎないのである。

（柴田　純）

図6－1　描かれた幼児

絵巻物で描かれた中世の幼児はほとんど裸であった。7歳までは「尊卑」の区別がなく，身分表示ができなかったため，絵師達は幼児に衣服を着せられなかったからと考えられる。「石山寺縁起絵巻」（石山寺蔵）より。

第Ⅱ部　日本の近現代

「帝都丸の内東京駅の偉観」（国立歴史民俗博物館蔵）

近現代の概観

日本の近現代史に関しては、一九七〇年前後から、当事者の日記や手紙、書類など一次史料（原史料）を使って、事実に基づき実証的に描く著作が本格的に登場し始めた。その後、一九八九年の昭和天皇の死去をきっかけに、とりわけ宮中関係を中心に、数多くの一次史料が公開され、近代・現代の天皇や天皇制をめぐる研究は飛躍的に進んだ。

また、その頃から円がますます強くなり、海外での史料調査が金銭面でも容易になった。海外の文書館の整備も進んだこともあり、外交史や国際関係史でも、欧米や台湾・中国・韓国などの外交文書や個人文書を使った研究が行われるようになった。これらに加え、日本でも情報公開法ができたことで、それに基づいて現代の史料を請求して利用した研究も始まった。

以上のように、研究は実証面で進み詳細になったが、これらの膨大な研究を、近・現代史の流れの中にどのように位置づけて理解すれば良いのか、研究者ですら、十分に見えにくくなってしまっている。本編では、第一線の八人の研究者が、各人得意とする分野について、最新の研究を踏まえ、刺激的な筆致で、日本の近現代の大きな流れを描いている。

第七章「明治維新と文明開化」の青山忠正執筆部分は、ペリーの来航によって列強との国際関係を結ばざるを得なくなった中で、徳川幕府による統治への不信が高まり、長州・薩摩などの有力大名を中心に国家の新体制構築の動きが始まることを示す。そのことは将軍を中心とした「公儀」から天皇を中心とした「公議」を選択する過程であった。またこの間に、「藩」という言葉も一般化するとする。

高木博志執筆部分は、五箇条御誓文に見られるように、維新後に「公論」という言葉が登場し、さらに多くの人々が国政に参加を求め、自由民権運動となり、政府も明治十四年政変の結果、一八八一年に憲法制定と国会開設を公約せざるを得なくなった。他方、「開化」の担い手として、天皇像も公家的・女性的なものから、軍人的・男性的なものに変容していった。天皇は一八七〇年代から全国各地を頻繁に行幸するようになる。また、一八八九年の憲法発布にあわせて、藩閥政府は、すべての天皇陵を「決定」するなど、「万世一系」を視覚化しようとしたという。

第八章「立憲国家の展開と近代天皇」（伊藤之雄）は、伊藤博文が明治天皇への教育と大日本帝国憲法の条文とその解釈によって、君主機関説的な天皇制として、立憲国家を展開させたことを示す。その枠組みの中で、政党の力は伸び、第一次世界大戦後には政党政治の時代が日本にもやってきた。これは、明治維新以来の目標、「公議」「公論」の尊重が達成されたものとも言える。この頃になると、さらに多くの国民の比較的自立した意見、公論を意味する「輿論《よろん》」という用語に加えて、「世論《せろん》」という大衆の声を表す用語も定着し、普通選挙の実現が争点となっていく。しかし、男子普選は一九二五年に実現したものの、若い昭和天皇の下で、政党内閣は軍部の統制に失敗した。一九三五年に君主機関説（天皇機関説）が排撃され、一九四一年には日本は米・英等と開戦、一九四五年の敗戦を迎えた。敗戦の時、天皇は四四歳になっていた。政治経験を積んだことや軍部が存在しなくなったことにより、日本の最有力政治家の一人として、昭和天皇が天皇制の存続等に向けて相当の力を発揮したとする。

第九章「東アジア国際環境の変化と日本外交」（西田敏宏）は、近代日本外交の展開を、欧米およびアジアに対する日本のかかわり方に注目して論じる。明治新政府が成立した一九世紀後半は、世界が帝国主義の時代に突入していった時であった。しかし、極東に位置する日本は、インド・東南アジアに比べ列強による植民地化の圧力が弱く、また列強は日本よりも清国に関心を集中させた。この国際環境を利用し、明治前期の日本外交は、独立を守るため近代化（西欧化）するという「入欧」の追求をした。日清戦争に日本は勝利し、「入欧」を確立したが、欧米列強の政策に倣《なら》う「脱亜」の方向に進むかどうかは、必ずしも明確でなかった。その後、日本は日露戦争に勝って、「脱亜」を進展させる。第一次世界大戦後、帝国主義の時代は終わり、国際協調の時代になる。それに対応し、日本は「世界の大勢」に順応した外交を展開した。さらに一九二〇年代末にかけて、国際連盟未加盟のアメリカも含め各国の間に、連盟を重視しグローバルな国際平和体制を形成しようという空気が強まってきた。ところが、世界恐慌の中で、満州事変以降、日本は「脱亜脱欧」という国際的孤立化への道を進むことになったとする。

第十章「帝国日本の発展と都市・農村」（坂根嘉弘）は、一八二〇年から約一七〇年の間で、日本は世界一の経済成長を見せたとし、その日本の経済発展を都市と農村に焦点を当てつつ検討している。維新後、地租改正によって安定した地主小作関係が展開し、農業生産力が上がっていった。また、近世において金融組織や商人資本が発達し、道路・橋梁・港湾などのインフラが封建社会としてはよく整備されていたので、政府による指導に応じ、産業の近代化が自律的に達成された。これは、他の発展途上国には見られない特色である。他方、明治前期の都市は藩の解体等で人口が減少ないし停滞した。この中で、市区改正事業により、首都である東京市は他都市に先がけ、近代都市への道を歩んだ。

明治後期以降、産業近代化が進展し、農業部門の労働生産性は非農業部門に比べて低かったので、農村部から都市部への人口流入が進み、都市人口が拡大した。これに対応し、日露戦争後に、東京市以外の大都市、大阪市・京都市等でも都市改造が進展した。一九二〇年代になると、大都市の発展とそこへの人口流入は定着する。農村では小作争議が頻発し、小作料水準が低下し、地主経営を衰退させた。こうした傾向は、一九三〇年代以降も続くとする。

第十一章「近代思想と市民文化」（伊藤孝夫）は、維新後に、政府は候文《そうろうぶん》から漢文訓読の明治今文体を確立し、翻訳語の導入が始まる等、新しい書き言葉が形成された。一八九〇年代以降、一九一〇年頃にかけて、日本という国民国家の「国語」も固まっていくとする。他方、明治日本には一九世紀後半までに存在した西洋思想の諸潮流が一時に重なり合って到来し、それぞれの思想の間の関係を体系的にとらえるような視点は望むべくもなかった。その後、穂積八束《やつか》らの家族国家観は初等・中等教育の場に浸透していく。一方、美濃部達吉は天皇機関説を唱え、天皇大権の制約など合理的な国家観を憲法解釈上で主張し、その学説は高等教育やジャーナリズム・法曹に広がり、政党政治の発展を支えた。

この他、大正期に入ると大衆社会化が進み、白樺派・マルクス主義の他、映画・レコード・ラジオなどの媒体によって新興の大衆文化が生まれた。一九三〇年以降、総力戦に伴う思想統制が強まるが、木下恵介・黒澤明等は、この中での葛藤をひとつの土台として、敗戦後の名作を生み出したとする。

第十二章「『帝国日本』の植民地支配」（水野直樹）は、植民地支配をしたことが日本の国家・社会にとってどのような意味を持ったのか、また日本の植民地支配が当該地域に何をもたらしたのかを描く。朝鮮人や台湾人は「内地」戸籍に移ることができず、日本人との間に身分上の厳格な区別があった。また朝鮮・台湾には憲法が完全には適用されず、法律制度にも違いがあり、治安維持法なども異なって運用された。統治体制や地方制度も異なっており、「地方自治」も内地に比べ極めて不十分なものだったとする。

また「同化・皇民化」政策をとる反面、学校制度や学習内容も違った。台湾では日本人風の姓名に改称する政策が実施されるが、朝鮮の創始改名（一九四〇年実施）は、日本風の名にすることは奨励されなかった。

人の移動に関しても、日本人の植民地への移住には制約がなかったが、朝鮮人の「内地」への移住には制約を課した。戦時期の強制連行も制約を課した強制動員と理解することもできる。

こうした植民地支配は、朝鮮社会に貧富の両極化をもたらし、南北分断の一因となるなど、台湾も含め戦後に大きな影響を残したとする。

第十三章「戦後日本と日米関係」（中西寛）は、敗戦後に日本は占領され、マッカーサー率いるＧＨＱによる改革をおおむね受け入れたと見る。これは、日本国内でも大規模な体制改革が必要だと思われていたからだった。その後、冷戦と朝鮮戦争が進行する中、日本はサンフランシスコ講和条約と日米安全保障条約を結び、再び独立を達成した。こうして、アメリカの影響が政治・経済・文化すべての分野で圧倒的な時代が続く。一九六〇年に安保条約を改定し、米軍が日本の内乱に介入できる条項などを削除した。日本は一九六〇年代に高度経済成長を達成し、しだいに自立しながら、アメリカとの協調を模索した。一九七〇年前後からは日米経済摩擦が生じるが七五年までに修復された。その後、日本がさらに経済大国となっていくと、経済摩擦にもかかわらず、日米二大経済大国は同盟を深化させ、日米関係は世界的にも重要となった。

冷戦が終わると、ペルシャ湾岸危機に対し、日本はアメリカや西側諸国から新たな国際貢献を求められるようになったが、経済の「バブル崩壊」もあって、日本の内政・外交は混乱した。ようやく九〇年代後半に新ガイドラインが日米で合意され、日米同盟が再定義され、再び安定した。今後、アジア、中東やアフリカ、ヨーロッパや国際機関といった様々な場所で、日本とアメリカがどういう関係を持つのかが重要な問題になってくる、と述べる。

（伊藤之雄）

第七章　明治維新と文明開化

1　世界体系への参入

ペリー来航と国書受領

アメリカ東インド艦隊司令長官ペリーが四隻の黒船を率い、「友好と通商」を求める大統領フィルモアの「日本皇帝」あて国書を携えて浦賀沖に来航したのは嘉永六年（一八五三）の晩夏六月であった。将軍家慶《いえよし》は重病で、老中首座阿部《あべ》正弘《まさひろ》が対応の指揮を取った。阿部はペリーに対し、ここは異国船応接の地ではないが、まげて国書の受領を認めるとの諭書を与え、国書を受け取った。ペリーは、来年春に再び来ることを約して浦賀を去った。

日本がオランダを除く欧米諸国の国家元首による公式文書を受け取ったことは、これが初めてである。当時、イギリスをはじめとする欧米の先進諸国は、既に産業革命を完了し、世界各地に工業製品の販売市場もしくは原料供給市場を開拓しつつあった。その波は、ようやく東アジアの果ての列島に打ち寄せ始めたのである。

その意味で、ペリー来航と国書受領は、日本にとって、自覚するとせざるとに関わらず、欧米諸国によって主導される国際関係という新たな世界体系への参入を意味していた。その参入のあり方と、それに適合する新たな国家体制の構築をめぐって、列島領域内では、様々な立場に立つ政治勢力が、権力闘争を含んだ抗争を展開する。のちに「癸丑甲寅《きちゅうこういん》以来」（癸丑は嘉永六年、甲寅は七年の干支《えと》）と呼びならわされる動乱の時代の幕開けであった。

ペリーが去ったあと、老中阿部は国書を諸大名および直参《じきさん》に公開して、対策を諮問した。それへの答申は、ほとんどが避戦を基調とするものであったが、内容とは別に、この諮問と答申は、諸大名らが全国レベルの国政に介入するきっかけを開く結果となった。

和親条約の締結

翌嘉永七年（一八五四）正月、再来したペリーは、三月にいたって徳川将軍家との間に日米和親条約を締結した。この条約は基本的に、下田・箱館二港へのアメリカ船の寄港と、そこでの食糧・燃料等の供給を許したものであり、貿易条項は含まれていない。

将軍は、その後、ロシア・イギリスとも同様の条約を結び、その事実を安政二年（一八五五）九月、天子統仁《おさひと》（孝明《こうめい》天皇）に条約書写しを添えて報告した。これに対し、天子は「段々の御処置振り、つぶさに聞《き》こし召され、殊《こと》のほか叡感にあらさせられ、まずもって御安心に思《おぼ》し召され候」（『孝明天皇紀』第二）と回答した。天子の回答に示されるように、当時の日本側において、この和親条約は、それまでの対外関係の大枠を変更したものとは、見なされていない。それまでの対外関係とは、弘化元年（一八四四）オランダ国王の将軍あて親書がもたらされた際、定式化されたように、通信は朝鮮・琉球、通商は清・オランダに限るという限定四カ国関係の意味である。その関係は、とくに天子や公家にとって、中華である皇国と夷狄《いてき》との関係を正しく秩序づけたものとして、国体の基盤に当たると考えられていた。のちに見るように通商条約調印が問題化したとき、天子自身もこの関係を「鎖国の良法」と呼んで、その維持を求めるが、その意味からすれば、和親条約は「鎖国」を破った「開国」条約ではない。

通商条約調印と将軍継嗣問題

ただし、それは天子・将軍をはじめとする日本側からの見方であり、欧米諸国側からの見方はおのずから別である。なかでもアメリカは安政三年（一八五六）七月、和親条約にある領事駐在条項を一方的に適用し、駐日総領事としてハリスを伊豆下田に送り込み、本格的な通商条約を結ぶことを将軍に対し、強力に働きかけた。

徳川家内部では、阿部正弘病死の後を受けて老中堀田《ほった》正睦《まさよし》がハリスとの折衝に当たった。なお、十二代将軍家慶は既に病死し、嘉永六年中に十三代家定があとを継いでいる。一方、この時点で徳川家内部には、世界の大勢に鑑《かんが》みて欧米諸国との間に通商貿易をむしろ積極的に行おうと考える勢力が台頭しつつあった。直参旗本で海防掛《かいぼうがかり》目付岩瀬《いわせ》忠震《ただなり》を中心とする人々である。堀田は彼らの後押しを受けて、安政四年一〇月、ハリスの江戸出府と将軍の謁見を実現させた。このことは通商条約締結、貿易開始の方針を国内外に宣言したに等しい。その後、全権に任ぜられた岩瀬忠震は、ハリスと交渉して、一二月までに通商条約の草案をまとめあげた。その主な内容は、神奈川・長崎・箱館・兵庫・新潟の五港を開港場として外国人の居留を許し、官憲を介さない自由貿易を行うことを取り決めたものであった。しかし、協定関税制を採用し、外国に領事裁判権を認めるなど、のちに不平等条約と見なされる要素を含んでいた。

その通商条約調印には天子の承認が必要である。なぜならば、それは華夷《かい》の秩序を無視して夷狄に開港場への居留を許し、国体を損なう恐れを持つ内容であり、武家の棟梁たる将軍の権限を超える事態だったからである。松平《まつだいら》春嶽《しゅんがく》の言葉を借りれば、「外国の事は制外」なのである（文久二年十月建白、『続再夢紀事』一）。さらに言えば、それまで日本がアジア世界の中にみずからを位置づけていた王朝間秩序のあり方を、ヨーロッパ的な外交関係へと転換させる重大事態なのだから、天子を頂点として、国内諸勢力すべての合意を得ておかねばならないのであった。

この観点から堀田は、岩瀬や海防掛勘定奉行川路聖謨《かわじとしあきら》をともなって上京し、勅許《ちょっきょ》を要請した。しかし、三月二〇日、堀田に下された勅諚には、「今度条約の趣にては御国威立ち難《がた》く思し召され候。且《か》つ（公家）諸臣群議にも、今度の条約、殊に御国体にかかわり、後患《こうかん》測り難きの由言上に候。なお三家已下《いか》諸大名へも台命を下され、再応衆議の上、言上あるべく」とあった（『孝明天皇紀』第二）。天子は、将軍からの要請だけでは認められない、と勅許を保留したのである。堀田以下は、やむなく江戸へ引き返した。

その頃、条約調印問題と並んで将軍継嗣《けいし》が大きな課題となっていた。先に触れたように十三代将軍は家定が継いでいたが、政治的資質に乏しいと見られていたうえ、健康に恵まれず、実子が得られる見込みもなかった。このため、早くから跡継ぎの養子を定める必要がささやかれていた。その候補は水戸徳川家の出身で一橋家を継いでいた慶喜《よしのぶ》で、外様国持ち大名の薩摩の島津《しまづ》斉彬《なりあきら》・土佐の山内豊信《やまうちとよしげ》（容堂《ようどう》）、家門筆頭の越前の松平慶永（春嶽）、それに旗本の岩瀬忠震らが擁立しようとしていた。彼らは、老中など徳川家中枢の役職に就けず、全国レベルの政策決定に直接参加できない立場にあった。これら外様国持ち層・家門・旗本は、同志水戸斉昭《なりあき》の実子である慶喜の擁立を通じて、政権中枢への介入を目論んでいたのであった。

　これに対抗し、大老・老中などを勤める立場の譜代大名は、紀州徳川家の少年当主である慶福《よしとみ》（のち家茂《いえもち》）を、血縁の近さから見ても当然（家定の従兄弟）とし、家定に働きかけていた。この両党の対立は、単なる世継ぎ争いではなく、全国レベルの政策決定権を徳川将軍家が旧慣どおり独占するか、それとも外様大名以下の介入を認めるか、という構造的な対立を踏まえていたのである。

　この将軍継嗣問題と条約勅許問題は複雑に絡み合って展開するが、堀田が京都から江戸に戻った直後の四月、家定は譜代筆頭井伊《いい》直弼《なおすけ》を大老に任じて、継嗣を紀州慶福とすることも決定させた。大老井伊は安政五年六月、ハリスの強要にあって天子の承認を得ないまま、日米修好通商条約への調印を認可し、その後、オランダ・ロシア・イギリス・フランスとも同様の条約が結ばれた（安政五カ国条約）。井伊は老中間部《まなべ》詮勝《あきかつ》を京都に派遣し、条約調印に至った事情の釈明に当たらせ、武備充実の後は「鎖国」に引き戻すことを約して天子の了解を取り付けた。同時に、慶喜擁立や調印反対などで、反徳川を叫んでいた活動家を広汎に弾圧して、混乱の収拾に努めたが、その強圧的な姿勢は反感を呼び、安政七年（一八六〇）三月、水戸浪士らにより桜田門外で暗殺された。

奉勅攘夷

　井伊の横死《おうし》後、文久二年（一八六二）に入ると、かつて井伊に押さえ込まれていた勢力が復活し始めた。その大きなきっかけは同年四月、島津久光《ひさみつ》（当主茂久の実父）による率兵上京であった。久光は縁戚関係にある近衛《このえ》家を通じて天子に働きかけ、勅使大原重徳《おおはらしげとみ》を擁して江戸に下り、将軍家茂に対し、国政の制度改革を要求した。その結果、七月に一橋慶喜が将軍後見職に、松平春嶽が大老に代わるものとして、新設の政事総裁職に就任した。また、参勤交代制が大幅に緩和され、実質的には機能しなくなった。安政年間に将軍継嗣問題に際し、外様大名らが策していた政策決定過程への構造的介入が実現し始めたのである。その構造的介入を意味する言葉が、公議・公論・衆議であった。

　島津家を中心とする、こうした動きに対抗して、外様国持ち大名の名門、毛利《もうり》家の当主慶親《よしちか》・世子《せいし》定広《さだひろ》は、それまでの徳川家との融和的関係を抛ち、七月に「藩論」を破約攘夷に決定して天子・公家に対する政治工作を活発に展開した。なお、「藩」という言葉は、大名が将軍を介さずに、藩屏《はんぺい》として天子に直結するものという意味を込めて、この頃から急速に一般化する。これと並行して、徳川将軍の政府は「幕府」と呼ばれるようになるが、これは尊王斥覇《そんのうせきは》論の立場から、天子の王府に対し、否定的な意味で「覇府《はふ》」と同様なニュアンスで呼ばれたものである。

毛利家の入説《にゅうぜい》を容れた天子は九月、議奏《ぎそう》三条実美《さんじょうさねとみ》を勅使として江戸に派遣し、将軍に攘夷の勅命を降した。将軍は一二月、これを奉じて、勅諚《ちょくじょう》の趣を畏《かしこ》み、詳細は上洛のうえ申し上げると回答した。将軍上洛・参内《さんだい》は翌文久三年（一八六三）三月に実現し、家茂は五月一〇日を攘夷期限と定めた上で江戸に帰った。

ところが、この攘夷実行の解釈は各勢力によってまちまちであり、天子・将軍の間でさえ統一が取れていなかった。そもそも毛利家の主唱する破約攘夷論は、現行の通商条約は幕府が独断で結んだものであり、天子はじめ国内の合意を得ていないものであるから、いったんこれを破棄し、公議を経たうえ主体性を持つ新条約を結び直すべきだが、その過程で外国と戦争になることも辞さないという議論である。これに対し、天子のそれは、現行条約は否認すべきだが、もし敗戦となった場合、皇祖皇宗《こうそこうそう》に申しわけが立たないので開戦は避けたい、というもの。将軍は、征夷職掌から攘夷の勅命は受けざるを得ないが、あくまでも平和的に現行条約の取り消しを外国側と交渉するというものである。将軍による攘夷期限の発令は、その日から条約破棄の交渉を開始するというだけの意味であった。

大多数の大名勢力は、このような入り組んだ事情を察して事態を静観したが、毛利家だけは五月一〇日、たまたま下関海峡を通りかかったアメリカ商船を砲撃した。毛利家の解釈では、本日を以って条約は既に破棄されたのだから、内海の通行は領海侵犯にあたるという理屈になる。

毛利家内部でも、このような急進論を主導するのは、世子定広の周囲に結集した久坂玄瑞《くさかげんずい》らのグループであったが、彼らは条約改定だけではなく、国内政治体制の改革をも視野に入れていた。それは基本的に、将軍を制度的に廃止し、天子を頂点として公議採択を構造的に組み込んだ政府のもと、諸藩を並列的に配する構想である。このような構想は、条約容認・否認は別として、当時の政治社会に広く浸透しつつあった。

その点を踏まえ、久坂をはじめ毛利家の急進攘夷論者や、これに同調する久留米の真木和泉《まきいずみ》、筑前の平野次郎

（国臣）ら西国浪士団は、議奏三条実美らと結んで、公家内部の議事を左右し、天子の大和行幸を計画した。天子が大和の神武天皇陵に参拝して戦勝を祈願し、あわせて攘夷親征の軍議を開くというもので、八月一三日には、その詔《みことのり》が出された。

しかし、天子自身はこの計画に本心では反対だった。親征行幸を行ってしまえば、諸外国との間に全面開戦が避けられなくなる。勝算は立たない。窮地に追い込まれた天子は、京都守護職松平容保《まつだいらかたもり》（文久二年閏八月任）や在京島津家臣らの協力を得て、三条実美を議奏の地位から遂い、あわせて毛利家の勢力を京都から撤退させる政変を起こした。

いわゆる八月十八日政変であり、大和行幸は中止され、三条実美ら七人の公卿が長州勢とともに国許へ落ち延びる結果となった。さらに翌年七月、長州勢は勢力挽回を目指して京都へ攻め上ったが、会津・薩摩を主とする諸藩軍に敗退した（禁門の変）。久坂玄瑞らは討ち死にし、破約攘夷論勢力は壊滅した。

将軍進発と条約勅許

禁門の変後、毛利家当主父子は官位を停止《ちょうじ》され、一切の公式活動を封じられて、領内に引きこもる事態になった。天子の意を受け、将軍は長州征伐を令して西国諸大名に出兵を命じた。しかし、征長総督府参謀に就いた西郷吉之助（隆盛）は、徳川家への対抗勢力として、むしろ毛利家の政治的力量を温存する方針を採り、京都への出兵の責任者として三人の家老を切腹させた程度で、元治元年（一八六四）末には従軍諸大名に解兵を令した。これに応じて毛利敬親《たかちか》（慶親から改名）は、武備恭順の方針を立てて国内の統一を図った。

このような薩摩・長州の動きに警戒感を強めた将軍は、慶応元年（一八六五）四月、明確な名分を掲げないまま、長州再征のため、将軍の進発を令し、閏五月には入京参内の上、大坂城に入って、ここを本拠とした。その政治的意図は、流動性の高い京坂の政局に将軍・老中以下の徳川家中枢部が直接参入しようという点にあった。一方、長州征伐によって負担と混乱を強いられる西国諸大名は、徳川家の動向を危険視し、継続的な課題である公議の制度化を強く展望するようになった。

諸外国との関係では、文久三年（一八六三）七月に島津家とイギリスの間で薩英戦争が、元治元年（一八六四）八月に毛利家とイギリス・フランス・オランダ・アメリカ四カ国連合艦隊との間で下関戦争が戦われていた。どちらの戦いも内容的には相打ちに近いが、欧米側軍事力の優越ぶりを日本側が実感したことは確かであり、同時に対外戦争を辞さずという攘夷論の重要な側面をはからずも実践する結果になった。ちなみに、毛利家においても、破約攘夷論は、それを担うグループが直前に禁門の変で壊滅し、成り立たなくなっているから、下関戦争敗北の結果、攘夷論から開国論に転換したというのは俗説である。

これらの事件を経たうえ、外国公使団は慶応元年（一八六五）九月、九隻の艦隊を連ねて摂津兵庫沖に集結した。将軍在坂中の機会をとらえ、軍事的圧力の下に天子から通商条約の勅許を勝ち取ろうという狙いである。天子は依然として勅許を拒んだため、将軍はとうとう辞表を提出して大坂を出立した。この事態を迎え、禁裏守衛総督（元治元年三月任）として、天子の側近の立場にあった一橋慶喜は関白二条斉敬《にじょうなりゆき》と折衝して勅許を要請した。さらに在京一五藩の周旋方三十数名が御所内に呼び集められ、関白・議奏・武家伝奏《ぶけてんそう》の公家側、京都守護職松平容保・京都所司代松平定敬《さだあき》・老中格小笠原長行《おがさわらながみち》の武家側、それに慶喜が加わって勅許の是非をめぐる会議が開かれた。議論の大勢は勅許やむなしとするものであり、慶喜はこの公議を踏まえて関白に迫り、一〇月五日ついに勅許を獲得した（兵庫開港のみは不許可）。これによって、通商条約を軸とした欧米的な国際関係を受容することが確定し、同時に攘夷論も政治論としての根拠を最終的に失ったのである。

2　統一政府の構想と公議

長州処分問題と薩長の提携

条約勅許のあと緊急の政治課題は長州処分問題であった。先の長州征伐は軍事行動としては開戦に至らず終結していたが、「朝敵」としての処置までが完了していたわけではない。これを完了させるには、毛利家当主を何らかの処分に付し、そのうえで、停止されたままの官位を復旧させねばならない。将軍が長州再征を実施するにしても、それは毛利家が処分を受け入れなかった場合のことである。その処分決定の動きは、慶応元年（一八六五）一一月頃から将軍・老中らの間で具体化した。主な内容は、当主敬親の隠居と一〇万石程度の領地削減であり、改易《かいえき》（取り潰し）は予定されていない。

この動きに対して、強く反発したのは島津家を代表とする九州・中国の西国諸大名勢力である。彼らは既に、徳川将軍が武家の棟梁として、諸大名を臣従させていた、それまでの体制を認めず、将軍を制度的に廃止し、天子を頂点とする統一政府の創出を構想しつつあった。その意味からすれば、将軍が毛利家を処分に付すこと自体が、不当と見なされたのである。

島津家の中で、このような構想を中心的に担っていたのは、京都邸の責任者である小松帯刀《こまつたてわき》・西郷吉之助（隆盛）・大久保一蔵（利通）であった。彼らは、毛利家側との直接会談を計画し、毛利家政府の指導者木戸孝允《きどたかよし》（桂小五郎から改名）を京都に招いて、対応策を協議した。この西郷・木戸会談は、慶応二年正月（一八六六）に行われた。木戸は毛利家が官位停止を受けたのは、そもそも「冤罪《えんざい》」であるとし、回復のため、天子に向けた「尽力周旋」を訴え、西郷はこれを改めて確約し、あわせて長州再征が行われた場合、京坂方面に兵力を増派して後方支援を行うことなどを表明した。島津家・毛利家間の提携関係は、先の長州征伐（元治元年後半）時点から、次第に進展しつつあったが、ここに至って明確化した。両家は既に将軍に臣従しないという立場を自覚し、天子の臣下である薩摩藩・長州藩として提携関係に入ったのである。

一方、天子は将軍から上申された長州処分案を勅許し、将軍はこれを毛利家に伝達したが、受け入れを拒否されたため、西国大名三二家に出兵動員を令し、六月から周防大島口・芸州口・小倉口・石州口の長州藩境四方面で戦闘が始まった。前年以来、徹底抗戦の準備を固めていた長州側はよく戦い、幕府軍の侵入を許さなかった。その背景には、再征に反対の立場をとる薩摩はじめ西国諸藩の有形無形の支援があった。戦いのさなか、七月二〇日には将軍家茂が大坂城中で病死した。

慶喜の将軍就任と天子の死去

将軍の跡継ぎは定まっていなかった。老中板倉勝静《いたくらかつきよ》・京都守護職松平容保らの要請を受けた一橋慶喜は八月二〇日、徳川宗家を相続し、将軍の喪を発して長州戦争を停戦させたが、すぐには将軍職に就くことを承諾しなかった。

その状況の下、当時上京中であった松平春嶽は、慶喜に対して建言を繰り返したが、その要点は、「兵庫開港・外国交際・諸侯統括・金銀貨幣、その余天下の大政、一切朝廷へ御返上相成り候事」（『続再夢紀事』五）というように、徳川家は諸侯の列に降って、日本全国の国政を公議（具体的には諸大名の会議）に委ねるべきであるというものであった。春嶽は、この構想の下に、慶喜に諸侯会議の開催を進言した。

慶喜は、この進言を受け入れ、九月八日、選定された大名二四家に対して、上京「朝命」が発せられた。「朝命」というのは、それが「朝廷」の武家伝奏から諸大名家の京都留守居に直接、伝達されたからである。選定の基準は、尾張・紀伊の両徳川以下、外様（または家門）国持ち級の大名、および「防長関係」者（長州処分問題に関係する西国大名）である。ここに、春嶽構想に即した、政体変革の展望が開けた。これを受けた島津家では、大久保一蔵が西郷吉之助宛に、「誠に失すべからざる機会と存じ候間、共和の大策を施し、征夷府の権を破り、皇威興張の大綱あい立ち候様、御尽力伏して冀《こいねが》い奉り候」（九月八日付け書簡、『大久保利通文書』一）と報じたように、会議開催に期待をかけ、島津久光の上京を決定するのである。

しかし、慶喜は外交権の全面掌握をはじめ、徳川家の権力をむしろ強化する姿勢を見せ、その除服参内（家茂の服喪中ながら、これを除外して参内を許可されること。事実上の将軍就任を決定づける）をめぐり、朝廷工作の場で大久保らと激しい抗争を展開した。慶喜の除服参内は、一〇月一六日に実現し、先の春嶽構想に見られたような、「天下の大政、一切朝廷へ御返上」の意思がないことは明らかとなった。ここに至って島津家では、いったん決定していた久光の上京を中止し、有力大名すべてが召命を辞退する結果となった。

一一月七日から八日にかけ、召集に応じた大名、わずか七名による諸侯会議が開かれ、慶喜は彼らから将軍に推戴される形を整えた。そのうえで、天子から、慶喜に将軍宣下《せんげ》を受けさせよとの明確な意思表示を取り付け、一二月五日、将軍に就任した。この経過からうかがえるように、将軍慶喜は、その権威の源泉を、多く天子の信任によっていた。もともと慶喜は、文久三年（一八六三）初め、将軍後見職として上京以来ほぼ四年間、おおむね滞京して天子の側にあり、天子が寄せる信頼には大きなものがあった。その天子統仁が急死した。一二月二五日のことであり、将軍宣下のわずか二〇日後である。その死を契機に、政局は大きく進展し始める。統仁には、「孝明天皇」の諡号《しごう》が贈られた。

四侯会議　統仁の急死にあって、慶応三年（一八六七）正月、皇太子祐宮《さちのみや》睦仁《むつひと》が践祚《せんそ》した。まだ一六歳の少年で、元服も終えていず、即位式も先帝の喪が明ける一年後までは行えない。関白二条斉敬が摂政に就いて幼帝を補佐するが、時に自己の意見を強く主張した先帝の在位当時とは、政治状況が大きく変化した。

このことを踏まえ、薩摩の西郷・大久保らは、積極的な行動を再開し、いわゆる四侯会議の開催を計画した。四侯とは、越前の松平春嶽・土佐の山内容堂・宇和島の伊達宗城《だてむねなり》、それに島津久光である。彼らは、それぞれ大名家の隠居（久光は当主の実父）であるが、各国政の実権を握り、また安政・文久期以来、互いに強いつながりを持つ有力大名の同志であった。西郷・大久保は、彼ら四侯の合議を以って将軍慶喜と対決させ、外交権をはじめとする政治主権を、慶喜から有力大名の合議体へ移管させようとしたのである。

その会議の争点は、兵庫開港問題と長州処分問題である。前者は、先の条約勅許の際も、これだけは不許可となっていた条項だが、その開港期日は慶応三年一二月七日（一八六八年一月一日）であり、準備のため六カ月前までに勅許を得て公表する必要があった。後者の長州処分は、長州戦争が中途半端な状態で停戦された後も、依然として未解決のままである。

薩摩の要請に応じて、春嶽以下は、四月半ばから五月一日までに、四人とも上京した。彼らと慶喜との会談は、五月一四日と一九日の二回にわたり、二条城で行われた。その場での四侯側の主張は、まず長州処分問題を先に解決すべきというものだった。長州処分の内容は、先に見たように既に決定（慶応二年正月。十万石削地など）していたが、それを取り消して、ごく寛大な内容に修正し、当主父子の官位も回復するというのである。これと連動して、兵庫開港についても、徳川家の独断によるのではなく、諸大名の合議を経て、改めて勅許を奏請《そうせい》せよとした。西郷・大久保の構想によれば、これらの過程を経て最終的に、徳川家は一大諸侯の列に降り、天子の持つ国家主権を「天下の公議を以って」運営する体制の確立を目指すのである（慶応三年五月一二日頃、島津久光宛西郷・大久保建言書。『大西郷全集』一）。

しかし、慶喜は会議の席上、このような提案をたくみにかわしながら、五月二三日、両問題を検討する国事審議（いわゆる朝議だが、武家側では所司代・老中・若年寄など徳川家のみが参加）に臨み、徹夜の審議を経て翌二四日、摂政二条斉敬から兵庫開港を無条件で許可するとの勅書を取り付けた。同時に、長州処分についても、ただ「寛大に処置せよ」というだけの勅許を得た。ここにおいて、慶喜は懸案の政治課題に解決の目途をつけ、また四侯会議の失敗を決定づけたのである。

四侯会議に大いに期待をかけていた長州では、この報を得て、広沢真臣《ひろさわさねおみ》が前原一誠《まえばらいっせい》宛に、「新将軍、姦知を以って殿下（摂政二条）を取り入れ、恐れながら朝憲も悉皆《しっかい》彼が手中にこれ有る勢いにて、薩土越宇四侯御尽力筋にも参りかね候由、実に新将軍は才略と申し、抜きん出たる人物、ことさら宇内《うだい》の形勢をも熟知、将軍の右に出候諸侯方も稀《まれ》の事ゆえ、とかく圧倒、閣老も何も評判これ無く、ただ親政にこれ有る様、あい窺われ、第一朝憲御回復、ならびに御国（毛利家）御開運の機会は当時（只今現在）にこれ有るべく」と述べるように（『大日本維新史料稿本』第二八八七冊所収、六月一九日付け書簡）、慶喜と徹底対決の姿勢をあらわにしたのであった。

武力政変計画と政権奉還

薩摩においても、長州と同様、ついに武力行使による政変を決意した。それは漠然とした「倒幕」や徳川方との全面戦争などではない。長州と協同しつつ、禁裏（皇居）を武力封鎖し、王政復古を策する大納言中山忠能《なかやまただやす》・大納言議奏正親町三条実愛《おおぎまちさんじょうさねなる》・岩倉具視《いわくらともみ》（もと中将だが、処分未解除）ら、少数の同志公卿と提携して宮中で政変を起こし、天子の命により、まず将軍職を制度的に廃止し、次に諸大名を招集して会議を開催することである。

薩摩が、長州との協同を具体化させようとしていた六月、土佐の後藤象二郎《ごとうしょうじろう》が、慶喜に対して政権奉還を建白するとの案を携えて長崎から上京してきた。後藤は容堂に、この案を進言するつもりで上京したのだが、容堂は帰国したあとだった。後藤は、土佐京都邸の議論をこの線でまとめ、薩摩側に共同行動を持ちかけた。

薩摩京都邸の西郷らは「渡りに舟」と、この提案に同意し、六月二二日から七月二日にかけて折衝の末、いわゆる薩土盟約書が交換された。それは理念をうたう前文と七カ条の条文から成る。内容は、第一条に、「天下の大政を議定する全権は朝廷にあり、我が皇国の制度法則一切の万機、京師の議事堂より出るを要す」、第四条に、「将軍職を以って天下の万機を掌握するの理《ことわり》無し、自今《じこん》宜しくその職を辞して諸侯の列に帰順し、政権を朝廷に帰すべきは勿論なり」と見えるように、薩摩側の計画と変わらず、具体的な方法として建白という手段を挙げたものであった。薩摩側にしても、武力を用いずにこの内容が実現できるものなら、あえて反対する理由はないのである。

後藤は、ただちに帰国し、高知で容堂の承認を得ようとした。ところが、容堂は建白そのものには大いに賛成したが、慶喜に圧力をかけるための京都出兵には同意せず、また盟約書第四条にいう将軍職の辞職勧告も建白書に明記することを嫌った。後藤は九月初め、京都に戻ったが、西郷は建白案の内容が約束に反するとして、九日に盟約破棄を通告した。

この間、薩摩は長州および芸州と共同して出兵計画を練っていた。芸州浅野家は、長州の隣領で長州戦争開戦（慶応二年六月）までには、長州寄りの立場を明確にし、薩土盟約についても、薩摩から情報を提供され、情勢の推移を了解していた。大久保一蔵は九月一八日、山口で毛利敬親・広封《ひろあつ》（定広から改名）父子と会見、一九日に木戸・広沢との間で出兵協定を結び、さらに広島で芸州側との間に出兵手順を打ち合わせた。

この協定では、九月二六日までに兵士を乗せた薩摩船が周防三田尻《みたじり》に着き、長州兵と合同して大坂湾に乗り込む手筈だったが、鹿児島では門閥層による反対論が根強く、期日までの出兵は実現しなかった。そのため一〇月三日、長州政府は、いったん計画の延期を決定し、薩摩と芸州の京都邸にこれを通報した。これを受けた薩摩京都邸は、出兵を実現させるための名分として、島津・毛利両家当主にあてた勅書の降下を中山忠能に要請し、一〇月一四日にその「詔」が、西郷・広沢らに授けられた。この文書は、「討幕の密勅」と呼ばれることが多いが、その呼び名は昭和初期以降に生み出されたもので、要は、賊臣慶喜を殺害せよ、と書かれているだけである。西郷らは、これを携えて帰国し、とくに薩摩では島津茂久《もちひさ》の率兵上京が確定した。茂久の鹿児島出港は、一一月一三日である。

一方、土佐は一〇月四日、山内容堂の名で慶喜に政権奉還の建白書を提出した。薩長側の動きを察知していた慶喜は、その機先を制して一〇月一四日、天子に政権奉還の上表を呈し、翌十五日に聴許された。この大政奉還の措置によって、将軍慶喜と諸大名との主従関係は、少なくとも形式上は消滅した。大名は天子の直接の臣下に位置づけられ、全大名に対して国事審議のため、上京朝命が発せられた。なお、慶喜は一〇月二四日、征夷大将軍の辞表をも提出するが、天子は諸侯上京まで、その受理を保留すると回答した。この時点で局面の推移は、諸侯会議の実現如何にかかっていたのであった。（青山忠正）

3　維新変革と天皇

神武創業

幕末の公武合体の運動の中で、水戸学の影響を受けた宇都宮藩の建議を受けて、朝廷と幕府は文久の修陵事業を行っていく。そのなかで神武天皇陵は、大和国（奈良県）高市郡の畝傍《うねび》山山麓に、始祖の陵として日本史上、二度つくりだされた。一度目は記紀神話の始祖として律令制形成期の天皇制とともに生み出され、二度目は幕末の修陵事業においてであった。このとき宮中の仏壇や京都周辺の寺々で供養された天智天皇からはじまり光仁・桓武と歴代の平安京に生きた天皇たちに代わり、神武天皇が登場した。平安京の天智天皇から近代の神武天皇へと始祖が転換する（安田浩「近代天皇制における陵墓の観念」）。

慶応三年一二月九日、徳川慶喜の辞官納地と会津・桑名両藩の罷免が議題であった小御所会議で山内容堂は、岩倉具視等に対して「幼主を擁して権柄《けんぺい》を窃《ぬすみ》取」ると批難した。このことは、王政復古の大号令発布時の天皇観が、幕末以来の「玉」の意識を引き継いだ、幼帝（一六歳）に対する感覚であったことを伝える（高橋秀直『幕末維新の政治と天皇』）。

王政復古の大号令には、癸丑《きちゅう》（一八五三年）以来の国難をふまえて、朝廷の摂政・関白や幕府の廃絶、「神武創業」や「公議」の新しい理念がうたわれた。「神武創業」は、明治維新の「復古」とともに「開化」の理念でもあった。またここに芽生えた「公論」の理念は、由利公正《ゆりきみまさ》・福岡孝弟《ふくおかたかちか》の草案を経た同年三月一四日の五箇条御誓文、閏四月二一日の政体書の「広ク会議ヲ興シ、万機公論ニ決スベシ」との文言につながった。同年一二月には諸藩から選出された議員が議決する公議所が設置された。幕末の開国以来の、「公議」「公論」の浮上は、維新政府の正統性を担保する理念として、社会を巻き込んだ国政参加運動としての民権運動や政府サイドにおける憲法制定・地方議会・国会開設といった、明治十年代の政治課題につながっていく。

天皇像の変容——「開化」の担い手へ

江戸時代の天皇は京都の御所の中に住み、九門の中は往来が盛んで、禁裏御所南西の公卿門から参内する公家たちを見るのが、近世後期の京都観光のクライマックスであった。公卿門前には、檜垣茶屋もあり、酒肴を楽しみ異形の公家を楽しむ観光客の姿があった。また節分には天皇が見守る中、人々は賽銭をし、天皇から豆をもらったし、即位式もお金を払って見ることができた（高木博志『近代天皇制と古都』）。いわば民俗信仰のなかで、近世の天皇は人々に身近な存在であった。もっとも近世の天皇は、火事の時以外は禁裏御所の築地の外に出ることができず、日常は女官たちに囲まれた日常生活をすごした。

慶応四年一月三日に鳥羽・伏見の戦いを皮切りとして、江戸城開城ののち同年七月一九日に東京と改称、同年九月二二日の会津若松城の陥落をへて、明治二年五月一八日の箱館五稜郭の陥落まで、一年半にわたる国内の内戦である戊辰戦争が始まった。この動乱のなか、慶応四年一月に大久保利通が大坂遷都建白書を提出した。大久保は、近世までの、「竜顔《りゅうがん》ハ拝シ難キモノト思ヒ、玉体《ぎょくたい》ハ寸地ヲ踏玉《ふみたま》ハザルモノ」といった、御所の奥深くにいる神秘的な天皇ではなく、外国のように、帝王が従者を率いて、「国中ヲ歩キ万民ヲ撫育《ぶいく》スル」能動的な天皇像を提示する。また「賊軍」の地である東北に対して、明治二年二月二〇日には「奥羽人民告諭」が出され、天子（天皇）は、「天照皇大神宮様ノ御子孫様」で、神様よりも尊く「一尺《いっしゃく》ノ地、一人ノ民」も天子のものと、天照大神の末裔である天皇による王土王民思想を分かりやすく人々に示した（遠山茂樹『天皇と華族』）。

図7－1　1873年，内田九一撮影の明治天皇（宮内庁蔵）

そして新たな男性的な天皇像は、明治二年三月の東京「奠都《てんと》」（正式の太政官布告が出ずに仮に都を移す）後の東京の皇居において形成されていった。廃藩置県直後の明治四年八月一日、宮内大丞《くないだいじょう》の吉井友実《よしいともざね》が「女官総免職」により、皇后に奥向きの実権を集中し、男性の宮内官僚による天皇への支配を貫徹したことには大きな意義があった（飛鳥井雅道『明治大帝』）。一八七三年（明治六）には、太陽暦が正月元日から導入され、欧米と共通の時間の中に位置づき、五節句を廃し神武天皇の即位日（紀元節）という新政府の神話と天皇誕生日（天長節）が始まった。また元日には初めて各庁雇外国人の新年拝賀が大広間で行われた。この年の五月五日に宮殿が炎上し、天皇は旧紀州藩邸の赤坂仮皇居へと移り、そこで断髪した軍人姿の写真が撮られた。ここに公家姿の女性的な天皇は、髭を生やし断髪した男性的な軍人天皇像へと転換してゆく（図7－1）（多木浩二『天皇の肖像』、佐々木克『幕末の天皇・明治の天皇』）。

天皇や皇室は、一方では「復古」や神道の担い手であるとともに、「文明」をもたらす時代の先端でもあった。明治五年二月、麝香間祗候《じゃこうのましこう》として京都にいた中御門経之《なかみかどつねゆき》に対して松平慶永は、ガラス、板張り、椅子による座礼から立礼への変化、洋式暖炉、牛肉・ビール・ミルクの食事といった宮中で最も進んだ欧化に対する違和感を述べた。

即位・大嘗祭・天皇号

慶応四年八月二七日の即位式では、中国式の礼服である衮冕《こんべん》をはじめとする「唐制」を廃し、高御座で大日如来と一体となる仏教儀式の即位灌頂《かんじょう》や、陰陽道にもとづく大旌《だいせい》をやめた。あらたに袍《ほう》や束帯《そくたい》など日本の伝統的な礼服を用い、幣《ぬさ》をかけた大真榊が南庭に並んだ。即位後の山陵奉告も前近代の始祖意識である天智天皇の山科陵ではなく、奈良の神武天皇陵を第一として勅使を発遣した（村上重良『天皇の祭祀』、高木博志『近代天皇制の文化史的研究』）。この即位式がヨーロッパの戴冠式に擬せられ、のちに大正・昭和大礼の壮麗なページェントとなっていく。そして即位式直後の九月七日に、初めて一世一元制が採用され、一人の天皇の身体が一つの元号という「時間」を支配するようになる。また一〇八六年の白河天皇により始まった院政は、一八四〇年の光格《こうかく》上皇の死去まで続くが、これは天皇と上皇（院）という二元的な朝廷の権力構造が、近世後期まで続いていたことを示す。禁裏御所と仙洞御所、禁裏御料と仙洞御料といった、住居の空間や経済基盤も二元化していたものが、近代になって天皇一人の一元的な権力構造へと変化することになった。

慶応四年の京都における即位式に続いて、明治四年一一月の大嘗祭《だいじょうさい》は、岩倉使節団派遣後に東京で行われた。大嘗祭の豊明節会《とよのあかりのせちえ》における外国人に対する祝辞で外務卿副島種臣《そえじまたねおみ》は、「全国一主ノ統御《とうぎょ》」に基づく理念を宣言した。国際社会に向けて、首都東京で、古代以来の畿内の秩序とは切れて全国的な基盤のもとに、即位儀礼を廃藩置県後の中央集権下のもとで行おうとする意図があらわれた。これは平田国学の門下で国事犯として同年三月に捕らわれた矢野玄道《やのはるみち》などの、大嘗祭を「古代」そのままに畿内で行おうとする攘夷主義の思潮とは大きく異なるものであった。近世には粟・米を悠紀（近江）国・主基国（丹波）から毎度納められていたのとは違い、明治四年には、亀甲羅で占って全国から悠紀国・主基国を決め、選ばれた甲斐国・安房国から献穀された。全国を基盤とする新天皇の国際社会に対応した儀礼として、大嘗祭が執り行われた。

今、少し厳密に「天皇」の称号について言及すると、一〇世紀以後の天皇は、後醍醐天皇などの例外を除いて、地名や居所により「院」と呼ばれていたのが、一八四一年の光格天皇において、「天皇」号が古代天皇制への回帰とともに千年ぶりに復活した。しかし先に挙げた、例えば明治二年の「奥羽人民告諭」のように、民衆にとって身近な呼称は「天子様」や「主上」であった。英国大使館旧蔵文書によれば、一八七三年一〇月になって対外的には「皇帝陛下」という語が定着した。中華秩序から万国公法の国際秩序への変化に照応したものであった（杉本史子「「天皇」号をめぐって」）。のちに一八八九年の大日本帝国憲法発布によって、戊辰戦争、西南戦争などの日本列島の「官」・「賊」といった分裂・分断を、天皇の下の「臣民」として包摂し、国内的には「天皇」を対外的には「皇帝＝Emperor」の称を使い分けていくことになる（飛鳥井雅道『日本近代精神史の研究』）。

新政府と宗教

慶応四年三月一三日、祭政一致、神祇官再興の布告が出され、吉田家などの神社を管轄した朝廷の執奏家が廃された。三月一七日には別当・社僧等の復飾が、三月二八日には、仏像を神体とする神社は改めるようにと太政官より達せられる。閏四月二一日にはいわゆる神仏分離の布告で神祇官が設置され、平田《ひらた》鉄胤《かねたね》・福羽《ふくば》美静《びせい》などの国学者が登用された（村上重良『国家神道』）。賀茂社や八坂神社などの神宮寺は廃され、慶応四年に一山残らず還俗した興福寺の大乗院などの塔頭がなくなり五重塔が売りに出された。石清水八幡宮の山腹にあった華厳寺などの寺坊はすべて廃され、「魔界」のごとしと譬えられた。

朝廷のお膝元の奈良・京都や延暦寺の支配下にあった日吉社《ひえしゃ》をはじめ、神葬祭が強制された壱岐や津和野藩など僻遠の地や富山藩など真宗地帯では、廃仏毀釈が激烈に展開した（安丸良夫『神々の明治維新』）。しかし廃仏毀釈は、全国で均質に行われたわけではなく、白山信仰の美濃・加賀・越前の三つの馬場（信者の登り口）を例にとっても、美濃（岐阜県）側の参詣路には今日でも神社の社頭に掛け仏をつるす景観が残された。一方、加賀（石川県）側では山上の仏像が麓におろされ仏堂が破棄される激烈さがあった。また津軽藩・秋田藩などの東北地方には、地域社会の修験者の活動と折り合いをつけながら展開する神仏分離の実態があった。したがって地域の宗教のあり方の特性や、地方官の対応による差異が大きかったと言えよう（田中秀和『幕末維新期における宗教と地域社会』、阪本是丸『近世・近代神道論考』）。

その一方で宮中の神仏分離は、数年遅れた。明治四年三月、江藤新平《えとうしんぺい》による神仏分離案を経て、同年五月には宮中の真言宗の仏壇である御黒戸が廃され、六月には門跡や尼門跡の名称が、即位式後の九月二日には大元帥法《たいげんほう》・後《ご》七日《しちにちの》御修法《みしほ》といった天皇の身体や国家を護持する密教儀礼が廃され、一一月一〇日には方広寺の南側（現・京都国立博物館の場所）に恭明宮《きょうめいぐう》が完成した。ここに収められた位牌や天皇の持仏はのちに泉涌寺《せんにゅうじ》へと移された（羽賀祥二「明治神祇官制の成立と国家祭祀の再編（下）」）。しかし宮中と仏教との関係は完全に断ち切れたわけでない。一八九八年には山階宮晃親王《やましなのみやあきらしんのう》の仏式で葬儀を行いたい旨の遺言は枢密院で否定されるが、私的な世界では泉涌寺で密教の葬礼がなされた（山階会『山階宮三代』上）。一九五一年に至っても、皇族たちが「南無阿弥陀仏」「南無妙法蓮華経」と書いた紙を、貞明《ていめい》皇后の棺に入れたように、近代を通じて宮中の私的な世界での仏教信仰は存続したと思われる（工藤美代子『母宮貞明皇后とその時代』）。

ここで七九四年の平安遷都以来、山城国一宮で朝廷との関係も深かった賀茂社の変革を見ておきたい。平安時代以来、朝廷を中心とする二二社の秩序が畿内にはあったが、葵祭、春日祭、石清水放生会は、ともに宮中の儀、華やかな路頭の儀、社頭の儀が揃う、三大勅祭として特別の意味をもった。上賀茂社の境内には神仏分離前には多宝塔や神宮寺があったし、社家町にも寺院があった。平安時代から、四月中酉日《なかのとりのひ》に宮中から賀茂の神に贈り物（神馬など）を届ける葵祭は、近世までは宮中の年中行事に組み込まれていた。しかし明治二年の東京「奠都」を契機に、新たな伊勢神宮を中心とする全国的な神社秩序が形成される中で、葵祭は断絶した。ここでも全国を基盤においた天皇の祭祀の創出が問題となった。

4　開化政策と士族反乱

版籍奉還・廃藩置県

版籍奉還の意見は既に「王政復古」前に寺島宗則《てらしまむねのり》らによって示されたが、参与となった木戸孝允が慶応四年二月に、王土王民思想に基づき諸侯の領有する土地人民の還納を求める建言を行った。その後、朝敵であった姫路藩の版籍奉還の建議、諸侯の政治・兵権を政府に返し「一君万民」の体制を目指す伊藤博文の政府への上呈（「国是綱目」）をへて、明治二年一月に「土地人民返上」が決定された（浅井清『明治維新と郡県思想』、松尾正人『維新政権』）。かくして同年一月二三日、薩長土肥の四藩主連署で、「天子ノ土」「天子ノ民」を私有すべきではないとし、制度・典型・軍隊・器械などを朝廷のもとに統一し「海外各国」と並立すべし、との版籍奉還の上表が出された。旧藩主は、藩知事として任命され、公卿・諸侯の称は廃されて華族となった。旧大名家臣はすべて俸禄が廃止された「士族」となり、大名家は消滅した（青山忠正『明治維新史という冒険』）。明治三年八月までに二七四藩が版籍奉還した。

廃藩置県への道程もすんなりと進んだわけではない。慶応四年閏四月二一日の政体書により府藩県三治制となるが、版籍奉還後の職員令《しきいん》により、神祇官・太政官の二官、民部・大蔵・兵部・刑部・宮内・外務の六省の制が敷かれ、旧藩主は地方長官となり制度的な確立を見た。藩に対する統制強化や中央集権化を図るため明治二年九月一〇日には「藩制」が、明治三年九月頃「郡県の体」を求める岩倉具視の「建国策」が出された。政府内で、大隈重信・伊藤博文や木戸孝允が支持する民部・大蔵省の急進的な集権化と欧化政策に対して、大久保利通・広沢真臣との対立も深刻化した。明治三年一一月には、勅使岩倉具視の要請により、約八千人の薩長土の御親兵が、明治四年に上京した。薩長土肥の権力掌握への動きである。しかし一方で、藩財政は逼迫し、明治四年四月の廃藩置県以前に長岡藩など一三藩が自ら廃藩を申し出た（勝田政治『廃藩置県』）。また明治二年一月には開明派の横井小楠が、同年九月には兵部大輔・大村益次郎が暗殺された。明治三年には、長州藩の脱退騒動を契機とした久留米藩の騒擾や京都での弾正台や大学校に巣くった尊王攘夷派の反政府運動、あるいは六、七千人の打ちこわしが日田県庁を襲う騒動をはじめ九州や信州・三陸地方など各地で農民一揆が頻発した。政府は何よりも反政府運動と農民一揆との結合を恐れた（宮地正人『幕末維新期の社会的政治史研究』、井上勝生『幕末・維新』）。明治四年一月の参議広沢真臣の暗殺の後、矢野玄道など平田グループの国学者や愛宕通旭《おたぎみちあきら》ら京都の不平公卿らが三月に国事犯として処断された。廃藩置県は、維新変革への膨大な人々や集団の参加や版籍奉還後の社会的激動を背景とした。

廃藩置県への政治過程においては、各省の人事と制度改革問題で足踏みしたが、長州出身で兵部省の鳥尾小弥太らが直前の七月になって、山県有朋・井上馨を動かし、木戸孝允・西郷隆盛・大久保利通の合意を得るなど薩長両藩の密議を経て、御親兵の軍事力を背景に、廃藩置県のクーデターが断行された。明治四年七月一四日、天皇は薩長土肥の藩知事を皇居の小御所代に呼び出し、廃藩置県の詔書を読み上げた。二六一藩が廃され、三府三〇二県が設置された。島津久光は憤懣やるせなく私邸において花火を上げた。また鹿児島・山口などは旧藩がそのまま県名になったのに対し、島根県・宮城県などの「朝敵」藩は、藩庁所在地の名前が県名にされなかった（原口清「廃藩置県政治過程の一考察」、高橋秀直「廃藩置県における権力と社会」、松尾正人『廃藩置県の研究』）。

　明治四年一一月に条約改正の準備交渉と欧米の制度・文物視察のため岩倉具視を全権大使とし、木戸孝允・大久保利通ら総勢一〇七名という使節団が横浜から出発した。当初目的とした条約改正交渉は失敗に終わるが、一八七三年九月の帰国までに見聞した欧米「文明」国の制度・文物のありようは政府首脳に衝撃を与え、開化政策を牽引した。

開化政策の展開

　しかし実は政府における開化政策は、岩倉使節団派遣時の留守政府を中心に展開した。この時期、廃仏毀釈の反省のもとに、文化財保護行政の端緒となる明治五年の宝物調査や、一八七三年二月キリシタン禁制の高札撤去、といった開化政策も展開した。そして明治四年八月の「穢多、非人等の称を廃」す解放令の公布は、近世には「社会外」の存在であった「穢多」「非人」の、無祖地（地租蠲免《けんめん》の制）をやめて、地券を発行して平準化し租税徴収するという、明治二年以来の大隈重信らの開化的な施策をもとにしながら、大蔵省がリードした政策の帰結であった（上杉聡『明治維新と賤民廃止令』、丹羽邦男『地租改正法の起源』）。また翌九月には、京都府が、夙《しゅく》・隠亡《おんぼう》・暦代《れきだい》（陰陽師）・巫《かんなぎ》など「雑種賤民」と言われた人々の「平民」への編籍が布告された（京都部落史研究所『京都の部落史　六』）。この頃に、正月の京都御所への猿回しや陰陽師の奉仕もなくなった。宗教や芸能に関わった「雑種賤民」は特殊な権能をもつものと前近代に見なされたが、東京への天皇の移住と「賤民廃止」の流れの中で、宮中から排除されてゆく。いわば王権と非農業民である宗教者や芸能者などの「賤民」との有機的な結びつきという、古代以来の天皇制のありようは、ここに終焉した（網野善彦『日本中世の非農業民と天皇』）。

　徴兵令も留守政府の時代に発布された。明治五年一一月に徴兵令告諭が出され、天皇は元帥であり、四民の自由と人権の斉一をうたうとともに、国に報いる「血税」として二〇歳以上の男子の募兵を説き、翌年一月に常備軍・後備軍・国民軍（一七〜四〇歳）からなる徴兵令がしかれた。しかし、フランス兵制の影響を受けた徴兵令には官吏・学生・戸主《こしゅ》・代人料（二七〇円）を払った者などに、広範な免役規定があった（加藤陽子『徴兵制と近代日本』）。告諭のなかにある「血税」の文言に反発する一揆が西日本を中心に起きるが、一八七三年の美作《みまさか》では、白衣装の

図7－2　1876年，松本市に建てられた開智学校（旧開智学校提供）

「補亡」（警察官吏）のものが、人血を絞ろうするなどの流言が一揆を引き起こした。徴兵・断髪・西洋風の学校費などへの「開化」政策を批判し、解放令に対し「穢多ト同様」になると反発し、戸長や小学校などを焼き討ちし、多数の被差別部落民を殺害した。東北条郡（現・岡山県苫田郡）勝加茂東村の籾吉ほか二〇名は、解放令後、平民と出会った際、履物をとり礼儀を尽くさなかったとして「心得違《こころえちがい》」の詫び状を書かされた（ひろたまさき『差別の諸相』）。「新政」への不満は、明治四年七月の廃藩置県の詔を契機に一六件の旧藩主の引き留めあるいは再任要求の、ときには一万人から四万人にものぼる参加者の一揆となってあらわれた。そこでは異人が女の生き血を絞ると言った流言がとび、解放令やキリスト教・西洋医学などへの反発も見られた（谷山正道『近世民衆運動の展開』）。

しかし開化政策は、全体として地域社会に受け入れられていった。最も身近に国民が接する町や村の「開化」の場である小学校においては、明治五年八月二日に出された「学事奨励ニ関スル被仰出書」で、「人民［華士族農工商及婦女子］必ズ邑《むら》ニ不学ノ戸ナク、家ニ不学ノ人ナカラシメン事」、との理想が示された。これは福澤諭吉が『学問のすゝめ』第一編（明治五年二月出版）で、「天は人の上に人を造らず、人の下に人を造らず」と宣言し、「人民皆学問に志して物事の理を知り、文明の風に赴《おもむ》く」ことを説いた影響があった。『学問のすゝめ』にはアメリカ独立宣言の All men are created equal. の理念が流れ込んでいた。同時に学制では、全国で総計五万三七六〇校の小学校設立がうたわれた（図7－2）。江戸時代の民衆の教育には寺子屋などで高い識字率・就学率の基盤があり、学制後の一八七五年には小学校への就学率（六歳以上一三歳以下）は『文部省年報』で、およそ男子五一％、女子一九％とされた（文部省『学制百年史』、飛鳥井雅道『文明開化』）。仙台藩の場合、寺子屋、私塾などの庶民教育機関が幕末期に五六七カ所にのぼり、宮城県で就学率は、『文部省年報』では一八七五年に四〇％とほぼ全国平均であるが、実質はさらに低く、また女子の就学率は一三%余と深刻であった。一八七三年には官立宮城師範学校が設立され一八七九年の「教育令」の自由主義的編成により、実用化と簡略化を傾向とする教則が選択されてゆくことになる（千葉昌弘『近代日本地域民衆教育成立過程の研究』）。

「学制」において、政府は経費を出さない受益者負担主義を明らかにするが、小学校建築と、その維持の経費は明治期を通じて村財政の多くを占めるなど、地域社会の積極的な取り組みがあった。授業料の個人への負担が大きく「学制」反対一揆がおこったとするなど、「開化」を忌避したとする解釈もあるが、徴兵令や地租改正といった新政に比して、小学校教育に対する地域の拒絶は少なかった。例えば一八七五年から七七年にかけて全国の小学校で半数近くが授業料を徴収していない（笹森健『明治前期地方教育行政に関する研究』）。また滋賀県神崎郡（現・東近江市）の明神学校を擁する金堂村《こんどう》では、小学校教員の適正や戸長による学校の点検、学校資金の充実など、明治一〇年代に村ぐるみで積極的な学校運営と就学率の向上を図った（高久嶺之介「明治期の村落行政をめぐる諸問題」）。

士族反乱から軍人勅諭へ

士族の不満を背景に、征韓論を唱える西郷隆盛・板垣退助《いたがきたいすけ》・江藤新平等に対して、岩倉使節団帰朝後の岩倉・大久保利通・木戸孝允らの内治優先派は、主導権挽回を目指して対立し、西郷・板垣・江藤等は下野した。

佐賀に帰国した江藤は、一八七四年二月に、島義勇《しまよしたけ》らに担がれて、佐賀県庁を襲ったが、その後約一万人の政府軍に敗れ、断罪梟首《きょうしゅ》となった。この最初の大規模で組織的な士族反乱は、一八七六年一〇月に、熊本城下では太《おお》田黒伴《たぐろとも》雄《お》ら約一七〇名の下級士族による神風連《しんぷうれん》の乱や、秋月《あきづき》の乱・萩の乱へと波及した。神風連は、廃刀令をきっかけとし攘夷・反洋化・尊皇を旨とする神との「うけひ（誓約）の戦い」であると位置づけた（渡部京二『神風連とその時代』）。

一八七七年二月、内戦の最後ともいえる西南戦争は、東京から帰国し隠棲していた西郷を鹿児島の私学校の生徒が担いだことに始まり、鹿児島において総勢一万六〇〇〇人あまりが挙兵した。西郷軍は、谷干城《たにたてき》が守る熊本鎮台を攻撃したが落ちず、熊本の北郊の田原坂《たばるざか》で政府軍に敗れ、戦局は動いた。明治天皇は、身近にいた西郷を「不懸」と思い、長引く戦争を不安に感じた（伊藤之雄『明治天皇』）。半年以上の戦いで、九州各地からの徴募の部隊も含め西郷軍は約三万人、政府軍は六万人あまりが激突した。同年九月二四日、城山での西郷の自刃に至るまで西郷軍は退却を続け、この戦いで薩軍五〇〇〇人、政府軍六〇〇〇人以上の戦死者が出た（落合弘樹『西郷隆盛と士族』、小川原正道『西南戦争』）。西南戦争に、斗南《となみ》に流され辛酸をなめた「賊軍」会津藩の柴家四兄弟は、そろって政府軍へと志願し、五郎は同年二月二〇日に「芋《いも》（薩摩）征伐仰せ出されたりと聞く、めでたし、めでたし」と書き記した（石光真清編著『ある明治人の記録』）。同じく「賊軍」の仙台では、追討軍である新撰旅団に志願した者は七〇〇人にのぼり、戦死者は伊達家の祖廟・瑞鳳殿の脇という特別の聖地に建てられた「西討戦歿《せんぼつ》之碑」に顕彰された。

一八七八年八月二三日、徴兵制や西南戦争への恩賞がなされなかったことへの不満を背景とし、近衛砲兵隊の下士卒が隊長などを殺害し太政官のある赤坂の仮皇居に押しかける竹橋事件が勃発した。政府の徹底した弾圧で五五名が銃殺され、三〇〇名以上が処断された。馭卒の高見沢卯助らは、「国家万民」のためには隊長の命令でも従わないと喝破した（沢地久枝『火はわが胸中にあり』、鈴木淳『維新の構想と展開』）。

竹橋事件直後に、政府は同年一〇月に山県有朋陸軍卿の内諭である軍人訓戒が出され、一八八二年には西周《にしあまね》の起草による軍人勅諭が、「天皇の統率」のもと忠節・礼儀・武勇・信義・質素の「軍人の精神」を強調した。一八七八年一二月には参謀本部条例が出され、ドイツ軍制の影響を受け、軍令機関としての参謀本部が天皇に直属し、統帥権の独立が図られた（松下芳男『明治軍制史論』）。そして帷幄上奏《いあくじょうそう》の受け皿として、京都・大和行幸の後、一八七七年九月以降、明治天皇が太政官文書を「裁可」するようになる（永井和「太政官文書にみる天皇万機親裁の成立」）。このころ二〇代半ばをこえた明治天皇に、「親裁」の条件が整いはじめた。

さて秩禄処分・士族反乱などによって、士族は、明治期の社会において役割を終えたわけではない。一八八一年で人口比五・三％の士族が、全国の官職の約四〇％を占め、約三万人の士族が教師であった（園田英弘『西欧化の構造』）。一八七六年の青森小学校では、一四名の教師の内、元弘前士族三名、そして会津藩学校で漢学修業したものを含む元斗南士族は六名であった（青森市史編集委員会編『新青森市史　別編一、教育一』）。弘前、水戸や金沢などの城下町を見ても、市政を旧士族層が日清戦争の時期まで主導し、二〇世紀になって、次第に新興の商工業者が地域社会に影響をもってくるようになる。

5　大日本帝国憲法発布に向けて

自由民権運動

明治六年政変で下野した、板垣退助・後藤象二郎・江藤新平らは、一八七四年一月一二日に愛国公党を結成し、一七日に民選議院設立建白書を左院に提出した。これを契機に、江戸時代には考えられない庶民をも巻き込んだ国会開設に向けての国政参加運動が全国でわき起こった。旧会津藩から下北に流された戊辰戦争敗残の身で、二三歳の青森県士族橋爪幸昌は、一八七三年一一月に、本人は月収わずか六円というなかで、巨額の外債を除くために一人あたり一六銭二厘の献金を訴えた。民選議院設立建白書提出後の翌年春には、橋爪の建白が全国的な「報国」の献金運動となっていった（牧原憲夫『明治七年の大論争』）。建白、そして民権による国政参加運動の開始である。民選議院設立建白書が政府に却下されると、板垣等は土佐に立志社を設立し、阿波や福岡などの結社の創立が続き愛国社へと結集した。一八七八年に再興された愛国社は八〇年に国会期成同盟となり、二五万人以上の賛同を得た。自由民権運動は、国会開設運動の中で士族を中心とするものから始まり、都市や地方へと全国的に展開し、一八九〇年までに全国で二〇〇〇を超える結社ができた。

政府内では、大久保利通が、明治六年政変以後、勧業・警保《けいほ》・戸籍・駅逓《えきてい》・土木・地理の各寮から新設された強大な権限をもつ内務省を率いた。大久保が一八七八年に没した後、イギリス流の議院内閣制論者となった参議大隈重信が一八八一年に二年後に国会開設することを唱えたので、伊藤博文らは開拓使官有物払下げを中止した後、九年後に国会を開くという国会開設の詔を出し、大隈を罷免した。これを明治十四年政変という。実は伊藤博文や岩倉具視などがもっとも危険視したのは、大隈のイギリス流議院内閣制の思想的背景にあった福澤諭吉と交詢社《こうじゅんしゃ》の動きであった。福澤の影響にある「十万の精兵」が国会期成同盟と結びつくかもしれないと、井上毅《いのうえこわし》は危惧した

図7－3　深沢家の土蔵（五日市町）
（出所）色川大吉『新編明治精神史』。

（坂野潤治『近代日本の国家構想』）。国会開設の詔を契機として、板垣退助・中島信行らの自由党が結成され、その盟約に「自由を拡充し、権利を保全し、幸福を増進し、社会の改良を図る」ことがうたわれた。政府から下野した犬養毅《いぬかいつよし》・尾崎行雄《おざきゆきお》らが立憲改進党を結成し、「王室の尊栄を保ち人民の幸福」の実現を、まず趣意書に掲げた（『自由党史』）。

「賊軍」・仙台藩士として白河口の激戦をも経験した千葉卓三郎《ちばたくさぶろう》は、国学・医学・キリスト教などの青年期の思想遍歴のすえ自由民権思想にたどり着き、まさに明治十四年政変の年（一八八一年）に神奈川県西多摩郡五日市《いつかいち》の小学校教員になった。織物や養《よう》蚕《さん》が盛んな五日市には、五日市学芸講談会や五日市学術討論会などの結社が生まれ、そうした地域社会の学習活動のなかから五日市憲法が起草された。この五日市憲法を、民衆思想史を志した色川大吉のゼミ生、新井勝紘が在地史料の博捜のすえ、一九六八年に崩れかけた土蔵（図7－3）から発見するという戦後史学史上に残る感動的な事件があった。全国で九三種を数える私擬憲法草案のなかでも、二〇四条の五日市憲法には「日本国民ハ、各自ノ権利自由ヲ達ス可シ」との人権規定が明瞭であった。また岩手県久慈《くじ》の小田為綱《おだためつな》は「憲法草稿評林」を起草し、皇位継承者が絶えた場合、投票による大統領制選択の可能性を提案した。民権運動における地域社会の「学習」熱には、学制以来の教育普及の基盤があったことを付言しておきたい（色川大吉『新編明治精神史』、新井勝紘編『自由民権と近代社会』）。また民権運動左派の私擬憲法の到達点として、土佐藩士族植木枝盛《うえきえもり》の立志社草案「日本国国憲案」（一八八一年）があり、政府の圧政に対して日本人民の「兵器ヲ以テ之ニ抗スル」抵抗権、「之ヲ覆滅《ふくめつ》シテ新政府ヲ建設スル」革命権を明確にうたった。しかし大多数の憲法草案は、君民共治であったことに象徴されるように、維新変革における公議世論という新しい思潮の中で、「民権」「国権」を合わせもつものが民権運動であったし、それは全国民を動員した国政参加運動であったと言えよう（安丸良夫『文明化の経験』）。かつて福澤は、「客分」たる人民に対して「自由独立の気風」（『学問のすゝめ』）を説いたが、自由民権運動を経て帝国憲法発布、日清・日露戦争と次第に「国民化」の道を歩んでゆくことになる（牧原憲夫『客分と国民のあいだ』）。

松方デフレ政策以降に、自由党員に指導された養蚕地帯などで、福島事件（一八八二年）、困民党蜂起（一八八四～八五年）、秩父事件（一八八四年）が起きる。国政参加運動として民権運動を捉えるとき、そうした激化事件が起きなかった、近畿地方をはじめとする農村の地域社会の地方自治や国政への参加運動も理解しやすい（高久嶺之介『近代日本の地域社会と名望家』）。そして保守派の大院君一派の反乱である壬午事変（一八八二年）に続く、日本に頼った金玉均《キムオクキュン》ら朝鮮開明派のクーデターが失敗した甲申事変（一八八四年）により、中国・朝鮮に対する差別・排外意識が強まっていった。

自由民権運動の動きに対し、岩倉具視は一八八一年七月に井上毅の意見にもとづく「大綱領」を明らかにし、欽定憲法主義、「帝室之継嗣《けいし》法」を憲法に記載し、陸海軍の統帥権などを、プロシア憲法の「漸進《ぜんしん》之主義」をとるべきことを論じる。国会開設の詔（同年一〇月）の後、伊藤博文らは、プロシア・オーストリアへの憲法調査を行い、井上毅らの協力を得て、大日本帝国憲法の起草作業を行ってゆく。

また天皇の権威化と国家神道の成立は不可分であった。一八八二年一月の神官教導職の分離を契機として、徐々に国家神道は、「国家の宗祀」として宗教ではないとの建前をとる（阪本是丸『国家神道形成過程の研究』）。神社神道は現世における儀礼や道徳となり、二〇世紀に成立する初詣や神前結婚式など国民的な神道儀礼は、一八八〇年代にできあがった非宗教としての国家神道に照応した。そして全国約二〇万社の神社のピラミッドの頂点に、皇祖天照大神を祀る伊勢内宮が位置づく。国家神道は、死後の世界が曖昧であり、仏教・キリスト教・教派神道の上に君臨し天皇の神聖化を促した。一八八八年、立憲制を目前にした伊藤博文は、キリスト教のない日本において「機軸とすべきは独り皇室あるのみ」（『伊藤博文伝』中）と論じることになる。

大日本帝国憲法発布の時期までに、天皇制による時空の支配が貫徹してゆく。一八七二年（明治五）から一八八五年まで、北海道から九州まで明治天皇は大規模な六回の巡幸や多くの行幸を行った。

行幸の時代

さて一八七七年には、大元帥として西南戦争ににらみをきかすために、明治天皇は半年近く、西京に滞在した。明治天皇は、二月一一日に神武陵での孝明天皇十年式年祭を前にして、同月九日、奈良博覧会に臨席した。東大寺で足利義政・織田信長に続いて、権力者の象徴である、正倉院御物の蘭奢待《らんじゃたい》（南方の香木）の切り取りを行った。町田久成《まちだひさなり》は、六センチばかり蘭奢待を切り取り、奈良の名望家中村雅真が用意した香炉を焚いた（『明治天皇紀』）。天皇は各地への行幸時に、こうした正倉院御物や古物のほか史跡、名勝といった日本の「歴史」「伝統」を見るとともに、その地の特産物に接し、勧業場・鉄道・博覧会・学校などの「文明」「近代」を象徴する場に臨んだ。まさに天皇という王権が、歴史という時間と、国土という空間をともに支配するものであることを、立憲制形成期の行幸は示した。また九州や東北など、かつての反政府的な地域への行幸は、国家統一に向けての特別の意味をもった。そこでは旧藩主が天皇に挨拶に参上し、天皇は戊辰戦争・西南戦争戦没者を慰霊し、士族授産などに援助金をわたした。

行幸では、中世の「一遍上人絵伝」が描くように、天皇の入った風呂の水や排泄物を、人々がありがたく求めることもあった。また信州の旧松本藩士で開智《かいち》学校に通っていた木下尚江《きのしたなおえ》は、一八八〇年の中山道巡幸について、「田舎人」は「天子様は生き神様」で「拝めば目がつぶれる」という古い信仰を持っていた、と回顧する。また「天子様の御通行になった砂利を持って居れば、家内安全五穀豊穣だ」と見なした（『懺悔』一九〇六年）。こうした逸話は近世以来の生き神としての受け止め方が、庶民には根強かったことを伝える。しかし京都御所の御簾《みす》の奥深くにいてかつ京都近郊の人々にしか身近に知られなかった天皇が、行幸により開化を担う近代の軍人天皇として全国へと知られてゆく契機にもなった。

貴族社会の前近代の乗り物が牛車であったのが、のちに北海道の新冠《にいかっぷ》の御料牧場で、軍馬が生産されるように、近代の軍人天皇にとって、馬が特別の意味をもってくる。天皇行幸ではガタガタと音のたてる馬車を仕立てて、全国を行脚した。一八八五年から、藤波言忠《ふじなみことただ》主馬頭は、各国宮内省の制度、帝室御厩の組織、牧畜・産馬改善の調査目的にヨーロッパに派遣されたが、イギリスなど王室の馬車の実態も研究している（『伊藤博文関係文書』七）。

日本近現代史において天皇が人々の前に頻繁に姿を現すのは、天皇制が不安定なときである。それは一八七〇年代から一八八〇年代までの近代国家の形成期と、敗戦直後の象徴天皇制の成立期の二つの時期であった。一八八九年二月一一日の大日本帝国憲法発布にともない、生身の天皇が、人々に身をさらす行幸の役割は減じ、キヨソーネが描いた絵画を丸木利陽が写真に撮った、理想の君主像である御真影が、それに代わって人々の目の前にあらわれる時代がやってくる。

帝国憲法と天皇

帝国憲法の起草作業のなかで井上毅らにより、天皇の人格をも含み込んだものとして「万世一系」の語がつくりだされた（山室信一『近代日本の知と政治』）。一八八九年二月一一日、大日本帝国憲法と皇室典範は、明治天皇と臣下である総理大臣黒田清隆《くろだきよたか》・枢密院議長伊藤博文らが、賢所《かしこどころ》で、「皇祖皇宗」に告げ誓約する形で発布され、同時にそれは神聖不可侵な「皇祖皇宗」を背負う近代天皇の誕生でもあった。これも神と天皇との「うけひ（誓約）」の形であろう。大日本帝国憲法では、男系を基本とする「万世一系」の天皇は、神聖不可侵な存在となった。

そして明治天皇で一二一代になる全ての天皇陵は、憲法発布にあわせて、実際には治定の誤りを含みながらも、決定された。伊藤博文は言う、条約改正を達成し「一等国」になるためには、「万世一系」を視覚化する天皇陵を整備し、「歴史」や「伝統」を国際社会にアピールする必要があるのだ、と。「万世一系」は中国にもヨーロッパの王権にもない、日本の「国体《こくたい》」とされた。ここに帝都東京における日本国土の空間と、歴史・時間をも掌握する近代天皇制の支配が出発した。

そして会津若松の飯盛《いいもり》山の白虎隊の墓が整備され、竹橋事件の「旧近衛鎮台砲兵之墓」（現・東京青山墓地内）が顕彰され、西郷隆盛の生家跡に碑が建つのも一八八九年憲法発布時の「大赦」が契機であった。かえりみると戊辰戦争から、「官軍」と「賊軍」とに日本を二分にした戦いの後、廃藩置県による中央政権ができても、佐賀の乱・西南戦争と大規模な士族反乱が起き、国政では自由民権運動や政府内での諸構想が錯綜した。こうした国内における諸集団の維新以来の不協和、トラウマを収斂するものとして、天皇主権の大日本帝国憲法が発布され、旧「賊軍」も薩長藩閥も、「開化」の担い手である天皇のもとに、「臣民」として平等に定置されたのである。ここに真に国家統一へと踏みだしたと言えよう。

（高木博志）

参考文献

青森市史編集委員会編『新青森市史　別編一、教育一』（青森市、一九九八年）
青山忠正『明治維新と国家形成』（吉川弘文館、二〇〇〇年）
青山忠正『明治維新の言語と史料』（清文堂、二〇〇六年）
青山忠正『高杉晋作と奇兵隊』（吉川弘文館、二〇〇七年）
青山忠正『明治維新史という冒険』（思文閣出版、二〇〇八年）
浅井清『明治維新と郡県思想』（巌南堂書店、一九三九年）
飛鳥井雅道『文明開化』（岩波新書、一九八五年）
飛鳥井雅道『明治大帝』（筑摩書房、一九八九年）
飛鳥井雅道『日本近代精神史の研究』（京都大学学術出版会、二〇〇二年）
網野善彦『日本中世の非農業民と天皇』（岩波書店、一九八四年）
新井勝紘編『自由民権と近代社会』（吉川弘文館、二〇〇四年）
石光真清編著『ある明治人の記録』（中公新書、一九七一年）
伊藤之雄『明治天皇――むら雲を吹く秋風にはれそめて』（ミネルヴァ書房、二〇〇六年）
井上勝生『幕末・維新』（岩波書店、二〇〇七年）
色川大吉『新編明治精神史』（中央公論社、一九七三年）
上杉聰『明治維新と賤民廃止令』（解放出版社、一九九〇年）

小川原正道『西南戦争』（中公新書、二〇〇七年）
落合弘樹『西郷隆盛と士族』（吉川弘文館、二〇〇五年）
勝田政治『廃藩置県』（講談社、二〇〇〇年）
加藤陽子『徴兵制と近代日本』（吉川弘文館、一九九六年）
京都部落史研究所『京都の部落史　六』（阿吽社、一九八四年）
工藤美代子『母宮貞明皇后とその時代』（中央公論新社、二〇〇八年）
阪本是丸『国家神道形成過程の研究』（岩波書店、一九九四年）
阪本是丸『近世・近代神道論考』（弘文堂、二〇〇七年）
佐々木克『幕末政治と薩摩藩』（吉川弘文館、二〇〇四年）
佐々木克『幕末の天皇・明治の天皇』（講談社学術文庫、二〇〇五年）
笹森健『明治前期地方教育行政に関する研究』（講談社、一九七八年）
沢地久枝『火はわが胸中にあり』（文春文庫、一九八七年）
杉本史子「「天皇」号をめぐって」（『歴史評論』四五七、一九八八年）
鈴木淳『維新の構想と展開・日本の歴史20』（講談社、二〇〇二年）
園田英弘『西欧化の構造』（思文閣出版、一九九三年）
高木博志『近代天皇制の文化史的研究』（校倉書房、一九九七年）
高木博志『近代天皇制と古都』（岩波書店、二〇〇六年）
高久嶺之介『近代日本の地域社会と名望家』（柏書房、一九九七年）
高久嶺之介「明治期の村落行政をめぐる諸問題」（『社会科学』第五九号、一九九七年）
高橋秀直「廃藩置県における権力と社会」（山本四郎編『近代日本の政党と官僚』東京創元社、一九九一年）
高橋秀直『幕末維新の政治と天皇』（吉川弘文館、二〇〇七年）
多木浩二『天皇の肖像』（岩波新書、一九八八年）
田中秀和『幕末維新期における宗教と地域社会』（清文堂出版、一九九七年）
谷山正道『近世民衆運動の展開』（高科書店、一九九四年）

千葉昌弘『近代日本地域民衆教育成立過程の研究』（梓出版社、一九九六年）
遠山茂樹『天皇と華族』（岩波書店、一九八八年）
永井和「太政官文書にみる天皇万機親裁の成立」（『京都大学文学部研究紀要』第四一号、二〇〇二年）
丹羽邦男『地租改正法の起源』（ミネルヴァ書房、一九九五年）
羽賀祥二「和親条約期の幕府外交」（『歴史学研究』四八二号、一九八〇年）
羽賀祥二「明治神祇官制の成立と国家祭祀の再編（下）」（『人文学報』五一号、一九八二年）
原口清「廃藩置県政治過程の一考察」（『名城商学』第二九巻、一九八〇年）
坂野潤治『近代日本の国家構想』（岩波書店、一九九六年）
ひろたまさき『差別の諸相』（岩波書店、一九九〇年）
牧原憲夫『明治七年の大論争』（日本経済評論社、一九九〇年）
牧原憲夫『客分と国民のあいだ』（吉川弘文館、一九九八年）
松尾正人『維新政権』（吉川弘文館、一九九五年）
松尾正人『廃藩置県の研究』（吉川弘文館、二〇〇一年）
松下芳男『明治軍制史論』（国書刊行会、一九七八年）
宮地正人『幕末維新期の社会的政治史研究』（岩波書店、一九九九年）
村上重良『天皇の祭祀』（岩波書店、一九七七年）
文部省『学制百年史』記述編（帝国地方行政学会、一九七二年）
安田浩「近代天皇制における陵墓の観念」（陵墓限定公開二〇回記念シンポジウム実行委員会編『日本の古墳と天皇陵』同成社、二〇〇〇年）
安丸良夫『神々の明治維新』（岩波書店、一九七九年）
安丸良夫『文明化の経験』（岩波書店、二〇〇七年）
山階会『山階宮三代』上（山階会、一九八二年）
山室信一『近代日本の知と政治』（木鐸社、一九八五年）
渡部京二『神風連とその時代』（葦書房、一九七七年）

コラム7　天皇制と文化財

二〇一〇年、百舌鳥《もず》・古市《ふるいち》古墳群が世界文化遺産候補の暫定リストに掲載された。五世紀半ばの築造になる、三重の濠に囲まれた全長四八六メートルの大山《だいせん》古墳（伝仁徳天皇陵）がそのなかに含まれるが、巨大な建造物であるエジプトのピラミッドや、慶州の新羅の王墓群が世界遺産であるのに、大山古墳が世界遺産で今までなかったのは不自然であろう。世界遺産登録の問題が遅れた理由として、「御霊《みたま》」のやどるところである陵墓は、祖先の墓とされ、明治維新後、浮上した「皇祖皇宗」「万世一系」観念を担保する天皇制存続の根拠であり、史跡（文化財保護法の対象）ではなかったことが考えられる（高木博志『陵墓と文化財の近代』山川出版社、二〇一〇年）。それに対して、韓国慶州の王陵群は、日本によって廃された朝鮮の王権（王朝が違うとはいえ）に由来し、今日では歴史化され国民に開かれた文化遺産であり、戦前の朝鮮総督府や戦後の朴正熙《パクチョンヒ》政権により調査されてきた。

日本の文化遺産の体系は、天皇陵・御物《ぎょぶつ》・京都御所・桂離宮などのように「秘匿された」私的な宝物ないし財産と、一九五〇年文化財保護法の対象となる史跡・名勝・天然記念物・国宝・無形文化財などのように国民に「開かれた文化財」の二つの体系があった。

これらは、一八八〇年代に二分化したが、近代天皇制がもつ普遍性と固有性の二つの属性につながるので、その明治維新以来の来歴を考えたい。

ヨーロッパの君主制と博物館の歴史を考えると、封建時代には壮麗な王室の私的な宝であったものが、ルーブル美術館がフランス大革命のあとナポレオンの時代に国民に公開され、一九世紀後半に、ロシアのエルミタージュ美術館やオーストリアのウィーン美術史美術館などにも学芸員が置かれて国民に公開され、私的な宝が公共性のあるものへと変化してゆく。あるいは今日、イギリスのキューガーデン（植物園）などは、王室財産のまま、世界遺産として市民に公開されている。

ところが日本の文化遺産と関わる皇室財産は、京都御苑や桂離宮・修学院離宮も一八八三年の京都への宮内省支庁設置の時期に、二条離宮（城）は一八八四〜八五年に宮内省の管理になり、万葉の景観を演出する大和三山は近隣の入会《いりあい》山から一八九一年に御料地となった。宝物類でいえば、旧一万円札の唐本御影《とうほんみえい》や法華義疏《ほっけぎしょ》など三二二点の宝物を法隆寺は一八七八年に皇室へ献納し、維新前には東大寺の什宝であった正倉院宝物は一八八四年に天皇家の私的な御物へとなってゆく。江戸時代には入会山や村の祠があり、桜の名所でもあった古墳は、幕末の修陵事業で、神武天皇陵を頂点とする陵墓と、それ以外の古墳に二分化してゆく。後者は一九一九年史蹟名勝天然紀念物保存法により、保護の対象となる。前者の陵墓は、記紀神話の「万世一系」を視覚化し天皇家の祖先の霊がやどる墓として、一八七八年に最終的に宮内省の所管となった。

一方、国民に開かれた博物館は、明治四年の文部省博物局設置、翌年の湯島聖堂での博覧会に始まり、一八七三年のウィーン博覧会への出品、一八七五年の内務省管轄にあらわれるように、当初は殖産興業が至上課題であった。しかし一八八二年の町田久成が構想した上野の博物館は美術を主としたものとなり、一八八六年の博物館の宮内省移管は、正倉院の管理の問題ともかかわり、美術や皇室による文化財の保護と特徴づけられた（東京国立博物館『東京国立博物館百年史』一九七三年、関秀夫『博物館の誕生』岩波書店、二〇〇五年）。一八八九年、大日本帝国憲法の発布の年に、ヨーロッパの博物館を参照としつつ東京・京都・奈良に三帝国博物館設置が決まった。ここには前年に始まった臨時全国宝物調査により国によって選ばれ権威づけられた国民に開かれた文化財（国宝など）が、陳列されてゆくことになる。史蹟名勝は大正期に国の保護の対象となる。一方、皇室の権威を増すために「秘匿された」天皇陵や正倉院御物など天皇家の私的な宝物や「財」は、立憲国家のもとで皇室財産として制度化された。ここに天皇制における公開と秘匿、普遍と固有という両義性が、日本の文化財のあり方として定置された。

（高木博志）

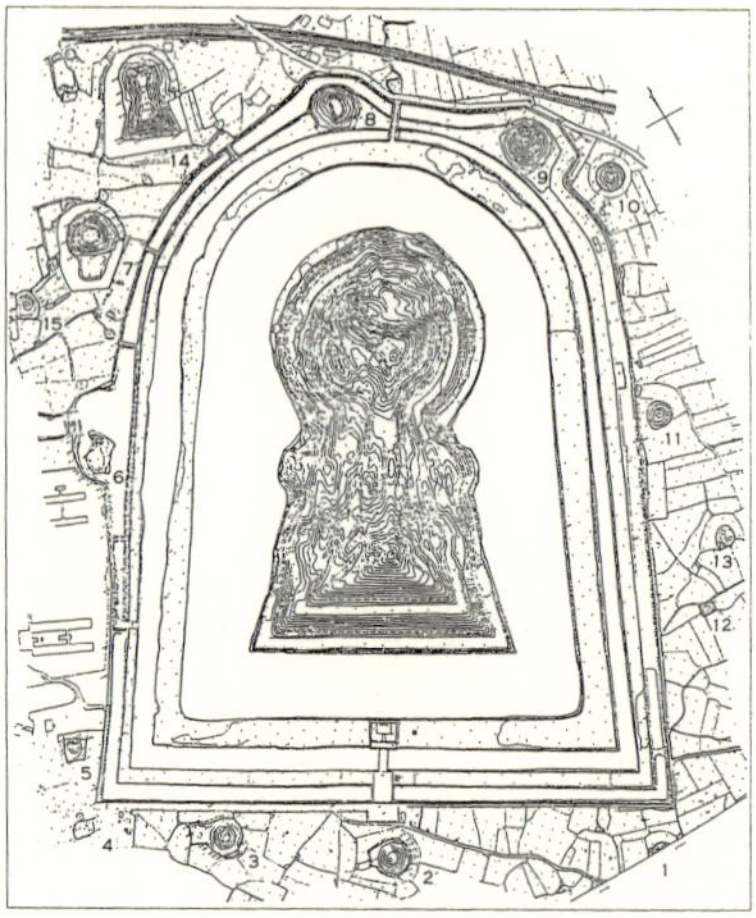

図7－4　大山古墳（伝仁徳天皇陵）実測図（大正15年，宮内省）

第八章　立憲国家の展開と近代天皇

1　初期議会と立憲君主制の模索

君主機関説的天皇の誕生

明治維新の時、明治天皇（睦仁《むつひと》）はわずか一五歳の少年だった。維新政府は、実権のないこの天皇が、「万機親裁《ばんきしんさい》」（すべてのことを天皇が自ら最終決定）をしているとのイメージを流布し、藩閥政府への権威づけに利用した。

ところが天皇も二〇代後半になると、政治に対する意見を持ち、関与しようとし始める。天皇は「万機親裁」という建前を教育されているのだから、当然のことである。

一八七八年（明治一一）五月、藩閥政府のリーダー、参議兼内務卿の大久保利通（薩摩出身）が暗殺されると、佐々木高行《ささきたかゆき》ら侍補《じほ》たちを中心に、天皇親政運動が起きた。侍補とは、天皇側近者で天皇に儒学など徳を教育することを目的に作られたポストである。したがって、佐々木らの親政運動は天皇の意志を反映したものと考えられる。これに対し、大久保の後を継いだ伊藤博文（長州出身、参議兼内務卿）らは、とまどいながらも、親政の動きを拒絶した（笠原英彦『天皇親政』）。

ところが、建前としての「万機親裁」はともかくとして、伊藤博文は近代国家の中に天皇をどのように位置づけるか、明確なヴィジョンを持っていなかった。やがて、大隈重信（佐賀出身、参議）は、福澤諭吉と民権派に同調し、伊藤らに相談なく、憲法を作り二年後に国会を開き、政党内閣制度にするという建白を行った。大隈は伊藤・岩倉具視（右大臣）らと共に、政府の中心であった。イギリス風の憲法を作ろうと提案する大隈に対抗し、岩倉は法制官僚の井上毅《こわし》に、伊藤と相談して早期にドイツ風の憲法を作るよう命じた。この状況下で、伊藤のみが、憲法を制定し国会を開き、それを運用することが簡単なことでないことをよく理解していた。まず、伊藤らは大隈を罷免した。この明治十四年政変の収拾のため、九年後の一八九〇年に「国会」を開くことを公約すると、伊藤は重圧のため「神経症」になるほどであった。翌一八八二年から八三年にかけ、伊藤は憲法調査のため、一年半近くも渡欧した（伊藤之雄『伊藤博文』）。

そこで伊藤は、主にシュタイン（ウィーン大学教授）から君主機関説に基づく憲法を学んだ。この説は、君主権は国家により制約されているとする、ヨーロッパで最先端の考え方で、各地で市民革命が起こった一九世紀半ばの状況を反映していた。君主機関説によれば、君主は、(1)内閣や議会などの国家機関の決定を日常は追認し、(2)それら機関で統一した意志が形成できない危機の時のみ調停的に政治に関与する、というのが望ましい君主のあり方となる（瀧井一博『ドイツ国家学と明治国制』）。

伊藤が出会った君主機関説は、幕末の長州藩主と藩政の中枢にいる藩士の意志決定のあり方（井上勝生『幕末維新政治史の研究』）に類似している。また、幕末期に孝明天皇の意志が朝廷の意志決定に必ずしも反映されたわけではない（佐々木克『幕末政治と薩摩藩』、家近良樹『徳川慶喜』）。このことから、伊藤・井上馨《かおる》など長州系の有力者や三条実美太政大臣など公家出身者には、君主機関説を受け入れやすい素地があった。

しかし、肝心の明治天皇は、一八八〇年代半ばになっても実権があたえられていなかったので、自分は飾りにすぎないのかと疑心暗鬼になり、一八八五年には表《おもて》の御座所《ござしょ》に出御《しゅつぎょ》しない政務拒否的行動すら取った。そこで伊藤は、天皇の信頼厚い侍従の藤波言忠《ふじなみことただ》（公家出身）をウィーンのシュタインのもとに派遣して君主機関説を学ばせ、一八八七年一一月に帰国後、翌春にかけて天皇と皇后に対して講義させた。ようやく、天皇・皇后は君主機関説的君主のあり方の大枠を理解した。

さらに天皇は、一八八八年五月に始まる皇室典範や憲法草案の枢密院での審議にすべて出席し、わからない所は後で伊藤枢密院議長に質問して理解した。

伊藤は憲法上、君主に主権があるが、その大権は各機関に委任され、それは簡単に取り上げることができない、という日本の伝統にもとづいた解釈で、君主権の制限を公的に説明した。こうして、君主権の制限という意味で、実質的に君主機関説的な考え方を、日本に導入したのだった。

こうして、伊藤は大日本帝国憲法（明治憲法）を作る中心となると共に、憲法を運用するにふさわしい君主も誕生させたのであった。一八八九年二月一一日、明治憲法は国民の間で審議されていない、天皇が作った「欽定《きんてい》憲法」として発布された。明治天皇はこの憲法を、自らが理解し臣下に作らせた、すなわち自らが作った憲法として文字通り理解し、誇りに思った。また同日、皇室のことを規定した皇室典範も制定された。

また憲法制定の最後の詰めの作業と並行して、宮内省顧問となったドイツ人オットマン・フォン・モール夫妻の指導の下、二年ほどかけて宮中の儀式や制度がドイツなどヨーロッパにならって改革されていった。これも伊藤の意向を反映したもので、天皇も承知していた。*

このため、天皇は伊藤の業績をきわめて高く評価し、臣下に与えるための最高の勲章を作り、憲法発布の日に伊藤のみに与えた。その後も、一九〇九年の伊藤の死まで、伊藤に対する天皇の絶大な信頼は続く（伊藤之雄『伊藤博文』、同『明治天皇』）。

*原武史『昭和天皇』は、「京都に強い郷愁を抱いていた明治天皇は、自らの在位中に東京で宮中祭祀という『にせの伝統』が創られてゆくことに対して、どこかしら冷めた感情を持っていたように思われる。もっといえば、明治天皇には東京を正式な首都と認めたくない感情があったのではないか」と論じている。しかし史料的根拠は示していない。明治天皇は、伊藤が主導する憲法や皇室典範の制定や宮中改革を受け入れた。さらに、それらが終わった後、伊藤の仕事に高い評価を与え、伊藤との信頼関係がさらに深まったことは、晩年の京都への郷愁とともに、『明治天皇』などで論証した。

明治天皇の権威が確立する

明治天皇は、明治憲法が制定される一八八九年（明治二二）頃、三六歳前後からかなり権威を持つようになり、調停的に政治にも介入するようになった。例えば大隈重信外相の条約改正案をめぐり、同年秋に、伊藤博文枢密院議長・井上馨農商相らと大隈外相・黒田清隆首相が対立した際の収拾がそうである（伊藤之雄『立憲国家の確立と伊藤博文』）。

一八九〇年一一月に第一議会が開会され、憲法上、衆議院と貴族院はほぼ対等で、予算は二院を通過しなければ成立しないことになっていたので、衆議院の過半数を制した民党（野党）は、予算を修正することで力を示そうと動いた。翌年二月には、藩閥の山県有朋内閣に対し民党（野党）が予算の大幅削減を主張して、藩閥と民党の対立がピークに達するが、天皇はこれを調停するのに十分な権威を持っておらず、積極的な役割を果たせなかった。山県内閣は民党の一部を買収し、予算もかなり削減して妥協した。

第一議会が解散されずに終了して二カ月余り、五月一一日午後に大津町（現・大津市）で、ロシア皇太子ニコライが警備の日本人巡査にサーベルで切りつけられ、負傷する大津事件が起きた。

明治天皇はこの事件に素早く対応し、ニコライ皇太子に親電を打つ一方、翌早朝には東京市を出発し、その夜京都市に皇太子見舞いのために到着した。ロシア側の都合で、見舞いは翌朝となったが、ニコライらロシア側は天皇を信頼するようになった。天皇は神戸港に停泊中のロシア軍艦に戻るニコライに、神戸まで同伴した。ロシア側から軍艦の午餐に招待された際も、伊藤・黒田ら藩閥有力者たちは拉致を心配して決断できなかったが、天皇はすぐに同意し、彼らを感動させた。一九日に天皇はニコライと午餐を楽しみ、同日夕方、ニコライらはロシアへ向け軍艦で出発した。

藩閥政府のみならず、日本国民の多くはロシアとの戦争になるのを恐れていたが、天皇の迅速な対応もあって戦争が避けられたと安心した。こうして、明治天皇の権威は三八歳にして確立した（前掲『明治天皇』）。

その後一八九三年一月に、民党は第二次伊藤内閣が提出した予算中、戦艦二隻分の建造費を衆議院で否決した。二月になっても民党と内閣の対立は解決できず、日本は衆議院の解散から総選挙と民党の勝利、再解散から議会の停止という事態になるかもしれない、という憲法停止の大きな危機を迎えた。伊藤首相は、天皇が衆議院に勅答を与えて政府と「和協」の協議をさせるか、ただちに解散を命じるか、その判断を仰いだ。

二月一〇日、天皇は今後六年間の内廷費三〇万円と官吏の俸給一割の納付によって製艦を補助するので、議会と内閣は「和協」の道を探るように、との詔勅《しょうちょく》を出した。一三日、貴・衆両院は詔勅に従うとの奉答文を議決し、政府原案より歳出を約三％（当初の民党側の要求は約一一％削減）減じる妥協予算を成立させた。伊藤内閣も行政整理で政費を節減することを公約した。こうして、四〇歳になって間もない天皇は、藩閥政府と議会の対立を調停して憲法停止の危機を解消し、威信をさらに高めた（前掲『立憲国家の確立と伊藤博文』）。

ところが、一八九三年一一月からの第五議会では、再び伊藤内閣と衆議院の激しい対立が生じた。一二月三〇日、伊藤内閣は議会を解散した。翌一八九四年三月一日に総選挙を行ったが、第六議会では、衆議院で政府支持派の過半数形成に失敗した。同年春には、朝鮮の農民の反乱である甲午農民戦争（東学党の乱）が広がっており、伊藤内閣は六月二日に出兵を決定した。六月一五日には、朝鮮を独力でも「改革」するという、清国との戦争すら覚悟した決定を閣議で行った。伊藤内閣は憲法停止の危機を避けるため、日清戦争となっても仕方がない、との決断をしたのである。こうして、日本軍は七月二三日に漢城（ソウル）にある朝鮮国の王宮を占領、二五日、豊島沖海戦で清国の輸送船と護衛艦を撃破し、八月一日に清国に宣戦布告をした（高橋秀直『日清戦争への道』）。

日清戦争が起こると、天皇は九月一五日から翌年の五月二九日まで、大本営の置かれた広島市に滞在した。冬季にも暖炉を使わず、朝から夜一一時頃まで陸軍軍服で過ごし、ほとんど娯楽のない質素な生活を続けたことが、国民にも報じられた。日清戦争に勝利した結果、天皇の権威が確立し、一八七三年に形成されて以来の、表の場における陸軍大元帥服の天皇イメージも定着した（前掲『明治天皇』）。

政党の成長と元老制度の形成

既に見たように、一八九〇年に議会が開設されると、民党側は衆議院で予算を削減することで、藩閥政府に圧力をかけ、勢力を伸ばした。藩閥政府が予算を実施しようとすれば、民党側と妥協するか、議会を停止（憲法を停止）し、予算を実行する以外に手段はなかったからである。憲法の停止は、憲法制定の中心であった伊藤博文や「欽定憲法」への誇りを持っている明治天皇の望むところではなかった。また、日本は「文明国」でないと見なされて、条約改正への阻害になることは間違いなかった。

他方、明治憲法には、後継首相をどのように選定するか明記されていなかった。条文上は、任命権を持つ天皇が選定することが想定されるが、君主機関説の考え方から見ると天皇があまりにも政治に関与しすぎることになる。事実、一八八五年一二月に最初の近代的な内閣制度ができる頃から、旧内閣員が相談して首相の人選をし、天皇の裁可を得る慣例が定着していた。

ところが、衆議院での民党の台頭に対してどのように対応するかをめぐり、藩閥内で対立が生じてくる。伊藤と井上馨は政党に融和策をとり憲法停止を避けようとし、山県有朋らは憲法停止のリスクを冒しても政党への強硬策を取ろうとした。そのため、一八九二年七月に松方正義内閣が辞表を出しても、松方内閣の閣僚や入閣していない伊藤・山県・黒田・井上馨らも含めた藩閥有力者の間で、後継首相の候補者が一人に絞れなかった。

そこで明治天皇は、伊藤・山県・黒田の元首相三人に善後策を下問し、二日遅れて井上にも下問があった。その上で、大山巌《おおやまいわお》（薩摩）・山田顕義《やまだあきよし》（長州）ら先の四人に次ぐ藩閥有力者も加えて「元勲会議」が開かれ、伊藤が後継首相として推薦され、天皇は伊藤に組閣の命を下した。こうして、同年八月に第二次伊藤内閣が成立した。これが元老制度形成の始まりである。

以降、政変ごとに天皇は伊藤・山県・黒田・井上・松方ら藩閥の特定のメンバーに善後策を下問し、彼らは元老と呼ばれるようになっていった。一八九八年までに元老のメンバーは、伊藤・山県・黒田・井上・松方・西郷（従《つぐ》道《みち》）・大山の七人に定着した。このように、政党の台頭をめぐる藩閥政府の亀裂をきっかけに元老制度ができ、元老は後継首相推薦の他、外交・内政の重要国務に天皇の諮問を受けた（伊藤之雄「元老制度再考」）。

ところで、日清戦争の講和条件をめぐって日本がロシア等から三国干渉を受けると、日本国内にはロシアに対抗するために軍備拡張が避けられないとの空気が強まった。こうして、藩閥内閣と衆議院の政党との妥協の条件が整った。日清戦後は、自由党・改進党（その後身の進歩党）の二大政党は、常に藩閥と対抗する民党（野党）ではなくなった。

第九議会で第二次伊藤内閣と自由党が提携し、軍備拡張を中心とする膨大な戦後経営予算を通過させ（室山義正『近代日本の軍事と財政』）、第二次松方内閣と進歩党（旧改進党中心）も提携した。一八九八年六月には、最初の政党内閣である第一次大隈重信内閣（隈板内閣）が、憲政党（旧自由党系と旧進歩党系で結成）を与党としてできた。この内閣は、内紛のためわずか四カ月しか続かなかったが、日清戦争後に政党の力は着実に伸びた。

政党は、憲法上定められた衆議院の予算審議権を利用して、政府に就官の要求を認めさせ、新聞紙条例の緩和などの言論・政治活動の自由を拡大させていった。こうして日清戦争前には、第一議会・品川内相の選挙干渉の後・第四議会・日清戦争前と、四度の憲法停止の危機があったが、日清戦争後は、第一次大隈内閣成立前の一回のみで、明治憲法体制は安定していった（前掲『立憲国家の確立と伊藤博文』、坂野潤治『明治憲法体制の確立』、清水唯一朗『政党と官僚の時代』）。

陸海軍の自立が強まる

明治維新後、軍事力はいまだ各藩が持ち、兵部省は皇居の警備を担当する程度であった。一八七一年（明治四）に廃藩置県がなされると、翌年に兵部省が陸軍省と海軍省に分離し、軍事力は中央政府に吸収されていった。これら兵部省や陸・海軍省の人事の実権は、木戸孝允・大久保利通・岩倉具視ら文官や西郷隆盛らからなる、太政官制の下の内閣が握った。内閣は大臣・参議で構成される。西郷は一八七一年六月から参議となり、わずか二年四カ月で征韓論政変のため下野した。

西南戦争中の一八七七年に木戸は病死し、翌年大久保が暗殺され、伊藤博文が藩閥政府の中心となる。その後、日清戦争まで軍の人事や予算に関しても、文官の伊藤や井上馨（いずれも長州）が大きな力を持ち、陸軍の山県有朋（長州）・大山巌（薩摩）、海軍の西郷従道（薩摩、西郷隆盛の弟）らと協力して運営した。

ところが、日清戦争後は陸・海軍ともに、伊藤ら文官の藩閥有力者や内閣からの自立が進み、陸軍は山県・大山を中心に、海軍は西郷従道（およびその腹心の山本権兵衛《やまもとごんべえ》）を中心に統制され、文官の人事介入はなくなった。山県は、この陸軍を中心に内務省・宮内省や、貴族院などを含めて派閥を形成していき、一九〇〇年頃には山県系官僚閥を定着させた。

また一九〇〇年、第二次山県有朋内閣は、陸軍省・海軍省官制を改正し、陸・海軍大臣は現役の中将・大将と規定し、文官の人事介入を困難にする制度を作った。一八八九年に発布された明治憲法が、陸・海軍のあり方に具体的に影響を及ぼしてきたといえる。なお、陸・海軍いずれにおいても、陸相と海相に有力軍人が配置され、平時は参謀・軍令部門に対し優位を保った（伊藤之雄『山県有朋』）。

ところで維新後、陸軍と海軍では常に陸軍が優位に立っていた。例えば、一八九三年に公布された戦時大本営条例では、幕僚長である参謀総長（陸軍軍人）が、参謀次長（陸軍）と軍令部長（海軍）を統率することになっていた。だが、海軍が大きな組織になっていくに従い、この制度に海軍側は強く反発した。そこで日露戦争直前に戦時大本営条例が改正され、参謀総長（陸軍）および海軍軍令部長がおのおの天皇の統帥を補佐するという、陸・海軍対等の形となった。

2　日露戦争後の立憲君主制の形成

天皇の権威の高まり

一九〇四年（明治三七）二月に始まった日露戦争は、翌年九月にポーツマス講和条約が調印されて、日本の勝利に終わった。この戦争に勝ったことで、明治天皇の権威は比類なきほどに高まった。それは、強国ロシアを破り、幕末以来続いてきた欧米列強へのコンプレックスを、かなりぬぐい去ることができたからであった。

日露戦争の犠牲と負担に耐え、国民は疲れ果てていた。日露講和条約の内容が国民に伝わると、国民たちは、もっと有利な講和が結べたはずだと、同年九月に東京で起こった日比谷焼打ちなど、講和反対集会という形で、藩閥政府を批判し暴動等を起こした。この際にも、明治天皇は批判の対象とならなかった。

しかし日比谷公園の騒々しさは、皇居内の御座所にまで聞こえ、天皇は動揺した。また、一九一一年一月に天皇暗殺未遂事件である大逆事件の大審院（現在の最高裁判所）判決で、二四人が死刑を命じられたと桂《かつら》太郎《たろう》首相が報告すると、天皇は動揺を隠せず、特赦減刑を検討するように命じた。この司法権への天皇の介入は、大逆事件が天皇暗殺という宮中問題に関わることだったからである。近代イギリスの国王でも、一般政務と異なり宮中に関することには、自らの意志を積極的に示すことが多かった。

いずれにしても、明治天皇は日露戦後に、自らの権威がさらに高まったにもかかわらず、天皇を代行する政府と国民との間に大きな隔たりが生じたこと、一部の国民ではあれ自らに矛先《ほこさき》を向けて来る者が出たことに、大きく動揺した。

また、日露戦争前から肥満が進み、体調が良くなかった天皇は、戦争のストレスで糖尿病が悪化、好きな乗馬すらできなくなった。皇太子嘉仁《よしひと》親王は、日露戦後に二〇代後半になっていたが、大きくなった大日本帝国の天皇を継ぐには、心身ともに不十分だった。

日露戦後、権威を高めた明治天皇は、潜在的にはきわめて大きな権力を持つようになったと推定できる。しかし、天皇は逆に権力行使を抑制した。これは君主機関説的考え方を修得しているだけでなく、健康状態が戦後も悪くなり続ける中で、天皇が先の長くないことを思い、嘉仁親王の即位後のことを考えたからであろう。天皇の権力行使がほとんどなくても国政が展開できることを理想とせざるを得なかったのだ（前掲『明治天皇』）。

明治天皇にとって幸運なことに、伊藤博文の作った立憲政友会は順調に成長し、日露戦争後に衆議院の中にしっかりとした足場を固めた。こうして、政友会を与党とした第一次西園寺公望《さいおんじきんもち》内閣、山県系官僚閥を背景とした第二次桂太郎内閣、第二次西園寺内閣と続いて、桂園時代と言われる。このような時代になったのは、政党の台頭を藩閥官僚勢力が受け入れざるを得なくなったからで、元老会議が開かれることすらなく、安定した政権交代が行われた。

大正新帝と天皇権力・権威の没落

一九〇九年（明治四二）に伊藤博文が暗殺されると、明治天皇は体をさらに衰えさせ、一九一二年七月三〇日に病死した。その後を三三歳の皇太子嘉仁親王が継ぎ、元号は大正と代わった。践祚《せんそ》（実質的な即位）した時、嘉仁には政治経験はほとんどなく、桂太郎が内大臣兼侍従長となって新帝を支えることになった。しかし、これは山県が、桂が台頭し政党を組織するのではないかと警戒し、他の元老に働きかけて桂を宮中に押し込めたのだった（山本四郎『大正政変の基礎的研究』）。さらに山県は、桂を終身現役の陸軍軍人である元帥にし、桂が政党総裁になる道を閉ざそうとした。一〇月、大正天皇が桂を元帥にするという命を出すと、桂は辞退した（小林道彦『日本の大陸政策』）。

その後、財政難の中で、陸軍の二個師団増設要求をめぐって、第二次西園寺内閣と陸軍の対立が強まり、一二月に西園寺内閣は総辞職した。世論も陸軍・「長州閥」（山県系官僚閥）に怒り、閥族《ばつぞく》打破・憲政擁護をスローガンとして、第一次憲政擁護運動が始まった。そのため、山県や松方・井上馨・大山ら元老は、大正天皇に推薦する首相候補者を、なかなか決められなかった。そこへ、桂が組閣の意欲を示したので、元老は桂を推薦し、桂は第三次内閣を組閣する。桂は、内大臣を辞めて宮中から出て首相になるため、天皇の勅語を引き出した。

新天皇は、桂を元帥に任命して辞退されたり、桂の組閣に勅語を下したりしたことで、践祚後半年も経たないうちに、権力中枢でも国民にも当事者能力がないことが再確認される結果になってしまった。

桂首相は一九一三年一月に新党組織を始めるが、護憲運動が高まる中、二月五日、衆議院で尾崎行雄から、「玉《ぎょく》座《ざ》を以て胸壁《きょうへき》となし」「詔勅を以て弾丸に代へて政敵を倒さんとするもの」と攻撃される。数日後、桂内閣はわずか五三日で辞職した。この大正政変の過程で、天皇の権威が没落したことが確認されたのみならず、元老筆頭の山県は閥族の巨頭として攻撃され、他の元老たちと同様に威信を弱めた。

また、この頃になると、国民の比較的自立した多数意見、公論を意味する「輿論《よろん》」という用語に加えて、大衆の声を表す「世論《せろん》」という用語も使われるようになっていく（住友陽文「近代日本の政治社会の転回」）。

次の第一次山本権兵衛内閣では、政友会が与党となり、海軍長老の山本首相（大将）・政友会の実権を握る原敬《はらたかし》内相・内大臣府出仕《しゅっし》として大正天皇の摂政的役割を果たした伏見宮貞愛《ふしみのみやさだなる》親王が連携し、改革的政策を行った。それは、陸・海軍大臣の任用資格を、現役の大将・中将から、予備役・後備役（現役を退いた軍人）の大将・中将にまで拡大する等である（山本四郎『山本内閣の基礎的研究』、伊藤之雄『政党政治と天皇』）。

ところが、一九一四年（大正三）三月、山本内閣は海軍の汚職事件であるシーメンス事件で倒れ、翌月に大隈重信が立憲同志会などを背景に二度目の組閣をした。同志会は桂が作った新党の後身で、外相の加藤高明《かとうたかあき》を党首とし、蔵相の若槻礼次郎《わかつきれいじろう》ら新進の官僚を幹部としていた（奈良岡聰智『加藤高明と政党政治』）。

大隈内閣の誕生は山本内閣と同様、政党の台頭を意味している。第一次世界大戦が起きると、大隈内閣は参戦し、翌一九一五年五月、中国に二十一カ条要求の大部分を受諾させるなど、積極的な大陸政策を展開した。

また一一月に京都御所紫宸殿《ししんでん》で大正天皇の即位の大礼を行った。政府は大礼に向けて京都御苑を改造し、大礼が終わると、一二月から翌年四月まで、拝観人に制限を設けず、紫宸殿や大嘗宮《だいじょうぐう》などを拝観させた。御所の中に庶民が入れたのは一八八五年以来で、二六六万人もの拝観者があり、大正デモクラシーの時代反映と言える（伊藤之雄『京都の近代と天皇』）。このように、大正期になると、政党がさらに台頭し、皇室は、明治天皇の時代よりも国民大衆に開放的になっていった。大正天皇は、こうした時代を象徴する存在であった（フレドリック・R・ディキンソン『大正天皇』）。

さて、翌一九一六年には後継首相をめぐり、山県・大隈両巨頭の争いが激しくなり、大正天皇まで巻き込んだ。一〇月に山県系の寺内正毅《てらうちまさたけ》内閣ができるが、大正天皇の心身の状態は悪化、一九一八年以降とても悪くなっていく。

3　第一次大戦後の立憲君主制の展開

政党内閣と首相権力の強まり

山県系の寺内内閣は、当初は「是々非々《ぜぜひひ》主義」を唱え、特定の政党と提携しなかったが、一九一七年の総選挙後、政友会が準与党となった。党首の原敬は、次の政権を狙おうとした。いずれにしても、衆議院の有力政党の支持がなくては政権維持ができないほど、政党の力が伸びていた。

寺内内閣がシベリア出兵の方針を固めると、米価はそれまでよりさらに高騰、八月前半を中心に全国各地で群衆が米屋などを襲う米騒動が起きた。参加者は政府の推計でも約七〇万人にのぼった。同内閣は、この責任をとって九月に総辞職した。山県ら元老は、衆議院の第一党政友会の党首原敬に政権を担当させる他に、手段はなかった。こうして政友会を与党に、原敬は日本で最初の本格的政党内閣を組織した。

原内閣や政友会は、大戦後に予想される列強との競争激化や、アメリカ合衆国の台頭に備えるため、産業基盤を整備する積極政策を唱えた。これは、高等教育機関の充実や鉄道や港湾の修築など、交通・通信機関の整備などである。また、陸・海軍の要望である国防の充実も掲げたが、これは第一次大戦後に世界的に軍縮の空気が強まってくるのを待ち、年度計画を縮小・繰り延べしていくつもりだった。

さらに原内閣期には、デモクラシー潮流が欧米から入り、普通選挙運動や労働運動が強まっていく時期である。一九一九年・二〇年と都市部を中心に高まった普選運動に対して原首相は、衆議院を解散して積極政策を掲げ、一九二〇年五月の総選挙で圧勝（衆議院の総議席の六〇%以上獲得）、運動を沈静させた（松尾尊兊『普通選挙制度成立史の研究』）。労働争議に対しては、一九二〇年の八幡《やはた》製鉄所の争議に見られるように、一定の待遇改善を実現させる一方、争議団の中枢を弾圧、要求が急進化しないよう争議を解決した。

他方、元老山県有朋元帥や山県系官僚閥の勢力は、デモクラシー潮流が日本に広がる中で衰退していった。また一九二〇年四月になると、大正天皇の病気は悪化し、外国の大使や公使から国書（信任状）を受け取ることすら困難なほどになった。原首相は政友会の基盤を強めつつ、政友会優位で山県・山県閥とも連携し、社会秩序の維持を図った。

こうして原は首相権力を強め、一九二一年には、皇太子裕仁《ひろひと》親王（後の昭和天皇）の渡欧や、大正天皇が政務をとれなくなったことに伴う摂政設置などの宮中問題を主導した。また、田中義一《たなかぎいち》陸相の後任陸相選定など、軍関係の重要問題にまで関与していった。なお、原内閣末期になると、貴族院議員の勅選、爵位や上級の位階・勲等など、恩典の天皇への推薦権まで、原首相の実権が強くなる。これらは、元老伊藤博文の暗殺後は、元老山県が実権を持っていたものだった。

以上のように原はインフォーマルな形で首相権力を強化し、イギリスの政党政治に近づけていこうとしたが、同年一一月に暗殺されてしまった。

その後の高橋是清《たかはしこれきよ》内閣（政友会与党）や官僚系の加藤友三郎《かとうともざぶろう》内閣・山本権兵衛内閣（第二次）・清浦奎吾《きようらけいご》内閣（政友

本党与党）は、基盤が弱かったり存続期間が短かったりしたため、原内閣のような首相権力を維持できなかった。

一九二四年の第二次護憲運動の後の政党政治の時代になると、加藤高明内閣以降、枢密顧問官を天皇に推薦する権限も、枢密院議長と首相が対等になるまでに、首相の権限が強まった。これはジャーナリズム等に見られた、世論の政党内閣への期待と枢密院批判の強まりとを背景にしていた（伊藤之雄『昭和天皇と立憲君主制の崩壊』）。

天皇の権威と昭和天皇への不安

既に述べたように、大正天皇の病状が政務を行えないまでになる中、皇太子裕仁親王は一九二一年（大正一〇）三月から九月まで約半年間渡欧、新しい体験をし、一一月に摂政に就任した。

皇太子裕仁の渡欧を機に、牧野《まきの》伸顕《のぶあき》宮相（のち一九二五年から内大臣）ら宮内省幹部は、皇太子を日本の中心として国民の前にさらに積極的に登場させる路線を取った。その打ち出すイメージは、従来の軍服中心のものから、フロックコートなど文官の服装を併用する新しいものであった。皇太子も、渡欧中に開放的な雰囲気を味わい、その路線に積極的に応え、国民の間で人気は沸騰した。このような新しいイメージは、原首相が目指していた政党政治とも合致していた。

そこで打ち出されたイメージは、「平民」化・「健康」（スポーツ愛好）と「科学」化の三つである。なかでも「平民」化イメージは、多くの場合、スポーツを愛好する「健康」イメージを伴って最も重要なイメージだった。「平民」化イメージとは、天皇や皇族が豊かな中産階級程度の振る舞いをしていることを生活の一部で示すことである。こうすることで、国民の生活や感情を理解し、デモクラシーの潮流に適応し、国民から遊離しないようにしているイメージを提示するのである。

牧野宮相は皇太子・秩父宮《ちちぶのみや》など皇室と協同し、彼らに、デモクラシー潮流にふさわしい新しいイメージを演出したのみならず、積極的に宮中改革を行い、宮中を掌握していった。それは、(1)宮内省のポストの統廃合をし、高齢で俸給の高い官吏を更迭する、(2)東京駅等での天皇・皇后への高官たちの奉送迎を原則として廃止する、(3)女官を削減し、お局《つぼね》制度を廃止する等で、経費節減と事務の効率化を図ろうとするものだった。

また牧野は、皇太子裕仁が二〇歳で摂政になって以降、日常的に接し輔導《ほどう》した。牧野は一九二五年三月には、宮相より格式の高い内大臣となり、引き続き宮内省の実権も握り、一九三五年まで、宮相時代も含め一五年近くも宮中の中枢にあり、昭和天皇（皇太子裕仁）に仕えた。

ところで皇太子裕仁は、学習院初等科を終えた後、渡欧するまで、東宮《とうぐう》御学問所で教育を受けた。この教育の問題点は、⑴選ばれた限られた者を学友とし、閉鎖された空間で行われた、⑵イギリスの王位継承予定者やその弟たちや、裕仁親王の弟である秩父宮ら三人の直宮《じきみや》は実際に軍隊生活を体験したが、裕仁はその体験なく即位し大元帥になったように、観念的である、⑶天皇になってからも、明治天皇やイギリス国王には有力政治家などから実際の政治の中で政治指南が行われたが、昭和天皇の場合は、それが牧野内大臣にほぼ限られてしまったこと等である。これはただ一人の元老西園寺が七〇代後半になっており、ほとんど静岡県の興津《おきつ》の別荘にこもっており、指南役になり得たであろう原敬は暗殺され、加藤高明は病死したからである。

このため、践祚の翌年の一九二七年（昭和二）段階で、政友会内閣の田中義一首相は若い天皇の権威を、建前はともかく心底ではほとんど認めていない。右翼（国粋主義者）の平沼騏一郎《ひらぬまきいちろう》枢密院副議長や彼と親しい倉富勇三郎《くらとみゆうざぶろう》枢密院議長らの密議でも、若い昭和天皇への不安が示されている。

牧野内大臣（宮相）らが進めた昭和天皇（皇太子裕仁）らの「平民」化イメージ路線についても、右翼や保守主義者の中には宮内省を批判する者が出たように、軍部や右翼を統制するうえでは逆効果であった。

若い昭和天皇への不安に加え、一九二四年七月に元老松方正義が死去し、七五歳と高齢の元老西園寺一人が残されたことも、立憲君主制の危機だった。後継首相推薦など、若い天皇（当時は摂政）を支え、政党政治を発展させるためには、西園寺のような政党政治に理解のある元老が必要であった。しかし西園寺は、適当な元老候補者を見出すことができなかった。そこで次善の策として、牧野を内大臣にし、一九二六年一〇月、西園寺は元老である自分が実権を持つが、形式的には元老と内大臣に後継首相の善後策についての下問があるという制度を作り、ルールを宮中中枢の秘密とした（前掲『昭和天皇と立憲君主制の崩壊』）。

昭和天皇の誤算と権力形成の失敗

一九二〇年代から三〇年代のイギリスにおいても、日本においても、君主は立憲君主制を安定させるためには、政治の調停者としてバランスの良い判断をしなければならなかった。立憲君主制や政党政治を、イギリスが約二五〇年かけて少しずつ形成してきたのに対し、日本は明治維新後わずか五〇年ほどで列強に学びながら形成した。日本の立憲君主制はイギリスに類似した程度までに到達したが、急造であったため、政党政治の発達などは未熟であった。そのため、天皇（君主）の行動はイギリス以上に難しく、臨機応変のバランスの良い判断が求められた。

ところが、既に述べたように若い昭和天皇は十分な政治教育を受けておらず、日常的に助言する有力で円熟した政治指南役にも恵まれなかった。そのため、天皇は昭和初期に起きた三つの事件に対し、最悪の判断をした。その結果、天皇の威信形成に失敗したのみならず、自らの意図とは異なり、日本を危機へと引き込んだ。

その一つ目が、張作霖《ちょうさくりん》爆殺事件の処理をめぐり、一九二九年（昭和四）六月に昭和天皇が田中義一首相を問責し、辞任させた事件である。

張作霖は満州軍閥の頭目である。関東軍（満州に駐屯する日本軍）の河本大作《こうもとだいさく》大佐らが満州占領を計画し、一九二八年六月四日、張の乗った列車を南満州鉄道の線路上で爆破し殺害した。それが日本軍の犯行であったことは、元老西園寺公望や昭和天皇・牧野内大臣らにも伝わった。ところが、内閣や陸軍は真相を明らかにすることに反対であった。

陸軍首脳が一丸となって決めた事件処理の方針を天皇が認めなければ、陸相が辞表を提出し、内閣が倒れ、後任の陸相を陸軍が出さず、天皇が窮地に陥る恐れがあった。そこで、昭和天皇や牧野内大臣ら宮中側近は、田中首相に責任をとらせることにした。これに対し、元老西園寺は、天皇が首相に問責の言葉を発するのは、明治天皇以来先例がなく、首相を辞任させることにつながり危険だ、と牧野に反対の意志を示した。しかも田中内閣は、衆議院の第一党を背景とした政党内閣であり、天皇の権限によって議会の権限を抑制する問題も含んでいた。

しかし彼らは意見を変えず、六月二七日に田中首相が日本軍は関わっていないと上奏すると、昭和天皇は問責を実行し、田中の説明を聞こうとしなかった。そこで田中内閣は七月二日に総辞職し、同日、浜口雄幸《はまぐちおさち》内閣が立憲民政党を背景に成立した。まもなく、浜口内閣は金解禁・緊縮財政・軍縮・協調外交などを十大政綱として発表し、国民の期待を集めた。

ところが、政友会や陸軍・右翼たちは、若い天皇が牧野内大臣ら宮中側近に動かされた結果内閣が倒れたのだと受け取り、昭和天皇に失望した。

それから八カ月後の一九三〇年三月、浜口内閣や海軍首脳は、ロンドン海軍軍縮会議での日本全権の請訓を受諾しようとしていた。この会議は巡洋艦など補助艦の軍縮を目的としたものだった。請訓は、海軍側の要求する、大型巡洋艦の対米比率七割を満たしていなかったが、全補助艦では比率はほぼ対米七割となっていた。昭和天皇も浜口内閣の方針を支持し、浜口首相に条約を成立させるよう秘かに意見表示した。これに対し、作戦の責任者である加藤寛治《かとうひろはる》軍令部長（大将）ら軍令部幹部は、請訓に強く反対し、会議を決裂させてもやむを得ないと考えた。

加藤軍令部長は三月三一日、四月一日と上奏を申し出たが、鈴木貫太郎《すずきかんたろう》侍従長（海軍大将、条約支持）によって、天皇の日程が一杯であるという名目で、上奏を阻止された。四月一日、条約の回訓案は閣議で請訓とほぼ同じ内容のものに決まり、天皇に上奏・裁可され、ロンドンに電送された。その翌日、加藤軍令部長は上奏を認められたが、上奏は意味のないものになった。加藤軍令部長の上奏阻止には、少なくとも昭和天皇の暗黙の了解があったことは間違いない。

今回は、田中首相への問責と正反対に、軍令部長や参謀本部長の上奏に天皇が必ず応じてきたという、明治天皇以来の伝統を破る異常な対応となったのである。鈴木侍従長の上奏阻止は、まもなく政界や海軍・陸軍および右翼の間に噂として伝わっていった。彼らは浜口内閣が天皇大権である統帥権《とうすいけん》を干犯《かんぱん》した、と攻撃した。

同年一〇月、ロンドン条約は批准《ひじゅん》されたが、上奏阻止問題によって、昭和天皇は鈴木や牧野内大臣らに影響される意志の弱い天皇、というイメージが軍部や右翼に広まり、彼らに対し、まったく威信が形成できなかった。このロンドン条約をめぐる上奏阻止が、二つ目の悪い手であった（前掲『昭和天皇と立憲君主制の崩壊』、川田稔『浜口雄幸』)。

一九二八年一一月、昭和天皇は京都御所で即位の大礼を行った。大礼は大正天皇の時よりも多くの国民が参加したが、その時と異なり、万事が異様なほどに秩序だって行われた。また、昭和天皇の即位の大礼後、一二月には東京府主催の親閲行進が、大雨の中、傘もささずに行われる。このように庶民の前に、昭和天皇はきわめて権威主義的な姿として登場した（前掲『政党政治と天皇』、加藤陽子『昭和天皇と戦争の世紀』）。しかし、これらは昭和天皇が軍部や右翼・保守主義者をコントロールするのに、ほとんど機能せず、若い天皇は次第に自信をなくしていった。*

＊　明治天皇や昭和天皇に関し、天皇は若くても天皇であるからこそ軍部等に対しても権力があるとする見解もある（安田浩『天皇の政治史』、増田知子『天皇制と国家』、山田朗『昭和天皇の軍事思想と戦略』、永井和『青年君主昭和天皇と元老西園寺』など）。しかし、この章で述べたように、天皇は陸相や海相を罷免できるが、陸・海軍が次の大臣を出さない（誰も引き受けない）時、内閣ができず、天皇はたちまち窮地に陥るのである（これらに対する筆者の詳細な見解は、『昭和天皇伝』、「近代天皇は『魔力』のような権力を持っているのか」等参照）。

以上のすべての昭和天皇研究に対し、原武史『昭和天皇』は、昭和天皇は表の政治よりも宮中祭祀に熱心で、「神」への祈りを重ねたとする。

幕末の孝明天皇までの天皇や公家たちは、伝統的朝廷の空気の中で活動しており、宮中祭祀と「神」への祈りが、日本の安泰につながり、西欧人に拝謁を許すなど伝統を変えると「神性」が弱まり日本に天変地異《てんぺんちい》が起きると、信じていた。しかし、明治維新以降、天皇は西欧人に拝謁を許し、東京に住居を移し、洋服を着用し、西洋料理を食べるなど、伝統的生活習慣を変え、新しい生活スタイルを身につける。それと同時に、西欧世界についての知識を得た。昭和天皇に至っては、かつての天皇の伝統では考えられない渡欧すら、皇太子時代に行っている。このような近代天皇が、日本の安泰に関し、孝明天皇までの天皇と同様の伝統的価値観を持っていると、実証なしに論じることには無理がある。明治天皇や敗戦までの昭和天皇は、権力中枢から、日本をまとめる象徴としてのみならず、調停的政治権力を行使する役割を期待され、両天皇はそのように行動しようと尽力した。それに加えて、列強との対抗や競争が激しくなり、「国家の危機」が起こるが故に、「神」に日本の安泰を祈り続けた、というのが実態である。

なお原氏は、昭和天皇は太平洋戦争中に宮中祭祀に熱心であったが、明治天皇は日露戦争中でもそれほど熱心に祭祀に取り組んでいなかったとする。またその理由を、明治天皇は東京での新しい宮中祭祀を「にせの伝統」として冷めた感情を持っていたように思われる、と論じる。

しかし、一八九〇年から一八九八年まで出仕として明治天皇の身近で奉仕した藪（高倉）篤麿（公家、後に明治神宮大宮司）は、「神事に付きましては、〔天皇は〕なか〳〵御厳格で在らせられました」等と、内密の話として回想している（『「明治天皇紀」談話記録集成』三巻、五五～五六頁）。また、一九〇五年から一九〇七年まで侍従武官として明治天皇の側に仕えた白井三郎（のち第八師団長、陸軍中将）も、天皇が日露戦争の戦勝奉告に伊勢神宮に行幸した際、ついでに好きな京都に立ち寄るということをしなかった例を挙げ、「御敬神」の念が厚かったと内々に証言している（同前、六巻、二七八～二八〇頁）。原氏はこれらの事実に触れることなく、論を立てている。

さらに、明治天皇は日露戦争当時五〇代であり、成人病でかなり体を悪くしており、宮中祭祀を自ら行えないこともあるが、昭和天皇は太平洋戦争当時四〇代前半で、体に特に悪い所がなかったことについても、原氏は考慮に入れていない。

満州事変の拡大を阻止できず

さらに一九三一年（昭和六）三月には、陸軍のクーデター未遂事件である三月事件が起きる。首相として擁立しようとした宇垣一成《うがきかずしげ》陸相が、最後の段階で計画に乗ることを拒否したので、事件は関係者以外に知られることなく失敗に終わった。

同年八月、元老西園寺公望は事件のことをはっきりと知り、牧野伸顕内大臣や若槻礼次郎首相にも伝えられた。しかし、昭和天皇には知らされなかった。西園寺・牧野ら元老・宮中側近グループの間でも、天皇は践祚後四年半以上経っても信頼感は十分でない（伊藤之雄「昭和天皇・元老・宮中勢力の情報・ネットワークと政治」）。

同年九月一八日、関東軍が奉天郊外の柳条湖の南満州鉄道線上で爆薬を爆破させ、これを張学良《ちょうがくりょう》の中国軍のしわざとして攻撃、満州を占領する軍事行動を起こし、満州事変が始まった。これを応援するため、二一日午後、朝鮮に駐屯する日本軍の混成旅団が独断で国境を越え、満州に進駐した。海外派兵を行うには、閣議の承認を得た上で、天皇の裁可を受けた奉勅命令が必要である。したがって、朝鮮の混成旅団の行動は、明確な統帥権干犯《かんぱん》である。

ところが、独断越境を知った昭和天皇と牧野内大臣は、穏便な処置にするよう、暗黙の合意をした。その弱気の姿勢が、翌朝若槻首相に伝わり、元来度胸のない若槻はほっとして、二二日午前の閣議で独断越境を事後承認した。

こうして、混成旅団の行動は合法化された。

この間、参謀本部は一時悲観的になり、南次郎《みなみじろう》陸相と金谷範三《かなやはんぞう》参謀総長および参謀次長の引責辞職まで覚悟していたにもかかわらず、陸軍には何の処分もなかった。天皇と牧野内大臣が弱気のあまり、陸軍の異常な行動に対し無条件で事後承認したことが、三つ目の、しかも最も重要な失敗だった。さらに翌一〇月には、再び陸軍のクーデター未遂事件（十月事件）が起きる。昭和天皇には三月事件の報告とともに十月事件のことが伝えられ、天皇は情緒不安定にすらなった。また南陸相は陸軍内で威信がなかったことも重なり、事変の拡大は止められなくなった。陸軍の要請で、関東軍の行動に対して一九三二年一月、「忠烈を嘉《よみ》す」と賞賛する勅語が出された。これは、天皇の意志ではなく、明治以来の慣行に従ったものである。天皇は、勅語を拒否して、陸軍の行動を間接的に批判する権威も気力もなかった（前掲『昭和天皇と立憲君主制の崩壊』、森靖夫『日本陸軍と日中戦争への道』、小林道彦『政党内閣の崩壊と満州事変』）。

4　立憲君主制の崩壊と日中戦争

元老・宮中側近勢力と軍部

牧野内大臣ら宮中側近は、満州事変後まもなく、陸軍のコントロールに危機感を強めた。そこで天皇について、神秘的な大元帥で、軍務や政務に精励し、国家を統率しているというイメージを形成し、対応の一助としようとした。他の皇族についても、天皇に準じた変化が生じた。

こうして、一九二一年からの天皇・皇族に「平民」化・「健康」イメージを形成していこうとする路線は終了した。満州事変下で、天皇の報道写真は遠方から撮る形になった。さらに、一九三二年四月下旬から常に白い馬に乗って登場するイメージが提示されるようになった。こうして天皇は、イメージ的に神秘化されていった。しかし、このようにイメージを変えても、調停者としての天皇の政治能力は変わらないので、天皇を身近に知っている軍の中枢の統制には役立たなかった（伊藤之雄『昭和天皇と立憲君主制の崩壊』）。

ところで、前年一二月に犬養毅内閣（政友会与党）が、元老西園寺や昭和天皇から満州事変を終結させることを期待され、成立した。一九三二年三月、陸軍は清朝の最後の皇帝である溥儀《ふぎ》を引き出して中心にすえ、傀儡《かいらい》国家として満州国を建国した。

犬養内閣は満州国の承認を渋ったので、五月一五日、犬養首相は海軍青年将校らに暗殺され（五・一五事件）、内閣は倒れた。陸軍は右翼（国粋主義者）の巨頭である平沼騏一郎枢密院副議長が組閣することを望んだ。

政党政治の危機に際し、元老西園寺は自らが中心で牧野内大臣と協力して行ってきた後継首相推薦のルールを変える。西園寺は牧野の他、「重臣」として、上原勇作《うえはらゆうさく》元帥・荒木貞夫《あらきさだお》陸相・東郷平八郎元帥・大角岑生《おおすみみねお》海相ら陸海軍軍人、高橋是清・若槻礼次郎・山本権兵衛（代理）・清浦奎吾ら首相経験者らに会い、善後処置の意見を聞いた。また、その前に天皇から、「ファッショ」に近い人物は絶対にいけないと、鈴木侍従長を通して要請されていた。

結局、西園寺は穏健派の海軍軍人斎藤実《さいとうまこと》大将を後継首相として推薦し、斎藤内閣が誕生した。同内閣は、政友会・民政党の二大政党からも入閣した官僚系の挙国一致内閣だった。西園寺は、穏健で国際協調姿勢を持った海軍軍人の手で、陸軍の暴走を抑えようとしたのだった。

その後西園寺は、後継首相推薦権の新しいルールを作った。軍部・右翼の攻撃で牧野内大臣の権威が弱まったので、後継首相推薦に関する内大臣の権限を後退させた。また五・一五事件後の非常事態が去ったので、「重臣」から東郷・上原元帥をはずし、枢密院議長と首相の前官礼遇を受けた者（首相経験者とほぼ一致）とした（非公表）。

このように、元老西園寺は自らが中心になって作った後継首相推薦のルールを、天皇と宮中側近の間の秘密とし、状況に合わせて自らの手で変え国際協調姿勢のある人物を首相にしようとした。

一九三四年七月、疑獄事件で斎藤内閣が倒れると、西園寺の希望通りの手続きで、斎藤と同様の穏健派の海軍軍人岡田啓介《おかだけいすけ》大将が後継首相に推された。天皇も非常に満足であった。岡田は民政党と政友会から入閣を得（政友会は入閣者を除名）、官僚系内閣を出発させた。西園寺は満州事変以来の極端な反「輿論《よろん》」（作られる「世論《せろん》」と異なり、真の国民の意志）政治の時期は過ぎ去ろうとしていると見、毅然と反撃を開始したのだった（伊藤之雄『元老西園寺公望』)。

＊　西園寺が唯一の元老となってからの後継首相推薦について、「元老・内大臣協議方式」としてとらえる見解もある(永井和『青年君主昭和天皇と元老西園寺』)。この見解は、西園寺が一貫して実権を持ち、後継首相推薦様式を柔軟に変えていったことを見落としている。また満州事変後、時局に不安を感じた昭和天皇や牧野内大臣らは、何度か御前会議を召集して陸軍を抑えようとしたが、西園寺の反対でいずれも実現しなかった(茶谷誠一『昭和戦前期の宮中勢力と政治』)。後継首相推薦様式の問題と併せて、この時期になっても西園寺は宮中関係には強い権力を持っていることがわかる。

なお、茶谷氏は西園寺の御前会議の拒否を「責任政治による立憲君主制」の維持としているが、西園寺は、昭和天皇や元老等の権威を維持して、世論が変化した時に政党政治を復活させたかっただけである。例えば、「責任政治」に反する一九一七年の臨時外交調査会設置にも、西園寺は反対していない(『原敬日記』一九一七年六月一日)。また、西園寺が唯一の元老として、その権威を使って軍部を抑制しようと老獪に立ち回るのは、彼が「責任政治」に固執するような硬直した姿勢でないことを何よりも示している(伊藤之雄『元老西園寺公望』)。

天皇機関説事件と二・二六事件

一九三五年(昭和一〇)二月になると、右翼(国粋主義者)の貴族院議員らが、美濃部達吉(貴族院議員、東京帝大名誉教授)の憲法学説が日本の「国体《こくたい》」に反するとして、排撃する演説を行った。右翼たちは、一九三四年の活動が不振だったので、再び政党内閣などが復活するのを恐れたからであった(菅谷幸浩「天皇機関説事件展開過程の再検討」)。こうして天皇機関説事件が始まった。

美濃部の天皇機関説は、伊藤博文がかつてシュタインから学んだ君主機関説の系譜を引く憲法学説である。天皇大権が国家(行政機関・議会)により制約されるので、天皇はそれを意識して政治関与すべきであるとの考え方であった。この学説は、天皇機関説事件が起きるまでは通説であり、昭和天皇も支持していた。

しかし、山県有朋ら軍部の保守主義者や平沼ら右翼の者たちは、議会による君主権の制約ということが気に入らなかった。もっとも彼らは君主権の絶対を信じていたわけでも、天皇の意志にすべて従うわけでもなかった。その意味で、彼らは天皇機関説を拒絶しながら、軍部等の行政権により天皇を制約しようとしており、とりわけ大正天皇や昭和天皇を苦しめたのである。

元老西園寺は、間接的に天皇機関説を支持する姿勢を示したが、はっきりとした態度を示さなかった。昭和天皇も同様である。これは、西園寺自身が青年将校や右翼の攻撃対象になり始めていた上に、機関説問題を陸軍が取り上げ始めたからである。

結局、岡田内閣は、機関説は「国体」に反するという、二度におよぶ「国体明徴《めいちょう》」声明を出し、美濃部も貴族院議員を辞任し、一〇月に事態を収めた。また同年一二月、健康上の理由もあって牧野内大臣が辞任した。天皇はひどく落胆した。

それから二カ月、一九三六年二月二六日早朝、陸軍第一師団（東京）の青年将校らに率いられた将兵約一五〇〇名が、岡田首相・斎藤実内大臣・高橋是清蔵相・鈴木貫太郎らの殺害に向かった（岡田首相は無事、鈴木は重傷）。襲撃を終えると、クーデター部隊は首相官邸・陸軍省・参謀本部のある東京市永田町や三宅坂一帯を占領し、防備を固めた。

この二・二六事件に対し、昭和天皇は二六日午前九時に、川島義之陸相にクーデター部隊の鎮圧を命じたように、早い時期から鎮圧する方針だった。しかし陸軍の主導権は、決起した青年将校に同情的な荒木貞夫大将（前陸相）・真崎甚三郎大将（前教育総監）ら皇道派が握っており、川島陸相も皇道派に同情的で、事態はクーデターを容認する方向で動いた。しかし、参謀本部は最初からクーデター部隊を弾圧する方針であり、昭和天皇の鎮圧の意志によっても力を得て、二七日早朝には参謀本部を中心に陸軍としてクーデター部隊を鎮圧する方針が固まっていった（高橋正衛『二・二六事件』）。

昭和天皇は、二六日午前九時から鎮圧せよと命じているのに、その方針が決まるまでに一五時間以上かかったことで、改めて陸軍統制がどれほど困難かと不安を覚えたことであろう。

二九日午前八時半、陸軍はクーデター部隊を反乱軍として討伐すべく行動を起こし、同日午後にようやくクーデター部隊は降伏した。

元老西園寺は、平沼を後継首相に推薦しようとの声を退け、近衛文麿《このえふみまろ》公爵（貴族院副議長）を推薦するが、近衛は辞退した。結局、米・英との協調を重んじる外交官の広田弘毅《ひろたこうき》が推され、三月九日に官僚系の広田内閣が成立した。

広田内閣は組閣の段階から陸軍より様々な注文がつけられた上、陸相との不和で一年ももたず、翌年一月に総辞職し、二月に陸軍の求める林銑十郎《はやしせんじゅうろう》大将が組閣した。ところが、この内閣はわずか四カ月ほどで辞職し、西園寺の期待する近衛文麿がようやく組閣した（前掲『元老西園寺公望』）。

日中全面戦争と昭和天皇

一九三七年（昭和一二）七月七日に北京郊外の盧溝橋《ろこうきょう》で日中両軍が衝突し、戦火は中国全土に拡大していった。しかし、近衛内閣は数カ月で戦争の早期終結の見通しをなくし、翌三八年一月、「国民政府を対手《あいて》にせず」と、中国に対し和平交渉の打ち切りを声明した。

西園寺は、時勢を転換させることを期待できると見た首相候補の近衛に、一九三八年末までに失望した。九〇歳に近づいた高齢も加わり、元老としての後継首相推薦権に意義を見出せなくなり、投げやりになった（伊藤之雄『元老西園寺公望』）。

日中戦争が泥沼化していく中で、元老西園寺にも首相にも事態の収拾を期待できなくなり、昭和天皇は焦り始めた。一九三八年五月には、板垣征四郎《いたがきせいしろう》を後任陸相にするよう参謀総長に提言し、六月から板垣が就任した。さらに一九四〇年一月に阿部信行（陸軍大将）内閣が総辞職すると、天皇は自らの意志で、米・英との対決に消極的な米《よ》内光政《ないみつまさ》海軍大将を後継首相に任命した。これは、陸軍が中心となってドイツに接近していくことを不安に思ったからである。

一九三五年に天皇機関説（君主機関説）は否定され、元老西園寺は高齢でもあり政治指導能力を失った状態で、陸軍は日中戦争を拡大し、米・英等との関係が悪化し、日本は孤立していった。この状況下で、昭和天皇が明治天皇以来の慣行に従った立憲君主として振る舞い、積極的には何もしないか、危険を冒しても専制君主的に振る舞い状況を改善するため政治に積極的に関与するかは、昭和天皇にとってきわめて難しい選択だった。

しかし、この程度の人事関与くらいでは、大勢は変わらなかった。昭和天皇は陸軍への不信感を持ち続けたが、一九四〇年九月には北部仏印進駐と三国軍事同盟を、一九四一年七月には南部仏印進駐を承認した。この陸軍が強く推進する政策のいずれをも、昭和天皇は危険と考えた。しかし天皇があくまで裁可しなかったら、陸相が辞任して内閣が倒れたり、場合によってはクーデターが起きたりする可能性があり、その混乱を収拾する自信がなかったのである。

5　日米開戦から戦後の日本へ

日米戦争は避けられなかったのか

日中戦争が全面化するなかで、フランクリン・ルーズベルト大統領をはじめアメリカ国内には、交渉しても日本は約束を守らず、いずれ日本との武力衝突が避けられないかもしれない、という日本への絶望感が広まっていった。

これを決定的にしたのが、一九四〇年の三国軍事同盟と翌年七月の南部仏印進駐であった。八月、アメリカは対日石油輸出を全面的に停止し、日米開戦の危機は一挙に強まった。この間、近衛文麿内閣は野村吉三郎《のむらきちさぶろう》大使に命じ、同年春よりアメリカのハル国務長官との間で、日米対決を避ける交渉を行っていたが、成果が出ていなかった。アメリカは、日本は日中戦争で消耗し大した余力を持っていないと、日本の軍事力を過小評価し、どうしても日本との戦争を避けたいとは考えていなかった（須藤眞志『ハル・ノートを書いた男』）。

他方、日本は満州事変以来、列強のスタンダードを逸脱する軍事・外交行動を繰り返してきたが、列強からの強い制裁がないことに安住していた。このため、米の対日石油輸出停止にきわめて驚いた。日本に石油の備蓄があるうちに、米・英らと開戦して南方の資源を手に入れざるを得ない、という開戦論が高まっていった。

昭和天皇は、石油輸出停止の通告から約一カ月しても、開戦を「冒険」ととらえ、慎重な姿勢であった。しかし九月六日の御前会議で、一〇月上旬頃になっても日本の要求を貫徹する目途がない場合においては、対米（英・蘭）開戦を決意する、という帝国国策遂行要綱を可決した。これは九月三日の政府大本営連絡会議で修正可決され、五日に天皇に内奏し了解されていたものだった。内奏に対し天皇は、陸海軍の作戦を担当する参謀総長と軍令部総長に、外交と戦争準備は並行させず、外交を先行させよと命じた。

天皇は、国策の大枠についての自らの意志で命じるという、明治以来の立憲君主制の慣行を少し逸脱する行動を取った。しかし倒閣の混乱やクーデターを恐れて、それ以上の強い行動は取らなかった（伊藤之雄『昭和天皇伝』、「昭和天皇と立憲君主制」）。

一〇月上旬になっても、日米交渉の進展はなく、第三次近衛内閣が辞職した。天皇は木戸幸一《きどこういち》内大臣ら重臣会議の推薦を受け、東条英機《とうじょうひでき》陸相に組閣の命を下した。また木戸内大臣を通し、東条陸相と及川古志郎《おいかわこしろう》海相に、九月六日の御前会議の決定にとらわれることなく、内外の情勢をさらに広く深く検討し、慎重に国策の大本を決定せよとの命令を下した（波多野澄雄『幕僚たちの真珠湾』、森山優『日米開戦の政治過程』）。天皇は東条の忠誠心に期待したのだった。東条は自ら陸相を兼任して組閣した。

その後、一一月初頭の政府大本営連絡会議で、武力発動の時期は一二月初頭と定め、対米交渉が一二月一日午前〇時までに成功すれば武力発動を中止することが決められた。しかし、天皇はその後になっても開戦をためらう気持ちでいた。

一一月二六日、アメリカのハル国務長官が野村駐米大使にアメリカ側提案としてハル・ノートを手交した。そこでは、日本軍が中国・仏印から撤退することや、三国同盟の否認など、これまでの日米交渉過程にはない強い要求が列挙してあった。中国には満州が含まれているかどうか不明確な点があったが、日本の陸軍は中国本土からの全面撤退ですら受け入れないことは明白である。二八日にハル・ノートの内容を知り、日本の指導層は開戦やむなしという考えになり、一二月八日、米・英と開戦した。

昭和天皇の円熟と主体性の形成

太平洋戦争開戦後二カ月、まだ日本軍が快進撃を続けていた一九四二年二月、昭和天皇は戦争が長引く不安から、講和の機会について考えよ、と早くも東条首相に命じた。また天皇は開戦直後から、フィリピンのバターン半島（米国のコレヒドール要塞）攻撃の兵力は過少ではないか、等のことを下問していた。これは日米開戦に慎重だった天皇の言動と一見矛盾するかに見えるが、戦争の見通しに不安で、早く講和を結びたいという天皇の焦りからきたものである。

米国に大損害を与えて戦意をなくさせ、早く講和に持ち込むという構想は、その後も続く。しかし一九四四年半ばにサイパン島が陥落すると、日本の勝利の見通しは事実上なくなった。食糧のみならず、戦争を遂行するのに必要なあらゆる物資が欠乏するようになった。

一九四五年二月になると、近衛文麿は日本の敗戦は必至なので、今講和を成立させれば天皇制を存続できると、天皇に講和（事実上の降伏）を勧める上奏文を出した。しかし天皇は、軍部を抑えて講和ができるとは見ておらず、もう一度戦果を挙げてからと、近衛の意見を退けた。文官の若槻礼次郎元首相も天皇と同様の意見であったように、天皇の意見は軍部や政界の多数意見だったようである。

この間、一九四四年七月に東条内閣は戦局不振の責任を負って辞任した。それを継いだ同じ陸軍の小磯国昭《こいそくにあき》内閣も、同様の理由で翌年四月に辞任し、海軍穏健派の鈴木貫太郎（前侍従長）が組閣した。この内閣は講和を意識した内閣である。また、戦争の相次ぐ敗北で、軍部の威信が低下し、相対的に昭和天皇の威信と権力が強まった。

そこで、鈴木内閣が日本に戦争遂行の国力があるのは、せいぜい九月までとの見通しを天皇に示すと、一九四五年五月上旬には天皇も講和に傾いた。その頃、ドイツが無条件降伏する。ついで七月二六日に、日本に無条件降伏を勧告するポツダム宣言が出された。天皇は、同宣言を交渉の基礎になると積極的にとらえたが、「国体護持」（天皇制の現状維持）にこだわった。政府や軍部にも同宣言を無条件に受け入れるべきだという強い意見はなく、受諾の意思表示はなされなかった。

八月六日、米軍機により広島に原爆が投下されてしまう。これにより、天皇は初めて強い決意で講和（降伏）を考えるようになる。広島への原爆投下とソ連の対日参戦（布告は八日、参戦は九日）によって、軍部の戦争継続論者の決心すら動揺し始めた。九日には長崎にも原爆が投下される。

天皇は八月九日から一〇日にかけての御前会議としての最高戦争指導会議と、一四日の同会議員と閣僚の連合御前会議で、ポツダム宣言受諾か否かで拮抗した状況を、自らの決断で受諾へと導いた。こうして八月一五日の敗戦となる（前掲「昭和天皇と立憲君主制」）。鈴木内閣は総辞職し、皇族の軍人東久邇宮稔彦《ひがしくにのみやなるひこ》内閣ができた。天皇はポツダム宣言受諾決定の過程で確実に自信をつけたと思われる。また、践祚以来天皇の前に立ちはだかっていた軍部は、もはやなくなった。

敗戦から象徴天皇へ

敗戦のとき、昭和天皇は四四歳であり、長く権力の中枢にいたこともあり、軍部がなくなったことで、日本の最も円熟した指導者の一人となっていた。

日本はポツダム宣言を受け入れて降伏した結果、連合国軍に占領されることになり、一九四五年八月三〇日、その最高司令官マッカーサー元帥が空路神奈川県の厚木《あつぎ》に到着した。昭和天皇や宮中側近および保守派の課題は、このマッカーサー元帥を中心とするＧＨＱ（連合国軍最高司令官総司令部）と交渉し、昭和天皇に戦争責任が及ぶことなく、天皇制を存続させることであった。当時、アメリカ本土を含め、天皇の戦争責任を問うべきだとの声は高まりつつあった。

九月二〇日、吉田《よしだ》茂《しげる》外相はマッカーサー元帥を訪問、翌日天皇に拝謁している。マッカーサーとの会見内容の詳細は分からないが、一週間後の天皇のマッカーサー訪問の準備であることは間違いない（豊下楢彦『昭和天皇・マッカーサー会見』）。

九月二七日、天皇はアメリカ大使館にマッカーサーを訪問した。天皇は、戦争を極力避けたかったが戦争となる結果を見たことは「遺憾」であると述べ、マッカーサーは、天皇において意見や気づいたことがあれば侍従長等を通して伝えてほしい等と答えた。

こうしてマッカーサーは天皇に直接会うことで、天皇と連携して占領統治を行うことの利点を確信した。天皇もマッカーサーが信頼できる人物で、天皇制存続が可能になるとの感触を得た。

昭和天皇を戦犯訴追から守るためには、明確な戦争犯罪人が必要である。既に九月一一日、ＧＨＱは東条英機（元首相・陸相）ら三九名を戦犯として逮捕していた（東条は自殺未遂）。さらに、一二月六日に近衛文麿（前首相）・

木戸幸一（前内大臣）ら九人も戦犯容疑者として逮捕を命じられた（近衛は服毒自殺）。

昭和天皇は、同年秋には背広という軽装で関東地方の行幸を始め、熱烈な歓迎を得た。一九四六年一月一日には、天皇の人間宣言を行った。これらは、天皇・宮内省・GHQが共同で天皇を戦犯容疑にかからないようにし、国民的基盤を広めようとしたものだった。

しかし極東国際軍事裁判所の設置に関連し、天皇を戦犯として訴追すべきだという声がソ連などから出ていた。マッカーサー等GHQは、一九四六年二月に出た日本政府の憲法改正要綱（松本試案）を拒否、代わりにGHQ案を手交し、それを基本的に日本政府に呑ませた。GHQ案には、象徴天皇制と平和主義（第九条）が重要な柱となっていた。これは、連合国の中で天皇の戦犯訴追をしようとする国を、日本が天皇を中心に再びまとまり軍国主義になることはないと説得し、訴追を避けるためであった。

三月六日、昭和天皇は木下道雄侍従長に、退位した方が自分は楽になり、今日のような苦境を味わわずにすむであろうが、皇太子明仁《あきひと》親王（当時一二歳、のち今上天皇）が即位するとしても摂政が必要で、秩父宮・高松宮《たかまつのみや》・三笠宮《みかさのみや》のいずれも適当でない、と述べている。天皇は天皇制の存続を責務と考える一方、敗戦までの行動への責任を感じているが、退位という形で表すことは難しい、と悩んでいたのである。

その後、一九四八年一一月、極東国際軍事裁判でA級戦犯への判決があり、一二月に東条ら七名の死刑が執行された。この時、天皇はまた退位のことを田島道治《みちじ》宮内府長官に話している。天皇が退位を考慮し、大きく揺れたのはこの時である。天皇退位の話題は、サンフランシスコ講和条約が結ばれた一九五一年をピークに、同条約が発効する一九五二年まで続く。天皇の退位が実行されなかったのは、吉田茂首相の反対があったことが大きい（加藤恭子『昭和天皇と田島道治と吉田茂』）。

ところで敗戦後も、天皇は立憲君主意識を持っていた。一九四七年五月に日本国憲法が施行された後、政治に関与できない象徴天皇になっても、同年九月、天皇はGHQに沖縄を二五年から五〇年間貸与すると発言している（前掲『昭和天皇・マッカーサー会見』）。また、首相など政治家に内奏を求めている。内奏はその後も続いた。天皇は最後まで戦争への道義的責任を自覚し、世界平和を願いつつ、一九八九年に八七歳で世を去った（伊藤之雄『昭和天皇伝』、升味準之輔『昭和天皇とその時代』）。

（伊藤之雄）

参考文献

家近良樹『徳川慶喜』（吉川弘文館、二〇〇四年）
伊藤之雄「元老制度再考」（『史林』七七巻一号、一九九四年一月）
伊藤之雄『立憲国家の確立と伊藤博文――内政と外交・一八八九～一八九八』（吉川弘文館、一九九九年）
伊藤之雄『政党政治と天皇・日本の歴史22』（講談社、二〇〇二年）
伊藤之雄「昭和天皇と立憲君主制――近代日本の政治慣行と天皇の決断」（伊藤之雄・川田稔編『二〇世紀日本の天皇と君主制――国際比較の視点から　一八六七～一九四七』吉川弘文館、二〇〇四年三月）
伊藤之雄『昭和天皇と立憲君主制の崩壊――睦仁・嘉仁から裕仁へ』（名古屋大学出版会、二〇〇五年）
伊藤之雄『明治天皇――むら雲を吹く秋風にはれそめて』（ミネルヴァ書房、二〇〇六年）
伊藤之雄『元老西園寺公望――古希からの挑戦』（文春新書、二〇〇七年）
伊藤之雄「近代天皇は『魔力』のような権力を持っているのか」（『歴史学研究』八三一号、二〇〇七年九月）
伊藤之雄「昭和天皇・元老・宮中勢力の情報・ネットワークと政治」（猪木武徳編著『戦間期日本の社会集団とネットワーク』ＮＴＴ出版、二〇〇八年）
伊藤之雄『山県有朋――愚直な権力者の生涯』（文春新書、二〇〇九年）
伊藤之雄『京都の近代と天皇――御所をめぐる伝統と革新の都市空間　一八六八～一九五二』（千倉書房、二〇一〇年）
伊藤之雄『伊藤博文――近代日本を創った男』（講談社、二〇〇九年）
伊藤之雄『昭和天皇伝』（文藝春秋、二〇一一年）
井上勝生『幕末維新政治史の研究――日本近代国家の生成について』（塙書房、一九九四年）
笠原英彦『天皇親政』（中公新書、一九九五年）
加藤恭子『昭和天皇と田島道治と吉田茂――初代宮内庁長官の「日記」と「文書」から』（人文書館、二〇〇六年）

加藤陽子『昭和天皇と戦争の世紀・天皇の歴史8』（講談社、二〇一一年）
川田稔『浜口雄幸——たとえ身命を失うとも』（ミネルヴァ書房、二〇〇七年）
小林道彦『日本の大陸政策・一八九五～一九一四——桂太郎と後藤新平』（南窓社、一九九六年）
小林道彦『政党内閣の崩壊と満州事変——一九一八～一九三二』（ミネルヴァ書房、二〇一〇年）
高橋秀直『日清戦争への道』（東京創元社、一九九五年）
高橋正衛『二・二六事件——「昭和維新」の思想と行動』（中公新書、一九六五年）
佐々木克『幕末政治と薩摩藩』（吉川弘文館、二〇〇四年）
清水唯一朗『政党と官僚の時代——日本における立憲統治構造の相克』（藤原書店、二〇〇七年）
菅谷幸浩「天皇機関説事件展開過程の再検討」（『日本歴史』七〇五号、二〇〇七年二月）
須藤眞志『ハル・ノートを書いた男——日米開戦外交と「雪」作戦』（文春新書、一九九九年）
住友陽文「近代日本の政治社会の転回」（『日本史研究』四六三号、二〇〇一年三月）
瀧井一博『ドイツ国家学と明治国制——シュタイン国家学の軌跡』（ミネルヴァ書房、一九九九年）
茶谷誠一『昭和戦前期の宮中勢力と政治』（吉川弘文館、二〇〇九年）
豊下楢彦『昭和天皇・マッカーサー会見』（岩波現代文庫、二〇〇八年）
永井和『青年君主昭和天皇と元老西園寺』（京都大学学術出版会、二〇〇三年）
奈良岡聰智『加藤高明と政党政治——二大政党制への道』（山川出版社、二〇〇六年）
波多野澄雄『幕僚たちの真珠湾』（朝日新聞社、一九九一年）
原武史『昭和天皇』（岩波新書、二〇〇八年）
坂野潤治『明治憲法体制の確立——富国強兵と民力休養』（東京大学出版会、一九七一年）
フレドリック・R・ディキンソン『大正天皇——一躍五大洲を雄飛す』（ミネルヴァ書房、二〇〇九年）
堀口修監修・編集・解説『臨時帝室編集局史料・「明治天皇紀」談話記録集成』三巻、六巻（ゆまに書房、二〇〇三年）
増田知子『天皇制と国家——近代日本の立憲君主制』（青木書店、一九九九年）
升味準之輔『昭和天皇とその時代』（山川出版社、一九九八年）
松尾尊兊『普通選挙制度成立史の研究』（岩波書店、一九八九年）

室山義正『近代日本の軍事と財政——海軍拡張をめぐる政策形成過程』(東京大学出版会、一九八四年)
森靖夫『日本陸軍と日中戦争への道』(ミネルヴァ書房、二〇一〇年)
森山優『日米開戦の政治過程』(吉川弘文館、一九九八年)
安田浩『天皇の政治史——睦仁・嘉仁・裕仁の時代』(青木書店、一九九八年)
山田朗『昭和天皇の軍事思想と戦略』(校倉書房、二〇〇二年)
山本四郎『大正政変の基礎的研究』(御茶ノ水書房、一九七〇年)
山本四郎『山本内閣の基礎的研究』(京都女子大学、一九八二年)

コラム8　明治憲法の改正は可能か

明治憲法の発布の勅語に「不磨《ふま》ノ大典」（永久に伝えられる憲法）という言葉があることは、比較的良く知られている。これにより、明治憲法は改正できない憲法として作られたと誤解されることも少なくない。

しかし、憲法第七十三条には、改憲も規定されている。それによると、まず勅命で憲法改正の議案を帝国議会の議事にかける。ついで、貴・衆両院それぞれ総議員の三分の二以上の出席を得て議事を開き、それぞれ出席議員の三分の二以上の多数を得て改正が決定することになっていた。

既に見たように、伊藤博文の指導で、明治天皇は君主機関説を理解し、憲法制定後も君主機関説的天皇として行動している。したがって、天皇個人の意志で憲法改正を帝国議会にかけることは考えられない。日露戦争後に政党が台頭したので、それに合うように憲法を改正するとすれば、まず伊藤など元老の一人または複数が天皇に改憲を提起する。それを天皇は元老に下問《かもん》し、当時生存している伊藤・山県有朋・井上馨・松方正義・大山巌の五元老で合議し、改正で意見がまとまれば、それを天皇に上奏することになるであろう。元老が一致して改憲を提案すれば、天皇はそれを帝国議会にかけることになる。これが予想される改憲の過程である。

ところが日露戦争後も、最有力元老の伊藤と、一九〇〇年頃には伊藤と並ぶ最有力元老となった山県とが、政党を国家の中にどのように位置づけるかをめぐり、水面下で対立していた。したがって、改憲を提起する元老会議での一致は困難で、天皇は改憲を帝国議会の議事にかけることはできない。また、改憲について衆議院では出席議員の三分の二以上の賛成を得ることができても、山県系官僚閥が主導する貴族院では三分の二の賛成を得ることは困難である。このように日露戦後の時期において、現実に改憲はほとんど不可能な状態だった。

そこで伊藤は、憲法を補完する新しい法令を作ることで首相の権限を強化しようとした。こうすることで政党を背景とした内閣においても、陸海軍、とりわけ山県系官僚閥支配下の陸軍への統制を強めようとした。伊藤の意を受け、伊東巳代治《いとうみよじ》は勅令の文書様式を定めた公式令《こうしきれい》を立案し、それが一九〇七年（明治四〇）二月に公布された。それまで、勅令には、天皇の署名と担当大臣の副署（天皇の署名の左に記す署名）のみで良かったものが、公式令によって、首相の副署も必要となった。このことによって、陸海軍に関する勅令において首相の副署が必要となり、文官の首相であっても、署名しないぞと脅すことで、陸海軍への統制を強めることができるようになった。

　ところが山県は、公式令の意義を知ると強く反発した。同年五月に寺内正毅陸相から公式令の改正が困難と説明を受けると、山県は寺内に、首相の連署は「軍令」の性質のものには行われるべきでなく、もし実行されると統帥の系統を錯乱し軍政の根底を破壊する、と危機感を示した。

　そこで山県らは、軍事に関し、勅令に代わる軍令を新たに制定し、首相の副署がなくても担当大臣（陸相または海相）の副署のみで実施できるようにしようとした。公式令をめぐる対立には、明治天皇も心を痛めた。天皇はこの問題を、伊藤・山県二元老に諮詢《しじゅん》した。

　同年九月初頭には、伊藤と山県の会見で妥協が成立し、一二日に軍令第一号が公布された。軍令の制度ができたことで、首相が軍事に関しても統制できるという公式令は骨抜きになった。この時、伊藤は韓国統監であった。ちょうどハーグ密使事件がもとで韓国皇帝高宗《コジョン》を退位させる等したために、反日ゲリラ闘争である義兵運動が盛り上がり、その対策に苦慮していた。伊藤は山県や陸軍の全面的な協力が必要とされたので、公式令で譲ったのだろう（伊藤之雄『山県有朋』）。

　その後、一九〇九年一〇月に伊藤が暗殺され、山県の反発を抑えて憲法改正を天皇に提起できる人物がいなくなった。さらに、一九一二年七月に明治天皇が病死すると、比類ない権威を持った明治天皇の「欽定《きんてい》」憲法を改正すること自体、ほとんど不可能となった。まさに明治憲法は、「不磨の大典」となる。

（伊藤之雄）

図8－1　大日本帝国憲法を発布する明治天皇
「憲法発布式之図」（神奈川県立歴史博物館蔵）

第九章　東アジア国際環境の変化と日本外交

1　東アジアにおける日本の台頭──「入欧」から「脱亜」へ

近代日本──欧米とアジアの狭間で

近代日本の対外関係において、つねにその底流にあった重要な問題は、欧米およびアジアとの関わりのあり方であった。日本が近代化の道を歩んでいった一九世紀後半から二〇世紀前半にかけての時期は、近代化を遂げて圧倒的優位に立った欧米＝西洋が世界の中心と考えられ、西洋と、それ以外の非西洋という二元論的な世界観が支配的な時代であった。非西洋国家としていち早く近代化に着手した日本は、一方で欧米中心の世界に直面するとともに、他方で自身が地理的に位置するアジアとの間で、新たにどのような関係を作っていくのかをつねに問われなければならなかった。

一八八五年に福澤諭吉は、有名な「脱亜論」において、アジアを「脱して西洋の文明国と進退を共にし」、中国・朝鮮に対しては、「正《まさ》に西洋人が之《これ》に接するの風に従て処分す可《べ》きのみ」と説き、近代化の途上で模索のさなかにあった日本の外交に、一つの方向性を指し示した（『福澤諭吉全集』第一〇巻、二三八〜二四〇頁）。やがて日本は、まさに「脱亜」の政策を進めていくことになるが、その一方で、東洋と西洋の「架け橋」になるという理想も、日本人の間で根強い力を持ち続けた（入江昭『日本の外交』）。後述するように、両大戦間期の日本の国際協調外交は、欧米との協調と中国との融和をともに追求した点で、この理想に最も近づいたものであったということができる。

だが、結局日本は、欧米・アジア双方との関係に破綻をきたし、太平洋戦争に突入することになった。太平洋戦争敗戦後、一九五七年に出された『外交青書』第一号において、戦後日本外交の三大原則が打ち出された。そこにおいて、「国際連合中心」および「自由主義諸国との協調」と並び、「アジアの一員としての立場の堅持」が掲げられたことは、東西の架け橋というかつての理想が、再びよみがえったものと見ることができる（外務省『わが外交の近況』七〜八頁）。

このように、日本が近代化の道を歩み始めて以来、欧米およびアジアとの関係のあり方は、日本の対外関係の根底に横たわる重大な命題であり続けた。東洋と西洋の架け橋という理想は、逆にいえば、西洋と非西洋からなる当時の二元論的な世界において、近代日本がそのいずれにも属さない特異な存在であったこと、そして両者との関係のあり方が、現実には困難な問題であったことを物語っている。そこで本章では、明治期から昭和戦前期にかけての近代日本外交の展開を、日本を取り巻く国際環境の変化を視野に入れながら、欧米およびアジアに対する日本の関わりのあり方に注目して概観したい。

明治前期の日本外交
――「入欧」の追求

明治新政府が成立し、日本が近代化の道を歩み始めた一九世紀後半は、世界がまさに帝国主義の時代に突入していった時代であった。ヨーロッパ列強は、国民国家化と産業化によって圧倒的に優位な力を手にし、世界の各地に進出していった。アフリカ大陸は、一九世紀末から二〇世紀初頭にかけてヨーロッパ列強による熾烈な分割競争の舞台となり、その大部分が植民地化された。一方太平洋の島々も、一九世紀後半に欧米列強によって分割された。さらに、アジアにおいても一九世紀以降、インドのほか、中央アジア・東南アジアの大部分がヨーロッパ列強の植民地と化していき、またトルコ・ペルシア・アフガニスタンなどは、半植民地の状況に陥った。このように、ヨーロッパの海外への膨張を通じて世界は一体化し、ヨーロッパが一体化した世界の中心となった。そして、生物学者ダーウィンの『種の起源』（一八五九年）の衝撃から当時広く流行していた社会進化論によって、優越な人種（＝白人）による劣等な人種（＝非白人）の支配は、文明の進歩をもたらすとして、植民地支配が正当化される時代であった（ホブズボーム『帝国の時代』1）。

ヨーロッパ列強の進出は、ヨーロッパから見て文字通り「極東」にあたる、東アジアにも及んだ。しかしながら、日本にとっておそらく幸運であったのは、ヨーロッパ列強の関心が、巨大な領土・人口・富を擁する中国、当時の

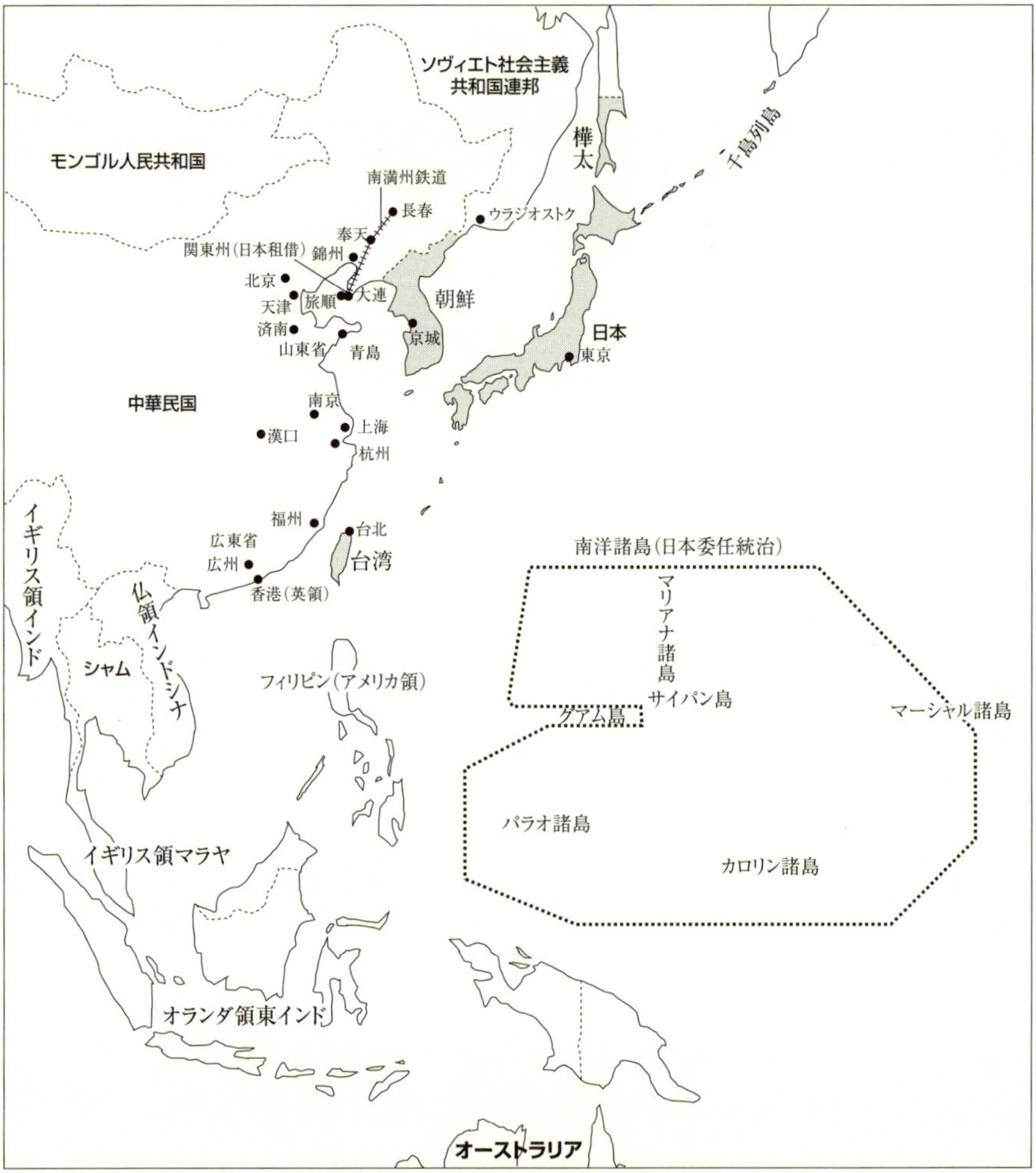

図9－1　第一次世界大戦後の日本の領土・権益

清国に集中したことである。清国は植民地にこそならなかったものの、アヘン戦争（一八四〇～四二年）以後、ヨーロッパ列強による厳しい政治的圧力と数度にわたる軍事干渉にさらされた。そして軍事的敗北を通じて、欧米各国との間で過酷な不平等条約を押しつけられ、半植民地化への道に追いやられていった。これに対し、日本が幕末に欧米各国との間で結んだ不平等条約は、あくまで交渉によるものであり、清国と比較すると格段に穏やかな内容であった（加藤祐三・川北稔『アジアと欧米世界』）。日本にとって、ヨーロッパ列強の脅威は、現実的にはそれほど差し迫ったものとはならなかった。

　このように比較的恵まれた国際環境を背景として、慶應三年一二月（太陽暦では一八六八年一月）に成立した明治新政府は、近代化のための国内改革に邁進することができた。ただし重要であったのは、当時の政府指導層による政治指導のあり方である。一八七三年の征韓論政変に端的に示されるように、大久保利通・木戸孝允らの政府主流は、対外的な勢力拡張よりも国内の改革を先決問題とする、内治優先の政策をかなりの程度一貫して推進した。さらに、木戸が岩倉使節団（一八七一～七三年）の副使として欧米を訪問した際に、「皮膚上之《の》事は暫《しばらく》差置《さしおき》、骨髄中より進歩」しなければならないと書簡中で指摘したように、近代化を、単に軍事や産業など国力に直結する分野に限られるのではなく、社会のあらゆる分野にわたる根本的な変革として捉える、的確な認識があった（『木戸孝允文書』四巻、四二三～四二五頁）。明治政府の内治優先の政策は、一八七七～七八年の大久保・木戸の死後も、彼らを継いで政府を指導した伊藤博文らによって、引き続き推し進められた。この内治優先政策の一つの到達点が、一八八九年の大日本帝国憲法（明治憲法）の発布であった（入江『日本の外交』、瀧井一博『文明史のなかの明治憲法』）。

　当時の日本にとって、近代化とはすなわち西洋化を意味した。それゆえに、内治優先の方針の下で、国内の近代化改革と一貫性をもって進められた明治前期の日本の外交は、「入欧」の追求と約言することができるだろう。このような明治前期の日本外交を象徴するのが、不平等条約の改正問題である。明治政府は成立まもない一八七〇年代から、欧米と対等の地位を目指して、不平等条約の改正を最重要の外交課題として追求した。なかでも一八七九～八七年に外務卿・外務大臣として条約改正交渉を精力的に推し進めた井上馨は、近代的な法制度の整備の上で、外国人への内地開放と引き換えに治外法権の撤廃を図る方針を打ち出し、以後の交渉のレールを敷いた。注目されるのは、内地開放が、単に交渉の切り札としてのみならず、日本を国際化し、「入欧」を進めるための抜本的な手段という、より積極的な意義を与えられていたことである。すなわち、一八八七年の井上の意見書にあるように、「内外人の往来交通を自由自在」にすることで、「我人民をして欧州人民と触撃し」、「泰西活発の知識を吸収」させる。その結果、日本人がヨーロッパ人のような「勇敢活発の人民」となることで、「欧州的一新帝国を東洋の表に造出する」ことが構想されたのである（『世外井上公傳』第三巻、九〇七～九三七頁）。

日清戦争――「入欧」の確立　このように、明治日本は「入欧」に邁進していったが、アジアとの関係については、福澤諭吉の説くような、欧米列強の政策に倣う「脱亜」の方向に進むかどうかは、必ずしも明確ではなかった。当時東アジアにおいては、朝鮮をめぐって日本と清国の間に利害の対立が生じていた。すなわち、朝鮮における影響力の拡大を志向する日本と、伝統的な朝鮮との宗属関係を維持・強化しようとする清国の対立である。それに朝鮮内政の不安定が加わり、壬午事変（一八八二年）・甲申事変（一八八四年）のように、日清両国が朝鮮内政に介入して、緊張を高めるに至っていた。福澤の「脱亜論」は、このような日清関係の緊張を背景として発表されたものである（坂野潤治『明治・思想の実像』）。しかしながら、伊藤博文ら政府主流は、内治優先の方針から、できる限り清国との対立を回避しようと努めた。それどころか、一八八〇年代後半にはロシアの朝鮮進出に対する危機感が高まり、それを防ぐために朝鮮に対する清国の宗主権の維持・強化を黙認する、対清協調政策がとられた（高橋秀直『日清戦争への道』）。

だが一八九〇年代になると、近代的な法整備と海軍力強化の進展を背景として、朝鮮における影響力拡大の要求が、政府の内外で次第に高まっていった。一方、清国では逆に、朝鮮に対する宗主権を強化しようとする意向が強まりつつあった。その結果、朝鮮における甲午農民戦争の勃発を引き金として、一八九四年七月に日清両国は戦争に突入した（前掲『日清戦争への道』、岡本隆司『属国と自主のあいだ』）。戦争の結果は日本の圧勝に終わり、下関条約（一八九五年四月）において、日本は清国に朝鮮の独立を認めさせるにいたった。また日本は、多額の賠償金を得たほか、遼東半島・台湾・澎湖列島を清国から割譲させ、初めて海外に植民地を獲得した。

日清戦争での勝利は、明治政府成立以来の近代化改革の成果を目に見える形で示すものであり、日本は近代国家としての地位を確立することになった。外務大臣・陸奥宗光《むつむねみつ》の『蹇蹇録《けんけんろく》』に見られるように、日本はこの戦争を、「西欧的新文明」と「東亜的旧文明」の戦いとして位置づけ、文明国・日本の勝利を演出した（『蹇蹇録』五八～六〇頁）。戦時中に日本が国際法の順守に努めたのも、同様の動機からである。また日清開戦の直前に、日本はイギリスとの間で新しい通商航海条約を締結し、不平等条約の象徴であった治外法権の撤廃を達成した。これは、日本が近代国家として国際的に承認されたことを意味する。こうして日本は、明治政府成立以来追求してきた「入欧」を確立した。

一方、アジアとの関係については、日本がさらに進んで「脱亜」の方向に向かうかどうかは、依然として明確ではなかった。というのも、日清戦争後、ヨーロッパ列強の東アジア進出が従来以上に積極化し、日本は守勢的な対応を余儀なくされたためである。まず下関条約調印直後に、日本はロシア・ドイツ・フランスによる三国干渉を受けて、遼東半島を放棄させられた。さらに一八九七～九八年には、ヨーロッパ列強が中国各地で次々と租借地や重要な権益を獲得していき、中国は諸列強の勢力範囲に分割されるに至った。他方、朝鮮においても、日本の影響力拡大が停滞する一方、朝鮮国王のロシア公使館への播遷《はせん》（一八九六～九七年）に示されるように、新たにロシアが影響力を強めた。これに対し、日本は一八九六～九八年にロシアとの間で数度にわたり協商を結び、朝鮮／韓国（一八九七年に国号変更）における現状維持を取り決めることで満足しなければならなかった（伊藤之雄『立憲国家の確立と伊藤博文』）。

日露戦争――「脱亜」への転換点

こうした中で、東アジアの国際関係に新たな展開をもたらしたのは、一九〇〇年の清国における義和団の乱の発生であった。義和団の乱の満州（中国東北部）への拡大を受けて、ロシアは自国の権益を保護するために、同地を占領した。ロシアの満州占領は、満州と陸続きの韓国における日本の勢力を脅かすものであり、日本は新たな対応を迫られることになった。

一方同じ頃、日本の政府内部では、従来の内治優先の政策と異なり、積極的に対外的な勢力拡張を志向する、新たな外交路線が台頭しつつあった。一九〇一年に首相に就任した桂太郎、外相の小村寿太郎《こむらじゅたろう》は、対外的な勢力拡張と結びつけた日本の経済発展を構想していた。具体的には、韓国を日本の勢力範囲と化すとともに、政府主導の下で清国への経済進出を図る方針を打ち出した。右の方針に基づき桂内閣は、一九〇二年一月に日英同盟を成立させ、日本による韓国の勢力範囲化と、そのために必要な満州におけるロシアの勢力の限定を実現しようと図った。これに対し、元老の伊藤博文は、内治優先の立場から、満州・韓国に関してロシアとの間に新たな妥協を模索したが、ロシア側の反応を引き出すことはできなかった（伊藤之雄『立憲国家と日露戦争』、小林道彦『桂太郎』）。

日英同盟成立後もロシアが満州から撤兵しなかったため、一九〇三年八月に日本はロシアとの間で交渉を開始し、満州・韓国における関係の調整を図った。だが、日本が交渉の眼目と位置づける韓国の勢力範囲化に関して、ロシア側が容易に譲歩を示さなかったため、結局一九〇四年二月に日本は対露開戦に踏み切った（前掲『立憲国家と日露戦争』、千葉功『旧外交の形成』）。日本は大きな犠牲を払いながらも、同盟国イギリスと、ロシアの満州占領に反対するアメリカの支持を得て戦争を有利に運び、一九〇五年九月にポーツマス条約を結んで実質的に戦争に勝利した。

しばしば指摘されるように、日露戦争での勝利は、近代日本にとって一つの転換点となるものであった。日本は大国ロシアを破ったことで、列強の完全な仲間入りを果たした。日露戦争後の一九〇五～〇八年に、日本が欧米列強との間で相互の外交使節を公使から大使へと昇格させたことは、そのことを象徴的に示すものであった。また日本は、ポーツマス条約によって韓国の保護権をロシアに承認させるとともに、南満州におけるロシアの租借地（旅順・大連）ならびに鉄道権益（東清鉄道の長春―旅順間）を譲り受けた。こうして中国大陸への進出の足がかりを得た日本は、列強の一員として勢力拡張を追求する、「脱亜」の道へと進んでいくことになる。

2　帝国としての発展の追求――「脱亜」の進展

日露戦後の日本外交――大陸への進出

日露戦争後、日本は主に桂―小村ラインの主導の下で、帝国主義的な勢力拡張政策を本格的に展開していった（小林道彦『日本の大陸政策』）。既に日露開戦五カ月後の一九〇四年七月の意見書で小村寿太郎外相が打ち出していたように、東アジアにおける列強の利権獲得競争を前にして、日本も積極的に満州・韓国などにおいて「我利権を拡張し、以《もっ》て我国力の発展を図」っていくことになった（『日本外交年表竝主要文書』上巻、文書二二八～二三一頁）。「脱亜」の追求である。

まず韓国については、日本は右の小村意見書にあったように、事実上の「主権範囲」と化すべく、「保護の実権を確立」していくことになった。日本はロシアとのポーツマス条約のほか、日露戦争末期に結んだ第二回日英同盟およびアメリカとの桂・タフト協定を通じて、韓国保護国化に関する関係列強の承認を取りつけた。その上で日本は、一九〇五年一一月に第二次日韓協約を結び、韓国の対外関係の管理権を掌握した。これを受けて、初代統監に就任した伊藤博文の主導の下、韓国統治が進められることになった。注意すべきは、韓国の保護国化が、必ずしも併合を志向するものではなかったことである。伊藤は、日本が統治コストを全面的に負担することになる韓国の植民地化には、むしろ消極的であった。伊藤が目指したのは、日本による保護と指導の下で、韓国の近代化を推進することであり、それに対して韓国側の理解と協力を得ることを、伊藤は期待した。伊藤は、支配・従属関係にありながらも安定した日韓協力関係の形成と、その下での韓国の近代化が、統治の負担を軽減し、かつ長期的観点から日本の利益に最も資すると考えていたのである（森山茂徳『近代日韓関係史研究』、浅野豊美『帝国日本の植民地法制』、伊藤之雄『伊藤博文をめぐる日韓関係』）。

ところが、伊藤の韓国統治構想は、韓国国内の反日民族主義運動の高まりに直面して、次第に行き詰まっていった。一九〇七年六月のハーグ密使事件（韓国皇帝が万国平和会議に密使を派遣した事件）を契機として、伊藤は当初の比較的穏健な統治からの転換を余儀なくされ、同年七月に第三次日韓協約を結んで韓国内政を完全に掌握した。伊藤のねらいは、自らが前面に出て韓国の近代化改革を強力に推し進めることにあった。だがそれは、韓国側の反日民族主義運動をいっそう刺激することとなり、一九〇九年には伊藤も、併合をやむを得ないと考えるようになっていった。こうして同年六月、伊藤は統監を辞任する。ただし伊藤は、韓国政府を再編して存置するとともに、植民地議会を設けることを視野に入れるなど、併合後の韓国に一定の自治権を付与することを構想していた。だが、同年一〇月に伊藤が民族主義運動家の安重根《アンジュングン》に殺害されたため、このような併合のもう一つの可能性は、幻に終わることになる。伊藤の死後、日本の韓国政策は、韓国側の抵抗を力で封じることを重視する、元老・山県有朋や陸軍の武断統治の方向に傾斜していき、一九一〇年八月、日本は韓国併合に踏み切った（森山、前掲『近代日韓関係史研究』、伊藤之雄『伊藤博文をめぐる日韓関係』、李盛煥《イスンハン》「伊藤博文の韓国統治と韓国ナショナリズム」）。

＊韓国では、伊藤の韓国統治構想に独自の意義を認めず、漸進主義か急進主義かという、併合への単なるアプローチの差に過ぎないと捉える見方が今日でも支配的である。一方、日本では、伊藤が併合とは異なる韓国統治のあり方を模索していたことに注目する見解が、近年主流になりつつある。ただし、最終的に伊藤が併合を決意した時期については、右で示した解釈のほかに、一九〇七年のハーグ密使事件前後の時期とする説もあり、その場合、併合が一九一〇年まで実現しなかった理由としては、列強との関係という国際的要因や、日本の財政的要因が指摘される。伊藤の韓国統治をめぐるこれらの論争は、伊藤の韓国統治構想の位置づけやその評価に関わるのみならず、実際の展開とは異なる韓国併合のあり方や、さらには近代日韓関係に開かれていた異なる道の可能性という、重要な問題に関わるものである（伊藤の韓国統治に関する日韓両国の研究の現段階について知るには、伊藤之雄・李盛煥編著『伊藤博文と韓国統治』を参照）。

一方、満州（南満州）においては、日本は「利益範囲」（小村意見書）、すなわち勢力範囲の形成を図っていった。日本は軍政撤廃後の一九〇六年に関東都督府を設置する一方、ロシアから譲渡された鉄道権益を基礎に南満州鉄道株式会社（満鉄）を設立し、満州経営に着手した。だが、日本による満州の勢力範囲化は、その途上で様々な困難に直面することになった。まず後に述べる、日露戦争後の清国における民族主義的意識の芽生えを背景として、日本の満州進出は清国官民の反発に直面した。そのため、満州権益実質化のための追加権益をめぐる清国との交渉は、日本の予想外に難航した（一九〇九年に交渉妥結）。他方、中国における門戸開放を提唱するアメリカは、日本による満州の勢力範囲化に反対し、対抗策を講じてきた。その最たるものが、国際的に資金を供給して満州の全鉄道を清国に買収させるという、革命的な満州鉄道中立化提案（一九〇九年）である。これに対して日本は、北満州において依然として強い勢力を保持するロシアとの関係改善を通じて、満州における自国の国際的立場の強化を図った。日本はロシアとの間で、一九〇七年・一九一〇年・一九一二年の三回にわたり日露協約を結び、満州の南北ならびに内蒙古の東西を、それぞれの勢力範囲として相互に承認し合った。こうして日本は、内蒙古の一部をも含めて、南満州の勢力範囲化を達成した。いわゆる満蒙特殊権益の確立である（北岡伸一『日本陸軍と大陸政策』）。

東アジア国際関係の新展開と日本

しかしながら、以上の過程の一方で、政府指導層の間には、日本が国際的孤立に陥る危険への不安がつねに伏在し続けた。一九〇七年に伊藤博文は、林董《はやしただす》外相に書簡を送り、「世界の大勢は殆《ほとん》と日本を孤立せしめすんは已《や》まさるの傾向を示し居候」との危機感をあらわにしている（前掲『日本外交年表竝主要文書』上巻、文書二八二〜二八四頁）。その背景にあったのは、日露戦争後の東アジア国際関係の新たな展開であった。もっとも、日露戦争勝利を通じた日本の台頭と、右に見たその後の日本の新たな政策展開こそが、東アジアの国際関係にこのような変化をもたらしたほかならぬ大きな要因であった。

日露戦後の日本外交にとって、特に深刻な問題として浮上したのは、アメリカとの関係である。一八九八年のハワイ併合とグアム・フィリピンの領有以後、東アジアへの関与を本格化させたアメリカと、日露戦争後に大陸への進出に着手した日本は、必然的に競争者の関係に立つことになった。とりわけ一九〇九年のタフト政権成立以降、アメリカの東アジア政策は、積極化すると同時に道義的色彩を帯びるようになり、日本の政策としばしば衝突するようになった。タフト政権は、アメリカの経済力を対外政策の手段として積極的に活用しようとする、いわゆるドル外交を展開した。東アジア政策としては、先述の満州鉄道中立化提案がその典型である。見逃してはならないのは、こうしたタフト政権の政策が、親中国的な道義的動機に強く動かされていた点である。それは以後、アメリカの東アジア政策における一つの重要な潮流を形成していく（Akira Iriye, *Across the Pacific*; Warren I. Cohen, *America's*

Response to China）。さらに、中国問題に加えて日米両国間の摩擦の要因となったのは、一九〇六年のサンフランシスコ学童隔離事件に始まる日本人移民排斥問題である。人種偏見に基づく移民問題の発生は、欧米における黄禍論《こうか》の流行とあいまって、日本の国際的孤立に対する政府指導層の不安感を深めた（入江、前掲『日本の外交』）。

また、日本と同盟国イギリスの関係も、変容を遂げていった。日露戦争でのロシアの敗北を受けて、アジアでそれまで対抗関係にあった英露両国は対立の解消に向かい、一九〇七年に英露協商を結ぶにいたる。ロシアへの対抗という日英同盟の元来の目的が消滅したことは、日本とイギリスの関係に微妙な影響を及ぼさざるをえなかった。さらに、右に見た日米関係の悪化を受けて、イギリスは日本とアメリカの間で難しい立場に立たされることになった。一九一一年に結ばれた第三回日英同盟では、イギリスの要請により、実質的に同盟の適用対象からアメリカが除外されることとなった（Ian H. Nish, *Alliance in Decline*）。

一方、東アジアの国際関係にさらに新たな要素をもたらすことになったのは、中国における民族主義的意識の萌芽である。日露戦争での日本の勝利は、欧米列強の抑圧を受ける世界の諸地域の民族主義に刺激を与えたが、中国もその例外ではなかった。日露戦争後の日本の満州進出が、従来にない反発を受けたことは先に述べた。さらに、一九一一年一〇月には辛亥革命が起こり、翌年に清朝が滅亡して新たに中華民国が成立するに至る。

このように、日露戦争後、日本を取り巻く東アジアの国際環境は、大きな変化を遂げていった。それだけに、日露戦後の日本の勢力拡張政策は、一方で欧米列強との関係に注意を払いながら、慎重に進められていった。既に見た、二度の改訂を経ながらのイギリスとの同盟関係の維持、三回にわたるロシアとの政治協約のほかに、フランスとの日仏協商（一九〇七年）、さらにアメリカとの間でも、一九〇八年に高平《たかひら》・ルート協定を結んで関係の改善に努めるなど、日本は国際的孤立を陥らないよう、周到な対列強外交を展開した。しかしながら右に見た、アメリカの台頭、日英同盟関係の変質、中国における民族主義的意識の芽生えという、東アジア国際関係における新たな動きを背景として、日本の対列強協調外交は、動揺の兆しを示していた。辛亥革命に際して、日本がイギリスとの共同行動を企図したのに対し、イギリスから十分な支持を得られなかったことは、その表れである（臼井勝美『日本と中国』)。だが、一九一四年七月に第一次世界大戦が勃発し、東アジアの勢力関係が一時的に激変することになったため、日本がこれらの新たな動きに対応を迫られるのは、大戦終結後のことになる。

第一次世界大戦と日本外交の混乱

第一次世界大戦（一九一四〜一八年）勃発の結果、東アジアにおいてはヨーロッパ列強の勢力が大きく後退し、一時的に日本が圧倒的優位に立つ状況が現出した。日本の政府指導層は、これを千載一遇の機会と捉え、従来の慎重な政策から一転して、性急な勢力拡張政策を展開していった。日本は第二次大隈重信内閣の加藤高明外相の主導の下、一九一四年八月に、日英同盟を理由にドイツに対して参戦した。同年中に日本は、中国山東省のドイツ権益と、赤道以北のドイツ領南洋諸島を占領するに至る。

第一次世界大戦中の日本の強引な勢力拡張政策を象徴するのが、一九一五年一月の中国に対する二十一カ条要求である。二十一カ条要求はまずその内容において、従来の政策から逸脱するものであった。第一〜五号からなる要求の中心は、日本が占領した山東省ドイツ権益の譲渡（第一号）と、満蒙特殊権益の強化・拡充（第二号）であった。一方、特に問題となったのは、「勧告」事項とされた第五号で、日本人政府顧問の傭聘、一部地方における警察の日中合同、日本からの兵器供給の義務づけなど、重大な内政干渉にあたる内容を含んでいた。さらに、種々の要求を羅列して一挙に受諾を迫り、ついには最後通牒まで発するという高圧的な交渉方法も、問題を大きくした。日本は結局、第五号を除く主要な要求を中国に認めさせたが、二十一カ条要求は、米英両国に根深い対日不信感を植えつけたほか、日中関係を大きく損ない、その後の中国における反日運動の象徴的な標的となっていく（前掲『日本と中国』）。

さらに、国内政治上の理由で一九一五年八月に加藤外相が辞職すると、外交政策形成における外務省の指導力が低下する一方、元老や陸軍など外部からの介入が強まった。その結果、日本の外交はいっそう混乱したものとなり、同時に中国内政への干渉の度を強めていった。大隈内閣は、日本を警戒して米英両国に接近しようとした中国大総統・袁世凱《えんせいがい》の排斥を図り、中国南方および満州における反袁世凱運動を支援する裏面工作を進めた。大隈内閣の反袁政策は結局、一九一六年六月の袁の急死を受けてようやく中止された。一方、袁世凱の死後、中国は内戦状態に陥り、各地に割拠する軍閥が勢力争いを繰り返すことになった。こうした中、大隈内閣について同年一〇月に成立した寺内正毅内閣は、次第に有力軍閥・段祺瑞《だんきずい》との関係を深めていき、寺内首相の私的使節の西原亀三を通じて、総額一億四五〇〇万円とも言われる膨大な金額の借款を供与した（西原借款）。だが、西原借款はその大部分が段の政治・軍事資金に使用され、しかも結局段祺瑞は中国統一に失敗して、一九二〇年に失脚することになる（北岡『日本陸軍と大陸政策』）。

一方、第一次世界大戦中に日本はロシアとの間では、一九一六年に第四回日露協約を結ぶなど、関係の強化を進めた。ところが、一九一七年にロシア革命が起こり、帝政が倒れて新たにソヴィエト政権が成立した。ソヴィエト政権は、旧政府の外交政策を否定しさり、一九一八年三月にドイツと単独講和を結んで大戦から離脱した。これを受けて、英・仏など連合国側は、ロシアの反革命勢力を支持して干渉出兵を行うことになり、日本も、アメリカからの共同出兵提議に応じてシベリアに出兵した。だが寺内内閣は、北満州・シベリア方面への勢力拡張を狙う陸軍の主導の下、兵力の限定を求めるアメリカの意向を無視して総計七万二〇〇〇名にのぼる大軍を派遣し、アメリカの不信感を強めた（細谷千博『シベリア出兵の史的研究』）。

以上のように、第一次世界大戦中に日本は強引な勢力拡張政策を展開したが、大きな成果を上げることなく、むしろその国際的立場を悪化させる結果に終わった。一九一八年一一月に大戦が終結すると、日本の外交は、全面的な再調整を迫られることになる。

3　国際協調外交の展開――「世界の大勢」への順応

第一次世界大戦後の国際環境の変化

第一次世界大戦終結後、日本を取り巻く国際環境は急激に変化していった。それは先に見たように、日露戦争後から徐々に進展しつつあった新たな動きが、第一次世界大戦を触媒として一挙に大きな変動へと化し、表面化したものと言うことができる。

その変化の第一は、アメリカの台頭である。一九一七年四月に第一次世界大戦に参戦したアメリカは、大戦の帰趨を決定づける役割を果たし、世界大国として台頭するに至った。これを受けて、日本とイギリスは、いずれも同盟相手である互いの国以上にアメリカを重視せざるをえなくなり、日英同盟は決定的に弱体化していく（Nish, *Alliance in Decline*）。

アメリカの世界大国化はまた、新しい外交理念の台頭をともなうものであった。第一次世界大戦終盤の一九一八年一月、アメリカのウィルソン大統領は、有名な平和原則「十四カ条」を発表し、帝国主義に代わる新しい国際政治のあり方を提示した。ウィルソンの構想に代表されるいわゆる「新外交」は、あまりに急進的でそのまま現実のものとはならなかったが、大戦の未曾有の犠牲を背景として大きな影響力を及ぼし、国際政治のあり方を変えていった。大戦後の世界においては、一国の国益と並んで平和と国際関係全体の安定が、外交において追求されるべき価値となり、帝国主義的な勢力拡張政策は正当性を失うにいたる。それと同時に、平和志向的な国内体制として、民主主義的政治体制が普遍的な正統性を付与されることとなった（入江昭『二十世紀の戦争と平和』）。

さらに、日本にとって重大な課題となっていったのは、中国における民族主義の高まりである。第一次世界大戦後、右に見たように帝国主義的な勢力拡張政策は否定されることになったが、その一方で、列強は既得の植民地や権益を手放すことはなかった。そのため、列強の抑圧を受ける世界の諸地域では、民族解放運動が、広範な大衆の支持を得て高まっていく。その背景には、ウィルソンの「十四カ条」で提唱された民族自決の理念が、広く世界に影響を及ぼしたことのほかに、反資本主義・反帝国主義を標榜するソヴィエト政府が、コミンテルンを通じて世界各地の民族解放運動を支援したことがあった（前掲『二十世紀の戦争と平和』）。こうして日露戦争以来、「脱亜」の道を追求してきた日本は、再びアジアに向き合うことを迫られることになる。

パリ講和会議（一九一九年一〜六月）は、右に見たような第一次世界大戦後の国際環境の変化を、日本の政府指導層にあらためて認識させる機会となった。パリ講和会議において日本は、山東省権益の譲渡と南洋諸島の委任統治を認められ、大戦の戦果をほぼ確保した。同様にイギリスやフランスも、一定の戦果を確保し、旧態依然たる帝国主義的な植民地再配分の様相を呈した。また、日本人移民排斥や黄禍論に直面し、欧米中心の世界で疎外感にさいなまれてきた日本が、正当な待遇の保証を求めて提案した国際連盟規約の人種平等条項は、豪・米などの頑強な反対の前に挫折し、人種差別が根強い世界の実情を示した。しかしながら、これらの一方で、ウィルソン大統領の熱意の下、国際連盟の創設が取り決められ、国際政治の変化を誰の目にも明らかにした。さらに、日本は山東省ドイツ権益の譲渡をめぐって、予想外の中国側の強い抵抗に直面した。日本は主張を貫徹したが、これをきっかけに中国全土で大規模な排日運動（五・四運動）が起こり、中国の民族主義運動の新しい力を示した。中国はパリ講和会議の決定に抗議し、ヴェルサイユ条約への調印を拒否した（臼井『日本と中国』、川島真『中国近代外交の形成』）。

日本において、第一次世界大戦後のこのような新しい動きは、「世界の大勢」として受けとめられた。「世界の大勢」への積極的順応を説いた吉野作造《よしのさくぞう》は、それを内政においては民主主義（「民本主義」）、外交においては国際主義（「国際的平等主義」）として捉えた（『吉野作造評論集』一四四〜一五一頁）。大戦後の日本は、吉野の目から見れば不徹底であったものの、基本的方向性としては「世界の大勢」への順応を図り、国内では政党政治、対外的には国際協調外交を発展させていく。

国際協調外交への転換

政党政治と国際協調外交の時代を切り開く役割を果たしたのが、第一次世界大戦末期の一九一八年九月に成立した原敬内閣である。原内閣は、長らく政党の対抗勢力であった藩閥官僚勢力を打破し、政党勢力を統治の中心的な担い手として確立した。一方、外交政策の面では、外務省の指導性を回復して政策決定過程を一元化するとともに、欧米諸国、特にアメリカとの協調を重視して政策転換を図った。原内閣は、中国において内政不干渉政策への転換を図る一方、シベリアからの撤兵に着手した。それは、軍事力や政治的圧力を使って周辺地域への勢力拡張を図る、従来の帝国主義的政策から、もっぱら通商の振興を通じて経済的利益を追求する国際協調外交への、大きな方向性の転換を意味するものであった。具体的に中国政策について言えば、中国の分裂状況に乗じて勢力の扶植を図るのではなく、通商振興の前提となる中国の統一と安定化を促していくことになる。このような原内閣の新しい中国政策の方向性を表わすのが、アメリカの主導により一九二〇年一〇月に結成された対中国新国際借款団への参加である。新借款団は、中国に対する借款の国際管理を通じて、中国における列強の利権獲得競争を、中国の発展のための協力行動へと転じようとする画期的な試みであった（三谷太一郎『日本政党政治の形成』、川田稔『原敬』）。ただし、原内閣による中国政策の新たな展開は、日本の満蒙特殊権益を従来通り維持することを前提とするものであった。新借款団結成をめぐる交渉において原内閣は、満蒙特殊権益を例外扱いにすることを粘り強く主張し、実質的にアメリカの黙認を取りつけた。さらにこの頃、奉天省を支配する軍閥・張作霖が、満州全域に勢力を広げたことを受けて、原内閣は、張作霖への支持を通じて日本の満蒙特殊権益の保護を図る方針を確立した（前掲『日本政党政治の形成』、Warren I. Cohen, "America's New Order for East Asia"）。

第一次世界大戦後の新たな東アジア国際秩序の基礎が打ち立てられ、日本においては国際協調外交が確立する画期となったのは、一九二一～二二年のワシントン会議である。ワシントン会議の結果、地域の主要国である日・米・英三国の間に、安定した協調関係が形成されることになった。まず、日・米・英の三国を中心に海軍軍縮が実現し、主力艦の軍備制限などを規定する条約が締結された。それと同時に日英同盟の廃棄が決定され、代わって日・米・英・仏の四国で協議協約が結ばれた（太平洋に関する四国条約）。さらに、東アジア国際政治の中心的争点であった中国問題についても、その原則に関して合意が成立し、日・米・英など関係八カ国に中国自身も加わって、中国に関する九国条約が締結された。これにより列強は、中国の統一と安定化を支持し、中国の発展に応じて不平等条約の改正を進めることになった。また日本は、会議と並行して山東省権益に関する二国間交渉を中国と行い、同権益の大部分を放棄してこの問題を解決した。こうして東アジアにおいて、日・米・英の三国を中心とする国際協調体制が成立した。このワシントン体制は、以後一〇年余りにわたって、東アジアの国際関係を規定することになる。そして同体制の下で日本は、国際協調外交を展開していく（入江昭『極東新秩序の模索』、麻田貞雄『両大戦間の日米関係』、服部龍二『東アジア国際環境の変動と日本外交』）。

ところで、第一次世界大戦後の日本外交の転換と、ワシントン体制の形成の背景としては、先に述べたような大戦後の国際環境の変化に加えて、日本の国際的地位の向上という要因があったことを見逃すことはできない。日本は大戦中に一定の経済発展を遂げて国力を増大させたのに加えて、大戦によるヨーロッパ列強の疲弊により、アメリカと並び、大戦後のアジア太平洋地域において無視することができない強国に成長した。たしかに日本は、ワシントン体制の形成にいたる大戦後の外交再調整の過程で、大戦中に膨張した勢力を後退させた。しかしながらそれは、原敬など洞察力ある政治指導者により、むしろ日本自身にとっても利益になると判断される範囲にとどまるものであった。アメリカによる満蒙特殊権益の黙認に見られるように、最終的に日本が求められた譲歩は限定的であったし、また山東問題のように実質的な譲歩をともなった場合でも、日本は自主的に譲歩を行う「名誉ある撤退」の機会を与えられた。そして、新たに形成されたワシントン体制において、日本は米英両国と並び、アジア太平洋地域の秩序を担う三大国の一角を占めることになったのである。

国際協調外交の展開とその可能性

さて、ワシントン体制下の日本の国際協調外交の最も重要な特色は、中国に対する融和的な政策に求められる。先に述べた、第一次世界大戦後のアジアにおける民族主義の高まりという「世界の大勢」を受けて、日本はアジアとの間で、新しい友好的な関係を築くべく模索することになる。そして、当該期の日本の国際協調外交を代表するのが、外務大臣・幣原喜重郎《しではらきじゅうろう》によるいわゆる幣原外交（一九二四～二七年／一九二九～三一年）である。

この時期の日本外交が直面した重大な課題は、中国における民族主義の高揚と、それにともない生じた急激な政治変動への対応であった。中国では一九二五年五月に、上海租界の外国人警察が中国人デモ隊に発砲したことに端を発して上海で大規模なゼネストが起こり、さらに各地で不平等条約の改正を求める反帝国主義運動が高まった（五・三〇事件）。こうした中国における民族主義の高まりを背景として、一九二六年七月、広東省を拠点とする国民党の蔣介石《しょうかいせき》が北伐を開始した。北伐軍は各地の軍閥を打倒しながら北上し、一九二八年六月には北京に入城して、満州を除く中国全土の統一を果たした。さらに同年中に満州の地方政権も帰順を表明し、ここに中国は国民政府の下で統一されるにいたる。

幣原外交は、このような中国民族主義の潮流を相当程度的確に認識し、中国における政治変動に対応した。しかも注目されるのは、中国に最も深い利害関係を有するのは日本であるとの認識から、米英両国に対し積極的に共同行動を提起するという、いわば自主的協調外交を展開した点である。五・三〇事件後、中国において民族主義が高まる中で、中国の不平等条約改正のためにワシントン会議で取り決められた関税特別会議と治外法権委員会が実現を見た。幣原外交下の日本は、そのいずれにも積極的に取り組み、議論を主導しようと努めた。もっとも、中国中央政府の強化を想定したワシントン会議の計画は、反政府勢力である国民党が台頭するにつれて当初の意味合いを失っていき、それに対する日米英三国の対応は混乱を極めた。こうした中で、幣原外相は中国の安定勢力としていち早く蔣介石に注目し、一九二七年三月の南京事件（北伐軍の南京入城の際に生じた外国人に対する暴行・略奪事件）に際しては、日本が列強と蔣介石の間に立って両者の橋渡しを図るように努めた（西田敏宏「ワシントン体制と幣原外交」）。幣原の側近であった外交官の佐分利貞男はこの頃、実業界の会合での演説において、日本が中国から最も信頼を受ける立場にあり、中国と列強の間にある「溝に橋を架ける」こと、さらには「東洋と西洋の調和」が、日本の使命であると述べている（『銀行通信録』第八三巻第四九五号、五二四～五二七頁）。幣原外交下の日本は、東洋と西洋の架け橋という日本人の伝統的理想に、最も近づいた時期であったといえる。

さらに幣原外交は、国民党の台頭という中国の新状況に対応して、満蒙政策に関しても新たな方向性を模索しつつあった。すなわち、満州を拠点として中国中央政府にまで勢力を及ぼしていた張作霖が、北伐軍に敗退して失脚することを想定して、張作霖没落後の満州における事態の収拾について検討を進めていたのである。そこでは、新たに成立する満州の地方政権に対し、国民党との妥協を促すことが展望されていた。それはその後の中国における急激な政治変動に対応しながら、日本の満蒙特殊権益を安定的に維持していくことを可能にする、一つの方向性を指し示すものであった（西田敏宏「第一次幣原外交における満蒙政策の展開」）。

ところが、幣原外交が指し示していた日本の国際協調外交の可能性は、その後の田中義一内閣によるいわゆる田中外交（一九二七～二九年）の時期に、大きく損なわれることになる。田中外交は、張作霖への支持を通じて満州における日本の権益の拡張を図る、満蒙積極政策を推進した。これは、中国における民族主義の潮流を軽視し、中国の分裂状況を前提とする政策で、幣原外交から逆行するものであった。このような田中外交の帰結は、一九二八年四月以降の北伐の急激な進展への対応の失敗であった。田中内閣は、日本人居留民保護を目的に山東省に軍隊を派遣し、済南《さいなん》において北伐軍との間に大規模な軍事衝突を引き起こした（済南事件）。その結果日本は、中国の新しい統一政権である国民政府との関係の構築に、大きくつまずくこととなった。さらに、北伐軍に敗れた張作霖が、北京から満州に列車で引き上げてきた際に、関東軍高級参謀・河本大作の謀略により、爆殺される事件が起こった。その背景には、中国の民族主義の波が満州にまで迫ってきたことに対する危機感の高まりがあった。しかも田中内閣は、張作霖の後継者の張学良が国民政府に帰順しようとするのを妨害し、満州をめぐる日中両国間の緊張をいやが上にも高めた。こうして満蒙問題が、日中両国間の重大な懸案として浮上し、日本と中国の平和的共存の可能性は、大きく狭められることとなった（臼井勝美『日中外交史』、佐藤元英『昭和初期対中国政策の研究』、小林道彦『政党内閣の崩壊と満州事変』）。

＊両大戦間期の国際関係史に関する様々な捉え方については、コラム９を参照。

4　国際的孤立化への道——「脱亜脱欧」へ

世界恐慌と国際協調外交の行きづまり

日本の国際協調外交を最終的に挫折させることになったのは、一九二九年一〇月のニューヨーク株式市場の暴落に端を発する、世界恐慌の衝撃であった。世界恐慌は各国に未曾有の不況をもたらし、民主主義的政治体制と国際協調外交を大きく揺るがしたが、日本もその例外ではなかった。政党内閣は不況の深刻化に対し有効な対策を打ち出すことができず、政党政治と国際協調外交に対する国民の失望と反発を増大させていった（入江『極東新秩序の模索』、伊藤之雄『大正デモクラシーと政党政治』）。

一方、一九二九年七月に田中内閣が総辞職し、幣原が外相に復帰して幣原外交が再開されることになったが、国際協調外交の可能性はもはや大きくは開かれていなかった。幣原外交の下で日本は、補助艦の軍備制限を主眼とするロンドン海軍条約の成立（一九三〇年四月）に協力し、ワシントン会議以来の日・米・英三国の協調関係の維持・強化に努めた。また幣原外交は、一九三〇年五月に日中関税協定を結んで中国の関税自主権を承認するなど、日本と国民政府の関係の構築に努力した。だが、同年秋以降に国民政府が、不平等条約の廃棄と外国権益の回収を掲げる革命外交を本格化させると、他の列強にもまして日本と中国の関係は急速に悪化していき、中国において日本が国際的に孤立する様相が強まっていった。こうした状況を受けて国内では、満蒙特殊権益に対する危機感が高まり、もはや平和的手段によっては日本の死活的利益を守ることができないのではないかという、国際協調外交に対する深刻な疑義が投げかけられるようになった（関寛治「満州事変前史」）。

こうした中で、陸軍の一部に、政党政治と国際協調外交の打破を目指す動きが現れはじめた。陸軍内部の急進派は、内外の危機の深まりに対し、政党政治と国際協調外交ではもはや対処できないとして、政治体制の転覆を企図する国家改造運動を追求するようになった。一九三一年三月には、現実味のない杜撰《ずさん》な計画ながら、クーデター未遂事件が発生する（三月事件）。一方、同じ頃に関東軍では、高級参謀・石原莞爾《いしわらかんじ》らが中心となって、「満蒙問題の解決策は満蒙を我領土とする以外絶対に途《みち》」がないとの認識から、独自の軍事行動を計画するようになった（『石原莞爾資料　国防論策篇』七六～八一頁）。そして一九三一年九月、関東軍は計画を実行に移し、満州事変を引き起こす（前掲「満州事変前史」、小林『政党内閣の崩壊と満州事変』）。

満州事変と国際協調外交の終焉

満州事変の展開において無視することができない重要な点は、事変が東アジアの局地的な紛争にとどまらず、グローバルな問題として国際化したことである。その背景には、一九二〇年代半ば以降に進展した、グローバルな国際平和体制の形成があった。先述のように、一九一九年のパリ講和会議で国際連盟の創設が取り決められ、翌一九二〇年に発足を見た。だが、連盟の創設に中心的な役割を果たしたアメリカが、国内の反対から連盟に参加しないなど、連盟は当初の構想からかけ離れ、国際平和の維持に重要な役割を担う存在とはならなかった。一方、それに代わって国際関係の安定をもたらしたのは、東アジアにおけるワシントン体制や、ヨーロッパにおけるロカルノ体制（一九二五年のロカルノ条約締結により成立）といった、地域的に主要国間で形成された国際協調体制であった。しかしながら、その結果として国際協調の気運が高まっていくと、連盟は次第にこれらの地域的国際協調体制と結びつけて捉えられるようになり、全体として、連盟を中心とするグローバルな国際平和体制が形成されているとの認識が、各国間に広まっていった。この点に関してとりわけ重要だったのは、一九二八年の不戦条約の締結である。これを契機にアメリカが、グローバルな国際平和の維持に関心を向けるようになり、連盟の平和維持体制に協力的な姿勢に転じたためである。ワシントン体制の中心国であるアメリカの政策転換は、同体制を連盟と結びつけ、連盟の平和維持体制を東アジアにまで拡張することを可能にすることになる（西田敏宏「ワシントン体制と国際連盟・集団安全保障」）。

右のような状況を背景として、満州事変は、中国の提訴を受けてただちに国際連盟の介入を招くことになった。さらに事変の進展を受けて、非連盟加盟国であるアメリカも、連盟理事会にオブザーバーとして代表を派遣し、連盟の行動に協力する姿勢を明確にした。その結果、関東軍の行動を十分に制御できない幣原外交は、急速に国際的孤立の状況に陥っていった。幣原外相は、満蒙独立国家の樹立を目指す関東軍に対抗して、日中両国間に交渉を開くことで事態の収拾を図ろうと努力した。だが、事変の国際化を受けて中国は日本との直接交渉を忌避し、連盟およびアメリカも事変の国際的解決について譲るところはなかった。イギリスをはじめとする連盟主要国やアメリカにとって、満州事変は、何よりもグローバルな国際平和体制の維持に関わる問題であり、日本への配慮のために連盟規約や不戦条約の原則・精神を犠牲にすることはできなかった。一九三一年一〇月の連盟理事会では、日本軍の無条件・期限付き撤退を勧告する決議案が日本の反対を押し切って表決に付され、一三対一（日本のみ反対）の結果により日本の孤立を決定的な形で示した。この無残な外交的失敗は、幣原の事変収拾策を破綻させるに至り、以後幣原は、中国からの満州の分離を既成事実化する方向に転じていく（前掲「ワシントン体制と国際連盟・集団安全保障」）。

こうして満州事変は、日本の国際協調外交を終焉に導くこととなった。中国からの満州の分離は、ワシントン体制からの離脱を意味する重大な背反行為にほかならなかった。一方、国内では、軍部の政治的影響力の強まりを背景として、一九三二年五月の五・一五事件（海軍青年将校らによる首相襲撃事件）を契機に政党政治は終わりを告げた。政党政治と国際協調外交の時代の終焉である。そして以後日本は、国内において軍部の政治的進出が進展する一方、対外的には国際協調から公然と離脱していく。一九三二年三月に満州では、日本の傀儡国家である「満州国」の建国が宣言された。日本は同年九月に満州国の承認に踏み切り、国際連盟と決定的に対立するに至る。その結果、翌一九三三年三月に日本は、連盟からの脱退を通告することとなった。さらに一九三四～三六年には、日本はワシントン・ロンドン両海軍軍縮条約からも離脱していく（酒井哲哉『大正デモクラシー体制の崩壊』）。

満州事変は、新しい民族主義的中国との間で関係を築くことに失敗し、アジアの民族主義の台頭に脅威を感じるようになった日本が、それに対する反攻に転じたものであった。その結果国際的に孤立し、欧米との協調からも離れていった日本は、やがて一九三七年の日中戦争の勃発を機に、欧米を排除した独自の東アジア秩序を追求していくことになる。満州事変以降の日本が行き着いたのは、いわば「脱亜脱欧」の道であった。そして、この選択の最終的な帰結が、一九四一年一二月の太平洋戦争開戦であった（入江昭『太平洋戦争の起源』）。

（西田敏宏）

参考文献

麻田貞雄『両大戦間の日米関係』（東京大学出版会、一九九三年）
浅野豊美『帝国日本の植民地法制』（名古屋大学出版会、二〇〇八年）
李盛煥「伊藤博文の韓国統治と韓国ナショナリズム」（伊藤之雄・李盛煥編著『伊藤博文と韓国統治』ミネルヴァ書房、二〇〇九年）
伊藤之雄『大正デモクラシーと政党政治』（山川出版社、一九八七年）
伊藤之雄『立憲国家の確立と伊藤博文』（吉川弘文館、一九九九年）
伊藤之雄『立憲国家と日露戦争』（木鐸社、二〇〇〇年）
伊藤之雄・李盛煥編著『伊藤博文と韓国統治』（ミネルヴァ書房、二〇〇九年）
伊藤之雄『伊藤博文をめぐる日韓関係』（ミネルヴァ書房、二〇一一年）

井上馨侯傳記編纂会編『世外井上公傳』全五巻（原書房、一九六八年）
入江昭『日本の外交』（中央公論社、一九六六年）
入江昭『極東新秩序の模索』（原書房、一九六八年）
入江昭著、篠原初枝訳『太平洋戦争の起源』（東京大学出版会、一九九一年）
入江昭『二十世紀の戦争と平和』増補版（東京大学出版会、二〇〇〇年）
臼井勝美『日中外交史』（塙書房、一九七一年）
臼井勝美『日本と中国』（原書房、一九七二年）
臼井勝美『満州事変』（中央公論社、一九七四年）
岡義武編『吉野作造評論集』（岩波書店、一九七五年）
岡本隆司『属国と自主のあいだ』（名古屋大学出版会、二〇〇四年）
外務省編『日本外交年表竝主要文書』上・下巻（原書房、一九六五〜六六年）
外務省編『日本外交文書』シリーズ（外務省、一九三六年〜）
外務省『わが外交の近況』（外務省、一九五七年）
加藤祐三・川北稔『アジアと欧米世界・世界の歴史25』（中央公論社、一九九八年）
川島真『中国近代外交の形成』（名古屋大学出版会、二〇〇四年）
川田稔『原敬——転換期の構想』（未來社、一九九五年）
北岡伸一『日本陸軍と大陸政策』（東京大学出版会、一九七八年）
慶應義塾編纂『福澤諭吉全集』全二一巻（岩波書店、一九五八〜七一年）
小林道彦『日本の大陸政策　一八九五—一九一四』（南窓社、一九九六年）
小林道彦『桂太郎——予が生命は政治である』（ミネルヴァ書房、二〇〇六年）
小林道彦『政党内閣の崩壊と満州事変』（ミネルヴァ書房、二〇一〇年）
酒井哲哉『大正デモクラシー体制の崩壊』（東京大学出版会、一九九二年）
佐藤元英『昭和初期対中国政策の研究』（原書房、一九九二年）
佐分利貞男「支那に対して執るべき日本の態度に就て」（『銀行通信録』第八三巻第四九五号、一九二七年）

関寛治「満州事変前史（一九二七年～一九三一年）」（『太平洋戦争への道1　満州事変前夜』朝日新聞社、一九六三年）
高橋秀直『日清戦争への道』（東京創元社、一九九五年）
瀧井一博『文明史のなかの明治憲法』（講談社、二〇〇三年）
竹内好『日本とアジア』（ちくま書房、一九九三年）
千葉功『旧外交の形成』（勁草書房、二〇〇八年）
角田順編『石原莞爾資料　国防論策篇』増補版（原書房、一九九四年）
西田敏宏「ワシントン体制と幣原外交」（川田稔・伊藤之雄編『二〇世紀日米関係と東アジア』風媒社、二〇〇二年）
西田敏宏「第一次幣原外交における満蒙政策の展開」（『日本史研究』第五一四号、二〇〇五年）
西田敏宏「ワシントン体制と国際連盟・集団安全保障」（伊藤之雄・川田稔編著『二〇世紀日本と東アジアの形成』ミネルヴァ書房、二〇〇七年）
日本国際政治学会太平洋戦争原因研究部編『太平洋戦争への道』全八巻（朝日新聞出版社、一九六二～六三年）
日本史籍協会編『木戸孝允文書』全八巻（東京大学出版会、一九七一年）
服部龍二『東アジア国際環境の変動と日本外交　一九一八～一九三一』（有斐閣、二〇〇一年）
坂野潤治『明治・思想の実像』（創文社、一九七七年）
細谷千博『シベリア出兵の史的研究』（有斐閣、一九五五年）
細谷千博他編『日米関係史』全四巻（東京大学出版会、一九七一～七二年）
細谷千博・斎藤真編『ワシントン体制と日米関係』（東京大学出版会、一九七八年）
細谷千博他編『太平洋戦争』（東京大学出版会、一九九三年）
E・J・ホブズボーム著、野口建彦他訳『帝国の時代』1・2（みすず書房、一九九三～九八年）
三谷太一郎『日本政党政治の形成』増補版（東京大学出版会、一九九五年）
陸奥宗光著、中塚明校注『蹇蹇録』（岩波書店、一九八三年）
森山茂徳『近代日韓関係史研究』（東京大学出版会、一九八七年）
山室信一『思想課題としてのアジア』（岩波書店、二〇〇一年）
Cohen, Warren I. "America's New Order for East Asia." In *Essays in the History of China and Chinese–American Relations.*

East Lansing : Asian Studies Center, Michigan State University, 1982.

Cohen, Warren I. *America's Response to China*, 5th ed. New York : Columbia University Press, 2010.

Iriye, Akira. *Across the Pacific*, rev. ed. Chicago : Imprint Publications, 1992.

Nish, Ian H. *The Anglo-Japanese Alliance*. London : Athlone Press, 1966.

Nish, Ian H. *Alliance in Decline*. London : Athlone Press, 1972.

コラム9　現在との対話としての両大戦間期国際関係史

「歴史とは、現在と過去との対話である」とは、E・H・カーの名著『歴史とは何か』にある有名な一節である。この言葉は、歴史が現代的関心によって絶えず捉え直されるものであるという、歴史研究のダイナミズムを表している。そこで、ここではその一つの興味深い事例として、両大戦間期の国際関係史を取り上げてみよう。

両大戦間期の国際関係史に関する研究の出発点は、第二次世界大戦の原因の究明にあった。それゆえに両大戦間期は、もっぱら第二次世界大戦の前史として位置づけられ、それ自体で固有の歴史的意義を有する時代であるとは見なされなかった。そこでの主要な関心は、なぜ第一次世界大戦後の平和があえなく崩壊したのかという問題に向けられ、両大戦間期の国際関係が抱えていたとされる構造的な欠陥の分析が、研究の中心であった。ヨーロッパ国際関係史においては、ヴェルサイユ体制の現状維持を安全保障上、不可欠と見なすフランスと、その変更を追求するドイツとの間の根本的な利害の対立や、ドイツの賠償・英仏両国の戦債・米欧間の経済発展の不均衡などの諸問題が複雑に入り組んだ、国際経済の深刻な矛盾などに焦点があてられた。一方、東アジア国際関係史においては、日本の帝国主義と中国の民族主義との両立不可能性などが強調された。このように両大戦間期は、「危機の二〇年」「二〇年の休戦」「平和の幻想」の時代に過ぎなかった。

しかしながら、戦後数十年が経過した一九六〇～七〇年代になると、両大戦間期に関する新たな捉え方が提示されるようになった。それは、戦後の西側先進諸国間の国際関係の安定と、これらの諸国における政治的安定および経済繁栄を背景に、両大戦間期を、こうした戦後の安定した国際関係ならびに国内体制の萌芽が形成された時期として、積極的に評価しようという見方である。そこでは、両大戦間期と戦後とが一つの連続した時代枠組みの中で捉えられ、その間に進展する国際・国内両秩序の形成の過程の出発点として、両大戦間期が位置づけられるのである。ヨーロッパ国際関係史においては、ドイツ賠償問題の打開のためのドーズ案の成立（一九二四年）とロカルノ条約の締結によってもたらされた国際関係の安定に、アメリカの関与とヨーロッパ統合（独仏和解）を両軸とする、戦後西欧の安定した国際関係の原初形態が見出されることになる。一方、東アジア国際関係史においても、ワシントン体制が、戦後日米協力関係の原型として再評価されるようになった。また、幣原外交に戦後日本の経済主義外交の原型が、大正デモクラシーに戦後民主主義の源流が、それぞれ見出されることになる。こうして両大戦間期は、もはや固有の歴史的意義を有しない、第二次世界大戦の単なる前史ではなくなった。

そして、戦後の国際関係ならびに国内政治を長らく規定した冷戦が終焉した現在、両大戦間期の国際関係史は、ポスト冷戦時代の新たな問題関心の下で、再び注目を集めている。その新しい問題関心とは、冷戦終焉後の新たな国際秩序の模索の起源を、両大戦間期に見出そうというものである。戦後の西側先進諸国間の国際関係の安定は、冷戦という一種の戦時状況を前提とするものであった。それゆえに冷戦終結後、旧西側諸国間の新たな関係のあり方や、さらには旧東側諸国をも含めた新しい国際秩序が、ヨーロッパやアジア太平洋地域で模索されている。そして、こうした試みの出発点として、両大戦間期が位置づけられるのである。ロカルノ体制やワシントン体制といった、国家間の協調のための枠組みの形成と、それらの下での協調関係の発展が追求された点で、両大戦間期は、冷戦後の現在の国際関係と直接的につながっている。両大戦間期の国際関係史や同時代の日本外交史は今、このような新しい視角からの、さらなる捉え直しの可能性に開かれているといえよう。

（西田敏宏）

参考文献

入江昭「総論——戦間期の歴史的意義」（入江昭・有賀貞編『戦間期の日本外交』東京大学出版会、一九八四年）

E・H・カー著、清水幾太郎訳『歴史とは何か』（岩波書店、一九六二年）

酒井哲哉『近代日本の国際秩序論』（岩波書店、二〇〇七年）

Cohrs, Patrick O. *The Unfinished Peace after World War I*. New York : Cambridge University Press, 2006.

Jacobson, Jon. "Is There a New International History of the 1920s?" *The American Historical Review* 88, no.1 (1983).

図9－2　旧・国際連盟本部（ジュネーブ）
現在は国際連合ジュネーブ事務局（国際連合欧州本部）として使用されている。

第十章　帝国日本の発展と都市・農村

1　維新変革と都市の停滞

急速な経済成長

幕末開港以来、日本経済は目覚ましい成長をとげた。最近、世界経済の成長史を分析したマディソンによると、日本の一人当りGDP（一九九〇年国際ドル表示）は、幕末維新期の七〇〇ドル台から始まり、一九二〇年には一六〇〇ドルを、一九四〇年には二七〇〇ドルを超えた。さらに、戦後の高度経済成長を経るなかで、一九七二年には一万ドルに達したという。マディソンは、日本の経済成長について「日本人の一人当り所得はいまや世界第三位の地位にあり、アメリカおよびスイスのすぐ近くまで接近している。一八二〇年から一九九二年にかけて、日本人の一人当り所得は約二八倍に増大したが、これは世界記録となっている」と特筆している（マディソン『世界経済の成長史　一八二〇〜一九九二年』）。このことは、一九世紀から現在までの世界のなかで、日本は経済規模拡大のスピードが世界一だったこと意味する。つまり、当初の経済規模が小さかったとはいえ、短期間にこれだけの経済成長を見せた国は他には見られなかったのである。

本章では、このように短期間に急速な経済成長をとげた日本の経済発展を、特に都市と農村に焦点を合わせつつ概観したい。取り上げる時期は、主に明治初年から太平洋戦争期までである。本章では、経済発展に伴いつつ変化する都市と農村の関係を、都市農村間の人口移動を軸にしつつ、それが都市あるいは農村にいかなる固有の社会経済問題を生み出してきたのか、あるいは日本経済発展にいかなる特徴をあたえたのか、を考えてみたい。

幕府が開港に踏み切り、明治政府が維新改革を実行したのは、ちょうど世界資本主義が弱肉強食の帝国主義の時代へ進もうとしていた時期にあたっていた。明治政府が遂行した近代化・産業化に向けた諸改革は、資本主義化・帝国主義化が世界の大勢となっていたことを考えると、時勢に合った賢明な政策であった。産業化に向けて明治政府が取り組まねばならなかったのは、封建制の廃止と近代経済制度の導入・定着（殖産興業政策）であった。特に前者は、その後の近代日本社会の質に関わる重要な改革であったが、封建的特権を廃止することになるので、旧支配層（武士層）から大きな抵抗を受ける可能性があった。

まず行われたのは、封建的諸規制の撤廃である。江戸時代には、身分制度を基軸に、職業に対する規制、居住移転に対する規制、経済活動に対する規制など様々な封建的規制が存在した。明治政府は、四民平等の理念を掲げ、華士族平民間の婚姻の自由、職業の自由（華士族の農工商営業許可）、移転や居住の自由（関所の廃止など）、営業の自由（株仲間の解散）、田畑勝手作の許可、土地永代売買禁の解禁など明治初年に封建的諸規制を撤廃する諸政策を実施した（三和良一『概説日本経済史　近現代』）。ここに労働力の移動や売買の自由化、土地売買の自由化、つまり労働力や土地の商品化という、資本主義化の基本的な前提が形成されたのである。

地租改正と農村

残る大きな問題は、封建的家禄の処理（秩禄処分）とそれに関わる土地制度改革（地租改正）であった。この封建的特権の処理については、世界的に見ても革命的な処理が行われたところに日本の封建制から資本制への移行の特徴がある。このような革命的処理が可能であったのは、武士が在地支配から切り離されていたことによる。

地租改正は、一八七三～八一年に行われた日本全国にわたる近代的土地改革であった。土地一筆ごとに地価を確定し、土地の所持者（占有者）を土地所有者とし（土地所持者への地券の発行）、土地（地券）所有者が地価の三％の金納地租を支払う（一八七七年以降は二・五％）という内容であった。

地租改正が革命的事業であったのは、旧武士層が近代的土地所有者になることを拒否されたこと（領主的土地所有の否定）、つまり農民に近代的土地所有権を与えたところにあった（農民所持地への近代的土地所有権付与）。その結果、日本の近代社会は、巨大な土地所有を欠く比較的フラットな、「立身出世」が可能な階層間流動的な社会となった。このことは、「立身出世」のインセンティブによる経済的活力を生み出す源になった。この地租改正の大事業によって、安全な土地取引・金融が可能となると同時に、金納地租による安定的な租税収入を確保できることとなったのである（坂根嘉弘「近代的土地所有の概観と特質」）。

他方、秩禄処分は、地租改正事業と並行して、家禄税の新設や家禄奉還制度、そして一八七六年の金禄公債証書発行条例によって進められた。家禄は、石高表示であったものが金額表示（金禄）に改められたのち、金禄の五〜一四年分を金禄公債で交付することで最終的に処理されたのである。その結果、旧大名のごく一部が多額の金融資産保有者となったが、大多数の旧武士は切り捨てられた形となった（前掲『概説日本経済史　近現代』）。この後、この時発行された金禄公債は、国立銀行の資本やその他近代的な諸事業の元手となっていくのであり、産業化資金として重要な役割を果たしていくことになる。

地租改正による地主小作関係の拡大

戦前日本農業の特徴の一つは、地主小作関係の広範な展開にある。戦前では多い時には耕地の半分ほどが小作地であり、三分の二の農家は小作農・自小作農として多かれ少なかれ小作地と関係していた。地租改正は、江戸時代より展開していた地主小作関係をより拡大する契機になった。地主の小作地への投資利回り（小作地利回り）は小作料額、米価、土地価格によって決まるが、明治期は概して土地投資が有利な状況にあった。もっとも、不在地主や大地主は別として、土地を持つことは村社会では重要なステータスの一つであったから、利回り以上に土地投資へのインセンティブは強かった（前掲「近代的土地所有の概観と特質」）。その結果、小作地率は、一八七三年の二七％（推計）から一九〇七年の四五％へと急増した（古島敏雄編『日本地主制史研究』）。

また、地租改正によって江戸時代以来の村請制が廃止となったため、地主小作関係に村が介入する場面がなくなったことも重要である。村請制下では小作料徴収も年貢徴収の一環として「村しごと」的な、公的な性格を帯びていたのであるが、地租改正後はそのような公的な性格がなくなり、地主が小作人と相対で私的に小作料徴収を行うことになったのである。そのため明治前期には小作料徴収をめぐる紛争が多発し、そのなかで小作料徴収の新たな制度化が進展していった（前掲「近代的土地所有の概観と特質」）。

もっとも、ここで注意しておきたいことは、グローバルにみると、地主小作関係の拡大は、どこの地域でも見られるものではないという点である。例えば、東南アジアや南アジアでは小作制度の展開はきわめて限られている。これらの地域では、地主小作関係は親族間かごく親しい知人間でしか展開しないのである。かつ、その小作期間が、一年とか一季作に限られる場合が多いのである。

日本では小作期間が決められないのが一般的であり、その結果小作期間が長期になる場合が多い。アジア諸地域で地主小作関係が日本のように展開しない理由は、地主小作人間の信頼関係が弱いため、小作人が小作料を約束通りに納めないとか、小作地を荒らすとかのモラルハザードが生じ、それを監視する費用が高くなるためである。日本では、江戸時代以来の村社会のなかで、村人間の強い地縁的信頼関係が醸成され、小作制度が安定的に展開しえたのである。

要するに、日本で見られたような地主小作関係の広範かつ安定的な展開や小作契約の長期性は、どこにでも見られたものではなく、かなり日本的な特徴だったのである。この土地貸借関係の展開は、日本農業に大きな利点をもたらした。一つ目は、地主小作関係が広範に展開しえたため、土地貸借を通して土地所有面での不平等性が経営面積では大きく緩和されたこと（つまり土地をもたない土地なし農民も小作農＝小農になれたのである）、二つ目は、小作契約が長期で安定的であったため、小作人による長期の土地改良投資が可能になり、小作地の生産性を高めることができたこと、である（坂根嘉弘「近代日本の小農と家族・村落」）。

殖産興業と農村の財政負担

明治政府は、近代的な諸制度や技術を様々な面で導入しなければならなかった。この殖産興業政策には莫大な財政資金が必要であった。明治政府は、鉄道・電信や鉱山を建設するなかで、外資排除の姿勢を明確にしていた。そのような外資排除のなかで、殖産興業政策を財政面で支えたのが地租であった。農業部門の直接税負担率は、明治中期でさえ八五％の高率を示している（表10－1）。明治前期では少なくとも九割は農業部門の負担であり（恒松制治「農業と財政の作用」）、政府財政を農業部門（主に地租）が支えていたことが分かる。

同時期の農業・非農業部門の租税負担率（各部門で生産された付加価値がどれぐらい直接税として国に徴収されているかの割合）は、明治中期では農業部門一三％、非農業部門二％と、非農業部門の租税負担率は極端に低かった（表10－1）。この部分は、少なくとも非農業部門への事実上の補助金となっていたのであり（寺西重郎『日本の経済発展と金融』）、国家による農村収奪とは対照的であった。以上のことは、鉱工業部門の建設を多かれ少なかれ農村が支えていたことを意味する。別の見方をすると、それに応え得るだけの農村の足腰の強さがあったということでもある。江戸時代に到達した農業生産の水準は高く、それを支えた小農経営は強靭だったのである。

明治政府を評価するのに、かつての絶対主義論（講座派マルクス主義）に代わり、発展途上国に見られる権威主義体制や開発独裁の一種と見る評価がある（中村哲『明治維新』）。近代化を推進する専制的・権力的な側面を捉えてのことである。しかし途上国と決定的に異なっていたのは、近代化初発の段階での経済発展の水準の高さである。日本の場合には近代的経済制度という枠組みを整え、国家が産業近代化をうながす経済政策をとれば、自律的に経済が発展していったのであるが、途上国では同様の政策をとっても、経済が自律的に動いていくことはまずなかった。ここに決定的な差があった（例えば、大野健一『途上国のグローバリゼーション』）。

近世日本の経済発展の高さを象徴的に示すのは、金融組織・商業組織・商人資本の高度の発達であろう（例えば、林玲子『商人の活動』）。江戸時代の両替商は、地域性はありつつも、単なる両替業務だけではなく、預金・貸付・手形・為替など近代的銀行と同じような業務（預金者の限定や当座預金のみであったこと、商業手形割引による信用供与が見られないなどの違いはある）を行っていたのであり（鹿野嘉昭「江戸期大坂における両替商の金融機能

表10－1　租税負担率の変化

（単位：％）

	農業部門の直接税負担割合	租税負担率	
		農業部門	非農業部門
1890～1892年	85	13	2
1908～1912年	53	12	5
1923～1927年	33	9	6
1933～1937年	23	9	6

（注）租税負担率＝産業別直接税負担額／産業別純国内生産。直接税は国税・地方税。推計を含む。

（出典）大鎌邦雄「戦前期の農業における租税負担率の再推計」（『農業総合研究』49－1，1995年）。

をめぐって」)、堂島米市場では先物取引まで行われていた。商人の資本蓄積の高さとともに金融・商業における金融技術・組織の発達は高度な段階に達していた。明治期には、この商人の蓄積資金は、銀行や諸会社の株式資本の中核部分を占めることになる（石井寛治『近代日本金融史序説』）。

また、参勤交代や石高制特有の全国的商品流通があったために、道路・橋梁・港湾・運輸などのインフラが封建社会としてはよく整備されていた。さらに商人間取引の高度な発達に見られたように、信頼関係に基づいた取引のルール化も進み、取引の安全が確保されていた。これらは何れも途上国には見られない点であった。強力な政府による指導のよろしきを得れば、産業近代化が自律的に展開しえるところまで到達していたのである。

都市の衰退と再生

明治前期都市の特徴は、人口が減少ないし停滞したことである（表10－2）。一八七三年から七九年では、三分の二の都市で増加、三分の一で減少しているが、増加といっても、一二八都市総人口で見ると四％の増加でしかなかった。特に、人口規模の大きい都市ほど減少が目立っている。廃藩置県までの家臣団解体が、その後の人口減少・停滞の大きな要因であった。しかしながら、一八八〇年代になると都市人口は回復してきている。人口減少をみた都市は六分の一に減っており、一二八都市総人口でも五割ほど増加していたのである。

表10－2　明治前期都市の人口増減

	1873年→1879年		1879年→1889年	
	増加	減少	増加	減少
10万人以上	2	3	4	1
3万～10万人	10	10	15	6
3万人未満	72	31	88	14
計	84	44	107	21

（注）1889年で人口1万人以上の128都市が対象。階級別人口の基準は期首年。
（出典）浮田典良「明治期の旧城下町」（矢守一彦編『日本城郭史研究叢書12　城下町の地域構造』名著出版，1987年）。

このようなか、維新以降一貫して人口が減少していた都市があった。松前、秋田、鶴岡、新発田《しばた》、金沢、郡山、松江、津山、福山、萩、中津で、いずれも明治初年で一万五〇〇〇人を超える各地域の中心的城下町であった。特に、金沢は一〇万人を超える五番目に大きな城下町であり、秋田・松江・萩も四万人前後の大城下町であった。対照的に、北海道の新興都市札幌・江差・小樽、鎮守府が置かれた軍港都市横須賀、海外貿易の拠点であった横浜・神戸、製糸・織物業の桐生《きりゅう》・足利・栃木は、人口が急増した。

それでは、この時期の都市は、如何なる問題を抱えていたのであろうか。東京市を見ておきたい。明治前期東京市の大きな都市問題は、狭い旧町地に人々がひしめき合って住んでいたことである。江戸は概して武家地七割、寺社地一・五割、町地一・五割であったが、この一・五割の町地に五〇万人が住んでおり、きわめて人口周密であった（石田頼房『日本近代都市計画の百年』）。東京の人口は、一三〇万人（安政期）から維新後五八万人に急減し、幕末期の人口に回復するには明治二〇年頃までかかるが（小木新造『東京庶民生活史研究』）、町地における人口過密状態は明治に入っても解消されることはなかった。このことから生じた都市問題は、柿葺《こけらふき》家屋で密集していたため、火災が多発し、その延焼面積も大きかったことである。また、人口密集による不衛生、上下水道の未整備による伝染病の蔓延も挙げられる。道路は未整備で狭く、雨が降ればぬかるみ、乾燥すれば土埃をまきあげるという有様であった（前掲『東京庶民生活史研究』）。これらの諸問題、特にコレラや赤痢という伝染病の防遏や都市基盤整備は、多かれ少なかれ、この後どの都市も直面することになる大問題だった。

このような状況のなかで、帝都東京へ向けた近代都市への再生事業が進んでいく。

第一は、大名屋敷跡地など旧武家地や旧武家屋敷を利用した政府機関、軍事施設、教育・文化施設、皇族・華族邸宅、外国公館の建設である。もっとも、都心に巨大軍事施設が居座ることになり、それが都市基盤の整備・拡充に制約になる場合が多く、都市機能上の問題は大きかった（そのため、その後幾つかの軍事施設は郊外に移転した。同様の問題は、名古屋・大阪・広島・熊本など師団司令部がおかれた大都市でも生じることになる）。第二は、一八七二年から七七年の銀座煉瓦街の建設である。この事業によって、広い道路に歩道車道の分離、ガス灯・街路樹の設置という、それまでの水準を大きく越えた街路が整備され、文明開化の象徴として注目を集めた（前掲『日本近代都市計画の百年』）。第三に、帝都東京への再生として、また都市計画法の先駆として画期的だったのは、東京市区改正条例による一八八八年から一九一四年の市区改正事業であった。主な事業は、(1)上水道事業（コレラなどの伝染病対策、火事の消防水利）、(2)市街電気鉄道をテコとした道路整備、(3)下水道事業の着手であった（前掲『日本近代都市計画の百年』）。三菱による丸の内オフィス街の建設もこの時期のことである。東京市は、他都市に先駆けて近代都市への道を急速に歩んでいった。

2　都市改造のはじまり

産業近代化の進展

一八七〇年代の大隈インフレ財政（殖産興業政策）から、一八八〇年代の松方デフレ財政（紙幣整理）への転換によって、物価が激変し（例えば、石当り米価一八七六年五円→一八八一年一一円→一八八四年五円）、経済界は混乱した。これに対し、松方正義大蔵卿が日本銀行を設立、日本銀行銀兌換券が発行され、紙幣価値は安定し、物価も落ち着いた。

それを受けて、一八八〇年代後半には企業勃興期を迎える。鉄道業は紡績業とともに企業勃興期の花形産業であったが、地方への鉄道誘致合戦のなか営業線は急速に伸びた。鉄道の開通は、従来の海運・水運による物資の流れを大きく変えることになり、都市の盛衰に大きな影響を与えた。北前船の寄港地や水運により繁栄した中継地が、明治中期以降に衰退したのはその例である。同様に近代産業の興隆とともに、都市の盛衰があらわになった。

産業近代化を先導したのは、絹業と綿業であった。絹業では、器械製糸による近代製糸業が発達し、米国向けの重要な輸出産業へと成長していった。これといった輸出商品を持たないわが国にとって、生糸輸出による外貨獲得は非常に重要であった。桐生や岡谷をはじめ群馬・栃木・長野県などは、養蚕《ようさん》製糸業や機業地として栄えた。綿業では、大阪紡績会社をはじめとする近代紡績業が確立し、規模の拡大や先端技術の導入、インド綿花の使用などによって輸入綿糸を駆逐し、輸出産業へと成長していった。綿業は機械工業や金融・商業とともに「東洋のマンチェスター」と言われた大阪の中核産業であった。

重工業部面でも近代化が進んだ。造船業では、三菱長崎造船所や川崎造船所などが育ち、海軍工廠《こうしょう》（艦艇などを建造・修理する海軍の工場）も含め日露戦後には世界的な造船技術の水準に到達した。鉄鋼業は近代化に苦しんだが、官営八幡《やはた》製鉄所とともに、民間でも日本製鋼所（三井）、神戸製鋼所（鈴木商店）、日本鋼管などの設立が進み、劣勢を克服していった。「鉄都」八幡をはじめ、これらの企業やその支社の所在地では多くの労働者が集まり、大都市へと成長していった。明治期の基幹的動力源は石炭であった。江戸時代には製塩用が主であったが、明治以降船舶・鉄道・工場での使用が多くなった。九州北部の筑豊炭田を中心に、地方財閥や中央財閥による大規模炭鉱が出現し、田川、飯塚などの鉱業都市が成立した。

このような産業近代化のなかで、産業構造は大きく変化していった。殖産興業期から一貫して進行したのは、農業部門の急速な比重低下であった。純国内生産で見ると、一八八〇年代で既に五〇%を割っており（大川一司他『長期経済統計1　国民所得』）、以後、一八九〇年代四二%、一九一〇年代三三%、一九三〇年代一八%とその比重を大きく落としていった（表10－3）。明治前期から農業部門が比較的低いのは、江戸時代までの都市の経済発展により商業・サービス部門が当初から高かったためであろう。

表10－3　生産性比較

（単位：%）

	農業		非農業		労働生産性比較
	純国内生産割合(A)	就業人口割合(B)	純国内生産割合(D)	就業人口割合(E)	(C)/(F)
1872～1880年		72		28	
1891～1900年	42	65	58	35	39
1911～1920年	33	59	67	41	34
1931～1940年	18	47	82	53	25

（注）農業は，林業・水産業を含む。ただし，1905年までの有業者には水産業を含んでいない。この期間の農業生産性が幾分高く出ている。(C)＝(A)/(B)、(F)＝(D)/(E)である。

（出典）大川一司他『長期経済統計1　国民所得』（東洋経済新報社、1974年），梅村又次「産業別雇用の変動：1880－1940年」（『経済研究』24－2，1973年）。

一方、就業人口割合では、農業部門は純国内生産よりも高い割合を示していた（表10－3）。就業人口割合は、一八七〇年代七二%、一八九〇年代六五%、一九一〇年代五九%である。五〇%を割り込み始めるのは、ようやく一九三〇年頃からである。他の先進諸国との比較では、わが国の農業部門の比重はかなり高かった。先進諸国への仲間入りを果たしたとはいえ、農業国的色彩を強く残していたのである（前掲『概説日本経済史　近現代』）。

ちなみに、純国内生産割合がかなり急速に低下しながら、就業人口割合が比較的高止まりしていることは、農業部門の労働生産性（単位労働あたりの生産額）が、非農業部門と比べてかなり低いことを意味する。つまり、農業の労働生産性は非農業のそれと比べて、一八九〇年代三九%、一九一〇年代三四%、一九三〇年代二五%とかなり低くかった（表10－3）。既に明治中期でも四割程度でしかなかったのである。この大きな生産性の格差が、農村労働力を都市が引き抜いていく基本的条件であった。

明治期の地主や地方商人などの資産家は、一般に地方名望家と言われるが、彼らの存在と経済活動がいま一つ注目したい点である。一つは、地方名望家の地域経済への志向性の強さである。彼らは、自ら企業を設立したり、他の企業に出資したり、地域の社会資本充実や慈善事業に寄付を行ったりと、地域との強い繋がりをもって活動していた（谷本雅之「戦前期「資産家」の諸活動とその背景」）。岩井商店（のちの日商岩井）の岩井勝治郎が出身村に小学校を建てたように（関西ペイント『創業者岩井勝治郎』）、村を離れて久しい都市部の実業家でさえ、強い地縁意識をもっていたのである。この点は日本の資産家の特徴であろう。世界的に見ても、一族や所属する血縁組織のための投資活動や慈善活動は一般的に見られたが、地縁を契機にした日本の資産家のような行動は、そう何処にでも見られるものではなかった。地縁的契機が強い日本の特徴であろう。もう一つは、このような資産家が明治前期までに、各地に育っていたことである。地域により濃淡はあったが、主要な都市では、彼らが他所に遅れをとらないように、銀行・紡績・鉄道・織物業・電力・新聞社などの企業群を競って設立していくことになった。このことは日本経済を根底から底上げすることに繋がった（例えば、寺西重郎『日本の経済システム』）。

都市人口の拡大

近代日本の人口推移を見ておくと（表10－4）、明治初期が三五〇〇万人、一九四〇年が七二〇〇万人であったから、この七〇年間に人口がほぼ二倍に増加していた。人口増加率は、幕末から明治前期にかけては年率〇・四%とかなり低めであったが、明治中期以降は一・〇%〜一・三%と高くなっている。先進諸国の産業化期の人口増加率は、おおむね一%前後から一・五%程度であったから（クズネッツ『諸国民の経済成長』）、近代日本の人口増加率はやや高めではあったが、ほぼ先進国並みであったといえる。都市人口が一八九〇年代以降目立って増え始めたのは、このような人口増加率の上昇を背景としていたのである。

都市人口の増加では、特に六大都市の人口増加が顕著になり始めた。六大都市の全国人口に占める割合は、一八

表10－4　人口成長

人口（万人）		年平均増加率（%）	
1872年	3,481	1846～1881年	0.4
1900年	4,385	1881～1920年	1.0
1920年	5,596	1920～1940年	1.3
1940年	7,193	1940～1965年	1.3

（出典）総務庁統計局『国勢調査集大成人口統計総覧』（東洋経済新報社，1985年），斎藤修「近代人口成長」（速水融他編『歴史人口学のフロンティア』東洋経済新報社，2001年）。

表10－5　都市人口の推移

（単位：千人）

	1889年	1903年	1920年	1935年
6大都市	2,373	3,563	7,575	12,646
116都市	2,736	3,787	6,512	9,393
全　国	39,082	45,246	55,963	69,254

（注）1920年時点で人口2万人以上の122都市を対象。都市境域を，1889・1903年については1920年に，1920年については1935年に固定。

（出典）伊藤繁「都市人口と都市システム」（今井勝人・馬場哲編『都市化の比較史』日本経済評論社，2004年）。

八九年の六%から一九二〇年の一四%へと増加した（表10－5）。この三〇年間に、東京市・大阪市・京都市の三都は二倍、横浜市・名古屋市は三倍、神戸市は四倍の爆発的な人口増加を見せたのである。ちなみに、同時期の東京市近郊人口は六倍、大阪市近郊人口は実に一六倍に増えている（伊藤繁「明治大正期の都市農村間人口移動」）。この時期の都市における自然増加は、いまだ低位であったと思われるから（伊藤繁「明治期都市人口の自然変動」）、都市人口増加の多くの部分は農村からの人口流入であったことになる。

このように、近代日本の都市人口増加の特徴は、農村部からの人口流入であったが、これには農村側（プッシュ）・都市側（プル）双方の要因が存在した。農村側から人口を押し出す要因は、「家」制度の存在であった。「家」制度のもとで、近代日本の農家戸数は、ほぼ五五〇万戸で増えることも減ることもなかったから（梅村又次他『長期経済統計2　労働力』）、農村部での人口増加分は、都市部へ流出するほかなかった。つまり、「家」制度を維持するためには、長男夫婦を除いては、農村部にとどまっていてもらっては困るのである。この「家」制度維持の原則が、農村から人口を押し出す強い力として働いたのである。都市部からの農村人口をプルする要因は、都市部における商工業の発達と、先に述べた都市農村間の労働生産性格差の存在であった。明治期からとうとうと続く農村から都市への労働力移動は、単に農村青年の都会への憧憬（都会熱・教育熱）などで説明できるものではなかったのである。

都市改造の開始

このように都市人口が急増していくなかで、東京市以外でも都市基盤の整備・拡充（都市改造）が焦眉の課題になってきた。東京遷都により衰微した京都市では、明治中期には第一琵琶湖疏水事業（水力発電による電力供給、水運や灌漑・用水に利用）や第四回内国勧業博覧会、平安遷都千百年紀念祭が実施されたが、日露戦後になると大規模な外貨市債による都市改造が始まった（京都市市政史編さん委員会編『京都市政史第一巻　市政の形成』）。

日露戦争時には政府財政が急膨張したため、地方財政には強い緊縮政策がとられていた。府県・市町村ともに年率一〇%前後の財政圧縮を余儀なくされたため、大都市の都市改造事業も遷延されていた。ところが、日露戦後になると、大都市の外貨市債による受取外貨を正貨補塡にまわし、危機にあった金本位制を守るとともに、大都市は都市改造事業を展開するという手法がとられたため、大都市は外債発行による都市改造事業を大規模に展開することが可能になったのである。その結果、日露戦後の大都市財政は年率一七%という驚異的な伸びを見せた（持田信樹『都市財政の研究』）。

京都市では、一九〇七年から一九一三年にわたり「三大事業」が取り組まれた。第二琵琶湖疏水の建設、上水道の建設、道路の拡築・市営市街電車の敷設である。その財源はフランスでの外債で、その規模は普通市税収入の三四倍という巨額なものであった。償還には市税と事業収入が見込まれていた。当時の京都市では、井戸水の汚染問題が深刻になっており、上水道の整備は伝染病対策として焦眉の課題となっていた。都市改造を推進するためには、市長を中心とした強力なリーダーシップが必要であった。そのため京都市では、工学・経済・医学などその道の専門知識をもった専門官吏を部長・技術長・課長などの役職に高給で迎え入れ、事業執行体制を強化したのである（伊藤之雄編著『近代京都の改造』、伊藤之雄「日露戦争後の都市改造事業の展開」）。

この京都市の「三大事業」は時期的にも早いものであったが、償還財源を市税と事業収入とした大規模な外債募集、それによる電気事業・上水道・道路・軌道など都市インフラ整備の実施、専門知識をもった専門官吏の登用、という点において、日露戦後に大都市で展開した典型的な都市改造事業であった。ちなみに同時期に、東京市、大阪市、名古屋市、横浜市で、電気・軌道・水道・ガスの諸事業、上下水道の拡充、公園整備、港湾施設拡充が一斉に行われている。他都市を意識して競い合う都市間競争の様相が強まったのである（前掲『都市財政の研究』）。

農業生産力の向上と農業政策

前述したように、わが国の人口は、明治初年から戦時期までに約二倍に増加した。ところが、農家戸数は五五〇万戸とほぼ一定であった。つまり、一定数（五五〇万戸）の農家が倍増した人口の食糧を供給しなければならないわけだから、この間に労働生産性が倍増していなければ、食糧自給率が極端に下がってしまい、わが国は食糧安全保障の上で苦境に陥ることになる。実態はどうだったのであろうか。

表10－6　米の需給

	作付面積	反当収量	生産高	人口	1人当消費量	自給率
1878－1887年	100	100	100	100	100	101
1898－1907年	110	126	140	125	120	94
1918－1927年	121	152	184	162	129	88
1933－1942年	123	161	199	197	121	83

（出典）馬場啓之助「貿易構造と農業構造」（東畑精一・川野重任編『日本の経済と農業』下，岩波書店，1956年）。

米穀生産量は、作付面積と反当収量（一反当りの生産量。一反はほぼ一〇アール）で決まる。作付面積は明治以降徐々に増加し、戦時期までに約一・二倍に増加していた（表10－6）。政府も、耕地整理法（一八九九年）や開墾助成法（一九一九年）、あるいは昭和恐慌時の時局匡救《きょうきゅう》土木事業（一九三二～三四年）などで耕地面積の増大を支援した。その結果、工業化・都市化により潰廃面積が増えても、総体としては耕地面積を増大させることが出来たのである。農家戸数が一定だったわけだから、農家一戸当りの作付面積は戦時期までに二割ほど拡大したことになる。

反当収量（土地生産性）も確実に増加した。特に明治期の増加割合が高い。稲作の土地生産性は、品種・肥料・土地改良の組み合わせによって決まる。明治期の土地生産性の大きな伸びは、優良品種（西日本の神力《しんりき》、東北の亀ノ尾）、選種（塩水撰）、乾田馬耕（深耕、耕地整理、肥料）という体系的技術、いわゆる明治農法の確立・普及によるところが大きい。その結果、反当収量は戦時期までに一・六倍に増大したのである（表10－6）。耕地面積が一・二倍に伸び、反当収量が一・六倍に伸びたため、生産高は戦時期までにほぼ二倍に拡大した（表10－6）。

ところが、この間に人口が二倍に増加したのに加え、一人当り消費量がこの間一・二倍に拡大したため、前記の生産高の拡大をもってしても、自給率はかなり下がってしまった（表10－6）。明治中期頃までは、日本は米穀輸出国だったのであるが、人口増加と一人当り消費量増加によって自給率は年々下がり、一八九七年以降は米穀輸入国に転じたのである。その不足分は、昭和期には消費量の一〇数%に達したが、それを朝鮮・台湾からの移入米で補うという形で食糧アウタルキー（自給自足）圏を形成したのである。そのために、一九一三年には、それまでの植民地米移入税を廃止し（いわゆる日本米穀関税問題）、外米輸入関税の存続と植民地米移入税の撤廃という食糧政策の大枠が形成された（坂根嘉弘「わが国の戦前における農業政策の展開過程」）。

明治政府の勧農的な生産奨励政策は、この時期かなり積極的になった。第一は、府県農会―郡市農会―町村農会という系統農会を整備して、農事改良・技術指導を行う体制を整えたことである（一八九九年農会法）。同時に、政府や道府県は農事試験場を設立し、品種改良や農業技術の改良に組織的に取り組むようになった。第二に、耕地整理法を制定し、灌漑排水の土地改良事業や区画整理事業を推し進めた。乾田馬耕（明治農法）の前提となる圃場《ほじょう》条件を整備するためである。第三は、土地改良や農事改良を行う農民への金融面での支援である。一八九六年には日本勧業銀行（東京）と農工銀行（各府県）を設立し、地主や上層農を対象とした長期貸付（主に土地改良投資）を行った。また、中小農への短期貸付を目的とした信用組合の設立を進め（一九〇〇年産業組合法）、中小農を高利貸から守る体制を整えた。さらに、これらとは別に、事業経費の一部を政府が負担する農業補助金政策が、明治後期以降に積極化していった。このように、この時期に農業政策が積極化していったが、その背景には、当時注目を集めた「難村」問題や「小農保護問題」（一九一四年の社会政策学会大会のテーマ）といった農業農村問題の深刻化があった（以上、坂根嘉弘「わが国の戦前における農業政策の展開過程」）。

3　都市化の進展と農村の衰退

人口転換と都市の発達

一八世紀以降における先進諸国の人口動態の経験則をもとに、多産多死（人口増加率低位）の第一局面から多産少死（人口増加率高位）の第二局面へ、そして少産少死（人口増加率低位）の第三局面へ、という人口転換モデルが考えられてきた。第二局面は、死亡率の低下が始まり、それを後追いする形で出生率の低下が始まるまでの期間（第二局面の前半）と、死亡率の低下よりも出生率の低下が上回る期間（第二局面の後半）に分けられるが、第二局面の前半が最も人口増加率が高くなる時期である。通常、この時期が産業革命を経た産業資本段階に対応すると考えられてきた。わが国の場合はどうであろうか。

明治以降の日本で、死亡率が明確に低下し始めるのは、一九二〇年代からであった。出生率もやや後追いする形で、一九二〇年代から低下を始めている（図10－1）。したがって、明治維新を契機とする近代化とともに死亡率が低下していったわけではなく、かつ死亡率・出生率ともにその低下の開始が時間的近いという特徴をもつ（斎藤修「近代人口成長」）。例えばイギリスでは、死亡率の低下は一八世紀中頃から始まるのに対して、出生率の低下はようやく一九世紀中葉以降であった（大淵寛・森岡仁『経済人口学』）。わが国の人口転換は、死亡率の低下の開始がやや遅く、かつ出生率の低下も死亡率低下の開始と時間的にかなり近いという特徴をもっているのである。それでも、出生率が死亡率を後追いする形で低下し始めたという人口転換モデルの特徴は見られるのであり、このことが一九二〇年代以降における一・三％という人口増加率高まりの一要因であったと言えよう。

ちなみに、戦前の平均寿命はまだ短かった。日清戦争前後で四三歳（男）・四四歳（女）、日露戦争直前で四四歳（男）・四五歳（女）、昭和初期でも四五歳（男）・四七歳（女）であった（竹内啓「「近代化」と人口」）。他の先進諸国に比べると、明治大正期の平均寿命の伸びは小さく（吉川洋『高度成長』）、「人生僅か五十年」の時代が長く続いたのである。

一般に、昭和戦前期までは、都市は死亡率が高く、農村に比べてずっと「危険」なところと見られているが（前掲『高度成長』）、都市・農村別の出生率・死亡率は、どのように推移したのであろうか。年齢構成や男女構成の差異を除去した標準化出生率・死亡率をみると（表10－7）、出生率では市部が郡部に比べてかなり低く、死亡率では昭和初期までは市部が郡部よりも高かったが、市部の死亡率低下のスピードは郡部よりもかなり大きかった。その結果、一九三五年にはわずかながら市部の死亡率が郡部を下回った。昭和期に入ると都市での生活もそれほど「危

図10－1　出生率・死亡率・自然増加率

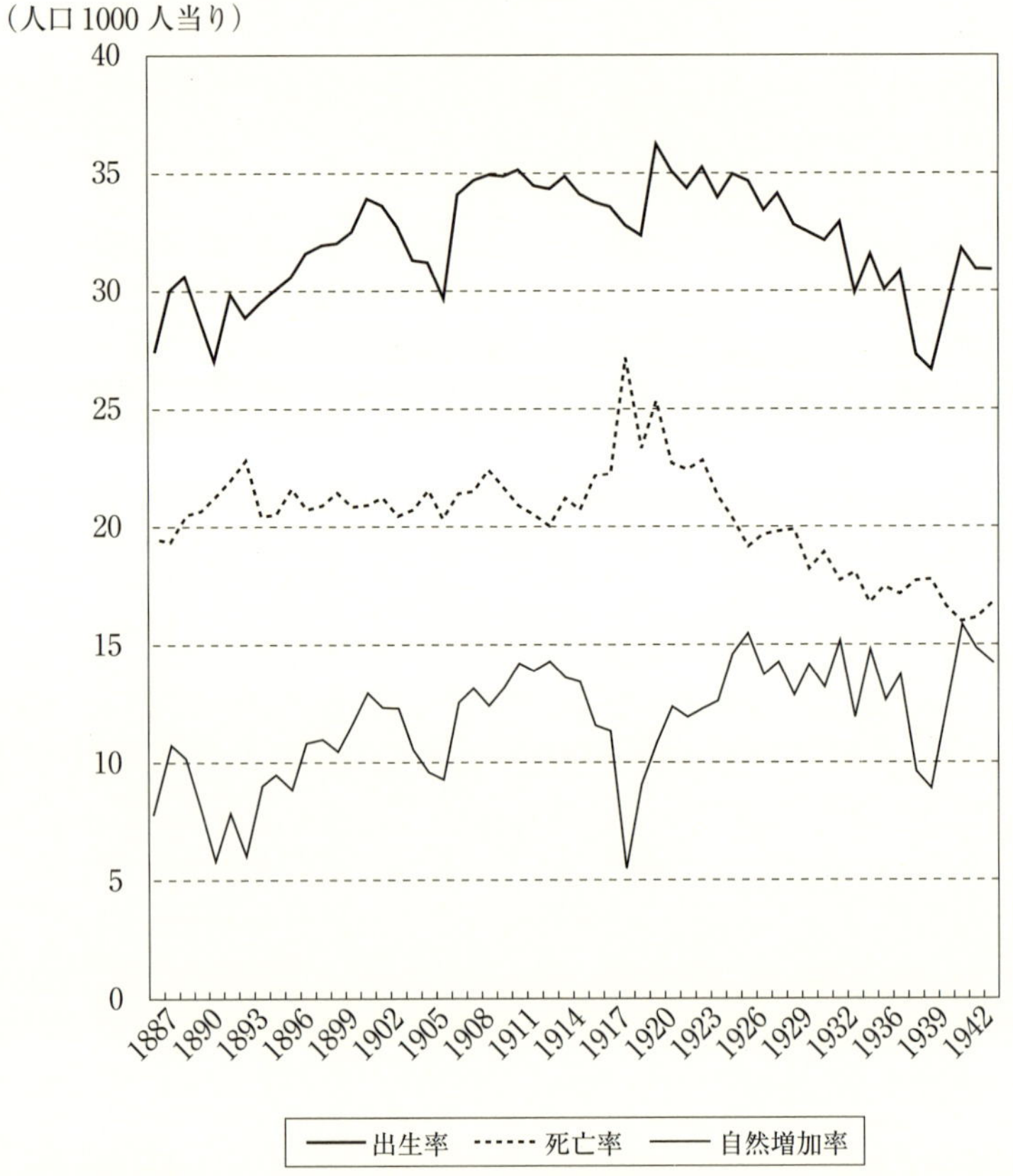

（出典）竹内啓「「近代化」と人口」（東京大学社会科学研究所編『現代日本社会１　課題と視角』東京大学出版会，1991年）。

険」ではなくなったのである。しかし、市部の出生率は郡部よりかなり低く、都市での自然増加は、徐々に大きくなっていったが、農村にはとても及ばない水準であった。次にその点を確認しておこう。

一九二〇年から二五年の人口規模別人口増減を自然増加と社会増加に分けてみると（表10－8）、だいたい二～四万人規模の都市で自然増加と社会増加はほぼ半々になり、それ以上では社会増加が自然増加を上回り、それ以下では社会増加がマイナス（人口流出）を示している。大都市ほど社会増加（流入人口）の割合が高い。これまでの都市史研究では、明治後期頃からの都市での世帯形成（都市での人口再生産）が注目されてはきたが（中川清『戦前東京の都市下層』）、それが具体的にどの程度の大きさかには関心が寄せられなかった。ここに研究史上の問題点があった。

表10－8に示したように、一九二〇年代前半では、だいたい六大都市で四分の一が、一〇万以上の大都市で三分の一が、自然増加だったのである。この後、自然増加の割合はどの規模の都市でも増えていく。例えば、一九三〇年から三五年の自然増加の割合は、六大都市三五％、一〇万以上四三％、四万以上五五％、二万以上六五％となる（高木尚文「戦前戦後における農村人口の都市集中に関する統計的観察」）。前述したように、おおむね明治中期頃から都市での自然増加がプラスに転じたと見られるから、明治中後期以降、都市での自然増加が急速に高まっていったと思われる。

表10－7　標準化出生率・死亡率（人口1000人当り）

		1920年	1925年	1930年	1935年
出生率	市部	27.00	27.39	25.67	26.36
	郡部	38.05	37.16	36.05	40.03
死亡率	市部	28.38	21.79	18.75	17.00
	郡部	24.96	19.83	17.96	17.03

（出典）舘稔・上田正夫「道府県別及市郡別標準化出生率，死亡率及自然増加率」（『人口問題研究』1－1，1940年）。

表10－8　人口規模別人口動態（1920～25年）

（単位：千人）

	自然増加	社会増加	純増加
6大都市	386(27)	1067(73)	1453(100)
10万以上	166(31)	369(69)	535(100)
4～10万	185(39)	292(61)	477(100)
2～4万	158(52)	144(48)	302(100)
1～2万	343	－34	309
1万以下	2650	－1938	712

（注）括弧内は割合。高木（1956）には，1925～30年，1930～35年のデータも掲載されているが，紙数の関係で略している。

（出典）高木尚文「戦前戦後における農村人口の都市集中に関する統計的観察」（東畑精一編『農業における潜在失業』日本評論新社，1956年）。

一九二〇年代の経済と都市財政

第一次大戦は空前の好景気をもたらし、経済規模は急拡大した。欧州の交戦国はもちろん、米国など大

図10－2　賃金／農業粗収入比率と小作争議件数

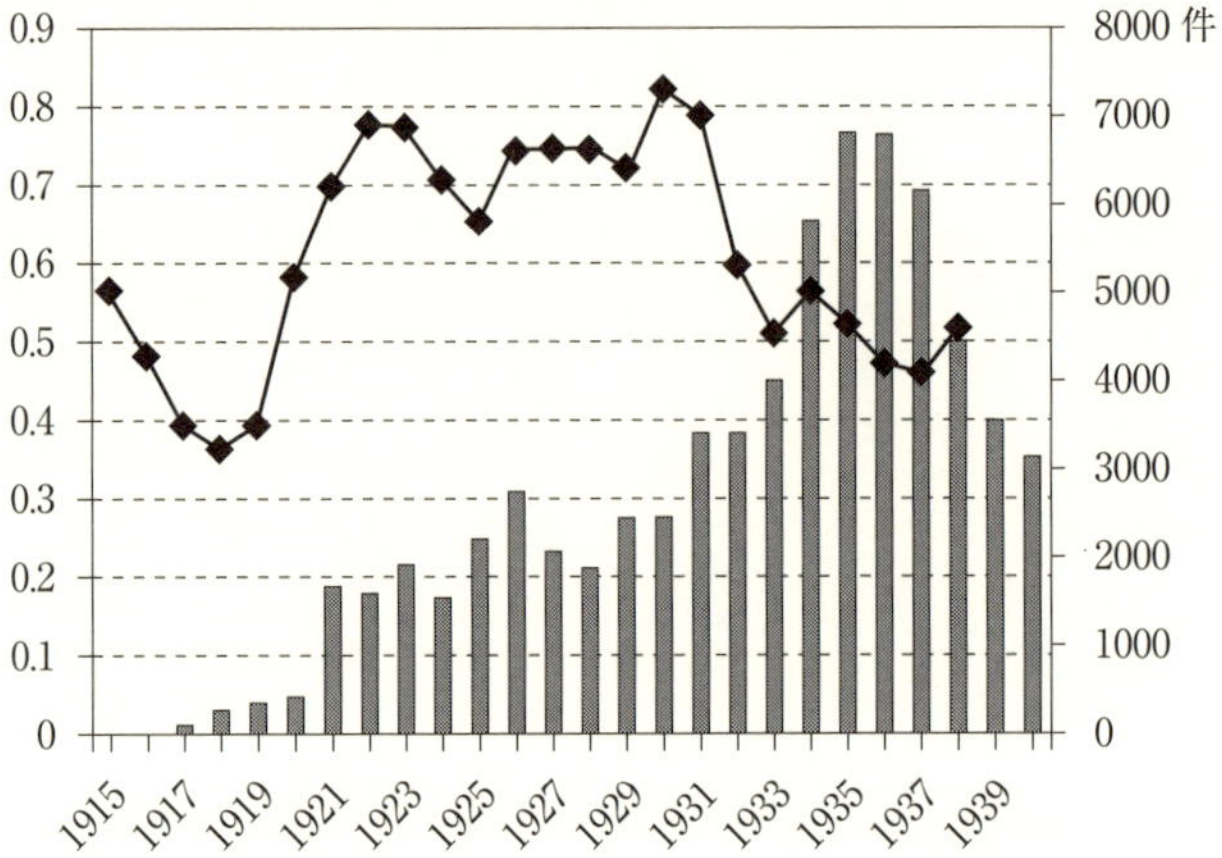

（注）折れ線グラフが賃金／農業粗収入比率（左目盛），棒グラフが小作争議件数（右目盛）。使用データ・計算方法については，出典論文を参照。

（出典）有本寛・坂根嘉弘「小作争議の府県パネルデータ分析」（『社会経済史学』73－5，2008年）。

戦景気にわく地域への輸出も拡大し、海運業・造船業・繊維業・化学工業などが急成長した。国際収支の赤字に苦しんできたそれまでとは一転、貿易収支や経常収支は大幅な黒字となり、債務国から債権国へと一気に転換した。大戦直前は不景気で国際収支も危機的状況であっただけに、まさに「大正新時代の天佑」（井上馨）であった。大戦ブームで物価騰貴が進み、特に米価が急騰した。そのため農産物に比べ賃金が急激に低くなり（図10－2の一九一八年のボトムに注目）、米騒動が発生した。

一九二〇年代前半の経済運営は、金本位制停止のままで、大戦で獲得した在外正貨を前提に、恐慌時の救済融資や積極財政により国内景気を維持・活性化させるものであった。したがって、産業合理化が進まず対外競争力は低下し、通貨膨張で国際的にも物価高となり、輸入増加を招き経常収支も大きく赤字化した。輸入超過には、関東大震災の復興需要という要因もあった。この経済運営が可能であったのは大戦で獲得した在外正貨の存在であったが、経常収支の悪化のなかで次第に在外正貨を取り崩し、一九二〇年代後半には、この枠組みでの経済運営が困難になっていった。

一九一〇年代から一九二〇年代前半は、第一次大戦のピーク期をはさんで、農林水産業から非農林水産業への労働移動が、非常に激しい時期であった。一九一一～二五年で推計四二〇万人の労働移動が見られた（小野旭『日本の労働市場』）。第一次産業就業者が一六〇〇万人ほどであったから、その大きさが理解できよう。一般に、東京・大阪など大都市への流入人口の年齢別特徴は、若年層（一五～一九歳を中心にその前後の年齢層）の流入という点にあった（例えば、加瀬和俊「一九二〇年代における男子労働力の都市流入構造についての一考察」）。鹿児島市のような地方中堅都市の場合でも、一五歳から二〇歳では流出しており（坂根嘉弘『分割相続と農村社会』）、この若年層の大都市への集中は顕著であった。若年層は担税力が弱いにもかかわらず、教育費・社会事業費など都市的経費のかかる階層であり、明治以降、都市財政窮乏化の構造的要因であった。一九二〇年代都市は、よりいっそう、その重荷を背負うことになったのである。

この時期の都市財政の伸びは、それまでになく急激であった。特に、六大都市の伸びが大きく、年率で見ると（カッコ内は市全体）、一九一八～二二年に二二％（六％）、一九二三～二六年に二二％（二〇％）となる（前掲『都市財政の研究』）。この急増の原因は、第一次大戦期以降の都市人口の増加（表10－5）に伴う教育費・衛生費などの諸経費の増大や都市基盤整備のための公共投資が進んだためである。都市計画事業については、実績一覧表（前掲『都市財政の研究』）によると、街路整備、土地区画整理、下水道整備が大きく進んでいる。

この都市財政（一九二〇年）の特徴を、町村財政との比較を軸に、一八九〇年と一九三九年とを対比しつつ見ておこう（表10－9）。歳入では、第一に、税外収入が税収入よりはるかに大きい点である。一八九〇年では税収が主体であったが、一九二〇年では税収入は二割程度で、この傾向は都市規模が大きくなるほど、時代が進むほど顕著であった。一方、町村財政は、一貫して税収に基盤を置いており、都市財政と対照的であった。

第二は、税外収入では、使用料・手数料収入（主に市営事業からの収入）と市債が大きな部分を占めていることである。この傾向は、都市規模が大きくなるほど際立っていた。なかでも使用料・手数料収入は、一八九〇年にはほとんど見られなかったものであるが、日露戦争前後の都市改造事業より収益主義的市営事業が広まっていき、都市の主要な財源となっていった。一九三九年の六大都市では、使用料・手数料収入が歳入の三割を稼ぎ出すまでに

表10－9　市町村歳入出の構成（普通経済）

（単位：％）

	市		町村		1939年（予算）		
	1890年	1920年	1890年	1920年	6大都市（6市）	5万未満（47市）	全国市（151市）
地租付加税	4	1	28	8	3	3	3
所得税付加税	5	3	0	2	3	1	3
戸数割付加税	13	2	37	45		17	2
家屋税付加税	17	4		1	6	7	6
税収合計	56	19	72	66	19	41	23
使用料及手数料	0	23	0	2	32	15	30
市債・町村債	11	20	1	4	18	9	16
前年度繰越金	7	20	3	8	8	4	7
税外収入合計	44	81	28	34	81	59	77
歳入合計	100	100	100	100	100	100	100
教育費	28	18	33	41	12	29	15
土木費	26	8	25	8	7	8	7
衛生費	6	17	2	4	13	14	14
勧業費	0	1	1	1	1	3	2
社会事業費	1	3	0	0	3	5	3
電気及ガス事業費		23		0	19	1	15
公債費	5	7	1	1	28	13	26
歳出合計	100	100	100	100	100	100	100

（出典）東洋経済新報社『明治大正財政詳覧』（1985年復刻版，1926年），東京市政調査会『日本都市年鑑』1941年版（1941年）。

なっている。

市債の膨脹もこの時期の特徴である。市債の規模は、一九二三年は一九一八年の二・〇倍、一九二八年は一九二三年の二・二倍へと急拡大していった。地方債を団体別（道府県・市・町村など）に見ると、市債は全体の約七割を占めており、目的別には、おおよそ、電気ガス事業費四割、土木費二割、衛生費二割であった（内務省地方局『昭和十四年度　地方財政概要』）。

第三に、税収項目である。町村財政では、一八九〇年には大きな部分を占めた地租付加税は既に小さくなっており、戸数割付加税が大きい点に特徴があった。都市財政では、営業税・所得税・家屋税の各付加税が比較的大きい点に特徴があったが、そもそも都市歳入に占める税収の割合が徐々に小さくなっていたことは、前述したとおりである。

次に、歳出であるが、第一に、電気・ガスなどの市営事業費が大きいという点である。第二は、衛生費・社会事業費など都市的経費が増大している点である。これらの点は町村歳出と対照的であった。なお、表示していないが、大都市では一般会計（「普通経済」）のほかに、電燈・電気軌道・水道・港湾などを扱う特別会計（「特別経済」）がおかれ、その規模は一般会計よりも大きい場合が多かった。

小作争議の勃発　第一次大戦とその後の戦後景気によって労働市場が急拡大し、農村から大量の労働力が流出し、農地需要の低下をもたらした。これが、農業・農村の衰退と中農標準化（明治後期から現れ始めた農民層分化の動向で、農外労働市場の拡大とともに、主に一〜二町経営の中規模農家が増加する傾向）など農業再編成の契機となった。

第一次大戦期とその後に、労働市場が拡大したため、賃金の上昇を招き、農家に農業に代わる就業機会を提供することになった。この賃金の上昇と代替的就業機会の拡大は、農業経営の機会費用を高めることになり、小作農のなかには農業（小作地）への労働力を賃金の高い農外部門へと移す農家が出始めるようになる。農業（小作地）に労働力を投入するよりも、農外部門にその労働力を振り向けたほうが、得られる所得が大きくなるからである。この状況が進行すると、小作地の返還が進み、小作地需要が緩んで小作料低下への圧力が強まることになる。とはいえ、「家」制度の存在から、小作農家も経済的な機会費用のとおりに農業労働力を農外に振り向けるわけにはいかない。「家」観念から農業・農村へ固執する面を強くもっているからである。

この状況下で、小作人は小作地返還（農外部門への労働力移動）をちらつかせつつ、地主との小作料減免交渉を開始する。小作人の要求は、機会費用（代替的就業機会で得られる所得）に見合った納得できる小作料水準（多くは、「家」観念から農外移動には抵抗感があったため、機会費用の労賃水準よりもやや低いところで納得することになったと考えられる）まで小作料を引下げることであった。交渉が決裂し、場合によっては小作争議が発生することになるのである。一九二〇年代は、第一次大戦期に高騰した賃金がその後も高止まりしたため、農外賃金に対して農業所得はかなり不利な状況下にあった（前掲図10－2）。このような農業の相対的な不利化という経済環境のなかで、小作人が代替的就業機会で得られる所得を要求した機会費用要求の争議（機会費用争議）が発生したのである（以上、有本寛・坂根嘉弘「小作争議の府県パネルデータ分析」）。

この機会費用争議は、労働市場の拡大と農業の相対的不利化という第一次大戦後の時代状況によくマッチする小作争議であった。小作争議には、その他にも、米価下落や凶作など絶対的な生存水準が脅かされる生活防衛的な小作料減免争議や地主の土地引上げに抵抗する個別的な土地争議があったが、これは前記の機会費用争議とはその経済論理を別にするものであった。だいたい一九二〇年代の小作争議は西日本に多く、農業集落を範囲とした集団的小作料減免争議に特徴があった。その多くは機会費用の高まりによる小作攻勢的な争議で、小作料を低下させていった。一九三〇年代になると、争議は東日本に多くなり、争議内容も土地取上げや小作権をめぐる土地争議が多くなる。この時期の争議は、不況や自然災害による所得減少を原因としたものが多く、生活防衛的な争議であった。

政府は、小作争議に対して、小作調停法と自作農創設維持事業で対応した。小作調停法（一九二四年）は、農商務省の推進した小作立法事業の挫折の結果成立したもので、裁判所が調停委員を選任して争議の調停を行うというものであった。いわば、地主と小作との小作料交渉の仲裁を、裁判所が行うものであった。小作調停法は、実体規定を持たない手続法であったが、調停の結果、集団的な調停条項が結ばれることが多く、それによって地主抑制的な小作秩序が広範に形成されていった（坂根嘉弘『戦間期農地政策史研究』）。自作農創設維持事業は、自作農創設維持補助規則（一九二六年）によるもので、政府の低利資金により小作人に小作地を購入させるものであった。ただし、創設された自作地実績は、北海道を除くと小作地の三～四％にすぎず、農村の大勢は変わらなかった（前掲「わが国の戦前における農業政策の展開過程」）。

集団的な小作攻勢的な機会費用争議は、確実に小作料水準を低下させていった。それは小作料収入による小作地利回の低下をもたらし、地主の小作地投資を不利なものにしていった。この地主の小作地投資の不利化は、都市の土地区画整理事業を円滑に進める一面も持っていた（前掲『都市財政の研究』）。地主的土地所有の本格的な後退が始まったのである。

都市化の諸相

第一次大戦後、都市化・洋風化や大衆社会化と呼ばれる変化が進展した。それをもたらしたのは、第一次大戦後の個人所得水準の上昇であった。一九一〇年を基準に一九二五年と比較すると、一人当り実質個人消費支出は一・四倍、製造業労働者の実質賃金は一・七倍に拡大していた。それを前提に都市住民の生活様式が大きく変わり始めた。衣食ともに質的変化を伴いつつ消費量が拡大した。食生活では、パン・洋菓子・ハム・洋食・コーヒーなどが都市を中心に広がり、衣生活では、都市の男性を中心に洋服が普及し始めた。住生活では、立ち働き台所や郊外文化住宅が普及した（前掲『概説日本経済史　近現代』）。要するに、衣食住における洋風化・西洋化が受容され始め、わが国でも大衆消費社会への動きが始まったのである。しかし、このような生活様式の変化は大都市を中心にした現象であり、農村部にまでは及ばなかった点に注意する必要がある。

また、一九一〇年代・二〇年代は、電化の時代であった。長距離送電が可能となり、都市から遠い山間部での大規模電源開発が進められ、発電量が飛躍的に伸びた。電気料金も下がり、農村部も含め一九二〇年代には電燈がほぼ行きわたった。工場には電動機が普及し、家庭にも扇風機などの電気製品が入ったところもあった。電力利用産業の一つとして郊外電鉄業（私鉄）も発展し、郊外に居を構え、仕事場に電車で通勤するという都市中産階層のライフスタイルが生まれた（本書第十一章第3節参照）。俸給生活者を主としたこの都市中産階層（「新中間層」と呼ばれる）が、層として形成されてくるのがこの時代の特徴であり、政治・社会・文化の新たな担い手となった。

このように、大都市を中心に生活様式の洋風化・西洋化が進行したが、都市部では、明治期以来、都市下層社会が形成されていた。明治中期までの都市下層社会は、家族の形成が困難で、短期で流動的な貧困層が集住していたと見られている。一般に、都市下層社会は、貧困（低所得）と集住に特徴があるが、このような状況は時代とともに変化していった。東京で見ると、集住地区内の都市下層住民の割合は、明治期の一〇％強から大正中期五％、昭和初期一％弱へと急速に低下していった。加えて、明治後期頃からは、都市下層住民のなかにも家族を形成するものが多くなった（前掲『戦前東京の都市下層』）。つまり、都市で結婚し、子供を育て、家族を維持・再生産していく所得条件が整えられていったことを意味する。これが先述した明治中後期以降の都市人口における自然増加が高まる背景となっていたのである。なお、我が国の大都市の下層社会を途上国のスラムと同様に見る見解もあるが、その人口割合や所得条件などで大きく相違していたことに注意すべきであろう（中村哲『近代東アジア史像の再構成』）。

4　恐慌から戦時体制へ

恐慌期の都市と農村

世界大恐慌は、ちょうど金解禁を行ったところの日本経済を激しく揺り動かした。一九三〇年上半期には、金解禁による不況に加え、世界恐慌の影響がたちまちに現れ、物価や株価の暴落、国内市場の縮小、企業の倒産、操業の短縮、労賃の引下げなど典型的な恐慌状態に陥った。都市には失業者があふれ、農村では米価・繭価の激しい下落（工業製品価格に比べより下落したため鋏状価格差＝シェーレと言われた）により農家経済は赤字に転じた。都市や農村では、生活防衛的な労働争議や小作争議が展開し、社会不安が増大した。都市部の不況のため、恐慌期には農村から都市への労働移動はかなり鈍った。また、農村の疲弊は都市よりも深刻であり、都市から農村への帰村・帰農は、従来言われていたほど増加したわけではなかった（前掲『日本の労働市場』）。

一九三一年一二月、金解禁を推進した井上準之助大蔵大臣に代わり、高橋是清が大蔵大臣に就任した。高橋は金本位制を即日放棄し（低為替政策による輸出拡大）、赤字国債による積極財政（需要創出政策）で景気回復をはかった。その農村景気回復対策として重要なのは、米価支持政策と時局匡救土木事業である。

従来、米価支持政策は、農村景気対策として重視されてこなかったが、その効果は大きかった。一九三一年から米穀法の改正が相次いで行われ、一九三三年には米穀統制法が成立した。一九二一年の米穀法は、公定米価を決めないで米穀の買入売渡による米価調節を行うものであったが、恐慌期には、公定米価を基準にした米価調節をほぼ無制限に行うということになったのである。米価の上昇は、農家経済の好転や農家の消費拡大に直結したから、米価支持政策は、農村救済や景気回復には極めて有効であった。その結果、恐慌下、農業日雇賃金を大きく下回っていた農業所得（一〇時間当り）は、一九三一年をボトムに急速に回復した（坂根嘉弘「わが国の戦前における農業政策の展開過程」）。高橋財政の結果、早くも一九三二年をボトムに景気は上向いていくことになる。

時局匡救事業は、一九三二年から三年間で、八・六億円を土木事業などの公共事業に支出するというもので（当時の一般会計歳出は二二億円程度）、消費財市場の拡大に寄与し、経済効果は大きかった（三和良一「高橋財政期の経済政策」）。農山漁村経済更生計画（労力利用の合理化、販売・購買の統制、金融の改善、農家経済の改善など）が、計画経済の考えに基づき実施された。この農山漁村経済更生計画は、産業組合の拡大やその後の農村経済統制には寄与した。しかし、この政策は、基本的には過重労働（増産）・過少消費を推進する精神主義的な内向きの恐慌防衛策であり、農村景気の回復に繋がるものではなかった。

都市化・重工業化と二重構造

一九二〇年から一九四〇年の都市農村人口の動向を見ると（表10－10、表10－11）、人口一〇万人以上大都市の人口の伸びは八割と最も大きい。その中でも六大都市の人口増加が目立っている。逆に、二万人以下の町村では伸びは抑えられたものとなっており、特に、一万人以下では一割ほどの伸びにとどまっている。市部・市部外人口で見ると、市部はこの間七割の人口増加を見せていたが、市部外では一割ほどにとどまっている。また、全人口に占める市部人口は、三一％から四〇％に増加していた。このように、この時期の都市化はよりいっそう進んでおり、都市と農村はかなり対照的な動向を見せていたのである。

加えて、大都市周辺人口を見ると、どの地域とも、六大都市並みあるいはそれ以上の伸びを見せており、工業・商業の集積の進んだ大都市を中心に、人口集中地がより外延的に拡大している様子をうかがうことができる。社会資本整備が進み、企業の集積が進んだ大都市とその周辺地域へは、更なる企業と人口の集積がなされた。産業連関効果を通して、人口と企業が次々に増

表10－10　人口階級別市町村人口

	1920年	1940年	1947年	1950年
10万以上	100	181	126	152
4～10万	100	157	167	184
2～4万	100	149	176	188
1～2万	100	138	170	179
1万以下	100	111	138	141
総数	100	131	142	151

（注）1935年の境域に組み替えた人口。
（出典）上田正夫『戦前戦後における都市農村人口の実質的増加に関する研究』（厚生省人口問題研究所，1956年）。

表10－11　大都市周辺人口並市部人口の推移

	1920年	1940年
6大都市	100	188
京浜地域	100	194
名古屋地域	100	199
京阪神地域	100	183
関門地域	100	186
市　部	100	171(273)
市部外	100	113(99)
市　部	31(18)%	40(38)%
市部外	69(82)%	60(62)%

（注）大都市周辺地域は1942年6月企画院の四大工業規制地域。市部人口は1942年7月現在の市域に調整。括弧内は市域調整をしない場合。

（出典）東京市政調査会『日本都市年鑑』1943年版（1943年）。

大していく様子を示している。いわゆる都市化・企業集積の経済効果の現れであり、戦間期都市人口の増加が減速する中で、大都市が高い人口増加率を維持しつづけた要因の一つでもあった（伊藤繁「都市人口と都市システム」）。

一九三〇年代に、特に人口増加が見られた都市として、重工業都市の尼崎、川崎、室蘭、八幡、宇部、川口、日立、延岡、小野田、新居浜、軍港都市の横須賀、呉、佐世保、東舞鶴などを挙げることができる（東京市政調査会『日本都市年鑑』一九四三年版）。いずれも重工業都市と軍港都市であり、まさに経済の軍事化・重工業化と対応していたのである。

都市化・重工業化の進展のなかで、農工間の生産性の格差は、よりいっそう拡大していった。一九三〇年代には、農業の生産性は非農業の四分の一にまで低下した（前掲表10－3）。この格差は、多かれ少なかれ明治期から存在したが、その後の生産性上昇率の相違によって、それがよりいっそう大きくなった。農業部門自体の相対的縮小もあり、農工間の格差は誰の目にもはっきりしていった。農工間二重構造の顕在化である（尾高煌之助「二重構造」）。

この農工間格差が二重構造の一面であったが、もう一つの二重構造は、非農業部門内部の規模別格差が顕在化したことであった。第一次大戦前まで見られなかった規模別賃金格差が、一九三二・三三年には明瞭に現れてきたのである。五〇〇人以上工場労働者の賃金は、五～九人規模のほぼ二倍へと広がった（尾高煌之助『労働市場分析』）。都市・農村の格差拡大に加え、都市内の大企業と中小企業の格差の顕在化という、この二つの二重構造がこの時代を特徴づけたのである。

進む経済統制

戦争経済の深まりとともに、わが国の産業構造は大きく変容した。軍需生産の拡大とともに、重化学工業化が急速に進んだ。製造業生産額に占める重化学工業（金属・機械・化学）の比率は、一九三〇年三三％、一九三五年四四％、一九四〇年五九％と急速に増加し、一九四四年半ばには七九％に達した。鉱工業を部門別にみると、陸海軍工廠や航空機、鉄砲・弾丸・兵器類、船舶などが上位に登場し、不急不用とされた繊維部門は大きく落ち込んだ（前掲『概説日本経済史　近現代』）。

それに伴い就業構造でも、男子労働力が農業・商業から製造業へ移動していくという大きな変化が生じていた。そのあとを埋めたのが女子労働力であり、戦時中、この両部門の有業者数は、女子が男子よりも上回っていた（前掲『長期経済統計2　労働力』）。特に、農業の場合には、女子化とともに高齢化も進んでいったと思われる。有業者数でみると、農業はそれほどでもなかったが、商業では絶対数が急速に減少していった。これらの動きは、軍需産業の一方的な拡大や徴用・企業整備などにより生じたものであった。

これだけの産業構造の変容（重化学工業・軍需産業の肥大化）を短期間に実現するには、国家による直接的な誘導（経済統制）が不可避であった。特に、資源と外貨の不足のなかでは避けられなかった。一九三七年七月の日中戦争開始以降、経済統制が本格化していったが、特に一九三八年四月の国家総動員法により、経済統制がすべての面にはりめぐらされるようになると、農業部面でも統制が強化された。戦時期の農業は、食糧生産という戦時下国民生活の最重要部面を担っていたため、食糧増産を第一にした農業統制が行われることになった。戦時期の基本的な国家意思は、農地を耕作し食糧を生産している自作農や小作農を直接に支援し、それにより食糧増産を図るというものであったから、地主（特に不在地主・大地主）の利害は大幅に切り捨てられていった。

それは、農地所有権を制限することにより生産者を保護するという戦時農地立法に端的に現れていた。一九三八年の農地調整法では農地賃借権の強化がなされ、一九三九年の小作料統制令では、市町村農地委員会による小作料適正化事業（小作料の強制的な引き下げ）が実施され、全小作地の五分の一で小作料が引き下げられた（坂根嘉弘「小作料統制令の歴史的意義」）。また、農地価格の騰貴による農家経済への圧迫を防ぐため、臨時農地価格統制令（一九四一年）による農地価格統制が始まった。臨時農地等管理令（一九四一年）では、農地の潰廃を防止し、不急不用作物（煙草、薄荷、桑樹など）の作付を制限、食糧農作物（稲・麦・甘藷・馬鈴薯・大豆）の拡大が推し進められた。つまり、食糧増産を目指して、農地の利用権・収益権・処分権すべてにわたり制限・統制が加えられたのである。地主にとっては、苦難の始まりであった。

加えて、一九四二年には食糧管理法が出され、生産刺激と価格抑制、そして国民の食糧確保を目的に、米穀の生産から消費までを国が直接管理するという壮大な実験がスタートした。特に生産者米価を消費者米価よりも高く設定し、かつ自作農や小作農が供出する際に適用される生産者米価を、奨励金・補給金を上乗せして地主の供出米（地主米価）よりも高く設定した点が重要である（生産者米価＝地主米価＋奨励金・補給金）。制度開始の一九四一年産米（一石当り）は、地主米価四四円、生産者米価四九円、消費者米価四三円であったが、その後急速に奨励金・補給金は増大していった。つまり、奨励金・補給金は、一九四一年産米で五円であったのが、一九四三年産米には一五・五円、一九四五年産米には何と二四五円と一気に増額されたのである。このことで、実質的な小作料率は急速に低下していった。つまり、小作農は自家供出米と地主に支払うべき小作料をまとめて供出し、この双方に奨励金・補給金が交付されたが、地主には地主価格で小作料分が支払われたため、実質的な小作料率が急速に低下することになったのである（前掲「わが国の戦前における農業政策の展開過程」）。つまり、この制度は、明確な地主抑制策を意味していた。

厳しい国民生活　戦争の長期化とともに、国民生活は厳しさを増していった。都市では、食糧などの配給制度（流通統制）が始まった。消費財では、大都市で一九四〇年に砂糖・マッチ、一九四一年に米・小麦粉・酒、一九四二年に塩・味噌・醤油が配給制度となり、一九四二年には衣料品が点数切符制となった（前掲『概説日本経済史　近現代』）。

前述したように、生産から流通・消費にわたり、すべての面で統制がはりめぐらされたわけであるが、同時に統制違反も広範囲に生じていた。市場原理を無視した経済統制が世界歴史の上でうまく行ったことはないが、わが国戦時経済も例外ではなかった。都市生活で言うと、絶対的なモノ不足のなかで配給制や切符制がしかれたが、それでも近郊農村への買出しや闇での流通があとを絶たなかったのである。生産部面でも、農地価格統制や作付統制の

表10－12　食糧・衣料・燃料供給量指数

	主食	副食	織物類	薪・木炭
1940年	102	101	86	140
1941年	95	107	65	121
1942年	96	96	64	104
1943年	95	92	38	95
1944年	92	76	13	93
1945年	78	60	4	73
1946年	56	58	16	90
1947年	75	53	17	99
1948年	77	63	26	107

（注）1934～36年平均が100。
（出典）中村隆英「概説　一九三七－五四年」（『日本経済史７　「計画化」と「民主化」』岩波書店，1989年）。

違反が生じていたことは実証的に明らかであり（坂根嘉弘「戦時農地統制は守られたか」）、闇経済は従来考えられていた以上に広範に展開していたといえる。

さて、国民一人当りの食糧・衣料・燃料供給量を見ると（表10－12）、主食（米・麦など）は一九四四年までは一九三四～三六年水準の九割以上を維持していたが、副食（蔬菜、果実、鮮魚介など）は急速に悪化しつつあったことが分かる。織物類は早くから極端に落ち込んでいた。ところが、一九四五年なると、主食・副食・織物類などすべてにおいて大きく落ち込んでおり、戦争経済が限界に近づいていること示していた。米は、一九四四年産米以降不作が続いたが、特に、一九四五年産米は平年作の三分の二という深刻な状況であった。敗戦直後の一九四六年は、主食・副食ともに平年の半分程度に落ち込み、飢餓が現実のものとして語られるという最悪の状況となった（中村隆英「概説　一九三七―五四年」）。戦争継続は、消費財供給面からも難しい段階に突入していた。

戦後経済社会へ　食糧危機、生産激減、大量失業やインフレーションなど、敗戦後はすべての面で危機的な状況からのスタートであった。敗戦にともない、海外からの復員者七六〇万人、引揚者一五〇万人、軍需産業解体による失業者四〇〇万人が見込まれていた。実際には、農林業で四〇〇万人を吸収したのに加え、漸次第三次産業が失業者を吸収し、大量失業問題は表面化することはなかった（前掲「概説　一九三七―五四年」）。

このような激変のなかで、都市人口はどのように変化したであろうか。敗戦後の市町村人口動態で特徴的なのは、人口一〇万以上大都市で人口が大幅に減少し、逆に、四万人以下の市町村で人口が激増したことである（表10－10）。大都市の人口減少は、明治初年以来のことであり、戦災と軍需産業の解体によるものであった。大都市の人口は一九五〇年に至っても十分に回復しておらず、大都市の受けた打撃の大きさが理解できよう。

戦時制度は、戦後社会経済への遺産となった。戦時下、急速に進んだ重化学工業化は、戦後も引続き産業の基調となり、戦時中の軍需会社が特定の銀行から融資を受ける制度は、戦後の金融系列の出発点となった。また、軍需生産のために広く採用された下請制は、戦後産業界に根強く定着し、戦時の行政指導や日本銀行の窓口指導も、戦後へと引き継がれていった。農業部面では、戦時の地主抑制策は、戦後の農地改革に繋がっていった。このように様々な部面で戦時制度が戦後へと引き継がれていったのである（前掲「概説　一九三七―五四年」）。戦時経済が戦後の前提となったわけだから、そのような連続面が見られるのは、ある意味では当然であるが、それでも戦後改革を経てもなお、戦時の枠組みが少なからず有効に機能していたことは、戦後経済社会を歴史的に考察する上で注目すべきことであろう。

（坂根嘉弘）

参考文献

有本寛・坂根嘉弘「小作争議の府県パネルデータ分析」（『社会経済史学』七三―五、二〇〇八年）

アンガス・マディソン著、金森久雄監訳『世界経済の成長史　一八二〇～一九九二年』（東洋経済新報社、二〇〇〇年）

石井寛治『近代日本金融史序説』（東京大学出版会、一九九九年）

石田頼房『日本近代都市計画の百年』（自治体研究社、一九八七年）

伊藤繁「明治大正期の都市農村間人口移動」（森嶋賢他編『農業開発の理論と実証』養賢堂、一九八二年）

伊藤繁「明治期都市人口の自然変動」（『経済研究』三五―二、一九八四年）

伊藤繁「都市人口と都市システム」（今井勝人・馬場哲編『都市化の比較史』日本経済評論社、二〇〇四年）

伊藤之雄編著『近代京都の改造』（ミネルヴァ書房、二〇〇六年）

伊藤之雄「日露戦争後の都市改造事業の展開」（『法学論叢』一六〇―五・六、二〇〇七年）

上田正夫『戦前戦後における都市農村人口の実質的増加に関する研究』（厚生省人口問題研究所、一九五六年）

浮田典良「明治期の旧城下町」（矢守一彦編『日本城郭史研究叢書12　城下町の地域構造』名著出版、一九八七年）

梅村又次「産業別雇用の変動：一八八〇―一九四〇年」（『経済研究』二四―二、一九七三年）
梅村又次他『長期経済統計2労働力』（東洋経済新報社、一九八八年）
大川一司他『長期経済統計1国民所得』（東洋経済新報社、一九七四年）
大鎌邦雄「戦前期の農業における租税負担率の再推計」（『農業総合研究』四九―一、一九九五年）
大野健一『途上国のグローバリゼーション』（東洋経済新報社、二〇〇〇年）
大淵寛・森岡仁『経済人口学』（新評論、一九八一年）
小木新造『東京庶民生活史研究』（日本放送出版協会、一九七九年）
尾高煌之助『労働市場分析』（岩波書店、一九八四年）
尾高煌之助「二重構造」（『二重構造・日本経済史6』岩波書店、一九八九年）
小野旭『日本の労働市場』（東洋経済新報社、一九八一年）
加瀬和俊「一九二〇年代における男子労働力の都市流入構造についての一考察」（『東京水産大学論集』二六、一九九一年）
鹿野嘉昭「江戸期大坂における両替商の金融機能をめぐって」（『経済学論叢』〈同志社大学〉五二―二、二〇〇〇年）
関西ペイント『創業者岩井勝治郎』（関西ペイント、一九九五年）
京都市市政史編さん委員会編『京都市政史第一巻　市政の形成』（京都市、二〇〇九年）
サイモン・クズネッツ著、西川俊作・戸田泰訳『諸国民の経済成長』（ダイヤモンド社、一九七七年）
斎藤修「近代人口成長」（速水融他編『歴史人口学のフロンティア』東洋経済新報社、二〇〇一年）
坂根嘉弘「わが国の戦前における農業政策の展開過程」（山本修編『現代農業政策論第二巻　農業政策の展開と現状』家の光協会、一九八八年）
坂根嘉弘『戦間期農地政策史研究』（九州大学出版会、一九九〇年）
坂根嘉弘『分割相続と農村社会』（九州大学出版会、一九九六年）
坂根嘉弘「近代的土地所有の概観と特質」（渡辺尚志・五味文彦編『新体系日本史3　土地所有史』山川出版社、二〇〇二年）
坂根嘉弘「小作料統制令の歴史的意義」（『社会経済史学』六九―一、二〇〇三年）
坂根嘉弘「戦時農地統制は守られたか」（『歴史学研究』七八七、二〇〇四年）
坂根嘉弘「近代日本の小農と家族・村落」（今西一編『世界システムと東アジア』日本経済評論社、二〇〇八年）

総務庁統計局『国勢調査集大成　人口統計総覧』（東洋経済新報社、一九八五年）
高木尚文「戦前戦後における農村人口の都市集中に関する統計的観察」（東畑精一編『農業における潜在失業』日本評論新社、一九五六年）
竹内啓「「近代化」と人口」（東京大学社会科学研究所編『現代日本社会1　課題と視角』東京大学出版会、一九九一年）
館稔・上田正夫「道府県別及市郡別標準化出生率、死亡率及自然増加率」（『人口問題研究』一―一、一九四〇年）
谷本雅之「戦前期「資産家」の諸活動とその背景」（『日本労働研究雑誌』五六二、二〇〇七年）
恒松制治「農業と財政の作用」（東畑精一・大川一司編『日本の経済と農業』上巻、岩波書店、一九五六年）
寺西重郎『日本の経済発展と金融』（岩波書店、一九八二年）
寺西重郎『日本の経済システム』（岩波書店、二〇〇三年）
東京市政調査会『日本都市年鑑』一九四一年版（一九四一年）
東京市政調査会『日本都市年鑑』一九四三年版（一九四三年）
東洋経済新報社『明治大正財政詳覧』（一九八五年復刻版、一九二六年）
内務省地方局『昭和十四年度　地方財政概要』（一九四〇年）
中川清『戦前東京の都市下層』（国際連合大学、一九八二年）
中村哲『明治維新・日本の歴史16』（集英社、一九九二年）
中村哲『近代東アジア史像の再構成』（桜井書店、二〇〇〇年）
中村隆英「概説　一九三七―五四年」（『「計画化」と「民主化」・日本経済史7』岩波書店、一九八九年）
三和良一「高橋財政期の経済政策」（東京大学社会科学研究所編『戦時日本経済』東京大学出版会、一九七九年）
三和良一『概説日本経済史　近現代』（東京大学出版会、一九九三年）
林玲子『商人の活動・日本の近世5』（中央公論社、一九九二年）
古島敏雄編『日本地主制史研究』（岩波書店、一九五八年）
馬場啓之助「貿易構造と農業構造」（東畑精一・川野重任編『日本の経済と農業』下、岩波書店、一九五六年）
持田信樹『都市財政の研究』（東京大学出版会、一九九三年）
吉川洋『高度成長』（読売新聞社、一九九七年）

コラム10　軍港都市

軍港は、海軍艦艇が母港としうる港であった。日本海軍は、横須賀・呉・佐世保・舞鶴を軍港に選定し、それぞれに、海軍区や軍港全体を統率する鎮守府と艦艇の建造や修理を行う海軍工廠をおいた。軍港が陸軍の軍都（師団・旅団や連隊のおかれた都市）と異なるのは、軍港には鎮守府各施設や海兵団・各種学校とともに、海軍工廠が併設された点にあった。軍港都市は、海軍軍人（士官・准士官・下士官・兵）の街であるとともに、海軍工廠職工の街でもあったのである。人口急増の大きな要因はこの海軍工廠の併設にあった。海軍工廠の設置に伴いヒト（労働力）・モノ（財）・カネ（資本）の大きな流れが生まれ、軍人・軍属や工廠の職工とともに、それらに関係する会社、土木建設業者、各種商人、労働者が流入してきたのである。

鎮守府は、一八八四年（明治一七）に横須賀、一八八九年（明治二二）に呉・佐世保、一九〇一年（明治三四）に舞鶴におかれたが、それと前後する時期から軍港都市では人口が急増した。四軍港とも、もともとはうら寂しい寒村にすぎなかったが、軍港設置後二〇年間ほどで急成長し、横須賀・呉・佐世保は、昭和戦前期には六大都市につぐ二〇万都市にまでなった。四軍港のうち、舞鶴だけは牧野氏三万五千石の城下町（西地区）であったが、軍港が置かれたのは山塊を隔てた東地区であり、東地区は軍港設置後、鎮守府の町として独自の発展を遂げることになった（一九三八年に東舞鶴市）。一九四三年（昭和一八）、海軍の意向により西地区の舞鶴市と合併し、舞鶴市となったが、人口は一〇万人が最高であった。

軍工廠の規模は、呉が最大であった。呉と横須賀は戦艦大和などの戦艦や大型巡洋艦などの大型艦の建造を、佐世保・舞鶴は中小型巡洋艦以下の中小艦艇の建造（舞鶴は駆逐艦・水雷艇）を割当てられていた。職工数で見ると、だいたい呉が海軍工廠全体の四割、横須賀二割、佐世保一割五分、舞鶴一割であり、呉が他を大きく引き離していた。海軍工廠の技術水準は高かったが、海軍工廠の技術が民間へ流出して民間工業が育ったという事例はほとんどない。また、軍工廠への物品納入は、主に指名競争入札であったため、軍港都市の地元商工業は思ったほどの発展を見なかった。その意味では、商工面での軍工廠の軍港都市への貢献は限られたものであったと言わざるを得ない。

さらに、軍港都市は、構造的な財政問題を抱えていた。もともと軍港施設や軍工廠は非課税であり、海軍から市税をとることは出来なかった。軍港都市では、青壮年層の職工や商人・労働者が流入し、人口が拡大していったのであるが、一般に彼らは担税力が弱かった。例えば、所得税では、免税点以下の所得の場合が多く、その場合、国税も地方税も賦課できなかった。ところが彼らの子女は学齢期の場合が多く、彼らの流入によって、教育費や衛生費、住宅整備その他インフラ整備の支出がますます多くなっていったのである。担税力の低い青壮年層の大量流入と、その青壮年層への支出の増大という財政上の構造的矛盾が生じていた。

また、工廠職工に対する海軍共済組合購買所による日用品・食料品の購買事業が大規模に展開し、地元小売商人を圧迫するという問題も生じていた。購買所により商権が狭められた軍港都市の小売業は、消費人口増加の割には繁栄しえなかった。そのため小売商人からの市税収入も多くを期待できなかった。ところが、購買所には非課税措置がとられていた。軍港都市の財政は、この点からも窮乏せざるを得なかったのである。

一九二三年（大正一二）から海軍助成金という軍港都市財政への国庫助成がなされるようになったが、その額は大きくはなかった。軍港都市は、人口急拡大の割に民間商工業の発展度合いが低いという根本的問題を解決できないまま戦後を迎えたのだった。

（坂根嘉弘）

参考文献

坂根嘉弘編『軍港都市史研究１　舞鶴編』（清文堂出版、二〇一〇年）

図10－3　旧・呉鎮守府庁舎玄関（現・海上自衛隊呉地方総監部庁舎）

呉鎮守府は，1889年７月１日に第二海軍区鎮守府として開庁した。横須賀とともに東西横綱格の日本海軍軍港として重要な地位をしめた。1945年11月30日の鎮守府廃止まで32人の司令長官（海軍大将か中将）がこの玄関をくぐった。

第十一章　近代思想と市民文化

1　言語の近代

王政復古の大号令は、「徳川内府従前御委任大政返上、将軍職辞退ノ両条、今般断然被聞食《だんぜんきこしめされ》候《そうろう》」という「候《そうろう》文」で書き表されている。候文は江戸時代における確立された公用文体であり、幕府法令・公文書はもとより、幕末の朝廷で授受されていた公文書も原則として候文である。しかし、この三カ月ほどのちに維新政府が発布する五箇条の御誓文は、「広ク会議ヲ興《おこ》シ万機公論《ばんきこうろん》ニ決スヘシ」以下の、漢文訓読体で表現されている。

明治今体文の確立

候文に代わって、新しく近代日本の公用文体となったのは漢文訓読体であった。ただし、この転換は実際にはかなり長い移行期も含んでいる。明治政府の法令では、太政官期には候文と漢文訓読体との併用が見られ、内閣制度成立後、一八八六年の「公文式」で法令形式が定められると法令文体も漢文訓読体に統一され、以後この文体が、戦後の日本国憲法が口語体で記されるまで続く。また、候文はむしろ私的な文体、とくに書簡文の範型として用いられるものとなった（ただし公文書としても、書簡形式をとる官庁間の往復文書・通牒などでは候文がなお用いられた）。

しかし王政復古が古代律令制への復帰ではあり得ないのと同様に、公用文体の漢文訓読体への移行は中国文明圏への回帰を意味するものではあり得ない。そもそも漢文を訓読するという文章形式は、江戸時代後期になって初めて確立され、明治期に「今体文《きんたいぶん》」として普及するに至った新しい文体だったのである（齋藤希史『漢文脈と近代日本』）。

しかもその普及以前の段階では、新時代にふさわしい文体がいかにあるべきかをめぐって議論も百出していた。幕末の、前島密《まえじまひそか》による漢字廃止論提起をはじめとして、仮名専用論、漢字節減論、ローマ字採用論などが主張された。『明六雑誌』第一号（一八七四年）においてローマ字採用論を展開した西周《にしあまね》は、「学なり術なりは、文章有て始めて立つべし。いやしくも文章なし、何をか学とし何をか術とせん」（西周「洋字を以て国語を書するの論」）と述べているが、ここでは思想・学芸の発展はそれらを表現する言語という媒体なくしてありえないことが正しく認識されている。

しかし競合する諸提案の中で、漢文訓読＝明治今体文が優勢となった決め手は、漢字の造語能力により、西洋文明受容に卓越した適性を有することを証明しえた点にあった。

翻訳語の導入

近代の日本語は、西洋の事物・概念にあてる翻訳語として創出された多数の語彙の導入により、それ以前と截然と断絶する。「社会」「個人」「存在」「自然」、あるいは「近代」「思想」「市民」「文化」、いずれも翻訳語としての造語、ないし意味内容を更新させた新語である。既に中国語訳として用いられていたものを取り入れた場合もあるが、大部分は明治日本で創案され定着し、中国・朝鮮半島へ逆輸出され、これらの地域の現代語の基礎的語彙ともなっている（鈴木修次『日本漢語と中国』）。これは明治日本の驚くべき達成の一つであるが、しかし翻訳語は必然的に原語からのずれを含みこむ。近代日本・東アジアにおける西洋文明の受容には、常にこのようなずれが織り込まれ、その思想形成の陰影を形作っている。

例えば「権利」という語の定着を見よう（石田雄『日本近代思想史における法と政治』、柳父章『翻訳語成立事情』等）。この語は既に中国語訳として存在しており（丁韙良・ウィリアム・マーティン訳のウィートン『万国公法』一八六四年）、これを参考として、西周が訳したフィセリング述『万国公法』（六八年）、また加藤弘之《かとうひろゆき》『立憲政体略』（六八年）等で用いられ始めたことが知られている。しかし「権」のもつ語義は本来的に「権力」の意であり、「利益」を表す「利」と組み合わせればなおさら、right, Recht, droit に一貫する「正しさ」という本質的語義を伝えられない。Droit civil の翻訳語であった「民権」は結果として、「国権」とせめぎ合う、権力闘争の武器としての語感を強めたのである。

文語文と口語文

明治今体文は、書記に偏した文語文であり日常会話の言語ではない。明治の著述家のうちには福澤諭吉のように、平易を心がけ、漢文脈に努めて俗語を交える試みをする者も多く、これは後年の「明治普通文」の試みに繋がる。一方、文語と口語の距離を一気に克服しようとする「言文一致」の試みも早くからなされていた。文学作品では二葉亭四迷《ふたばていしめい》の『浮雲』（一八八七〜八九年）がその最初の達成として名高く、硯友社《けんゆうしゃ》のグループでは尾崎紅葉《おざきこうよう》が『多情多恨』（九六年）等でほぼ完成された言文一致体を駆使した。明治末からの自然主義文学に受け継がれた口語体はその後の日本文学の主流となるが、一方でロマン主義の文学作品では、典雅な文語文の彫琢に心を砕く傾向が見られた。森鷗外の初期の作品（『舞姫』九〇年、『即興詩人』九二年）もその好例である。夏目漱石は当初から口語体で創作を行ったが、初期の作品（『草枕』一九〇六年、『虞美人草』〇八年）では、その文体探求の苦心は顕著である。

移入された西洋文化を象徴するものの一つにキリスト教がある。一八七六年から八〇年にかけ在留諸ミッション共同の事業として行われた新約聖書の翻訳は、平易を旨とする宣教師らの方針と、格調を保とうとする日本人補佐者との協働の結果、雅俗折衷の文語体でなされた（海老澤有道『日本の聖書』）。しかしその後は、キリスト教に関心を寄せる青年知識層の嗜好に合わせ、わざわざ難解な漢字を多数挿入した版が普及していた。一九一七年に改訳されてより澄明な文語体になるが（一九五五年から口語訳）、吉野作造は回顧して、一七年改訳以前の聖書の「怪奇な文体」こそが明治文化の特色をよく表していた、という（吉野作造「聖書の文体を通して観たる明治文化」『吉野作造選集』第十一巻所収）。

明治期の著作物を彩る文体の諸実験こそは、新しい思想に新しい表現形式を与えるべく試みられた、知的革新の営為の広さと深さとをよく示すものといえよう。

出版とメディア

文章表現の展開と切り離せないものが、出版物の刊行・流通状況である。近世には既に、相対的に厚い庶民読者層に支えられた出版文化の成熟があり、本屋仲間・書物問屋仲間などに組織された出版業者によって支えられていた。近世の出版物は木刻整版が主流であり、その板木《はんぎ》と、それに付帯して個々の書籍の出版権に相当する観念となっていた「板株《はんかぶ》」の蓄積が、出版業者の営業上の資産となっていた。しかし明治期に入り木刻活字、さらに鉛活字による活版印刷が主流となり、また一八七五年の出版条例により今日の著作権に相当する「版権」概念が導入されると、板木・板株の蓄積の上に築かれていた旧来の本屋仲間の営業独占は破られた。

叢生した新しい出版業者の中でも、とくに目をひくのは新聞発行の活況である。幕末期以来のいくつかの新聞発行の試みののち、明治初期には『横浜毎日新聞』（一八七〇年創刊）、『東京日日新聞』（七二年）、『郵便報知新聞』（七二年）等の有力紙が登場し、またこれら「大《おお》新聞」と呼ばれた政論紙に対して、「小《こ》新聞」と呼ばれた大衆紙からも『読売新聞』（七四年）、『朝日新聞』（七九年大阪で創刊）等が有力紙に成長していった。政府は活発化する新聞発行に神経を尖らせ、新聞紙条例（七五年制定）で規制を加えたほか、イギリス人ブラックの発行していた『日新真事誌』を休刊に追いこみ、『朝野新聞』の末広重恭《すえひろしげやす》（鉄腸《てっちょう》）・成島柳北《なるしまりゅうほく》を讒謗律《ざんぼうりつ》違反に問うなど、有形無形の圧力も加えた。

それでも新聞の発行部数は拡大の一途をたどった。西南戦争の戦争報道は部数急伸の効果をもたらし、また小新聞では、一八七九年に処刑された高橋お伝の犯罪報道などが大衆の好奇心を刺激し、犯罪実録の戯作や歌舞伎劇への脚色など、メディア間の相乗効果も引き起こして経営に貢献した。全国の新聞・雑誌の年間総部数は、一八八〇年代終わりには一億部を超え、さらに日清戦争報道が部数を押し上げた九〇年代終わりには四億部に達した。その一方、新聞業界内部でも淘汰が進み、少数の新聞社は大資本化していった。

「国語」の誕生

近代において言語は、「想像の共同体」である国民国家の重要な構成要素として、すぐれて政治的な性格も帯びている。文章語と違って人々が日常話す言語は、共通母語の話者の間であっても地域的・階層的な相違が激しいが、近代の国民国家はその統一を要請した。しかもナショナリズムの働く力の方向性によってはそれらの相違が、別個の「国語」の創出へと拡張されることもあれば、「卑俗」な「方言」への地位の貶降やその抹殺へと至ることもある。明治日本の言語経験のうちには、公用文体や思想・芸術表現の文体の創出だけでなく、とくに軍隊や学校など近代国家の重要な装置において使用が想定される、単一で均質な「標準語」の確定という課題の解決も含まれていた。

国語国字問題が本格的に意識されるようになったのは、一八九〇年代のナショナリズムの高揚期であった（安田敏朗『「国語」の近代史』）。一九〇〇年に帝国教育会が議会に提出した国語・国字改良に関する建議を受け、〇二年に設置された国語調査委員会では、国語学者・上田万年《うえだかずとし》らの主導により、全国の方言・音韻調査なども進めながら標準語とその表記法の確定が試みられた。〇三年の国定教科書「尋常小学読本」では、標準語の口語文教材が多く採用され、一〇年の国定読本ではすべてが口語標準語で記されるに至った（ただし字音表記のいくつか、例えば「てふてふ」「ちょーちょ」等の扱いについては、なお試行錯誤が続いた）。

沖縄の学校で、教室で方言を口にした生徒の首に罰として木札をかける「罰札」制度が用いられるようになったのは一九〇七年からという。また北海道アイヌ、さらには植民地住民に対して、標準語は同化政策の支柱としての役割を担うことになる。

2　思想の近代

西洋思想の移入

西洋文明の受容は、怒涛のような新思想の流入とこれに対する在来思想からの反応も加わって、混沌とした、しかし前後の時代に類のないほどの躍動的な様相を明治の思想界に与えたが、その受容のありかたに関して一つの注意すべき特徴がある。すなわち、明治日本には一九世紀後半までに存在した西洋思想の諸潮流が一時に重なり合って到来し、それぞれの思想の間の関係を体系的に俯瞰しうるような視点は、その渦中を生きた人々にはさしあたって望むべくもなかったことである。例えば、社会変革への予感に満ちて原初の自由に言及するルソーの『社会契約論』（一七六二年）と、市民革命後の社会が民主主義の「多数の圧制」を生み出しうることを見届けたうえで自由のもつ射程を冷静に分析するミルの『自由論』（一八五九年）との、世紀を隔てた二つの著作が、均しく自由の教説として民権運動の活動家らに迎えられることになる（中村正直《なかむらまさなお》訳のミル『自由之理』は一八七二年刊行、中江兆民《なかえちょうみん》訳のルソー『民約訳解』は八二年刊行）。また、国家の干渉を受けない個人の自由な経済活動によって富の増大がもたらされると説くレッセ・フェールの経済思想と同時並行的に、資本主義発展の結果、共同体秩序の解体と伝統的規範の弛緩、経済的格差の拡大と社会分裂がもたらされたことを前にして、その処方箋を模索する社会思想の諸潮流も、あわせて日本に輸入されることになる。

万華鏡のような思想の饗宴はしばしば一人の思想家のうちにも振幅の大きい劇的な思想転回を演じさせた。自然権思想を含む西洋政治思想の代表的紹介者であった加藤弘之が、『人権新説』（一八八二年）を著して社会進化論を武器に天賦人権説を否定するに至った事例、また、急進的自由主義としての「平民主義」の主張者であった徳富蘇峰《とくとみそほう》が、三国干渉を契機として「帝国主義」的対外膨張主義に転じた事例がよく知られている。

ドイツ学の隆盛

しかし混沌とした思想状況の中で、近代日本の政治的針路の選択と関わって、一つの有力な思想系列の結晶が認められる。それはドイツ学、すなわちドイツ文化圏の思想・学術を明治日本の準拠理論としようとする動向である（瀧井一博『ドイツ国家学と明治国制』、堅田剛『独逸学協会と明治法制』）。

明治一四年政変の直後、「今天下ノ人心ヲシテ、稍《や》ヤ保守ノ気風ヲ存セン」ためには、「独乙《どいつ》学ヲ奨励」すべし、とした井上毅《いのうえこわし》の意見書の存在はよく知られている（一八八一年一一月七日付「人心教導意見案」『井上毅伝』史料篇第一）。こうしてドイツ学は保守主義・漸進主義を標榜する明白な政策的意図の下に保護・育成されていくが、その後のドイツ学の目を見張る隆盛の要因としては、それが客観的に、移植のモデルとしての好条件を備えていたことも見逃せない。すなわち、英・仏に比して政治的・経済的後進国であったドイツは一九世紀中期になって急速な「追いつき型発展」を見せるのだが、この点で同様な追いつき型発展を志向する明治日本にとって格好のモデルたりえたこと、また、追いつき型発展の中で形成されたドイツの学術は、先進国での思想発展過程を圧縮して受容した上で、必要な修正を加え、さらにそれを整理し体系化して提示する能力において優れていたこと、である。

団体主義と国家統合

ドイツの社会思想では、先進国イギリスの社会を特徴づけていると観念された原子論的個人主義に対して、団体主義・共同体主義への志向が強く、また弱肉強食の利益社会と化していく世界への懐疑とその防御のための社会統合への関心が基調をなしていた。団体主義的思考方法をよく表すものの一つに、ドイツ国法学における国家有機体説の系譜がある。ウィーン大学教授のロレンツ・フォン・シュタインは、伊藤博文をはじめとする明治国家の要人たちに多大な感化を及ぼしたが、このシュタインの国家論にも有機体説の色彩は顕著であり、社会内部の利害対立を調整し、国家の統合を維持するものとしての行政＝官僚機構の積極的役割が強調されていた。

さらに経済思想では、自由放任主義を批判するドイツ歴史学派（とくに、グスタフ・シュモラー以降の新歴史学派）の思想が金井延《かないのぶる》・桑田熊蔵《くわたくまぞう》らによって輸入され、彼らが中心となって一八九〇年代末には、ドイツに倣って「社会政策学会」が組織された。このほか、経済活動における団体主義的実践としてドイツで発達した装置の一つである協同組合も、品川弥二郎《しながわやじろう》・平田東助《ひらたとうすけ》らの注目するところとなり日本に導入されている。

団体主義・共同体主義が近代日本の社会思想全般に与えた影響は絶大であった。社会進化論も影響力をもったが、その場合の生存競争のイメージは主として国際関係に投影され、国際間競争を勝ち抜く前提としての国家的団結の必要がむしろ導出された。さらに注意すべきは、共同体主義はドイツ学のまたもう一つの特徴である歴史主義と相俟って、功利的個人主義の弊害を克服する手段としての、伝統的規範の再評価を促したことである。すなわち、欧化主義を国是としてきた明治国家の主導的思想は、明治後期に至り、共同体主義を媒介として伝統思想への回帰、ないしそれへの癒着の傾向を示し始める。

伝統主義の復権

一八九〇年二月の地方長官会議の建議を受け、山県有朋首相は徳育涵養のための勅語の策定を積極的に推進した。中村正直による草案が退けられたのち、井上毅と元田永孚《もとだながざね》とが中心となって修文されたものが同年一〇月の「教育勅語」となる。井上は明治憲法起草者の一人として、また一八八四年に教導職廃止を実施し宗教政策に関与した経験からしても、政教分離に立脚する近代国家の原則を最重視する立場にあった。したがって、井上と、儒教国教化への志向を隠さない元田との協力作業の裏面には厳しい緊張関係が存在し、勅語はその両者の妥協の産物であった。結果として教育勅語は、特定の宗派・哲学に依拠するものではなく、また臣民の内面の自由に干渉するものではないとされたが、これは「神社・非宗教」観を基礎とするいわゆる「国家神道」の論理とともに、近代国家における精神的自由の保障に関し、ほとんどその限界域に位置するものであったことは否定できない。

一八九一年一月、教育勅語の授与を記念して行われた第一高等中学校の勅語奉読式において、キリスト教徒としての良心から宸署《しんしょ》（天皇の署名）に深い拝礼をしなかった教員の内村鑑三《うちむらかんぞう》は、不敬であるとして解職を余儀なくされる。教育勅語発布にあたりとくに選ばれて、事実上の公式注釈書『勅語衍義《えんぎ》』（一八九一年）を著した井上哲次郎は、元来ドイツ哲学を学んで帝国大学教授となった人物であったが、内村の事件を契機に、国家主義の立場からキリスト教排撃の主張を展開した。九二年には、久米邦武《くめくにたけ》の論文「神道は祭天の古俗」が神道家を中心とする猛烈な批判を浴び、久米は帝国大学教授辞職に追い込まれるという事件も起きる。明治憲法体制の発足から時を隔てず、国家をめぐる言説は、復古的伝統主義の武具をまとって威圧的な身振りを示し始めたのである。

民法典論争

一八九〇年、フランス人のお雇い法学者・ボワソナードの指導の下に編纂された民法典が公布された。しかし三年後に予定されていたその施行を前にして実施延期を求める法学者たちの意見表明がなされ、これを契機とし、延期派と、予定通りの実施を主張する断行派との間で、「民法典論争」と呼ばれる活発な論戦に発展した。論争の決着は、九二年の第三回帝国議会における法典施行延期の議決となって延期派が凱歌を上げ、民法典はこの後、全面的な修正作業が行われた末、九八年になって全編施行される。

条約改正交渉では早くから、領事裁判権回収のために西洋型法原理に基づく法典整備が条件とされていたから、政府にとってこの法典実施の遅延は誤算であったが、民法典論争には当時の思想状況が反映していた。論争は、法典諸規定の法技術的側面に始まって多面的内容をはらんでいるが、最も有名になったのは、延期派に立つ穂積八束《ほづみやつか》が論説「民法出《い》デテ忠孝亡《ほろ》ブ」（『法学新報』五号、一八九一年）の中で説いた、民法の個人主義的家族法原理は伝統的な家父長制的家族制度を害する、という主張である。もっとも民法とは、そもそも個人の私法上の権利義務を明らかにするためのものであるから、この主張に従えば法典は作りようがない。その一方、施行延期となったもとの民法でも、「戸主」制度や「家督相続」制を軸に組み立てられた家族法の部分はその限りでは十分に「家父長制」的であった。そして結局、穂積八束は修正された民法の内容にも不満であった。実際には彼の家族制度に対する関心は、民法の問題としてよりは、国家観そのものに由来していたのである。

家族国家観　穂積八束は東京帝国大学の憲法学講座担当教授として、「公定」国家学説の代表者たることを期待されていた人物であった（長尾龍一『日本憲法思想史』、長尾編『穂積八束集』）。ドイツ憲法学を学んだ穂積は、ラーバントに依拠して国家有機体説を否定しているが、国家法人説による合理的説明も拒否し、代わりに日本の復古的伝統思想に依拠し、結果として彼の描き出す国家はほとんど神秘的な実在的団体の様相を呈している。彼の国家像の端的な表現が「家族国家」観であり、穂積は井上哲次郎とともに、この観念の代表者となった。

家族国家観において、家族と国家は互いに相手を自己の映像として結合している。すなわち、君主（天皇）は国民に対し慈父のように、家長は家族に対し君主のように位置を占める。両者の融合は現実の血統の連接によって実証的にも論証しうるものとされ、国家神道のもつ特別の地位は、民族全体による祖先祭祀という表象によって説明された。この日本の「万邦無比な国柄」の特性は、忠・孝を一致させる。いずれにせよ、家族と国家の即自的統一の間に市民社会の成立の余地はない。

家族国家観は教育の場に浸透した。教科書疑獄事件を契機として一九〇四年から国定教科書制度が発足するが、この第一期に導入された修身教科書は、個人の自助努力による立身出世の奨励に偏して国家的観念を欠いているという批判を受ける。改訂作業は穂積八束・井上哲次郎らが委員となって担当し、一〇年に完成した修身教科書（第二期）では「我が国は家族制度を基礎とし国を挙げて一大家族を成すものにして、皇室は我等の宗家なり」と、明確に家族国家観が表明されるものとなった。

国民教化政策の推進

第二次桂太郎内閣の成立後まもなくの一九〇八年一〇月、国民の風紀粛正を求める「戊申詔書」が発布され、これと呼応して内務省主導の「地方改良運動」が開始された。これは日露戦後に疲弊が目立ち始めた地方農村に自力更生を呼びかける官製国民運動で、そのスローガンにはまさしく、家族と国家の媒介項として地域共同体を活用しようとする狙いが表れている。行政町村の財政基盤確立が目標とされて旧村所有財産（林野）統一が推進されたほか、「若者組」を再編した「青年団」や、産業組合（協同組合）・在郷軍人会などの中間組織を活用して町村行政に協力させる方式が用いられ、これは大正期の民力涵養運動、昭和恐慌期の農山漁村経済更生運動などでも踏襲される地方行政の常套手段となった。その一方、村落内の神社を整理・統合し末端レベルの信仰にも国家神道の論理を徹底させようとした政策には、民俗学者・南方熊楠《みなかたくまぐす》が抗議の声を挙げたことが広く知られている（森岡『近代の集落神社と国家統制』）。南方の主張に共感を寄せていた柳田國男も、祖先信仰や共同体の問題を生涯の課題として追究する一方、教育勅語・国家神道・家族国家観などに対しては、国家主義によって国民の「自然」な倫理意識を歪めるものとして批判的であった（川田稔『柳田国男の思想史的研究』）。

しかし国家によるイデオロギー的教化の姿勢は、一九一〇年に摘発された幸徳秋水《こうとくしゅうすい》らの「大逆事件」を契機にさらに強められた。一一年には、南北朝期を両統並立で記述した国定日本歴史教科書が問題視され、執筆担当の喜《き》田《た》貞吉《さだきち》は文部省編修官を免職、教科書は南朝正統論に改訂されるという、「南北朝正閏《せいじゅん》問題」が発生している。

国体論争

この時期において、美濃部達吉《みのべたつきち》が、東大法科の先輩・穂積八束および、穂積の直系の弟子でやはり東大法科の同僚である上杉慎吉《うえすぎしんきち》の憲法学説へ果敢な批判を浴びせかけたことは、その時代思潮を考え合わせればなおさら注目に値する。美濃部は一九一二年に刊行した『憲法講話』の序文の中で、「専門の学者にして憲法の事を論ずる者の間にすらも、尚言を国体に藉《か》りてひたすらに専制的の思想を鼓吹《こすい》し、国民の権利を抑へて其の絶対の服従を要求し、立憲政治の仮想の下に其の実は専制政治を行なはんとするの主張を聞くこと稀ならず」と言い、このような「変装的専制政治の主張を排すること」を自己の課題とする、と記した。また美濃部は上杉の著書も批判し、この美濃部の挑発を受けて上杉は論説「国体に関する異説」(『太陽』一九一二年六月)を発表して論戦の火ぶたを切った。上杉は、美濃部が天皇を国家の「機関」として説明している点を捉え、これを日本の「国体」の説明として「全然誤謬にして絶対的に排斥すべき」もの、と断罪した。美濃部はこれに応戦し、他の法学者らも交えた論争が続いた。なお穂積八束は論争のさなか、一二年一〇月に世を去っている。

この論争で、天皇の憲法上の地位が最大の争点に設定されてしまったことは、美濃部とすれば不本意だったたであろう。そもそも天皇を国家の機関と規定するのは、国家有機体説ないし国家法人説をとった場合の当然の帰結に過ぎず、美濃部以前にも同様の説明方法をとる憲法学者は多い。これに対し、一種の神秘的実在観念に依拠して天皇の絶対的主権を強調する穂積・上杉のほうが学説としては特異なのである。また美濃部とすれば天皇の地位の説明は議論の単なる入口で、その先に、天皇大権の合理的な制約や議会権限の確立、政党内閣制の肯定といった得意の主張が準備されているのだが、「国体」の語の発揮する磁力はその入口で議論を縛り付け、およそ論争を不毛なものにしてしまった。

知識社会でのこの論争の受け止め方は、美濃部に圧倒的に好意的であった。それはこれに続く大正デモクラシーの時代思潮の到来を予告し、やがて美濃部憲法学は吉野作造の「民本主義」と手を携えて議会政治の擁護理論として脚光を浴びることになる。しかし、この論争に捺された「国体」の不吉な刻印は、その後の時代にも潜在力を発揮しつづける。

3　大衆社会化と都市的文化

都市的文化の形成

明治期から大正期に入ると、発達し続ける都市部では、人々の生活にも洋装・洋食に代表される洋風化の傾向が定着し始めた。さらに変貌は、都市郊外にも及んだ。

阪急電鉄を創業した小林一三《こばやしいちぞう》は、日本の私鉄経営の範型を作り上げたことで知られている。一九一〇年の操業開始当時、大阪北部の田園地帯を通る阪急電鉄（当時は箕面有馬《みのおありま》電気軌道）は、それ自体ではほとんど乗客利用の見込めない小路線であったに過ぎない。小林の着眼は、この路線沿線に自ら住宅地を開発し、そこに居住を開始する都市中産階級住民の生活をまるごと電鉄経営の基盤とすることであった。都心と郊外との日々の通勤手段となるのみならず、路線の終点である宝塚温泉には遊園地が設けられ、少女歌劇団（一九一四年第一回公演）をはじめとする文化イベントが休日の娯楽を求める沿線住民をひきつける。さらに都心のターミナルには百貨店が設けられて住民の消費生活をも抱え込む（津金澤聰廣『宝塚戦略』）。こうした小林の経営手法はただちに他の私鉄会社でも模倣され、とくに東京では二三年の関東大震災ののち、中心部の復興と並行して郊外の宅地開発が活発化し、渋谷や新宿の私鉄ターミナルにはのちの「副都心」の基礎となる街区が形成された。

こうして、資本の側の演出にもよって、大正期にはすぐれて都市的な文化、都市生活者の消費生活を軸とする文化が開花を見せ始める。ただし、この都市的文化の発展は、人口比の上ではなお圧倒的な農村部の疲弊や、都市中心部のスラムの惨状と同居していた。

こうした日本の近代都市の青年期の姿を形象化した文学作品として、萩原朔太郎《はぎわらさくたろう》の詩作品が挙げられよう。三好達治の回想するところ（三好『萩原朔太郎』一九六三年）では、萩原にとって「至る処でごみごみとした大正六年頃の東京市でさえも、青猫の跳びかう美しい夜景をもった蠱《まど》わしふかい大東京」であり、その混沌とした都市の様相を、詩集『月に吠える』（一九一七年）をはじめとする萩原の作品は、破綻と裏腹となった独特の美学による比類のない日本語表現のうちに刻み付けたのである。

白樺派と理想主義

一九一〇年に創刊された雑誌『白樺』には、理想と現実との間に引き裂かれた日本近代の知識人の希望と煩悶とが凝縮している。主に学習院を卒業した上流家庭出身者からなる『白樺』同人たちは、ロダンの英雄的な芸術至上主義に憧れると同時に、トルストイの人道主義に深い感銘を受けた。武者小路実篤《むしゃのこうじさねあつ》が一八年から試みた「新しき村」のユートピア的社会実験や、有島武郎《ありしまたけお》の私有農場解放といった行為はその延長上に現れた。

都市のスラムの貧困や労働者の窮状には、鈴木文治や賀川豊彦《かがわとよひこ》が取り組みを始め、彼らの「友愛会」はやがて「日本労働総同盟」へと発展する。賀川の自伝的小説『死線を越えて』（一九二〇年）はベストセラーとなった。『白樺』を愛読していた長野県の青年教師たちは、国定教科書の制約を離れ、作文や図画・音楽などの表現科目を重視して生徒たちの個性を伸ばす教育の取り組みを開始した。このように大正期には、各地で「自由教育」の実践の試みが見られた。長野県下の活動はやがて「下伊那自由青年連盟」の活動に繋がっていった。生前には無名に終わった宮澤賢治が、岩手県下の農学校教師として懸命に生きた中での実践と創作にも、理想主義の時代思潮が顕著である。

商業出版の隆盛

都市の膨張と全国的な情報流通の活性化、さらに初等教育の普及などに支えられた大衆社会化状況の出現は、出版文化にも大きな刺激を与えた。雑誌では、徳富蘇峰の『国民之友』や三宅《みやけ》雪嶺《せつれい》の『日本人』の衰退と入れ代わるように、『太陽』（一八九五年創刊）や『中央公論』（九九年）、さらに『改造』（一九一九年）などが、論説以外に文芸欄を充実させた「総合雑誌」のスタイルで読者層をつかんだ。これらの雑誌は、吉野作造や大山郁夫などの大学人が大正期論壇の主役として活躍する舞台となった。『東洋経済新報』（九五年創刊）、『実業之日本』（九七年）などの経済専門誌、『婦人世界』（一九〇六年）、『婦女界』（一〇年）、『主婦之友』（一七年）、『婦人倶楽部』（二〇年）などの女性誌、『少年倶楽部』（一四年）などの少年誌も商業的成功を収めた。二二年には大阪朝日が『週刊朝日』、大阪毎日が『サンデー毎日』を創刊して週刊誌という媒体も登場し、大正期末には『文藝春秋』（二三年）、『キング』（二五年）のように発行部数が数十万部から百万部に達する大衆雑誌も出現した。流通規模の拡大は書籍価格の低廉化ももたらし、二六年に改造社が刊行を開始した「現代日本文学全集」は当時としては画期的な定価一円で販売され、「円本ブーム」を巻き起こした。

創作においても、菊池寛《きくちかん》、大佛次郎《おさらぎじろう》、吉川英治《よしかわえいじ》、中里介山《なかざとかいざん》、江戸川乱歩などの大衆文学作品が一世を風靡し、「純文学」の名称を与えられた従来の作家たちは「私小説」への傾斜を強めていた。高度に知的な作風の作家であった芥川龍之介の自殺（一九二七年）が何物かの暗示として当時の知識人に与えた衝撃は大きかったが、一方で一九二〇年代にはプロレタリア文学の台頭が新風を吹き込んでいた。こうした刺激の下に既成作家の側からも、志《し》賀直哉《がなおや》の『暗夜行路』（二一～三七年）、島崎藤村《しまざきとうそん》の『夜明け前』（二九～三五年）のように近代日本文学を代表する大作が生み出された。

印刷メディア文化の一端を担うものとして、商業広告のグラフィック・デザインがモダニズムの香りを民衆の手元に送り届けていたことも注目される。大正期の画壇に存在感を示した竹久夢二は、当時におけるグラフィック美術の代表者でもある。

新興の大衆文化

一九一〇年代から二〇年代にかけ、大衆娯楽の主役の地位へと一気に躍り出たのが映画である。映画（活動写真）は欧米での発明から時を隔てず、一八九〇年代後半に日本でも紹介され、まもなく「新派」の演劇人の協力を得て初期の映画制作の試みが開始された。やがて日活《にっかつ》（一九一二年発足）、松竹《しょうちく》（二〇年映画制作開始）などの企業の登場で映画は娯楽産業として確立した。この時期の無声映画の上演では、「弁士」の存在が興行成績を左右するほどの重要な役割を果たしたが、これは同時代になお絶大な人気を博していた義太夫などの語り物芸能の存在を考え合わせると、新技術に依拠する娯楽の、日本的な受容のありかたとして注目に値する。一九三〇年代には音声つき（トーキー）映画への移行を果たし、太平洋戦争直前の一九四一年には、日本は年間五百本近いフィルムを製作する、アメリカに次ぐ映画大国となっていた（四方田犬彦『日本映画史100年』）。この間に個性的な映画作家も育ち、一九五〇年代に日本の映画文化が国際的な評価を受ける基礎となった。

音楽レコード産業も一九一〇年代に確立した（倉田喜弘『日本レコード文化史』）。初期には浪花節の録音が最大の人気演目であったが、一四年に「カチューシャの歌」、一五年に「ゴンドラの歌」が芸術座の女優・松井須磨子《まついすまこ》によって歌われて好評を博し「流行歌」の先駆けとなった。ラジオは二五年に試験放送を開始、二六年に日本放送協会が設立されて全国に放送中継網が形成された。高価な受信機の各家庭への普及にはなお時日を要したが、速報性を活かした報道に威力を発揮したほか、二七年からは甲子園球場の全国中等学校野球大会、二八年からは相撲など、スポーツの実況中継が聴取者の支持を集めるプログラムとなった。また、子供の世界に登場した紙芝居や貸本漫画は、日本で独自に編み出されたメディア文化であった。

女性の社会進出

都市化の進展と並行して「職業婦人」の出現が注目を集めた。女性が労働に従事すること自体は農家や自営業において当然のことであるが、この観念は、都市の俸給生活者・熟練工家庭における「主婦」の存在と対になって、オフィス業務やサービス業務、電話交換手などの新しい職種に進出するようになった女性の存在を指すものである。しかし女性の給与は男性に比して一般に著しく低く、女性の経済的自立のための条件は厳しかった。

しかしこうした女性の社会進出は、その地位向上を求める思想・運動を力強く支えた。明治期になって創設された女子高等教育機関では「良妻賢母主義」の教育が標榜され、平塚明《ひらつかはる》（雷鳥《らいちょう》）をはじめとする青鞜社《せいとうしゃ》の同人たちが多く学んだ成瀬仁蔵《なるせじんぞう》の日本女子大学もその例外ではなかった。一九一一年に創刊された『青鞜』の理念は、女性の社会的役割を家庭の中に閉じ込めようとする通念と因習への挑戦であった（堀場清子『青鞜の時代』）。思想啓蒙運動としての青鞜社の活動に続き、二〇年に平塚や市川房枝《いちかわふさえ》らによって結成された新婦人協会は女性参政権の獲得を目指したが、二五年の普通選挙制度ではなおその願いは叶わなかった。

マルクス主義の浸透と弾圧

幸徳秋水の「大逆事件」のあと、「冬の時代」を過ごしてきた社会主義思想は、第一次世界大戦後、ロシア革命の衝撃と、国内における労働運動、農民運動さらに部落解放運動など社会運動の高揚を背景に活性化し始めた。

一九二〇年に結成された「日本社会主義同盟」には、堺利彦《さかいとしひこ》・山川均・荒畑寒村《あらはたかんそん》ら明治期以来の古参社会主義者に、大杉栄《おおすぎさかえ》らのアナキスト、麻生久《あそうひさし》・赤松克麿《あかまつかつまろ》ら若手の学生運動・労働運動活動家らが結集した。同盟はいったん一〇〇〇人を超える加盟者を集めたが、内務省の取締と、アナルコ・サンジカリズムとマルクス主義との路線対立などによりすぐに解体した。しかし若い知識人の社会主義運動への参加が目立ち始めたのがこの時期の特徴である。とくに、赤松・宮崎龍介《みやざきりゅうすけ》らが結成した東京帝大の新人会や、和田巌《わだいわお》・浅沼稲次郎《あさぬまいねじろう》・稲村隆一《いなむらりゅういち》らが結成した早稲田大学の建設者同盟などの学生思想団体は、多くの社会運動活動家を輩出する母体となった。

一方、翌二一年にはコミンテルンから日本の社会主義者へ接触が試みられ、二二年までには堺・山川らを中心に極秘裏に日本共産党が結成され、同年一一月、モスクワのコミンテルン大会でその創立が報告された。しかし二三年六月には一斉検挙が行われ（第一次共産党事件・治安警察法適用）、運動の行き詰まりを認識した堺・山川らは解党を決定する。同年九月の関東大震災の際には、甘粕正彦《あまかすまさひこ》憲兵大尉による大杉栄の殺害事件も発生していた。しかしコミンテルンは党の再建を指示し、これを受けて二六年には徳田球一《とくだきゅういち》・佐野学《さのまなぶ》・渡辺政之輔《わたなべまさのすけ》・福本和夫《ふくもとかずお》らによって指導部が構成され活動が再開された（ただしコミンテルンは指導部のメンバーをモスクワに呼び、福本による党指導方針を否定し、これに代わる運動方針「二七年テーゼ」を与えた）。共産党のメンバーは労働運動や農民運動、それに学生運動の中に参加して組織作りを進めたが、二八年三月一五日および翌二九年四月一六日の一斉検挙（三・一五事件、四・一六事件、ともに治安維持法適用）で主要党員は投獄され、三三年には獄中から佐野学・鍋山貞親《なべやまさだちか》らの幹部が「転向」を表明、これに倣う党員の大量離脱が続き、国内におけるマルクス主義の政治活動は、以後ほとんど終息してしまう。

マルクス主義と教養主義

実践運動の挫折にもかかわらずマルクス主義は、二〇年代から三〇年代にかけ、知識人の間に圧倒的な影響力をもっていた。なかでも、京都帝大経済学部教授であった河上肇《かわかみはじめ》は、マルクス主義研究の第一人者として声望を集めていた。二八年には指導下の学生に治安維持法違反検挙者を出したことなどを理由に大学を逐われ、その後に自ら共産党に入党し検挙・投獄を経験することになるが、人道主義の信念に貫かれた河上の生涯は日本のマルクス主義者の一典型と呼ぶに足る。

明治末期以来、高等学校（旧制高校）の学生間を中心に、人文学古典の読書による人格修養を主眼とする教養主義の文化が定着していた。西洋哲学の翻訳書のほか、阿部次郎・安倍能成《あべよししげ》・和辻哲郎《わつじてつろう》らの著作、それに西田幾多郎《にしだきたろう》の『善の研究』（一九一一年）などが青年エリート知識層の必読書であり、一九二七年に刊行が開始された「岩波文庫」は、こうした教養文化を象徴するものであった。しかし高貴な精神主義の教養文化の定着と、モダンな都市的文化の爛熟の一方で、絶対的な貧困が眼前に広がるこの時代の日本において、社会的正義を追求する思想としてのマルクス主義は多くの青年知識層の関心を惹きつけてやまなかった。とりわけマルクス主義は、社会民主主義の諸思潮と比しても、その非妥協的な姿勢のゆえにますます、理想に殉ずる思想としての魅力を放っていたのである。

4　総力戦の時代の思想と文化

国家主義思想の系譜

左翼思想の浸透に対する保守主義の側からの危機感は、一九一九年に臨時教育会議で採択された「教育の効果を完《まった》からしむべき一般施設に関する建議」によく表れている。これは国民の思想教育上、「国体の本義を明徴《めいちょう》」にするための措置や「淳風美俗」維持のための制度改正を求めたもので、とくに後者の趣旨に基づいて設置された臨時法制審議会では、民法・家族法部分の再検討が二〇年代半ばまで行われた（ただし具体的な法改正には至らず、むしろこの審議会での検討は、第二次世界大戦後の民法改正のための素材を民法学者たちに提供する結果となった）。この建議の提案者の一人であった司法官僚の平沼騏一郎《ひらぬまきいちろう》は、二一年から同志と雑誌『国本』を刊行して国家主義思想の普及・涵養を図り、また平沼が法相を務める（第二次）山本権兵衛内閣の下で二三年の「国民精神作興に関する詔書」が出されると、これに応ずるとして、二四年に自ら会長となって「国本社」を組織した。この団体は、政財界・学界の他とくに官界・軍部から多くの会員を集め、昭和期における国家主義思想・運動の、エリート層の側からする一方の極となった。

他方、一〇年代から二〇年代にかけて急進的国家主義の思想・運動が展開を見せた。なかでも、早く一九〇六年に『国体論及び純正社会主義』を自費出版し（ただちに発禁処分）、特異な国家社会主義の主張を展開していた北一《いっ》輝《き》（輝次郎）は、内田良平の黒龍会《こくりゅうかい》に加わって中国革命に関与するなどの経験ののち、一九年に満川亀太郎《みつかわかめたろう》・大川《おおかわ》周明《しゅうめい》らと「猶存社《ゆうぞんしゃ》」を結成、二三年には『日本改造法案大綱』を刊行、戒厳令下に憲法を停止し全面的な国家改造を行うというプログラムを具体的に提示して、民間右翼・青年将校らに多大な影響を与えた。

経済恐慌が本格化した一九三〇年以後、国家改造を志向する急進右翼は青年将校グループと手を結び、相次いでテロリズムの手段に訴えるようになり、北一輝は二・二六事件の共謀者として処刑される。一連のテロやクーデターは社会を震撼させ、三〇年代の政治過程の針路を大きく規定したが、急進右翼グループの中から政権中枢に接近できた者はほとんどおらず、この点ではヨーロッパのファシズム運動と位相を異にする。しかし上からの復古的保守主義と下からの急進的国家主義に挟撃されて、自由主義・個人主義思想の存立の余地は否応なく狭められていった。

天皇機関説事件

一九三五年二月、貴族院本会議で菊池武夫議員は美濃部達吉の憲法学説を批判する演説を行い、いわゆる「天皇機関説事件」が始まる。当の美濃部は三四年に東大を停年退職後、貴族院議員となっており、登壇して菊池に対する反論の演説を行ったが、これがかえって右翼団体の反発を買う。右翼団体や在郷軍人会などの組織的糾弾活動に押された岡田啓介内閣は、同年八月と一〇月、二度にわたる「国体明徴声明」を発して公式に天皇機関説を否定する立場を表明するに至り、美濃部は議員を辞職、著書は発禁処分となる。ここで行われた美濃部批判の論拠は、かつての上杉・美濃部論争の際のものと内容的には変わらない（なお上杉は二九年に亡くなっていた）。その論争から二三年の時を隔てて、しかもこの間の憲法学の通説と認められていた美濃部学説が、政府によって突如、公式に禁止されるという事態が出現したのである。

天皇機関説事件は、この前後の滝川幸辰《たきかわゆきとき》（三三年京大教授休職発令）や矢内原忠雄《やないはらただお》（三七年東大教授辞職）のケースと同様、「学問の自由」に対する重大な侵害事例であるが、それにとどまらず、明治憲法体制の根幹に狙いを定めた実質的な「憲法改正」の実現であった（三谷太一郎『近代日本の戦争と政治』）。以後、政党制や立憲君主制に関わる明治憲法下の運用は決定的な変質を被り、国家総力戦の要請の下に、憲法の定める臣民の権利・義務規定が空洞化されることにも歯止めが失われていく。

国家総動員と思想統制

日中戦争開始にともない総動員体制が発動されると、三四年の陸軍パンフレット『国防の本義と其強化の提唱』に予告されていた総力戦遂行のための国内統制が全面化していった。陸軍幕僚らと協力して総動員体制の構築を手がけていった「革新官僚」の中からは、奥村喜和男や毛里英於菟《もうりひでおと》のように、総動員を基礎付ける「全体主義」を肯定的概念として唱導する人々も現れ、また社会主義者の中からも、麻生久や赤松克麿らが、国家社会主義に転向して総動員体制を支持した。

戦時統制経済が実際に効率的であったか否かには疑問符がつくが、総動員の一環としての「思想戦」は、強力な思想統制によって精神的自由を圧殺した。一方には教化運動としての「国民精神総動員運動」や、鈴木《すずき》庫三《くらぞう》少佐の華々しい活動に代表される軍部のプロパガンダがあり（佐藤卓巳『言論統制』）、新聞・雑誌・映画・ラジオなどは国家の意思を体した宣伝媒体に作り変えられた。他方には治安維持法の発動を含む司法による思想弾圧があった。三〇年代初めまでに共産党検挙の当面の課題をほとんど達成した特高警察と思想検察は、人民戦線事件（三七・三八年）では学術的なマルクス主義研究者や社会民主主義者へ、大本教《おおもときょう》事件（三五年〜）、天理本道事件（三八年）、燈台社事件（三九年）などでは新宗教団体にまで治安維持法の適用範囲を拡張し、さらに和田博雄らの企画院官僚が検挙された企画院事件（四〇・四一年）、『中央公論』『改造』などの編集者らが検挙された横浜事件（四三年〜）へと、ひと時も弾圧の手を緩めなかった。

この思想統制の時代にとりわけ深刻な影響を被ったのが、日本史学の研究であったことは銘記されるべきである。四〇年には津田左右吉《つだそうきち》の記紀研究の著作四点が発売禁止とされ、津田は出版法違反で起訴される（控訴審で免訴）。「国体」の呪縛は実証的な歴史研究を不可能にする一方、「皇国史観」を掲げる平泉澄《ひらいずみきよし》らが歴史学の正統として学界に君臨した。

戦時体制と知識人

戦時体制下は多くの知識人にとって苦難の時代であり、事実上の沈黙を強いられた人々も多かったが、時局の進展の中に思想的意味を見出そうとする試みもあった。近衛文麿のブレーン集団として三六年に組織された昭和研究会には、蠟山政道《ろうやままさみち》、矢部貞治《やべていじ》、笠信太郎《りゅうしんたろう》、佐々弘雄《さっさひろお》、三木清《みききよし》らが参加して新体制の原理的考察を行った。四二年から四三年にかけて『中央公論』誌上では、西谷啓治《にしたにけいじ》ら「京都学派」の哲学者たちによって「大東亜戦争」における「世界史的立場」が論じられ、四二年の『文学界』誌上では、亀井勝一郎らの文学者たちと西谷らが参加して「近代の超克」が論じられた。これらの全てを、知識人の戦争協力としてのみ評価することは正当ではないであろう。「京都学派」の総帥である西田幾多郎は、四〇年代に国家論に関する論説を著している。「皇室」の保有する国家主権の本質を「絶対矛盾的自己同一」という概念で根拠づけようとする西田の思索は著しく晦渋だが、ここに単なる時局迎合ではない独自な知的営為の痕跡を見出そうとする解釈もある（嘉戸一将『西田幾多郎と国家への問い』）。

女性知識人の中には、総動員体制のうちに女性の社会参加拡大の可能性を認めて官製運動に協力したケースもある。市川房枝は三九年に「婦人時局研究会」を組織し、国防婦人会・愛国婦人会など「銃後」の戦争協力を行う諸婦人団体を統合した国民的婦人組織の設立を提言して活動した。

戦時下の文化

大正期に花を咲かせたモダニズムの文化は、昭和期に入ってなお活力を見せ、恐慌と政治不安を背景とする三〇年代初めには、「エロ・グロ・ナンセンス」と呼ばれたような刹那的な享楽文化がむしろ隆盛を示したこともあった。しかし日中戦争開始後の統制経済は奢侈品・嗜好品の消費を極度に抑制し、庶民の耐乏生活は文化活動の余地を失っていった。もっとも、国策協力としてのプロパガンダに、意外にもモダニズムの感覚が活かされているケースもある。例えば、制作・配給の完全な許可制と重要物資であるフィルムを国家による供給に頼る制約の下で、映画会社は国策宣伝映画の制作を余儀なくされたが、それらにも若い映画作家たちの才能が投入されている。木下恵介は、陸軍省の企画による『陸軍』（四四年）の中で、出征兵士を見送る母の姿を長々と映し出すシーンを撮ったが、その真意は戦後に撮られた『二十四の瞳』（五四年）の反戦の祈念のうちに明かされている。『ハワイ・マレー沖海戦』（四二年）で特撮場面を担当した円谷英二《つぶらやえいじ》は、戦後「怪獣映画」で一世を風靡する。黒澤明が監督デビューを果たしたのは、ひたむきに修業を続ける柔道家青年の物語『姿三四郎』（四三年）によってであった。また満州では、甘粕正彦が率いる満州映画協会で内田吐夢《うちだとむ》らが活動していた。

文学者も戦争協力を求められた。しかし「従軍作家」として日中戦争に参加した石川達三の『生きてゐる兵隊』（三八年）は、戦場の情景をありのままに描いて問題とされた。プロレタリア文学の圧殺後、昭和初期に脚光を浴びた「新感覚派」の作家では、横光利一《よこみつりいち》が『旅愁』（三七〜四六年、未完）で西洋文明と日本精神の相克という主題に取り組んでいるが、川端康成は『雪国』（三五〜四七年）などの叙情的な作品でほとんど時事的関心を示していない。年長世代の作家では、永井荷風《ながいかふう》も『濹東綺譚《ぼくとうきだん》』（三七年）で時局とは無縁な哀感の世界に沈潜しているが、以後は敗戦まで作品発表の機会を奪われた。谷崎潤一郎の大作『細雪《ささめゆき》』（四三〜四八年）は戦時にそぐわない軟弱な作品として『中央公論』誌上で連載中止に追い込まれている。

反戦や体制批判を表明する作品の発表は事実上不可能であったが、隠喩的に時代への批判をこめた詩を発表した金子光晴などはその稀な例外である。

敗戦体験

知識人らが敗戦の意味をそれぞれに消化し、洞察を加えることができるようになる以前に、敗戦後の社会思想・文化に重大な影響を及ぼしたのは、自由主義化・非軍国主義化を目指すGHQ（連合国軍最高司令官総司令部）の一連の措置であった。東久邇宮稔彦《ひがしくにのみやなるひこ》内閣を総辞職に追い込んだ四五年一〇月四日付の「人権指令」、さらに同月一一日に幣原喜重郎内閣に与えられた「五大改革指令」などにより、共産主義者を含む政治犯の釈放、思想・言論の自由に対する弾圧法令の撤廃と特高警察組織の廃止などが実行された。また民間情報教育局（CIE）の一連の指令により、軍国主義的・超国家主義的教育関係者の罷免とともに、自由主義的思想を理由として職を逐われた教員の復職が実施され、東京大学の大内兵衛《おおうちひょうえ》・矢内原忠雄、京都大学の滝川幸辰などが教壇に復帰した。一二月一五日の神道指令は「国家神道＝神社神道」への国家関与の禁止を命じ、また一二月三一日には修身・日本歴史・地理について旧来の教科書による授業の停止が命じられた。教育改革は、四七年の教育基本法の公布に結実し、翌四八年には教育勅語の失効が国会で決議された。

言論の自由を確立しようとするGHQの方針は、例えば、天皇・皇室に関する自由な討議を保障するため、「プラカード事件」（四六年五月）を契機として不敬罪の廃止（四七年刑法改正）に至る過程にも貫徹されていたが、占領政策自体への批判などはGHQによる厳格な検閲を受けていた。

こうした時代背景の下、文学作品では、太宰治・石川淳《いしかわじゅん》・坂口安吾《さかぐちあんご》らが敗戦後の社会の心象風景を描き、また野間宏・埴谷雄高《はにやゆたか》・大岡昇平らは、自身の直接的な戦争体験や戦前左翼運動の挫折経験などを作品化して、「戦後派」作家の最初の世代となった。

四六年五月、極東国際軍事裁判（東京裁判）の開廷と時を同じくして発表された丸山眞男《まるやままさお》の論説「超国家主義の論理と心理」（『世界』四六年五月号）は、戦前期軍国主義の病巣を鋭く抉って多大の反響を呼び、戦後民主主義思想のすぐれた出発点の一つとなった。

新憲法と戦後社会の基礎づけ

極東国際軍事裁判は四八年一一月に判決が言い渡され、判決時の被告人二五名全員が有罪、うち東条英機ら七名は絞首刑を宣告・執行された。しかし日本の戦争責任を問う問題設定において、真の意味での焦点は昭和天皇にあった。昭和天皇を戦犯として裁くべしという声は、連合国内ではオーストラリアをはじめとして強かったが、日本占領を実質的に管理していた連合国軍最高司令官のマッカーサーは、天皇免責の方針を堅持した（豊下楢彦『昭和天皇・マッカーサー会見』）。四五年九月二七日の昭和天皇との最初の会見を経て、マッカーサーは占領政策遂行のために天皇の権威を利用する立場を固め、四六年一月二五日には米国陸軍参謀総長宛機密電報において、「天皇が日本帝国の政治上の諸決定に関与したことを示す同人の正確な行動については、明白確実な証拠は何も発見」されず、「天皇を告発するならば、日本国民の間に必ずや大騒乱を惹き起こ」し、占領軍の大幅増強が不可欠となるであろうと警告して、天皇免責の必要性を通告していた（『資料日本占領一　天皇制』四六三、四六四頁）。

また、日本占領の最高政策決定機関として、連合諸国一一カ国で構成される極東委員会の発足が四六年二月末に予定されると、GHQはその活動の本格化以前に、天皇制存続を明らかにする新憲法制定の道筋を既成事実化しておく必要を認めた。こうして同年二月四日からGHQ民政局において極秘のうちに憲法草案が作成され、これが日本政府側に提示された。幣原内閣はこれに衝撃を受けたが、憲法草案を手交した二月一三日の会見で、ホイットニー民政局長が伝達した「この新しい憲法の諸規定が受け入れられるならば、実際問題としては、天皇は安泰になる」というマッカーサーの判断は、新憲法制定にこめたGHQの意図を掛け値なしに表現したものであった（『日本国憲法制定の過程　一原文と翻訳』三二六〜三二八頁）。

ＧＨＱ草案作成に関与した二〇名ほどの民政局員のなかに、少女時代の一〇年を日本で生活した経験をもつベアテ・シロタがいた（ベアテ・シロタ・ゴードン、平岡磨紀子『一九四五年のクリスマス』）。人権条項部分の起草担当者の一人となったシロタは、「両性の平等」を規定する、現行憲法第二四条の原型となる条文を立案した。四六年四月、初めて女性に選挙権が認められ、三九名の女性衆議院議員を当選させた総選挙を経て、第九〇帝国議会において新憲法の審議・修正可決が行われ、日本国憲法は同年一一月三日に公布、翌四七年五月三日に施行された。憲法に明記された「両性の平等」の原則は、当然に明治民法の家父長制的「家」制度の改革を要請し、四七年には民法親族・相続編の全面改正も行われた。

憲法公布に際し昭和天皇は、「朕は、国民と共に、全力をあげ、相携えて、この憲法を正しく運用し、節度と責任とを重んじ、自由と平和とを愛する文化国家を建設するように努めたいと思う」という勅語を発している。こうして新憲法は、戦後日本社会の確固たる基礎となったのである。

（伊藤孝夫）

参考文献

石田雄『明治政治思想史研究』（未來社、一九五四年）
石田雄『日本近代思想史における法と政治』（岩波書店、一九七六年）
井上毅「人心教導意見案」（『井上毅伝』史料篇第一所収、國學院大学図書館、一九六六年）
海老澤有道『日本の聖書――聖書和訳の歴史』（講談社、一九八九年）
荻野富士夫『増補　特高警察体制史』（せきた書房、一九八八年）
堅田剛『独逸学協会と明治法制』（木鐸社、一九九九年）
加藤周一・丸山眞男校注『翻訳の思想・日本近代思想大系15』（岩波書店、一九九一年）
加藤周一・前田愛校注『文体・日本近代思想大系16』（岩波書店、一九八九年）
嘉戸一将『西田幾多郎と国家への問い』（岩波書店、二〇〇七年）
亀井孝他編『日本語の歴史』一～七巻（平凡社、一九六三～六五年）

川田稔『柳田国男の思想史的研究』（未來社、一九八五年）
倉田喜弘『日本レコード文化史』（岩波書店、二〇〇六年）
ベアテ・シロタ・ゴードン、平岡磨紀子『一九四五年のクリスマス』（柏書房、一九九五年）
小林英夫『昭和ファシストの群像』（校倉書房、一九八四年）
齋藤毅『明治のことば』（講談社、一九七七年）
齋藤希史『漢文脈と近代日本』（日本放送出版協会、二〇〇六年）
佐々木隆『メディアと権力・日本の近代14』（中央公論新社、一九九九年）
佐藤卓巳『言論統制』（中央公論新社、二〇〇四年）
鈴木修次『日本漢語と中国』（中央公論社、一九八一年）
高柳賢三・大友一郎・田中英夫編著『日本国憲法制定の過程　一原文と翻訳』（有斐閣、一九七二年）
瀧井一博『ドイツ国家学と明治国制』（ミネルヴァ書房、一九九九年）
竹内洋『学歴貴族の栄光と挫折・日本の近代12』（中央公論新社、一九九九年）
津金澤聰廣『宝塚戦略』（講談社、一九九一年）
豊下楢彦『昭和天皇・マッカーサー会見』（岩波書店、二〇〇八年）
長尾龍一『日本憲法思想史』（講談社、一九九六年）
長尾龍一編『穂積八束集』（信山社、二〇〇一年）
中村雄二郎『近代日本における制度と思想』（未來社、一九六七年）
堀場清子『青鞜の時代』（岩波書店、一九八八年）
増田知子『天皇制と国家』（青木書店、一九九九年）
松尾尊兊『戦後日本への出発』（岩波書店、二〇〇二年）
松沢弘陽『日本社会主義の思想』（筑摩書房、一九七三年）
松本三之介・山室信一校注『学問と知識人・日本近代思想大系10』（岩波書店、一九八八年）
松本三之介・山室信一校注『言論とメディア・日本近代思想大系11』（岩波書店、一九九〇年）
三谷太一郎『近代日本の戦争と政治』（岩波書店、一九九七年）

南博編『大正文化』（勁草書房、一九六五年）
宮地正人『日露戦後政治史の研究』（東京大学出版会、一九七三年）
森岡清美『近代の集落神社と国家統制』（吉川弘文館、一九八七年）
安田敏朗『「国語」の近代史』（中央公論新社、二〇〇六年）
柳父章『翻訳語成立事情』（岩波書店、一九八二年）
山極晃・中村政則編集、岡田良之助訳『資料日本占領一　天皇制』（大月書店、一九九〇年）
山住正己『教育勅語』（朝日新聞社、一九八〇年）
吉野作造「聖書の文体を通して観たる明治文化」（『吉野作造選集』第十一巻所収、一九二八年初出、岩波書店、一九九五年）
四方田犬彦『日本映画史100年』（集英社、二〇〇〇年）

コラム11　音楽の近代

美術に比べ、音楽における西洋との接触体験は、はるかに反応が鈍く遅い。おそらく聴覚の働き方は視覚と異なり、幼少期から親しんだ音階や音楽形式観を他のものに取り替える際の抵抗は非常に大きいのであろう。音楽の分野では、高橋由一もフェノロサも――つまり、西洋音楽に感銘を受けて独学を始めた日本人も、日本音楽の美を「発見」する西洋人も現れなかった。

明治の日本人にとって西洋音楽は当初おそらく、軍楽隊や教会の賛美歌など、広義の西洋文明の一構成部分としてのみ認識されたであろう。そしてそうであればこそ、西洋音楽受容も「文明化」の一課題、すなわち、行進・整列といった「近代的な身体」の所作を獲得する手段として不可欠のものと意識されたのである。

一八七五年に「師範学校取調」のためアメリカに留学した伊沢修二は、自分が簡単な唱歌さえ歌えないことに愕然とする。伊沢のこの経験の決定的な原因は、日本伝統音楽の五音音階に親しんだ耳に、西洋の七音音階が把握できなかったことによると考えられている。俗流進化論の風靡する当時において、七音音階は「未開」な五音音階より「進化」したものと考えられていたから、日本国民を西洋音階が理解できる段階へと導くことは、伊沢にとって国家的課題と認識された。かくして帰国した伊沢は、唱歌教育の充実に邁進する。

伊沢校長の下で八七年に開校した東京音楽学校は、外国人教師による西洋音楽教育の拠点として、次第に「実用的」な音楽教育から芸術音楽へと水準を高めていく。東京音楽学校卒業後、ドイツに学んだ山田《やまだ》耕筰《こうさく》（一八八六～一九四八）の登場は、日本における西洋音楽の定着を示す指標となった。演奏団体育成など西洋音楽普及の努力で知られるほか、とくに歌曲で今日も親しまれている山田は、その作品では後期ロマン派風の拡張された和声の使用や大管弦楽作品の書法に、同時代の西洋の作曲家たちと匹敵する技量を発揮している。

洋楽の定着に刺激を受け、伝統音楽の側から新たな発信を行った代表が、宮城《みやぎ》道雄《みちお》（一八九四～一九五六）である。「春の海」（一九二九）などの宮城の作品は今日の日本人の耳には典型的な「伝統音楽」に聞こえるが、むしろその本質は西洋音楽の影響を受け、その形式原理に示唆を受けた「新様式」の創作であった。こうして邦楽も一定の活力を回復し、「洋画・日本画」と同様、音楽の領域でも「洋楽・邦楽」のジャンルが並立した。

こうしたジャンル区分の制度化は、西洋文化受容における日本近代の姿を如実に反映しているが、しかしこのような区分は現在、実際には既に意味を失っている。一九六〇・七〇年代に前衛音楽の語法の下で洋楽・邦楽の壁を壊す創作（武満徹《たけみつとおる》「ノヴェンバー・ステップス」一九六七年、等）が注目を集めたのち、八〇年代以降になると、津軽三味線によるジャズ・セッションのように、ポピュラー音楽の中で邦楽器が用いられることも当たり前となった。

現在ではもはや芸術における「西洋・東洋」の枠組み自体が溶解し、地球上のあらゆる文化が並列され、しかし多くの場合、商業主義の影響下に動員される、という文化状況を迎えていると言えよう。

（伊藤孝夫）

参考文献

奥中康人『国家と音楽――伊澤修二がめざした日本近代』（春秋社、二〇〇八年）
倉田喜弘『芸能・日本近代思想大系18』（岩波書店、一九八八年）
千葉優子『ドレミを選んだ日本人』（音楽之友社、二〇〇七年）

図11－1　「美しき天然」譜例

西洋音楽受容初期，五音音階と七音音階を繋ぐ手がかりとして，いわゆる「ヨナ抜き音階」（七音音階から四度と七度の音を抜いたもの）が広く普及した。文部省唱歌は多くファとシを抜いたヨナ抜き長音階を使い，また流行歌ではレとソを抜いたヨナ抜き短音階が愛好された。後者による「美しき天然」という楽曲は非常に流行し，ある世代の日本人には「客寄せ音楽」としてもなじみ深い旋律である。

第十二章　「帝国日本」の植民地支配

1　日本にとって植民地とは何だったか

戦前の日本は、近接する東アジア地域に植民地や租借地という形で実質的な支配領域を広げていった。それらの支配地域、特に「大日本帝国」の領土として植民地を支配したことが日本の国家・社会にとってどのような意味を持っていたのか、また日本の植民地支配が当該地域に何をもたらしたか、などを考えるために、植民地の法律制度の特徴、植民地支配における「同化と差異化」の問題、植民地であった朝鮮半島から海外への人口流出の三つの問題を取り上げることとしたい。また、植民地支配が戦後の日本と朝鮮半島に何をもたらしたかについても、簡単に触れてみたい。

「大日本帝国」の統治地域

まず、日本が支配した地域、その面積・人口、住民構成を示すと、次頁のようになる（表12－1、表12－2）。表には入れなかったが、一九三二年に満州国が日本の「傀儡《かいらい》国家」として成立している。形式上は日本とは別の独立国家だが、実質的に日本が支配する地域であった。面積は一三〇万平方キロ、人口は三九四六万人（一九三九年）で、うち中国人（日本は「満人」と呼んでいた）三七五八万人、日本人六四万人、朝鮮人一一六万人などであった（満州国通信社『満洲国現勢』康徳九年版）。

現在の日本の領土は戦前は「内地」と呼ばれ、日本が支配する植民地・統治区域など（満州を含む）は「外地」と呼びならわされた。狭義の意味での「外地」は植民地だけを指す場合もあった。

住民の種別では、「内地人」（日本人）と植民地住民（「外地人」と呼ばれた台湾人・樺太先住民・朝鮮人）が「帝国臣

表12－1 「大日本帝国」の統治区域（1935年現在）

区 分	領有・統治開始年	地域名称	面積（km²）
日本領土（「内地」）		「内地」	382,545
日本領土（植民地）	1895年	台湾・澎湖島	35,961
	1905年	樺太（南部）	36,090
	1910年（1905年保護国）	朝鮮	220,769
租借地	1905年	関東州（遼東半島）	3,462
一部統治区域	1905年	南満洲鉄道付属地	298
委任統治区域	1920年（1914年占領）	南洋群島	2,149
合 計			682,274

（出典）内閣統計局編『第56回大日本帝国統計年鑑』1937年。

表12－2 日本統治地域の住民構成（1930年）

	「内地人」	朝鮮人	台湾人(注1)	樺太先住民	南洋群島島民	中国人(注2)	外国人	合計
「内地」	63,972,025	419,009	4,611	22	18	(39,440)	54,320	64,450,005
台 湾	228,281	898	4,313,681	－	－	(49,456)	49,677	4,592,537
樺 太	284,198	8,301	5	2,164	－	(319)	528	295,196
朝 鮮	527,016	20,438,108	19	15	－	(91,783)	93,147	21,058,305
関東州	117,916	2,316	52	15	－	834,444	998	955,741
満鉄付属地	107,227	15,986	46	1	－	246,998	2,012	372,270
南洋群島	19,629	198	1	7	49,695	(24)	96	69,626
合 計	65,265,803	20,875,419	4,318,292	2,186	49,713	1,081,442	200,825	91,793,680

（注1）台湾先住民を含む。
（注2）「内地」・台湾・樺太・朝鮮・南洋群島の中国人人口は外国人人口の内数。
（資料）内閣統計局編『昭和5年国勢調査最終報告書』1938年，ほか。

民」であり、南洋群島島民が準国民扱いされたのを除いて、それ以外は外国人ということになる。面積で「内地」に匹敵する地域を支配下に入れ、人口では「内地人」の約四〇％にあたる住民（中国人・外国人を除く）を統治の対象としたのが、戦前日本の姿だったのである。

植民地住民と戸籍制度　「内地人」と植民地住民との区別は、戸籍の違いによるとされた。表12－2に記される「内地人」とは日本の戸籍法によって「内地戸籍」に登録される者を指し、朝鮮人は朝鮮戸籍令（一九二三年以前は旧韓国の法律「民籍法」）による戸籍に、台湾人は台湾戸口規則による戸口簿に登録されるなど、日本人と植民地住民との間には身分上の厳格な区別がなされた。朝鮮人や台湾人は「内地」に何十年住んでいても「内地」に戸籍を移すことはできず、逆に日本人は外地生活が長くなってもそこに戸籍を置くことはできなかった。日本人の場合には兵役逃れを防ぐという意味合いがあったが、植民地住民の戸籍移動の禁止は各種の権利を抑えるためであった。婚姻、養子縁組を除いて戸籍移動が認められず、戸籍上の区別を厳格にしたのは、支配者としての「内地人」、被支配者としての植民地住民という支配秩序を維持・強化することに目的があった。

近代の日本が新たに統治を始めた地域には、北海道、沖縄があり、これらを「内国植民地」ととらえる見解もある。たしかにそこでの統治経験がのちの植民地支配に際して参照された面があるが、北海道、沖縄と台湾、樺太、朝鮮との違いは「大日本帝国憲法」発布（一八八九年）以前に統治を開始したか、それ以後かに由来する面が大きい。また、その住民を日本の戸籍に登録するかどうかという身分上の違いにも由来していた。

2　植民地の法制度と支配体制

憲法適用問題　日本の領土である植民地に帝国憲法が適用されるかどうかは、植民地のあり方のみならず日本帝国全体のあり方にも影響を与える重大な問題であった。帝国憲法発布から六年後に台湾を領有することになったが、当時の伊藤博文内閣は台湾総督に法律の効力を有する命令を発する権限を与える法律案を議会に提出したのに対し、議会では憲法上の立法権を総督に委任するものとして反対意見が出された。結局、総督への委任立法権を認める法律（明治二九年法律第六三号だったため「六三法」と呼ばれる）が成立し、台湾の法律制度は憲法の枠外に置かれることになった。

韓国併合に際しては、あらかじめ閣議決定（一九一〇年六月三日）がなされ、「朝鮮ニハ当分ノ内憲法ヲ施行セズ大権ニ依リ之ヲ統治スルコト」、「総督ニハ大権ノ委任ニ依リ法律事項ニ関スル命令ヲ発スルノ権限ヲ与フルコト」などが決められていた。

台湾領有以後、植民地と憲法との関係が憲法学者らによって論じられた。代表的な憲法学者の中でも、穂積八束は適用説に立ち、美濃部達吉は非適用説を主張した。穂積は、天皇の統治権の及ぶ植民地にも憲法は当然適用されるものであり、総督への立法権委任は違憲であると主張したが、天皇絶対主義的法思想に立つ穂積の見解は植民地同化論に繋がるものであった。これに対し、美濃部は、憲法が規定する議会制度や「臣民の権利」を重視する立場から、それらが保障されていない植民地に憲法が適用されると解釈することは、日本「内地」の立憲主義を掘り崩す恐れがあると考えて、憲法非適用説を主張した（江橋崇「植民地における憲法の適用」）。美濃部の見解は、植民地住民の権利に否定的であるかに見えるが、憲法上も「内地」とは異なる法域であるとすることによって植民地議会の設置を容認するものともなった。

これに対し、日本政府は憲法と植民地との関係について明確な見解を最後まで示さなかった。天皇の統治権については憲法の規定が植民地にも当然及ぶものであり、その点では憲法が適用されているとしたが、「臣民の権利・義務」や議会・裁判所などの国家体制に関する規定を適用するのは不適当と考えていたため、憲法適用問題を曖昧な状態にとどめたのである。「大日本帝国」は植民地を持つことによって、その内部に「政治的異域」（春山明哲・若林正丈『日本植民地主義の政治的展開』）を抱えたが、それは天皇の統治権のあり方そのものを問われる問題であったと考えることができる。

憲法が完全に適用されなかったことは、日本人を含む植民地在住民に帝国議会衆議院議員の選挙権が認められなかったことに表われている。貴族院にはごく少数の朝鮮・台湾出身議員が任命されたが、衆議院については選挙区が植民地に設定されなかったため、植民地から議員を選出することはなかった。植民地支配末期の一九四五年四月に衆議院議員選挙法が改正され、朝鮮・台湾からも議員を選出することとなったが、朝鮮二三名、台湾五名というわずかな議員数で、直接国税一五円以上の納入者に限られる制限選挙であった（他に樺太から三名）。この不充分な改正選挙法も八月の日本の敗戦によって実施されることなく終わった。

法律制度の違い　立法権が総督に委任された朝鮮の場合に顕著であるが、植民地の法制度は「内地」と大きく異なるものとなった。朝鮮については、「朝鮮ニ施行スベキ法令ニ関スル法律」（一九一一年）で、法律の効力を持つ命令（「制令」と呼ばれる）を発する権限を総督に認め、議会で制定された法律の全部または一部を朝鮮に施行するには勅令をもってすることが定められた。台湾の場合は、一九二一年に「台湾ニ施行スベキ法令ニ関スル件」（法律第三号）が新たに制定され、帝国議会で成立した法律を基本とし（その場合も勅令をもって施行を定めるとしている）、「台湾特殊の事情」がある場合などにだけ総督の命令である律令を定めるとした。いずれにしろ、朝鮮や台湾は日本領土とされながら、「内地」とは異なる法制度の下に置かれることになったのである。

法制度の違いは、地域的なレベルだけでなく、先に見た戸籍の違いに基づいて「内地人」と「外地人」との間にも表われていた。台湾の匪徒《ひと》刑罰令、朝鮮の保安法などのように、植民地在住の「内地人」には適用されず、植民地住民にだけ適用される法令が存続し、同じ官吏・警察官・教員を勤めていても、両者には待遇、手当などの面で格差が設けられた。

法域の違いが何をもたらしたかを、具体的な法律を例にして考えてみよう。

植民地に施行されなかった法律として、工場法、重要産業統制法がある。前者は、「女工哀史」として知られる繊維産業労働者などの劣悪な労働環境を改善する目的で制定された法律で、一二歳未満の者の就業禁止、一五歳未満の者と女子の労働時間制限（一二時間以内）、深夜労働禁止などを定めた一種の労働者保護立法であった。紡績業界などの反対で、一五人未満の工場には適用されず、成立から五年後の一九一六年にようやく施行されるなど、問題の多い法律であったが、それすら植民地には施行されなかった。一九二〇年代・三〇年代の朝鮮において工場法の施行を求める声が上げられたにもかかわらず、結局施行されずに終わり、植民地の労働者を保護する立法措置はとられなかった。

後者の重要産業統制法は、世界恐慌への対策の一つとして一九三一年に公布・施行された法律で、政府の指定する重要産業のカルテル（操業短縮など）を認めるという内容のものであった。一九三七年まで朝鮮には施行されず、操業短縮の対象とならなかったため、紡績工場などが朝鮮に進出する大きな原因となった。工場法の未施行は、日本「内地」では禁じられた長時間労働・深夜労働を許容し、工場進出にいっそう拍車をかける結果となった。

植民地、特に朝鮮において工業化が進んだ理由には、このような法制度の違いがあったのである。

植民地における治安維持法の運用

一方、日本「内地」と同一の法律が施行された場合でも、植民地では独自の解釈や運用がなされるものが見られた。その代表的な事例が治安維持法である。

一九二五年に制定された治安維持法は、勅令によってただちに朝鮮、台湾、樺太にも施行され、日本領土ではない関東州、南洋群島には「依用」という形で適用された。「国体の変革」「私有財産制度の否認」を目的とする結社を取り締まるのが治安維持法の目的であったが、植民地においては拡大解釈がなされ、独立運動に対しても治安維持法が適用されることになった。朝鮮における判例では、植民地独立を企図することは、日本領土の「僭窃《せんせつ》」、縮小を目指すものであり、それは天皇の統治権の縮小、さらには国体の変革をもたらすものである、という三段論法的な拡大解釈がなされ、朝鮮の独立を目指す団体に治安維持法が適用された。台湾の裁判所でも同様の判決が出ている。

さらに、植民地で治安維持法が日本「内地」と異なる運用がなされたことは、国外における独立運動・共産主義運動に適用された点にも表われている。特に朝鮮の独立運動は、中国東北地方（満州）で展開されたが、それに対しても治安維持法が適用された。一九三〇年代に多くの朝鮮人が中国共産党に加入して活動したが、彼らに対しても治安維持法が適用された。中国共産党が植民地解放運動支援を目的に掲げていることが「国体変革」にあたると

図12－1　朝鮮総督府庁舎の航空写真
背後は旧朝鮮王宮の慶福宮。
（出所）『日本地理風俗体系16　朝鮮（上）』（新光社，1930年）。

する解釈がなされたからである。武装闘争の形態をとって展開された間島（ほぼ現在の中国吉林省延辺朝鮮族自治州にあたる地域）で検挙された朝鮮人党員には、治安維持法による死刑判決も下されている。

このように同一の法律が植民地で「内地」とはかけ離れた解釈によって運用されたことは、治安維持法それ自体の変質をもたらしたといえる。その後、日本「内地」でも植民地独立運動に対して治安維持法が適用されることになるのである（水野直樹「植民地独立運動に対する治安維持法の適用」）。

植民地支配の体制（総督、総督府、軍）　植民地の統治体制も、「内地」とは異なるものであった。統治機関として台湾総督府、朝鮮総督府が置かれ（樺太は樺太庁）、法令や予算を審議する議会は設置されず、総督に強大な権限が委ねられた。朝鮮総督の場合、総督は天皇に「直隷」し、内閣総理大臣の監督を受けることがなかった。行政権限のみならず、法律に代わるものとして律令（台湾）、制令（朝鮮）を発する権限、裁判所・検事局を統轄する権限、軍隊を統率する権限（一九一九年に軍隊の出動を軍司令官に請求する権限にかわった）などを持つ存在であった。まさに、植民地は「天皇大権」による統治の下に置かれ、統治の権限を一手に委ねられたのが総督だったのである。

総督府のあり方については、台湾と朝鮮ではいくつかの差異が見られる。大きな違いの一つは、台湾総督府には台湾人官僚が極めて少ないのに対し、朝鮮総督府では一定の割合で朝鮮人官僚が存在していたことである。これは、植民地化の経緯の違いに由来するものだった。

台湾では、日清講和条約以前は清国から派遣された役人が統治に当たっていたが、日本が領有すると清国の役人はほとんど大陸に引き揚げたため、行政・治安などは日本人の役人が担うことになった。そのため、台湾総督府ではその後も日本人官僚の比率が極めて高い状態が続いた。

これに対して、朝鮮総督府は併合以前に存在していた統監府が韓国政府の機関を吸収する形で設置されたため、朝鮮人官僚が併合後も残ることになった。その後、次第に高いレベルの官僚では日本人の比率が大きくなり、その一方で下級官吏では朝鮮人が増えていった。

植民地における地方制度

地方制度のレベルでも、朝鮮人・台湾人にはほとんど権限が与えられることがなかった。

朝鮮では、道―府／郡／島―面の各レベルに地方行政機構が設けられた。道長官（のち道知事）の半数は朝鮮人だったが、実権を握っていたのは内務部長・財政部長となった日本人官僚であり、職員の多くも日本人であった。府は旧日本居留地を中心とする都会地が多く、その長である府尹には日本人が就いた。郡守には朝鮮人が任命されたが、日本人書記が実務の中心となった。末端の面では朝鮮人官吏が多数を占めたが、上級官庁の指揮・監督を受けて行政事務を補助執行するに過ぎなかった。

三・一運動の後、「文化政治」の下で「民意暢達」を図るとして、道に評議会、府・面に協議会という諮問機関が設けられ、面協議会員は任命制、府と指定面（日本人人口の多い市街地化した地域）の協議会は公選制とされた。有権者や選出・任命の資格を持つ者は、二五歳以上の男子で府税または面賦課金を五円以上納める者に限られていたため、道評議会員、府協議会員は日本人が多数を占めることとなった。道評議会は、三分の二が府・面協議会員の選挙した候補者からの任命、三分の一は知事の任命で構成された。

一九三〇年に地方制度が改編され、新たに道制、邑面制が公布され、府制も改正された。府と邑（指定面から昇格した地方都市）に議決機関である府会・邑会が置かれ、公選制となった。面協議会は諮問機関にとどまったが、会員は選挙で選ばれることとなった。道会は三分の二が府会・邑会議員、面協議会員による選挙、残りが道知事による任命となり、議決権を与えられた。

このように一定の権限をもつ地方制度が敷かれ、朝鮮人上層に政治参加の道が開かれたかに見えたが、実際には「地方自治」というにはほど遠いものであった。

台湾では警察事務を主たる業務とする地方官庁の制度が敷かれていたが、一九二〇年に「比較的文化高き地方」を州、「然らざる地方」を庁とする区分が設けられ、五つの州には州協議会、州の下の市（一九三五年時点で九市）には市協議会が置かれたが、どちらも任命制によるもので、諮問事項も財政問題に限られていた。一九三五年に議決機関としての州会、市会に改められ、議員の半数は選挙によるとしたが、納税額に基づく制限選挙であり、任命議員を含めると日本人が多数を確保する仕組みになっていた。

3　同化と差異化

教育における同化と差別　日本の植民地支配が同化を基本としていたことはしばしば指摘される。たしかに教育などを通じて植民地住民を「帝国臣民」にしようとしただけでなく、戦時期には「皇国臣民」化（皇民化）した上で戦争に動員する政策をとった。そのような同化、皇民化が精神的・肉体的に多大な苦痛・被害を与えたがゆえに、植民地支配を考察する際にも同化の面が強調されてきた。

韓国併合に際して明治天皇が出した詔勅（一九一〇年八月二九日）は、「民衆ハ直接朕ガ綏撫《すいぶ》ノ下ニ立チ其ノ康福ヲ増進スベク」と述べ、朝鮮の民衆を天皇の臣民と見なすことを宣言していた。三・一運動後の官制改革に際して大正天皇の名で出された詔勅（一九一九年八月一九日）でも、「民衆ヲ愛撫スルコト一視同仁朕ガ臣民トシテ秋毫ノ差異アルコトナク」としている。これらの詔勅の言葉は、同化政策を根拠づけるものとして常に持ち出された。しかし、天皇の詔勅に示される同化の方針は、植民地政策の「建前」、あるいは遠い将来の「目標」という意味合いが強かった。

同化とともに植民地支配の軸になっていたのは、差異化・差別化であった。そもそも植民地における支配秩序は支配民族と被支配民族との差異・差別に基づいていた。したがって、完全な意味での同化がなされてしまうと、植民地支配秩序そのものが危うくなるというのが、支配者の意識であった。

同化政策の端的な表われは教育に見られると考えられているが、実際には教育においても差別と差異化の側面を無視することはできない。たしかに、「教育ニ関スル勅語ノ旨趣ニ基キ忠良ナル国民ヲ育成スルコト」（一九一一年朝鮮教育令第二条）が目標とされ、日本語教育に重点が置かれたことが示すように、教育による「同化」が図られた。しかし、学校制度自体、日本人と植民地住民の区別の上に成り立っていた。日本人子女が通う初等学校は小学校であるのに対して、植民地住民の子女が通う学校は、台湾では公学校、朝鮮では普通学校と名づけられ、義務教育ではなく収容できる人数も限られていた。一九二二年に「内鮮共学」「内台共学」の旗印の下に教育法令が改正されたが、「国語」を常用する者とそうでない者の区別により、別学の状態が続いた。さらに、朝鮮では一九三八年、台湾では一九四一年に学校の名称が統一されたが、実際には別学の状態はあまり変わらなかった。

学校制度が違っていただけではなく、学習内容も違っていた。朝鮮語科目のあるなしの違いは当然としても、日本人学校（男子）では教練の時間が設けられていたが、朝鮮人学校にはそれがなかった。それは、兵役義務の有無によるというだけでなく、朝鮮人生徒には独立運動の準備ともなりうる教練を施さないという理由からであった（西尾達雄『日本植民地下朝鮮における学校体育政策』）。

創氏改名と改姓名

同化政策の典型と見なされている朝鮮の創氏改名（一九四〇年実施）についても、実は差異化の側面が存在していたと考えることができる。

朝鮮人の姓は父系血族集団に属していることを表わし、結婚をしても変わらないため、家族のなかに異なる姓を持つ者がいるのが普通である。これに対し、日本では家の称号としての氏を家族全員が名乗る（同じ戸籍に登録されている者はすべて同じ氏を持つ）とされており、これは現在でも同じである。朝鮮総督府は一九四〇年に朝鮮民事令を改めて、日本の民法に定められている氏制度を朝鮮に導入した。朝鮮人の家に新たに「氏」をつくらせることを通じて朝鮮の家族制度を日本化する——天皇制の社会的基盤としての「イエ」制度を朝鮮に植えつける——ことが目的であった。氏を届け出ない場合は、戸主の姓を氏とすることが法令で定められていた。

このように「創氏」の面では究極的な同化政策であったが、その一方で、下の名を日本人風に改める「改名」は、許可が必要であり、積極的に奨励されることはなかった。氏も名も日本人風に変わった場合、朝鮮人と日本人を区別する拠りどころがなくなり（実際には本籍地によって区別できたが）、区別・差別をもとにして成り立っている植民地支配秩序がくずれることを恐れたからである。

このように相反する側面を持つ創氏改名政策の結果、新たに「日本風」の氏を定めて届け出た家は朝鮮全戸数の約八割に及んだのに対し、名を改めたのは人口の約一割にとどまった。つまり、日本風の氏の下に朝鮮の名を残した人が大多数を占めるという奇妙な状態が生まれたのである。それは朝鮮人側の対応のしかたによるものであると同時に、総督府の同化と差異化の政策の結果でもあった（水野直樹『創氏改名』）。

なお、同時期に台湾でも日本人風の姓名に改称する改姓名の政策が実施された。これは、「国語常用の家庭たること」「皇国民としての資質涵養に努むるの念厚く且つ公共的精神に富める者たること」という二つの条件を満たしていると認められる家族に日本人風の姓名への改称を許可するというもので、朝鮮の創氏改名とは大きな違いがあった。一九四三年一一月末までに全戸数の一・七％、人口比率では二・一％が改姓名したに過ぎない。

創氏改名と改姓名に見られるように、日本の植民地でも朝鮮と台湾とでは異なる政策がとられることがしばしばあった。その原因は一概に言えるものではないが、支配期間の長さ、人口の多さ、面積の大きさ、経済的条件や植民地期に築かれた政治・社会制度、さらには歴史的背景（例えば、中国との繋がりの強さ）などの面で違いがあったことが作用していると考えられる。それはまた、日本政府の側で統一的な植民地政策が立案されず、特に朝鮮においては総督府の権限が強かったことをも表わしていた。

4　「大日本帝国」における人の移動

　ここで目を転じて、日本帝国内における人口移動の特徴を考えてみよう。

植民地在住の日本人

　戦前の日本がハワイ、北米、南米などに多くの移民を送出したことはよく知られており、一九三〇年代・四〇年代の満洲移民も注目を浴びることが多い。しかし、日本領土として支配した朝鮮・台湾への日本人の移住はそれほど広く知られているわけではない。また、強制連行の歴史、現在の在日朝鮮人の存在が広く認識されているわりには、日本「内地」そのものに多くの朝鮮人が移動してきたことの歴史的意味が理解されているとは言いがたい。人口移動の側面から日本帝国のあり方を考えてみることにしたい。

　台湾、朝鮮などの植民地・支配地域に移り住んだ日本人は、当該社会の支配者の地位に立った。朝鮮では居留地時代に移り住んだ「一旗組」と呼ばれる日本人も多く、彼らは「内地」で食い詰めて新たな天地を求めて朝鮮に渡った。植民地時代になると、官僚、警察官、教員、会社員など一定の地位を確保した日本人が増えるとともに、商店経営者などが朝鮮各地に進出した。

　植民地に住む日本人は、官公吏、警察官、教員、事務員、技術者、商店経営者・従事者などからなっていた。朝鮮の国勢調査（一九三〇年）によれば、日本人有業者の三一・八%

表12－3　各地域有業者の職業別比率

	内地	朝鮮		台湾	
		日本人	朝鮮人	日本人	台湾人
農　業	47.7	8.7	80.6	4.9	71.4
水産業	1.9	3.1	1.2	1.8	1.6
鉱　業	1.1	0.4	0.3	0.5	1.1
工　業	19.8	17.6	5.6	16.3	7.5
商　業	16.6	25.7	5.1	20.0	9.0
交通業	3.2	9.0	0.9	10.0	3.0
公務・自由業	6.8	31.8	1.2	41.5	2.2
家事使用人	2.7	1.6	1.2	1.7	1.7
その他の有業者	0.2	2.0	4.0	0.6	3.6

（資料）内閣統計局『昭和５年国勢調査最終報告書』1938年。朝鮮総督府『昭和５年朝鮮国勢調査報告　全鮮編』第二巻，1935年。台湾総督府『昭和５年国勢調査結果表　全島編』1934年。

が公務・自由業、二五・七％が商業、一七・六％が工業に従事しており、農業はわずかに八・七％でしかなかった。一方、朝鮮人有業者の八割が農業従事者であり、公務・自由業はわずか一・二％に過ぎなかった（朝鮮総督府『昭和五年朝鮮国勢調査報告　全鮮編』第二巻、一九三五年）。

台湾では、日本人の公務従事者の比率はさらに高くなっている。日本人有業者の職業別比率は、公務・自由業四一・五％、商業二〇・〇％、工業一六・三％、交通業一〇・〇％、農業四・九％である。台湾人の場合は、農業七一・四％、商業九・〇％、工業七・五％、公務・自由業二・二％である（台湾総督府『昭和五年国勢調査結果表　全島編』一九三四年）。

朝鮮の都市部では、植民地化以前の居留地を中心とする日本人町が形成され、朝鮮人居住地区とは隔絶した「内地」同様の生活を送ることができた。他方、農村部では官庁、派出所、郵便局、金融組合、学校などに日本人が派遣されたため、少数の日本人が各地に居住するという状況が存在した。

近隣の植民地・支配地域への日本人移民は、アメリカへの移民などと違って、日本社会の階層構造を反映しながらも、上層が厚く最下層を欠いた「ワンセット」型と呼び得るものであった。それだけに植民地の社会構造に及ぼす影響が大きかったといえる。

東拓移民　東洋拓殖株式会社は、一九〇八年に朝鮮への日本人農業移民を主な目的に朝鮮で設立された国策会社である。韓国政府からも土地の形で出資がなされたほか、土地買収・国有地払い下げなどで所有地を拡大し、そこに日本人移民を入植させようとした。当初、九年間で二四万人の移民送出を掲げたが、実際には一九一一年から二七年までの一七年間で六〇〇〇人にとどまった。「優秀」な日本の農業技術や勤労意識を朝鮮人農民に教え植えつけることも目的に掲げられたが、実際には東拓移民の多くは入植後、農地を売り払ったり地主化したりして離農することになり、一九三三年時点で農業に従事していたのは約四〇〇〇戸に過ぎなかった。さらに東拓移民は朝鮮人から土地を奪うものとして批判を受けたため、一九二七年に東拓による移民事業は停止された。その後、東拓は朝鮮以外の支配圏での拓殖資金供給に事業の中心を移すことになり、農業移民という点では完全な失敗に終わった（河合和男ほか『国策会社・東拓の研究』）。

気候・風土の異なる地域に日本農業を持ち込んで、生産力を上げることができるとする認識そのものに大きな間違いがあったといわざるを得ない。東拓の失敗に学ぶことなく、一九三〇年代には満州への日本人農業移民が推進され、多くの犠牲を生んだことは、記憶されるべきである。

植民地育ちの日本人

　このような中で植民地に生まれ、教育を受ける日本人も増えていった。一九三〇年の国勢調査では、台湾在住日本人の三三・一%が台湾生まれであった（台湾総督府『昭和五年国勢調査結果表　全島編』）。つまり、植民地支配が始まって三五年目には、日本人の三人に一人が植民地台湾生まれという状況になっていたのである。朝鮮在住日本人の場合も、同年に約三〇%が朝鮮生まれであった（朝鮮総督府『昭和五年朝鮮国勢調査報告　全鮮編』第二巻）。

　朝鮮に生まれたある日本人女性（二三歳）は、初めて「内地」に行った時、東京で「内地人の乞食」を見て「別の日本」があること、階級の存在することを初めて感じたと記している（津田美代子「朝鮮生れの見た内地」）。日本人が支配者であることを当然と見なす世代が増えていたのである。

　もちろん、植民地在住日本人の中にも、窮迫した生活を送る者もいた。幼少期を朝鮮に住む叔母の家で過ごした金子文子《かねこふみこ》は、貧しい生活の経験から日本の支配に反発する朝鮮人に共感を寄せ、日本に帰った後、アナーキズム運動に加わり、朴烈《パクヨル》とともに大逆罪で死刑判決を受けた（無期懲役への恩赦を拒否して獄中で自死）。朝鮮窒素肥料株式会社の工場で働く磯谷季次《いそがやすえじ》は、朝鮮人の労働運動に参加して投獄されたが、非転向を貫き朝鮮人同志の信頼を受けた。磯谷は戦後、日本人引揚で重要な役割を果たすことになる。また、朝鮮総督府の林業試験場に勤める浅川巧《あさかわたくみ》は、兄伯教《のりたか》とともに朝鮮工芸品の研究をしただけではなく、朝鮮民衆に対して深い共感を抱き、朝鮮人からも信頼される人物であった。

　しかしながら、このような在朝日本人はごく少数であり、圧倒的多数の日本人は支配者の地位を守ることを第一に考えていたといえる。

朝鮮人の海外移住

前掲表12－2から分かるように、一九三〇年の時点で日本には約四二万人の朝鮮人が居住していた。統計上、韓国併合の一九一〇年に二六〇〇人だった日本在住朝鮮人は、一九二〇年には九万人、三〇年に四二万人、四〇年に一一九万人へと急増し、戦時の強制連行を経て、一九四五年には二〇〇万人を超える数字になった。

一九四五年頃には、日本以外の地域でも満州（中国東北地方）に約二〇〇万人、ソ連に約二〇万人の朝鮮人が居住しており、朝鮮内人口の一六％ほどが朝鮮以外の地に移り住んでいたことになる。

これに比べると、台湾から外への移動は規模としては小さかった。その違いが何に由来するか、一概には言えないが、経済状況の違い、特に台湾では耕地拡大がある程度まで可能であったのに対して朝鮮では耕地面積の増加率が低かったこと、総督府の農業政策により朝鮮では農民の生活が台湾に比べて貧しかったことを指摘することができる（溝口敏行・梅村又次編『旧日本植民地経済統計』）。

移住者はなぜ増えたか

ただし、理由はそれだけではない。朝鮮半島からの移住者が多かったことについて、これまでの研究では、植民地支配政策（土地調査事業、産米増殖計画など）による朝鮮農村の経済的窮乏が土地を失い離農する者を生み出したことに原因を求めてきた。全般的な経済状況の悪化、社会的な流動化の深まりが移住の背景にあったことは確かである。特に中国東北地方へは農民が一家をあげて移住するケースが多かった。

しかし、日本への移動にはそれ以外の要因があると考えられる。出稼ぎ労働の形態をとることが多かった日本への移動は、故郷に残した家族の生計を支えることが目的であった。

また、日本への渡航には交通費などが必要であり（一九二〇年代半ばからの渡航証明書制度の下では連絡船に乗るには一定の所持金があることが条件とされた）、最下層の農民にとって日本渡航は困難なものであった。植民地化の後に日本語教育を受けた中下層の者が社会的経済的な上昇を図ろうとしたのが、日本への渡航であったと言える。植民地において多くの日本人が公務員や教員の地位を占めたため、社会的上昇の機会を得ることができない者が多かったのである。また、朝鮮では充分に保証されない中等・高等教育の機会を得るために日本に渡る者もあった。彼らは日本で働きながら学校に通う「苦学生」の生活を送ることになった。

こうして日本に移動した者が次第に定住し、故郷から家族を呼び寄せるという形で在日朝鮮人のコミュニティが成立していった。

なお、表12－2に見られるように、満鉄付属地にもかなりの数の朝鮮人が住んでいた。この場合も日本への移動と似た要因が働いたと考えられる。

「日本帝国」による移動の規制

朝鮮人の移動に対して日本はどのように対処したのであろうか。特に日本「内地」に多くの労働者がやって来ることを放任していたわけではない。日本経済の発展のために必要な労働力を導入する一方で、民族的な軋轢（その端的な表われが関東大震災時の朝鮮人虐殺である）、失業問題を抱える日本社会の矛盾などは、朝鮮人労働者の渡日規制の必要性を当局者に認識させた。

一九一九年の三・一運動の際には、運動の拡大を防ぐために朝鮮外への移動には旅行証明書が必要とされたが、差別待遇に抗議する朝鮮語新聞の批判もあり、一九二二年に廃止された。関東大震災時の一時的な渡航禁止の後、増え続ける渡日者を抑えるため、一九二五年から「渡航阻止」が実施された。これは、就職先が確実なこと、旅費などの所持金があることを確認できなければ、連絡船に乗せないという措置であった。さらに一九二八年からは、同様の条件で地元の警察署が発給する「渡航証明書」を持たなければ、乗船できないという制度が実施された。「渡航証明書」は戸籍抄本または謄本に警察署長が裏書きしたに過ぎないもので、法令上の根拠の薄いも

図12－2　釜山港の関釜連絡船乗り場
（出所）『日本地理体系12　朝鮮』（改造社，1930年）。

のであった。朝鮮人も日本人と同じ「帝国臣民」であり、領土内の移動に制限を加えることは問題とならざるを得ないため、正式の法令ではなく警察の行政的措置として行われたのである。

世界恐慌の中で失業問題が重大化すると、朝鮮人の渡日に対する規制を強化せよと主張する声がいっそう強くなった。そのため、日本政府は一九三四年一〇月に閣議で「朝鮮人移住対策の件」を決定した。これは、渡日規制を強化するとともに、朝鮮人の満州および北部朝鮮への移住を促進すること、さらに日本「内地」に居住する朝鮮人に対しては「指導教化」を強め「内地への同化」を図ることを決めたものである。この閣議決定の後、日本在住の朝鮮人を管理統制する協和会が組織されるとともに、朝鮮半島からの「密航」取り締まりが強化される。

一方、朝鮮総督府は満州への朝鮮人移民を推進する方針を立てたが、満州国を支配する関東軍はこれに対して消極的であった。朝鮮人の抗日闘争が展開されている満州にさらに多くの朝鮮人が流入することを警戒しただけでなく、満州の土地は日本人移民のために確保しておかねばならないとする認識を持っていたからである。一九三六年に朝鮮人の満州移民を扱う鮮満拓殖株式会社が設立され、朝鮮との国境地帯に限定して朝鮮人を入植させることとした。さらに一九三九年には日本政府・満州国政府が「満洲開拓政策基本要綱」を決定して朝鮮人開拓民の指導を図るとしたが、朝鮮から満州への移住に関しては「適宜統制」するとして規制が加えられ、日本人移民優先の政策は変わることがなかった。

戦時期の強制連行

日中戦争の長期化の中で「内地」労働力の不足を補うために、国家総動員法に基づく労務動員計画により朝鮮人労働者の動員が一九三九年に始まった。その一方で、渡日に際して証明書を必要とする制度は引き続き実施されていた。労務動員と矛盾するかに見えるが、日本当局は労働力を必要としている炭鉱、鉱山、土木工事に朝鮮人を動員するには、自由な渡航、自由な就業を認めるべきでないと考えたのである。

労働力動員は、会社が朝鮮の割り当て地域で労働者を「募集」するという形式で始まったが、動員計画を達成するために強制的・半強制的に人員を集めたケースもある。また、動員先では労働者の逃亡を防止するために、宿舎からの出入りを制限したり、賃金を強制的に貯金させたりする措置がとられた。「強制連行」「強制労働」と呼ばれるのはそのためである。一九四二年からは、総督府が労働者を集め、会社に斡旋する「官斡旋」方式に替わり、一九四四年からはこれと並行して「内地」への労働者「徴用」も始まった。徴用を拒否すると処罰されることになり、強制性はさらに強まった。

このような戦時動員に際しても、戸籍の違いに基づく差別の原理が働いた。つまり、日本人を軍需工場などへ動員する一方、朝鮮人は炭鉱などで働かせるという区別は、戸籍の違いによって担保されていたのである。同じ「帝国臣民」として戦争に動員しながら、そこにも区別・差別を設けるというのが、「大日本帝国」の姿であった。

5　植民地支配が残したもの

朝鮮半島の南北分断

日本による植民地支配は、朝鮮、台湾に何をもたらしたであろうか。当該社会全体が資本主義システムに組み込まれたことは社会の流動化をもたらした。それはある意味では「近代化」と言えるものであったが、他方で朝鮮において顕著なように社会の両極化・分断をもたらした。植民地支配の下でその地位を維持し得た地主・資本家、他方で経済的・社会的な窮乏にさらされる農民・労働者という両極化が進展した。「近代」の恩恵に与ったのはごく一部の富裕層・中間層に過ぎなかった。さらに戦争にともなう動員がこのような両極化・分断をいっそう強化したと言える。朝鮮人上層・中間層は戦時動員や食糧の供出に際して日本に協力するか、せざるを得なかったからである。

日本の敗戦によって朝鮮が解放されると、植民地時代に拡大していた社会の両極化・分断は、階級闘争の形態をとることになった。一九四五年から四六年にかけて南朝鮮で農民運動、労働運動が激しく展開されたのは、植民地時代にその素地が生まれていたからである。南朝鮮を占領したアメリカ軍は農民・労働者の左翼的な運動を弾圧した。一方、北朝鮮ではソ連軍の援助を受ける金日成《キムイルソン》らのグループが、土地改革などによって農民・労働者の運動を助長しつつ権力基盤を固めた。土地改革で追放された地主らが南朝鮮へ移り、一方、米軍の弾圧を受けた南の左翼勢力が北へ逃れることによって、社会的な分断が地域的な南北分断へと変質したのが、一九四五年から五〇年（朝鮮戦争勃発）までの五年間の特徴であったと言える。朝鮮半島の南北分断の最大の原因は、戦後急速に築かれていった東西冷戦構造にあると言わねばならないが、そこに植民地時代の社会変動が大きな影を落としていたことも否定できない。

台湾では、日本の支配が終わった後、中国国民政府が統治権を掌握したが、大陸において共産党との内戦に敗れた国民党は、台湾を大陸反攻の拠点とするため、台湾人の政治的経済的権利を否定して強権的な支配体制を固めた。その際、日本の支配の下で日本の文化や生活様式を吸収していたことが台湾人弾圧の理由とされた。

「帝国日本」から「国民国家」へ

他方、戦後日本のあり方は戦前の植民地支配とまったく関係がなかったのであろうか。植民地の喪失が敗戦によってもたらされたものであったこと、朝鮮・台湾からは多くの日本人が引き揚げたが、戦地からの大量引き揚げに埋没してしまったことは、植民地支配の歴史的意味を反芻する機会を失わせた。戦後長い間、日本では植民地として支配した朝鮮半島や台湾と日本との関係、さらには戦前日本が植民地をもつ「帝国」であったことを反省し、それが生み出した諸問題を解決しようとする動きがほとんどなかったと言わねばならない。

そのことは、日本に住む旧植民地出身者への処遇に象徴的に表われている。植民地支配の結果として多くの朝鮮人・台湾人が日本「内地」に居住することになったにもかかわらず、それらの人びとに対する政策は歴史的背景を無視するものであった。例えば、戦前日本「内地」に住む朝鮮人・台湾人男性（二五歳以上）には選挙権が認められていたが、敗戦直後の衆議院議員選挙法の改正時に、「戸籍法の適用を受けざる者」、すなわち朝鮮人・台湾人の選挙権・被選挙権を「当分の内停止する」という付則が盛り込まれ、参政権が否定された。日本政府は講和条約締結まで朝鮮半島・台湾の領土帰属は未確定であるので、その住民は依然として日本国籍を保持しているという見解をもっていたにもかかわらず、権利の面では外国人扱いをすることとしたのである。憲法上の諸権利についても同様に「外国人」であるとして否定され、政治的権利のみならず戦争被害への援護や社会福祉の対象からも排除されることになった。

こうして戦後日本は、植民地支配の歴史を反省することなく、旧植民地出身者の存在を無視することによって、戦前の「帝国」から「国民国家」へと純化することになったのである。

（水野直樹）

参考文献

江橋崇「植民地における憲法の適用」（『法学志林』第八二巻第三・四合併号、一九八五年）
河合和男ほか『国策会社・東拓の研究』（不二出版、二〇〇〇年）
台湾総督府『昭和五年国勢調査結果表　全島編』（一九三四年）
朝鮮総督府『昭和五年朝鮮国勢調査報告　全鮮編』（第二巻、一九三五年）
津田美代子「朝鮮生れの見た内地」（『緑人』第三号、一九三五年九月）
西尾達雄『日本植民地下朝鮮における学校体育政策』（明石書店、二〇〇三年）
春山明哲・若林正丈『日本植民地主義の政治的展開』（アジア政経学会、一九八〇年）
満洲国通信社『満洲国現勢』（康徳九年版、一九四二年発行）
水野直樹「植民地独立運動に対する治安維持法の適用」（浅野豊美・松田利彦編『植民地帝国日本の法的構造』信山社、二〇〇四年）
水野直樹『創氏改名』（岩波書店、二〇〇八年）
溝口敏行・梅村又次編『旧日本植民地経済統計』（東洋経済新報社、一九八八年）

コラム12　「帝国」「国民国家」に異議を唱えた日本人

植民地の問題に最も深く関わった日本人として、布《ふ》施《せ》辰治《たつじ》（一八八〇〜一九五三）を挙げることができる。日本では自由法曹団を組織して社会運動に関わった弁護士として知られる布施は、朝鮮・台湾の人々とも深い関係で結ばれていた。一九一九年朝鮮三・一運動の際に日本で独立運動を展開した朝鮮人留学生の弁護を買って出たのをはじめ、朴烈・金子文子らの大逆事件、朝鮮独立運動家の裁判などに関わり、関東大震災時の朝鮮人虐殺に抗議する活動も行った。台湾には一回、朝鮮には三回行ったことがあり、台湾農民組合事件や朝鮮共産党事件の公判に弁護人として立っただけでなく、農民運動の調査、講演活動も行った。

自由主義から共産主義、アナーキズムまで政治的・思想的立場にかかわらず、日本の植民地支配に抵抗する活動家を支援・擁護した点に、布施のユニークな特徴がある。

一九三〇年代には布施自身が治安維持法違反に問われ、弁護士資格も剥奪されたが、戦後、弁護士活動を再開し、三鷹事件、松川事件、血のメーデー事件など社会運動関係の重大事件を担当するとともに、在日朝鮮人運動を支援し、朝鮮人学校弾圧反対運動（阪神教育闘争）、在日本朝鮮人連盟解散抗議運動などにも法律家の立場から積極的に関わった。

しかし、布施の存在が重要なのは、弁護士・社会運動家としての活動だけによるものではない。敗戦後の新憲法制定過程で布施が発表した「憲法改正私案」に示される彼の思想にも注目すべきである。布施の憲法案は、第二条で「日本国民タル資格」を六項目にわたって定めている。日本国民を父として生まれた子を日本国民とする原則を掲げている点では当時の国籍法と同じであるが、それにとどまらず、「日本国民ニ非《あ》ラザル者ヲ父トシテ日本国民タル母ヨリ出生シタル子ハ父ノ同意ニヨリ之ヲ日本国民トスル」として、子が母の国籍を継ぐことを可能としており、現行国籍法（一九八五年施行）の父母両系主義に近い考え方である。布施の案でさらに注目されるのは、「継続シテ十ヶ年間、断続シテ二十ヶ年間、日本領土内ニ生活ノ本拠ヲ置キテ定住シタル者ハ、之ヲ日本国民トス」と定めている点である。つまり、日本国民の資格は血統によるだけではなく、居住の実績によっても認めるべきだ、と布施は考えたのである。

旧植民地出身者の権利を排除して「国民国家」として成立しつつあった戦後日本のあり方に根底的な問いかけを発する視点が布施の憲法案にはあったと言えよ

う。布施のような考え方は敗戦直後の日本にあって例外的なものであったが、長く朝鮮・台湾の人々の活動に寄り添ってきた布施だからこそ持ち得た視点であった。

（水野直樹）

参考文献

大石進ほか『布施辰治と朝鮮』（高麗博物館発行、総和社発売、二〇〇八年）
布施辰治『打倒？・支持？・天皇制の批判――憲法改正（私案）』（新生活運動社、一九四六年）

図12－3 ソウルで演説をする布施辰治（1927年10月）（石巻市教育委員会蔵）

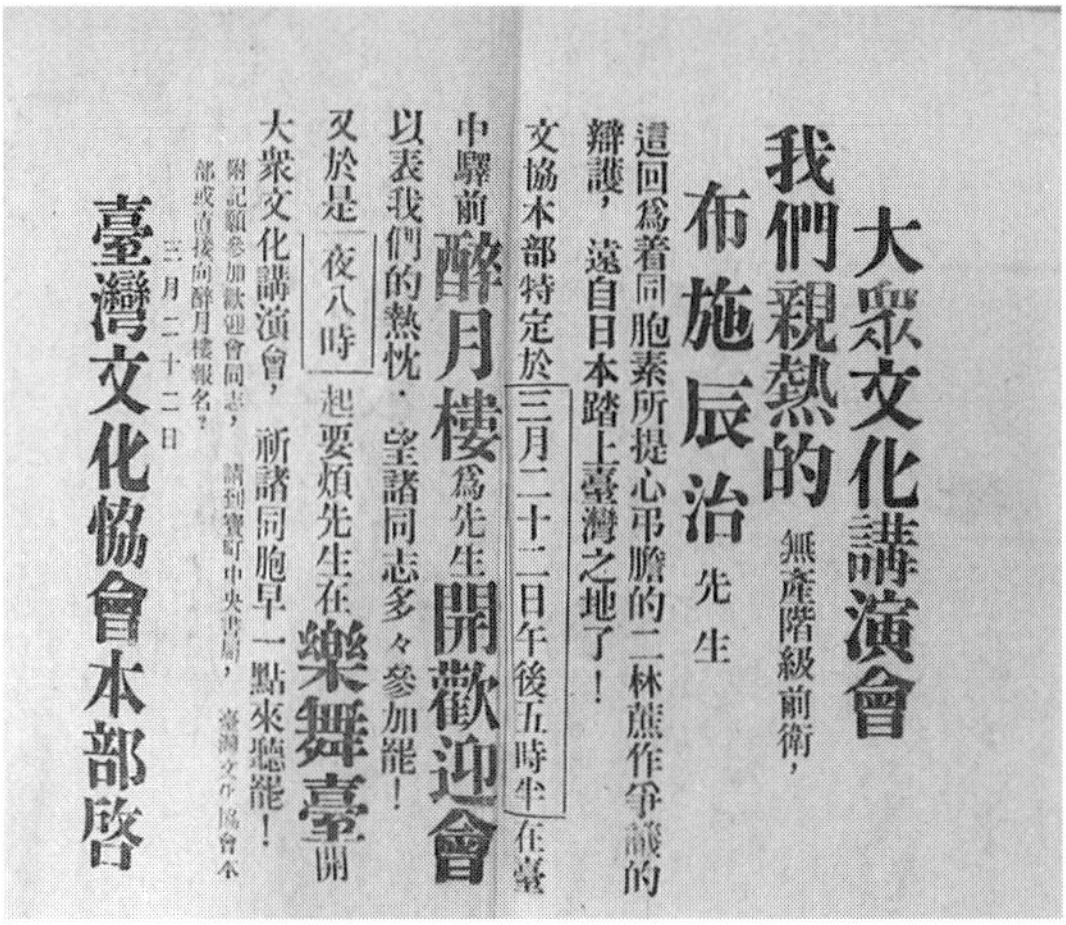
大衆文化講演會
我們親熱的 無産階級前衛，
布施辰治先生
這回爲着同胞素所提心弔膽的二林蔗作爭議的
辯護，遠自日本踏上臺灣之地了！
文協本部特定於三月二十二日午後五時半在臺
中驛前醉月樓爲先生開歡迎會
以表我們的熱忱，望諸同志多々參加罷！
又於是夜八時起要煩先生在樂舞臺開
大衆文化講演會，祈諸同胞早一點來聽罷！
附記願參加歡迎會同志，請到寶町中央書局，臺灣文化協會本
部或直接向醉月樓報名？
三月二十二日
臺灣文化協會本部啓

図12－4 台湾文化協会が開いた布施辰治の講演会案内（1927年３月）（石巻市教育委員会蔵）

第十三章　戦後日本と日米関係

1　アメリカ文明の衝撃――一九四五～五二年

アメリカとの出会い――ペリーから真珠湾へ

日本の歴史の中で、第二次世界大戦以降の時代を特徴づけるとき、太平洋を越えて向かい合うアメリカ合衆国という大国から巨大な影響を受けた時代、と表現することが可能だろう。戦後日本はアメリカが主導する占領から出発した。あえて時期区分をすると、アメリカの影響が政治、経済、文化すべての分野で圧倒的だった時代（一九四五～六〇年）から、日本が次第に自立しつつアメリカとの協調を模索した時代（一九六〇～七五年）、日米二国間関係が経済を中心に世界的重要性を占めた時代（一九七五～九〇年）、冷戦終焉やアジア諸国の台頭という事態を受けて日米同盟関係が強調されるようになった時代（一九九〇～）と分けることができよう。この間、巨視的に見ればアメリカという存在の影響力は徐々に低下しているように見えるが、それでもなお日本にとってアメリカとの関係がもつ意義は大きい。

もちろん日本のアメリカとの出会いは一九世紀中頃の江戸幕末期に始まっており、当時まだ新興国だったアメリカのペリー提督が、大国ロシアやイギリスに先んじて日本の開国を実現したことには一種の運命的な巡り合わせがあったようにも思われる。しかし、ペリーに続いてハリスが日本と西洋諸国との修好通商条約締結の先陣を切ったにもかかわらず、近代国家モデルを探し求める明治期の日本にとってアメリカはヨーロッパ諸国に比して遠い存在となった。その後、二〇世紀に入る頃からアジアに積極的に関与をするようになったアメリカと日本の間では経済文化関係が深まる一方で太平洋や中国での権益、あるいは移民問題を巡って緊張が高まったが、それでも対米関係は決定的という比重は持たなかった（五百旗頭真編『日米関係史』）。

この状況が決定的に変化したのは一九四一年一二月、「大東亜戦争」の開戦にあたって、山本《やまもと》五十六《いそろく》連合艦隊司令長官の主張した真珠湾攻撃が実行された時だった。この時までに蘭領インド、マレー半島などの英蘭勢力を駆逐し、この地域を支配下に置く南進政策が日本政府の方針となっていたが、その際、在フィリピン駐留米軍だけでなく、英蘭およびソ連、中国蒋介石政権を支える要《かなめ》となっていたアメリカの太平洋海軍力をその根拠地の真珠湾において排除する戦略を山本は主導したのである。これは、大日本帝国の主敵としてアメリカを明確に意識した瞬間であった（波多野澄雄『幕僚たちの真珠湾』）。

結局、「大東亜戦争」は太平洋をはさんだアメリカとの戦いが圧倒的に重要な意義をもち、アメリカの原爆が広島、長崎に投下される事態を経て日本は米英中三国によって発表された（ソ連は参戦後参加）ポツダム宣言を受諾し、降伏した。戦後、アメリカが用いていた「太平洋戦争」が戦争の呼称とされ、そこにはアメリカ主体の占領軍の意向が確かに反映されていたが、戦争中から実態は「大東亜」ではなく「太平洋」の戦争となっていたのである。東南アジアで日本の攻撃を受けたヨーロッパ列強や一部の東南アジア諸国、一九四五年二月のヤルタ合意によって戦争末期に参戦したソ連、長きにわたって日本への抵抗を続けていた中国も対日戦争に関与したが、一九四五年八月の時点で日本を占領し、変革する意思と能力をもつ国は唯一アメリカ合衆国のみであった。

最高司令官マッカーサー

一九四五年八月三〇日、ダグラス・マッカーサー元帥は神奈川県厚木飛行場に降り立った。彼はアメリカ政府によって、日本の占領を統治する唯一の連合国最高司令官（ＳＣＡＰ）に任命されていた。戦争の最終段階で、日本政府は「天皇及び日本国政府の国家統治の権限は、連合国最高司令官に従属するものとす」という連合国からの要求を昭和天皇の聖断に基づいて受諾して降伏したから、ＳＣＡＰは占領期間中、大日本帝国憲法に定められた天皇の元首としての統治権を譲り渡されたことになる（袖井林二郎『マッカーサーの二千日』）。

ＳＣＡＰの下に組織された総司令部（ＧＨＱ）の基本任務は、日本が再び国際的脅威とならないようにするため、日本を民主的体制へと改革することであった。もちろんそこには、何をもって民主的とするか、またどのような国際秩序にとって脅威となるか、といった疑問があり得たが、ともかく日本は他の枢軸国と共に、国内体制の改革を目的とした戦勝国による占領という世界史上例を見ない実験場になったのである。とりわけ日本の場合、アメリカ以外の連合国の占領政策への関与は最小限にとどまり、アメリカが圧倒的な主導権を握ったことに特徴があった（竹前栄治『ＧＨＱ』）。

日本はマッカーサー率いるＧＨＱによる改革をおおむねよく受け入れた。これは部分的には、マッカーサーが原則として日本の統治機構を維持し、それを通じて政治を行う間接統治形式を採用したことで、抵抗感を弱めたことに由来するものであった。九月二七日、マッカーサーは天皇の来訪を受け入れ、自らが天皇の上に立つ支配者であることを示しつつも、天皇に対して紳士的に振る舞ったのである。占領者として最終的には命令権を保持しながらも、日本側の意向をある程度受け入れる占領当局の姿勢は、敗戦によって傷ついた日本人の誇りを保たせる効果をもった。

占領改革　しかし日本人が占領改革を受容した基本的理由は、この時期までに日本国内でも大規模な体制改革の必要性が認識されていたことにあった。明治末期からの急速な資本主義経済の浸透、都市化、工業化、労働者の増大などによって少数のエリートによって指導される明治立憲体制の限界は感じられていたが、大正、昭和戦前期の日本政治は改革の実行力を欠いていた。帝国経営の重荷から解き放たれ、国民国家としての再生を願う日本人にとって、占領権力は改革に必要な実行力だけでなく、豊かな大衆社会を実現したアメリカという日本にとって見習うべきモデルをも提供したのである。

事実、占領下で行われた様々な改革（軍部の解体、警察改革、労働組合の結成、財閥解体、農地改革、男女同権、学制改革など）の規模は日本史上でも例を見ない大胆さとスピードで行われた。もちろんそこに混乱や対立もあったが、多くのアメリカ人占領者は自らの流儀を日本に教え広めることに使命感を感じ、また日本人も先進的なアメリカ文明を進んで吸収しようとしたと言えよう。

それでも、占領—被占領という権力関係下で行われた改革が心理的傷となったことも事実である。その代表例は極東国際軍事裁判（東京裁判）と日本国憲法制定であろう。ナチス・ドイツに対するニュルンベルグ裁判に倣って実行された東京裁判は二年余りの歳月をかけたにもかかわらず、日本の植民地支配から日中戦争、太平洋戦争に至る複雑な政治過程を十分に解明できたとは言えず、昭和天皇の非訴追や連合国の戦略爆撃、原子爆弾投下といった行為は対象とならないなど、数々の論争の種を残す結果となった（日暮吉延『東京裁判』）。

日本国憲法制定の経緯はさらに複雑だった。日本政府による憲法改正作業が微温的だとして他の連合国の干渉を招くことを恐れたマッカーサーは一九四六年二月、GHQスタッフに命じて改正草案を作成させ、時の幣原喜重郎内閣につきつけたのである。当然日本政府は大きな衝撃を受けたが、日本国及び日本国民統合の象徴として天皇の地位が確保されていることを重視し、この草案を受け入れて政府案として公表する道を選んだ。もちろんその内容から、GHQの意向を強く反映していることは内外に明らかであったが、草案は帝国議会、枢密院等での審議や連合国が日本占領管理のために設置した極東委員会での検討を経て、同年一一月に公布、翌四七年五月に施行された。

憲法草案の作成にあたってはGHQのホイットニー民政局長指揮下で諸外国の事例や日本での憲法草案も参照され、新憲法の内容は歓迎される点も多く含んでいた。しかし国家の基本法たる憲法草案が秘密裡に占領軍によって起草されたことは憲法の正統性への疑問として今日まで論議を呼び続けている（佐藤達夫『日本国憲法成立史』）。

冷戦の進行

四七年三月、マッカーサーは報道関係者を集め、占領改革がほぼ終了し、対日講和会議が招集されるべき時期が来たと声明した。この声明と日本国憲法発効の見通しを受けて四月には総選挙が行われ、社会党が第一党となり、保守派の吉田茂率いる自由党政権は下野、社会党、民主党中心の片山哲《かたやまてつ》政権が五月に発足した。GHQの中でも進歩派が強い民政局は片山政権を強力に後押しした。

しかし皮肉なことに、マッカーサー声明の約一週間前にトルーマン米大統領は、世界は自由な体制と全体主義的な体制の選択を迫られていると議会で演説した。いわゆるトルーマン・ドクトリンであり、共産圏に対する冷戦政策をアメリカ対外政策の基軸に据えることを宣言した画期的な声明となった。この時期以降、アメリカは中国よりも日本を東アジアの第一の同盟国とする政策をとり始めた。そのためアメリカは占領を当分の間継続し、日本を強化する方針をとったのである（五十嵐武士『戦後日米関係の形成』）。

この方針の下でGHQは次第に力を失い、アメリカ本国の影響力が強まった。同時に左右の対決色も濃くなり、片山政権は内部に亀裂を生じて瓦解、四八年三月に民主党主導の芦田《あしだ》均《ひとし》に代わったが、世論の支持は低迷、同年一〇月には吉田が政権に返り咲いた。戦前から英米派の外交官として著名であり、反共姿勢も強い吉田はアメリカの冷戦政策にも適合した指導者だった。

アメリカはまず日本の経済体質の強化を優先課題として、インフレ克服、均衡財政、単一為替レートの設定による国際経済への統合などの政策を打ち出し、経済顧問の銀行家ドッジの名をとった「ドッジ・ライン」として実行を求めた。四九年春から吉田政権はこの政策を実施したが、それは極めて厳しいデフレ政策を意味しており、労働争議が頻発し、社会不安が深刻化し、左翼勢力は占領軍を帝国主義として非難するようになった。

サンフランシスコ講和条約と日米安保条約

こうした情勢に直面した吉田は、占領の終焉による主権回復を強く求めるようになった。米英政府も中国での共産党政権樹立を受け、四九年秋にはソ連の反対を押し切ってでも対日講和を推進する方針を打ち出した。しかし占領終了によって日本からの撤退を余儀なくされ、共産勢力による日本支配の実現を恐れた米軍部は激しく抵抗した。吉田は腹心の池田勇人《いけだはやと》、白洲次郎《しらすじろう》らをアメリカに送り、講和後の米軍駐留を受け入れてでも講和を進めたい意向を米政府に伝えた（宮澤喜一『東京・ワシントンの密談』）。

しかし米軍部の抵抗を解いた決定的要因は、一九五〇年六月に始まった朝鮮戦争であった。この戦争をきっかけにアメリカは世界規模で兵力の前方展開を進め、兵力不足に陥った。したがって米軍部は対日講和によって日本に主権を回復させ、早期の再軍備を実現することを期待するようになったのである。それまで日本の再軍備に反対してきたマッカーサーも、五〇年七月には警察予備隊という名称で将来の日本軍の基礎となる組織の発足を命じた。そのマッカーサーは国連軍司令官だったが、朝鮮戦争遂行の方法をめぐってトルーマンと対立、五一年四月には解任されて日本を去った。

朝鮮戦争は日本経済にも大きな影響を及ぼした。日本は、北朝鮮に対抗する国連軍の主力である米軍の兵站基地となり、大量の需要が発生した。ドッジ・ラインで緊縮にあえいでいた日本経済にとって、この「朝鮮特需」は大きな景気浮揚効果をもった。

五一年一月、対日講和全権特使に任命されたジョン・フォスター・ダレスが来日し、吉田首相はじめ各界の要人と会談した。焦点となったのは講和後の日本の安全保障であり、米軍駐留を可能にする条約案が議論された。同時にダレスは講和後に日本が早期かつ大規模な陸上兵力の再軍備を実施し、米軍の負担を軽減することを求めたが、吉田は経済負担、左派の攻撃、諸外国の対日警戒心などを理由に抵抗し、結局、小規模な再軍備を行うことにのみ同意した（中西寛「講和に向けた吉田茂の安全保障構想」、楠綾子『吉田茂と安全保障政策の形成』）。

その後、アメリカ主導で対日講和条約の準備が進められた。日本への警戒心の残る英連邦を代表するイギリスとの間では調整が必要だったが、最終的に五一年九月八日、サンフランシスコで対日講和条約が日本を含めた四九カ国によって調印された。講和条約はおおむね制限の少ない、日本にとっては「寛大な講和」であったが、沖縄や小笠原諸島は本土から切り離され、アメリカの施政権下に置かれた。講和会議にはソ連も参加したが調印は拒否し、中国の共産政府、国民政府はいずれも招待されず、韓国、北朝鮮も戦勝国ではないとして招かれなかった。

同日、日米間の安全保障条約（旧安保条約）も署名された。安保条約ではアメリカが日本及び周辺に米軍を配備し、極東の平和と安全のために使用されうること、日本政府の要請によって米軍は日本国内の内乱にも介入できることなどが取り決められた。また、駐留米軍の権利義務に関しては行政協定が署名され、米軍には広範な特権が認められることになった。そして占領後の米軍駐留の継続やアメリカの日本への防衛が明文で約束されていないことなどが、講和後の日本政治の一大争点となるのである（坂元一哉『日米同盟の絆』）。

2　占領から同盟へ——一九五二～六〇年

講和の成立によって強大な占領権力が去ったことは、戦後政治体制に関する選択が改めて問われることを意味していた。そしてこの過程には、占領下で公職追放を受けた保守系や革新、共産主義系の政治家たちが追放を解除されて参加することになり、政治闘争はいっそう激しく、かつ混乱したものとなった。

五五年体制の成立

政界に復帰した保守系の政治家は、重光葵《しげみつまもる》を党首として結成された改進党に集まる者や、鳩山一郎、石橋湛山《いしばしたんざん》、岸信介《きしのぶすけ》のように吉田率いる自由党に復帰、入党する者がいたが、占領下で育成された佐藤栄作《さとうえいさく》、池田勇人のような「吉田学校」の政治家と対立し、吉田派対反吉田派という軸で離合集散を繰り返した。他方、左派勢力においては、共産党は一九五〇年にコミンフォルムの指令で闘争路線に傾いた後、GHQの指令でレッドパージの対象となり、内部に分裂を抱えながら武装闘争に入っていた。社会党にも追放解除組が復帰し、講和条約と日米安保条約の受け入れをめぐって、前者には賛成するが後者には反対する浅沼稲次郎、河上丈太郎《かわかみじょうたろう》らが率いる右派と、両方に反対する鈴木茂三郎《すずきもさぶろう》らの左派に分裂した。

アメリカは講和独立を果たした日本に対して様々な関与、支援を行うことで東アジアの同盟国として再軍備、経済自立、政治安定の実現を期待した。しかし前記の不安定な政治状況に直面して期待水準を下げざるを得ず、次第に安定した親米勢力の育成を優先するようになった。

講和後の吉田政権に対してアメリカは一〇個師団、三〇万人以上の陸上兵力と小規模の海空兵力の整備を求めた。しかし経済負担や政治的対立、戦前軍部の復活の危険などの理由から吉田自身が大規模な再軍備には頑強に反対し、五二年八月に保安庁を設置し、警察予備隊を保安隊に改組して軍事力の基礎を涵養することを優先した。五三年にアメリカでアイゼンハワー政権が発足すると、国務長官に就いたダレスは日本に相互援助条約（MSA）下での再軍備努力に応じて経済援助を行う意向を示した。対して吉田は積極的な再軍備を主張する改進党の重光党首と会談、保安隊を自衛隊に改組して増強する方針で合意、その後に池田勇人らをアメリカに送り、ロバートソン国務次官補に日本側の防衛試案を提示した。アメリカは日本案はなお不十分として不満だったが、最終的にＭＳＡに基づく経済援助に同意した（前掲『日米同盟の絆』）。

その背景には日本で経済情勢が混迷し、左派勢力が伸張したことがあった。講和後はストライキが頻発し、労使の激しい対立が見られた。一九五二年一〇月、翌年四月の二度の衆議院総選挙では社会党、とりわけ左派が議席を伸ばし、ついに吉田政権は少数与党へと転落した。五四年には輸入の急増で金融引き締め策がとられ、また三月にはアメリカのビキニ沖での水爆実験に伴い、日本の漁船第五福竜丸《ふくりゅうまる》が被曝、この事件の処理をきっかけに日本では左派が主導する反核運動がアメリカ非難を繰り広げた。

アメリカは吉田政権への失望を深めたが、反吉田勢力の占領否定、反米自主を唱える方向にも懸念を抱いていた。吉田が五四年一二月に政権から逐われ、吉田の路線を「対米追従」と批判していた反吉田派中心の鳩山政権が発足したことに対してアメリカは冷静に受けとめつつも、新政権とはやや距離を置いた。五五年に鳩山政権の外相となっていた重光が訪米し、長期的には米軍撤退を視野に入れた安保改定案を示唆したと見られるが、ダレス国務長官は現憲法下でアメリカの防衛に協力できないはずの日本の提案は受け入れられないとつっぱねた。

また、「自主憲法」制定を掲げた鳩山政権だったが、五五年二月の総選挙では護憲派の左派勢力が三分の一以上を占め、憲法改正発議に対する拒否権を獲得した。朝鮮戦争休戦、スターリンの死去などを経てソ連、中国は平和攻勢を強めており、左派は穏健大衆路線に移行しつつあったのである。共産党はこの年に武装闘争路線を放棄、社会党も一〇月に左右が合同して結集し、護憲、再軍備・日米安保反対を掲げる革新勢力が力を伸ばしていた。

危機感を抱いた財界を中心に保守勢力の結集を求める声が高まり、アメリカもその方針に期待した。同年一一月、鳩山率いる民主党と緒方竹虎《おがたたけとら》総裁率いる自由党が合同を発表、自由民主党が組織された。これによって日本の政治混乱はある程度収束し、五五年体制と呼ばれる政治枠組みが構築されたのである（中北浩爾『一九五五年体制の成立』)。

日本社会のアメリカ化　一九五〇年代の日本にとってアメリカは政治をはるかに超える、「文明的」と言ってよい経済、社会、文化に及ぶ影響力をもつ存在だった。例えば経済面では、日本がアメリカの先進的な技術を貪欲に吸収したのがこの時期だったのである。先述の一九五四年の金融引き締めの背景となった貿易赤字も、アメリカからの生産設備の輸入が原因となっている面があり、将来の経済成長の基礎なるものであった。しかし当時の大多数の日本人は悲観的で、この点を鋭く見抜いていたのは当時、大蔵省在籍のエコノミストであった下村治《しもむらおさむ》ぐらいのものであった。下村は後に高度経済成長政策の理論的支柱となる(下村治『日本経済成長論』、中西寛「高度経済成長から総合安全保障へ」)。

文化的にもアメリカの影響が広まった。ハリウッド映画が盛んに上映され、一九五三年にはテレビ放送が開始された。このテレビという新媒体は、戦争と占領から解放され、娯楽を求める国民の嗜好に応え、プロ野球、プロレスなどアメリカ生まれで日本に移植された大衆文化との相乗効果で急速に広まった。知識人の世界ではまだヨーロッパ文化の影響が強かったが、次第にアメリカの社会科学や文芸も紹介され、アメリカへの関心も高まった。こうした変化の背景にはアメリカ社会、文化の普及を図ったアメリカ政府の文化交流計画の効果もあった。しかし総じてこの時期のアメリカは中産階級文化としてのアメリカ型生活様式を確立し、強い自信にあふれていた。そうした力強さに対して日本人は多少の反発を抱きながらも概してあこがれ、目指すべきモデルを見出したと言えよう。

一九五〇年代後半には日本社会は急速に変貌した。三種の神器と呼ばれる家電製品がまたたく間に普及し、家電産業が伸張した。鉄鋼、造船業も発展し、中東から低廉な石油が豊富に輸入されて石油化学産業が成長するとともに、石炭と置き換わるエネルギー革命が進んだ。自動車、機械産業も急成長し、太平洋沿岸に産業都市が生まれた。肥料、農薬も普及し、戦後日本の大きな課題だったコメ不足はほぼ解消された。農村の過剰労働力はこぞって都市に吸収され、労働力も不足気味になった。高度経済成長の下地が準備されたのである(中村隆英『昭和史』)。

こうした日本社会の変化は政治にも反映された。自民党結党以降、実力者率いる派閥間での権力闘争が保守政治の型として定着した。一九五六年一二月、ソ連との国交回復を花道に鳩山が退陣し、自民党内で初めての総裁選挙が行われた。最有力だった岸信介は石橋湛山、石井光次郎《いしいみつじろう》の連合に逆転され、石橋内閣が発足したが、石橋は岸を外相として迎えた。しかし石橋が体調を崩して二月には退陣、岸が後継した。

安保闘争と戦後体制の選択

岸信介は商工省出身で、満州でも活躍した大物官僚であり、東条内閣にも入閣していた。占領下では戦犯容疑で拘留されていたが起訴されずに釈放された。アメリカは岸の実力に早くから注目し、五五年に岸が重光訪米に随伴した時も、重光よりも岸を丁重に遇したとされる。折しも着任したマッカーサー駐日大使（マッカーサー元帥の甥）も岸を高く評価し、訪米をお膳立てした。岸は吉田流の対米依存でもなく、鳩山の自主外交路線でもなく、日米対等関係を実現しようとした。そのため岸は訪米前に東南アジア諸国を歴訪してアジア地域開発構想を提示し、また訪米直前には第一次防衛力整備計画をとりまとめた。

岸は日本の首相として初めて米大統領と直接会談し、日米が対等になったと強調したが、岸のアジア構想への支持は得られなかった。アメリカの資本をあてにした虫のよい構想という点にも問題があったが、日本主導のアジア地域主義構想を東条内閣の元閣僚が唱えることへのアジア諸国の反応への懸念もあったのであろう。日本の実力は外交、軍事、経済すべての面でアメリカと対等とはほど遠かったのである。

そこで岸はマッカーサー大使と協議して、日米安保条約の改定に踏み切ることとした。講和以来、日本防衛義務の明文規定の欠如、内乱条項、駐留米軍問題、条約期限問題、核兵器持ちこみ問題などが左派だけでなく右派からも攻撃の対象となっていた。マッカーサーはこうした摩擦の種を取り除き、日本の政治的指向性をはっきりとアメリカに向けさせることを提唱したのである。当初懐疑的だった米政府もこの方針を受け入れた。交渉の結果合意された新安保条約は、第五条において日本への攻撃に対するアメリカの防衛関与義務を明記する一方、第六条において極東の平和と安全のための米軍の行動を日本が基地提供などで支援することで相互性を持つという枠組みとなった。内乱条項は削除、条約期限も一〇年と明記（以後は自動延長）され、核兵器の持ち込みを含む装備の重大な変更や日本防衛以外の基地利用の際には事前協議がなされるという制度も導入された（前掲『日米同盟の絆』）。

この内容は日米安保体制に対する当時の批判にかなり答えたものであり、六〇年一月には条約が調印され、批准を待つのみとなった、岸は政局運営に自信をもち、六月にアイゼンハワー大統領の訪日を設定した。しかし実際には、新条約の批准問題を審議する国会の周辺では批准に反対する大衆運動が戦後最大の盛り上がりを見せることになった。

その背景はいくつかある。五五年に左右合同を果たした社会党は次期総選挙での政権獲得を目指していたが、五八年二月の総選挙では議席を伸ばしたものの自民党に安定多数を許し、敗北感が漂った。これ以降左右の亀裂が再び浮上し、五九年には一部の右派が離脱、やがて民主社会党（民社党）を結党するが、社会党はむしろ岸政権への反対姿勢を強めた。さらに、共産中国がこの時期に急進化し、訪中した浅沼社会党委員長と「アメリカ帝国主義は日中人民の共同の敵」と宣言するなど、日本の左派勢力に影響を与えた。さらに共産党の穏健路線に飽き足らない急進的な学生運動が活発化していた。労働運動も安保闘争に影響を与えた。成長産業では労使協調路線が浸透したが、衰退産業では労使関係は激化した。後者の代表が石炭産業であった。三井三池炭坑では会社が提示した人員整理を労組が拒否、ストライキから組合側の分裂と闘争が生じた。

これらの動きを下地としながらも、当時の日本人にとって安保闘争は戦後体制の確認の意味をもっていた。新条約によって戦争に巻き込まれる不安感が国民の中にあったが、闘争が進むにつれ、その対象は新安保条約よりも国会で強行採決、警察導入を行った岸政権の強権的姿勢に向けられるようになった。左派は岸が戦後体制を覆し、戦前的体制を復活させることを恐れたのである。対する岸も一時期は大衆デモに対して自衛隊の導入すら検討したが、政権内の反対に遭って、諦めざるを得なかった。闘争の過程で東大の女子学生に死者が出たことをきっかけにアイゼンハワー訪日の中止を要請し、責任をとって辞任した。左派は戦後憲法擁護、右派は改正安保条約の維持によってアメリカとの関係を日本の基本政策としたのである（原彬久『戦後日本と国際政治』）。

3　日本の自立と対米関係の成熟――一九六〇～七五年

岸に代わって政権に就いたのは、吉田子飼いの政治家の一人、池田勇人であった。経済に造詣の深かった池田は、経済成長政策を前面に打ち出すことで岸時代の自民党のイメージを払拭することとした。下村らをブレーンとする池田は高度経済成長が可能であるという見通しに立って、一九六〇年代の一〇年間で一人あたりの実質国民所得を倍にするという「所得倍増」をスローガンにしたのである（前掲「高度経済成長から総合安全保障へ」）。

所得倍増計画

年率七％で伸びれば一〇年で二倍を超えるが、この時期の日本経済は既に二ケタ成長をしていたから、「所得倍増」は政府による計画というよりも急成長する経済を表現したに過ぎないとも言える。しかし池田政権の所得倍増政策は戦後日本で最も成功した政策として記憶されることになった。戦後続いてきた保革の政治論争から経済成長へと人心を向けさせ、政府が強気の見通しを出すことで経済界が積極的に投資し、潜在力の発揮を可能にした点で、「所得倍増」は抜群の政治的シンボルとなったのである（前掲『昭和史』）。

六〇年九月には三池炭坑争議も収束した。労組側の敗北に終わったが、この時期から大企業では年功序列、終身雇用が広がり始め、労使協調路線が一般化した。同年一一月の総選挙では自民党が安定多数を握る一方で野党も議席の三分の一を確保して憲法改正を阻止できる勢力を保った。一〇月に浅沼社会党委員長が右翼青年によって刺殺されると、池田は浅沼を偲ぶ国会演説を行い、感動を呼んだ。その池田は改憲問題を棚上げにし、保革が拮抗して憲法と日米安保体制を両立させる五五年体制の正統性を認めたのである。

日本経済の先進国化

一九六一年にはアメリカでケネディ政権が発足した。若い大統領は対外政策も大きな転換を企図し、日本との関係でも新たな姿勢で臨んだ。その象徴がライシャワーの駐日大使起用だった。宣教師の息子として東京に生まれ、日本人を妻に持ち、ハーバード大学で日本研究を教えるライシャワーは代表的な日本研究者であり、これまでの日米関係が安全保障、軍事偏重であったと感じ、左派も含めた日本社会との幅広い対話に努めた。

六一年六月、池田は訪米してケネディと首脳会談を行った。この会談では双方が安保問題を主要議題とせず、アメリカは日本をアジアの主要パートナーと位置づけていること、大陸中国には警戒する一方で韓国との関係を改善すること、日本が貿易自由化を推進すること、アジア地域で特に経済面で貢献することなどに期待感が表明された。概してケネディ政権は日本に要求をつきつけるのではなく、外交、経済などで自立した西側先進国として責任を負うことを期待したと言える。池田首相もこの要望を受けとめ、国内での慎重論を乗り越えて、六三年から六四年にかけてＧＡＴＴ十一条国移行、ＯＥＣＤ加入、ＩＭＦ八条国移行などを実現し、日本の先進国入り、経済自由化を推進した。

この時期のアメリカ経済は繁栄の絶頂にあったが、次第に国際収支は悪化し国際競争力は低下しつつあった。ケネディ・池田会談では閣僚級の日米貿易経済合同委員会の設置が合意され、毎年一回会合がもたれることになった。六二年、ケネディ政権はＧＡＴＴ下での多角的貿易自由化交渉（ケネディ・ラウンド）の開始を主導したが、その見返りに繊維製品の対米輸出に関する輸出枠の設定を求めた。翌六三年、日米間での綿製品貿易に関する協定が結ばれたが、これは繊維、鉄鋼、家電、自動車、半導体等へと続いていく長期にわたる日米貿易摩擦の始まりを意味していた（猪木武徳『経済成長の果実』）。

戦後体制への自信　一九六四年一〇月、東京オリンピックが開催された。戦前いったんは開催が決定されながら戦争の影響で実現しなかった世界的スポーツ・イベントの実現は日本人を熱狂させた。オリンピックに間に合わせるべく東海道新幹線が開通したが、これは戦前の大陸で培われた鉄道技術、戦中期に発展した機械技術、戦後の海外からの技術、資本導入が結集された成果であった。この頃、日本人は戦後体制が定着したことを意識し、積極的に戦後日本のあり方を評価し始めたと言えよう。

その代表例としてこの年に出された、政治学者の升味《ますみ》準之輔《じゅんのすけ》が発表した「一九五五年の政治体制」や国際政治学者高坂正堯《こうさかまさたか》による「宰相吉田茂論」といった論文を挙げることができよう。前者は一九五五年の保守合同や社会党再統合によって戦後政治体制の制度化がなされたと見るものであり、後者は吉田政権の業績をおおむね肯定的に評価した点で知識人には衝撃を与えた。五五年体制という言葉や高坂の吉田評価は今日に至るまで戦後日本を理解する基本的な枠組みを提供するものとなっている（高坂正堯『宰相吉田茂』）。

この年、池田は自民党の総裁選で佐藤栄作を破って三選を果たしたが、ほどなく喉頭癌を罹患していることが判明、引退を表明し、一一月には佐藤政権が発足した。その頃には景気後退局面に入り、翌六五年には不況となったが、翌年には経済成長が急回復し、七〇年まで続く「いざなぎ景気」が開始された。この間、日本の国民総生産は西欧諸国を凌駕して西側でアメリカに次ぐ第二位となり、また貿易黒字も定着して「経済大国」という言葉が一般化するのである。

ベトナム戦争と沖縄返還交渉

こうした経済力の増大は、その力をどのように外交に用いるのかという問題を提起した。とりわけ佐藤は、池田の経済重視の姿勢に対して政治外交問題をより重視していた。六四年一〇月には中国が原爆実験を成功させた。ある程度予想されていた事態ではあったが、実験成功は日本にも衝撃を与え、政権発足直後の佐藤はライシャワー大使との会談で日本の核保有への関心を示した（黒崎輝『核兵器と日米関係』）。

この時期のアメリカは、ソ連と協力して核不拡散体制の確立に本格的に動き始めていた。米ソは、日本や西ドイツの核保有は戦後秩序を根幹から揺るがすものという懸念を共有していたのである。六五年一月に訪米した佐藤に対して、暗殺されたケネディを継いで大統領選挙でも勝利したジョンソン大統領は安保条約による抑止力に言及し、日本の核保有を牽制した。

日本側でもこの頃、欧米の軍事戦略論を咀嚼した安全保障専門家が育っており、彼らは早くからアメリカによる同盟国への抑止力供与（核のカサ）の信頼性が保たれ、原子力の平和利用によって一定の核技術を蓄積しておけば、核兵器の保有そのものは必要でないという見解を表明していた。佐藤の核保有論がどの程度真剣だったかは分からないが、結果的には核保有論は彼の最大の政治目標であった沖縄の施政権返還のための一つの交渉カードとなった。

太平洋戦争末期に地上戦が戦われた沖縄は占領下で日本本土から切り離され、巨大な米軍基地を有するアメリカの極東軍事戦略の拠点としてアメリカの施政権下に置かれてきた。しかし沖縄の住民の間ではアメリカの統治体制への不満が高まっており、日米間で調整が繰り返されてきた。佐藤は六五年八月沖縄を訪問し、沖縄返還が実現しなければ戦後は終わらないと演説したが、デモ隊によって米軍基地での宿泊を余儀なくされた（宮里政玄『沖縄問題と日米関係』）。

他方、この頃からアメリカのベトナム戦争介入が本格化し、軍事基地としての沖縄の重要性は高まっていた。六七年には下田武三外務次官が、基地の自由使用が施政権返還の前提となると述べて物議をかもしたが、沖縄の米軍基地の地位をどう扱うかが具体的課題となったのである。

佐藤は沖縄返還のために専門家会合を組織して問題を検討させる一方、経済面でアジア非共産主義勢力の強化に努めた。六五年にはアメリカの仲介を含めた長期の交渉を経て日韓基本条約が締結され、韓国への五億ドルの経済協力がなされた。また、一九六六年のアジア開発銀行設立では日本はアメリカと対等の出資者となり、東南アジアの経済開発に貢献することになった。

他方、日本の対米協力は軍事面では消極的だった。日本の防衛支出は額としては伸びていたが、急速な経済成長のため六〇年代後半以降、国民総生産費では一％程度で安定することになった。アメリカはより積極的な防衛支出を求めたが日本政府は国内論争を恐れて消極的だった。さらに佐藤は六七年四月の国会答弁で、(1)共産圏諸国、(2)国連決議により武器等の輸出が禁止されている国、(3)国際紛争の当事国又はその恐れのある国への武器輸出を認めないという「武器輸出三原則」を表明、ベトナム戦争への武器による関与を否定した。

ベトナム戦争は日本では強い批判が出て、一九七〇年に新安保条約の条約期限が来ることと相まって日本国内の緊張が高まった。折しも学生を中心に急進的左翼運動が学園を席巻した。こうした情勢下、米国側にも沖縄施政権を返還することで日米同盟関係をさらに強化すべきという見解が強まってきた。六七年一一月、佐藤は再度訪米し、ジョンソンと首脳会談を行った。日本側から、数年内での沖縄問題の決着を提案してアメリカも受け入れ、共同宣言では小笠原諸島の翌年の返還、「両三年内」に沖縄返還を決定することが記された。他方、アメリカはソ連と調整しつつあった核不拡散体制への日本の支持、日本の貿易黒字をアメリカの国際収支改善、アジア援助に活用することを求めた。日米は外交的取引をする段階に至ったのである。帰国後、佐藤は核兵器を「持たず、つくらず、持ちこませず」という非核三原則を国会で発言し、さらに、究極的核廃絶、アメリカの核抑止力への依存、原子力の平和利用と合わせて核四政策として表明した。

六九年にはジョンソン政権に代わってニクソン政権が登場した。ニクソンと安全保障担当補佐官キッシンジャーとは、アメリカの国力を疲弊させているベトナム戦争を終結させ、アメリカの過剰な対外軍事約束を削減する必要性を認識していた。この方針は六九年夏、ニクソン大統領によって、グアム・ドクトリンないしニクソン・ドクトリンとして表明され、同盟国への負担分担を求める姿勢が明らかになった。

六九年一一月の日米首脳会談でも、ニクソン政権は沖縄返還をテコに日本の安全保障面での役割の拡大を求めた。日本は共同宣言で韓国の安全は日本にとって「肝要」であり、台湾海峡の安全は「重要な要素」であると述べて、日本がアメリカの東アジア安全保障政策を支える意志を表明した。また、佐藤政権は沖縄返還にあたって「核抜き本土並み」を表明し、共同宣言でも沖縄米軍に特別の権利を認めていないが、米軍内には有事の核持ち込み、朝鮮有事の際の即応体制で不安があり、日米間で非公開の了解があったとの見方が有力である（若泉敬『他策ナカリシヲ信ゼムト欲ス』）。

しかし沖縄の施政権の返還が決定されたことは、やはり大きな意味を持っていた。一九七二年五月、佐藤内閣の最後の仕事として沖縄返還が実現されたが、それはアメリカが勝者として得た権利を、同盟国としての権利に——シニア・パートナーとジュニア・パートナーの違いはあったにせよ——移しかえたことを意味したのである。沖縄返還は、日本をアメリカに友好的な同盟国に育てるというアメリカの対日戦略の成功を象徴する出来事であったと言えよう。

摩擦と危機の時代

しかしそれは日米双方にとって新たな時代の幕開けでもあった。アメリカは依然として西側のリーダーとして東側陣営との対抗を率いる立場にあったが、インフレと貿易赤字によって経済的困難の時代を迎え、大規模な転換を必要とする時期に来ていたのである。他方日本は経済大国として国際秩序の運営の一翼を担わねばならない状況となっていたが、日本人にはその精神的準備はまだ出来ていなかった。

このことが一九七一年の二度の「ニクソン・ショック」の背景であった。七月にはキッシンジャーが秘密裡に北京を訪問し、ニクソンがその事実を突如世界に公表する事態となった。日本政府は直前までアメリカの対中政策の大転換を知らされず、大きな衝撃を受けた。さらにその一カ月後、ニクソン政権は新経済政策を発表し、金とドルの交換停止、輸入課徴金の発動など、戦後アメリカが国際経済のリーダーとして果たしてきた役割を一次的にせよ放棄する措置を一方的に発表した。これも一ドル＝三六〇円という占領時代に定められ、この時期までには明らかに日本にとって円安に過ぎるものとなっていた水準を当然視してきた日本経済には大きな衝撃を与えた（シャラー『日米関係」とは何だったか』）。

ニクソン政権が意図的に日本に打撃を与えようとしてこれらの施策を打ち出したわけではなかった。しかしニクソン政権に、繊維問題をめぐって佐藤政権への苦い思いがあったことも事実であろう。ニクソンは再選を狙う立場から日本の繊維製品の対米輸出の抑制を米南部の関連業界に公約しており、佐藤との首脳会談でも日本側の輸出自主規制による対処を求めた。佐藤はこの要請に曖昧に答えたようだが、期待した政策がとられないことにニクソンはいらだっていたのである。結局この問題は七一年秋にようやく日本側が譲歩して決着した。

結果的には二つの「ニクソン・ショック」は、従来のようにアメリカに依存と反発を繰り返すだけでなく、一定の国際的責任をとる必要を日本に自覚させることになった。米中和解を受けて日本でも対中接近気運が強まり、佐藤の後継を勝ちとった田中角栄《たなかかくえい》首相は政権発足直後に訪中、国交回復をなし遂げた。経済面では国内に強い抵抗を抱えつつも円の切り上げを受け入れ、徐々に欧米と並ぶ西側経済の主軸として活動していくことになるのである。

第一次石油危機から昭和天皇訪米へ

ニクソンの一方的な対外政策は日本だけでなくヨーロッパの同盟国でも批判され、冷戦がデタントに入る一方で西側の結束は緩みつつあった。この情勢を反転させたのが一九七三年の第一次石油危機である。アラブ産油国はイスラエルとの第四次の戦争時に、イスラエルに友好的な消費国に石油禁輸を行うと発表、エネルギーのほとんどを中東からの石油輸入に依存していた日本を震撼させた。結果的には「石油戦略」は短期に終わったが、アラブ諸国を含む産油国カルテルである石油輸出国機構（ＯＰＥＣ）はこれを機に石油価格の大幅な値上げを表明、世界経済は大混乱に陥った。当初は産油国と対決姿勢をとるアメリカなどとより協調的な姿勢をとるフランスなどとの間で対応が分かれたが、やがて消費国として結束しつつ産油国とも協調を図る方針で結束、一致して経済危機を乗り切ろうという気運が高まった。

こうした国際協力の場となったのが、一九七五年一一月にフランスが招請した主要先進国首脳会議（サミット）であった。ニクソンがウォーターゲート事件で辞任した後を継いだフォード政権は日本をこの会議に招くことを提案、こちらも金権スキャンダルで退陣した田中政権を継いだ三木武夫首相が出席した。サミットはその後慣例化され、日本にとって最も重要な外交イベントと見なされるようになっていく（五百旗頭真編『戦後日本外交史』）。

これまでに日米関係の修復も進んでいた。七四年一一月、フォード大統領は現職の大統領として史上初めて日本を訪れた。儀礼的な訪問だったがこれはアメリカが日本を重視する姿勢を改めて印象づけた。さらに七五年九月から一〇月、昭和天皇も初めて訪米し、全米各都市を回った。マッカーサーに敗戦国の元首として面会してから三〇年後天皇は日米友好の象徴的な存在としてアメリカで歓迎され、この間の日米関係の変化を印象づけた。

こうした動きの背景は、アジアにおける日中、米中関係の変化や米軍のベトナム撤退などの変化に対して、日米双方が互いを重要な同盟国と捉え直したことがあった。七五年一二月、フォードが出した「新太平洋ドクトリン」ではアメリカがアジア地域に関与し続けることに続いて、日本との関係が強調されたのである。

4　二大経済大国の同盟と摩擦――一九七五～九〇年

五五年体制の変容

一九七五年は日本の政治経済体制にも大きな画期となった。この年末に官公労働者のスト権を要求する官公庁系労組による大規模なストが行われたが、これは交通の便を奪われた都市住民の怒りを労働側に向けさせ、ストは失敗した。これを期に総評は力を失い、社会党も勢力を衰退させた。この出来事は世界的な社会主義への幻滅と軌を一にして日本の政党政治を保革の均衡体制から自民党一党優位体制へと変化させた。ただし自民党も田中元首相がアメリカのロッキード社からの収賄疑惑で逮捕されるなど金権腐敗に対する世論の批判を浴び続け、都市中産階級の支持をいかに繋ぎとめるかに苦労することになる（河野康子『戦後と高度成長の終焉』）。

五五年体制の変容は、戦後タブーとされてきた防衛問題への世論の受け止め方も変化させた。七五年、坂田道太《さかたみちた》防衛庁長官は防衛問題への世論の啓発が重要と考えて有識者からなる「防衛を考える会」を発足させ、その提言に基づいて七六年には「防衛計画の大綱」が閣議決定された。これは従来、正面装備の拡張を重視してきた防衛整備計画に対して、デタントと日本国内の防衛力に関する政治的許容範囲を前提に、日本の自衛力の目的を「限定的かつ小規模な侵略」までに対処するとして防衛力の意義づけを与えた点で斬新であった（田中明彦『安全保障』、佐道明広『戦後日本の防衛と政治』）。

『ジャパン・アズ・ナンバーワン』

この時期までに日本経済は第一次石油危機を克服し、強い国際競争力をもつエレクトロニクスや自動車などの製造業が経済成長を主導する体質となっていた。アメリカの日本研究者エズラ・ヴォーゲルが一九七九年に出した『ジャパン・アズ・ナンバーワン』という著書は日本でもただちに翻訳され、ベストセラーとなった。著者の意図はアメリカが日本の「成功」を率直に認めて日本から学ぶことを説く趣旨だったが、日本では、日本はアメリカに追いつき、追い越したという優越心とともに歓迎されたのである。

事実、この時期の欧米経済は失業とインフレに悩まされ、対日貿易赤字は政治的攻撃材料となりつつあった。一九七七、七八年の二度のサミットで福田赳夫《ふくだたけお》首相は先進国間で保護主義的風潮が強まっていることに懸念を表明し、日本が積極的に内需を拡大して世界経済を引っ張るという「機関車論」を支持し、貿易摩擦の風圧を避けようとした。

しかし、内需拡大策は政府の財政赤字の拡大への懸念を招いた。福田のライバル、大平正芳《おおひらまさよし》は赤字財政を特に強く批判して福田に対抗、自民党総裁選で勝利して首相の座を勝ちとった。しかし緊縮財政に転じた大平の経済政策に対してアメリカのカーター政権は不満を抱いた。加えてイランでのイスラム革命によってアメリカとイランの関係が緊張すると、主要な石油輸入先であったイランとの協調を維持しようとする日本への不満はさらに高まった。大平は七九年四月訪米し、カーターと会談して政府調達問題でアメリカへの配慮を見せ、また六月には日本で初めてのサミットが開催され、イラン革命をきっかけとして起きた第二次石油危機に対して、先進国の輸入枠設定で対応する方針が出され、大平はとりまとめ役として苦しんだが、アメリカが妥協案を提示して合意した。

しかし欧米諸国の失業、インフレに対して日本が輸出を伸ばす構図はいっそう強まり、貿易摩擦は深刻化した。とりわけ日米間で自動車輸出が争点となり、一九八一年度から日本は自動車の対米輸出自主規制に踏み切ることになった。しかしその後も日米間の貿易収支の不均衡は増大し、八〇年代後半にかけて深刻の度を増すのである（山村喜晴『経済大国への風圧』）。

日米同盟の深化

他方、日米の防衛・安全保障関係は動揺を乗り越えて次第に緊密化した。国内論議の末に七六年、日本は核不拡散条約を批准した。しかし翌年発足したカーター政権は核不拡散政策を重視する立場から使用済み核燃料の再処理停止を日本に要求、日本側は強く反発し、厳しい交渉の末、七七年九月の日米共同決定で日本側の主張に沿った再処理が認められた。

また、急速な円高もあり、七〇年代半ばからアメリカは米軍駐留経費について地位協定に定められた以上の日本側の負担増を求めてきた。日本政府は七八年度予算から地代等を支弁し始め、当時の金丸信《かねまるしん》防衛庁長官が米軍への

「思いやり」と呼んだことから「思いやり」予算という言葉が定着した。この予算は後に日本人従業員の労務費や施設整備費にも拡大された。

日米安保条約下での米軍と自衛隊の具体的な連携関係の整備にも目が向けられ、一九七八年には「日米防衛協力のガイドライン」が合意された。また、ソ連海軍の太平洋方面での増強を受けて、シーレーン防衛問題も日米間で取り上げられるようになった。ただし日本側ではあくまで防衛協力は日本有事の場合に限定されるべきで、それ以外の事態（極東有事）に関して日本側は具体的協議に入ることを拒んだ。シーレーン防衛に関しても、大平首相の病死を受けて後継した鈴木善幸《すずきぜんこう》首相が八一年五月に訪米した際、日本から「一千カイリの航路帯」の分担について言及したものの後に鈴木が日米同盟の軍事的性格を否定して政府内に反論が起きるなど混乱した。このように軍事同盟、巻き込まれといった言葉へのアレルギーはまだ残っていたが、「総合安全保障」という言葉が政府によって広く使われ始めるなど、次第に安全保障に関する議論は定着していったのである。当時の駐日米国大使M・マンスフィールドは「世界で最も重要な二国間関係」と日米関係を表現したが、この言葉は同盟で結ばれた二大経済大国の関係を的確に表現するものだった（前掲『安全保障』）。

アジア太平洋協力と新冷戦

日米同盟の強化は二つの国際環境要因と相関していた。まずアジア地域における経済成長の結果、アジア太平洋諸国間の協力が、とりわけベトナム戦争後に加速していったことである。日本は経済援助や直接投資などを通じてこの過程を促した。七七年には福田首相が東南アジア諸国に対して福田ドクトリンを公表、翌年には日中平和友好条約も調印された。大平首相もオーストラリアなどを含めた環太平洋協力構想を打ち出し、改革開放政策を開始した中国に対しても大規模借款によって支援した。アメリカは日本を含めたアジア成長国に市場を提供し、アジア太平洋地域の相互依存関係は進展した。

もう一つはいわゆる「新冷戦」である。七〇年代後半からソ連は途上国の内戦に関与するなど冒険的な傾向が強まっていたが、七九年末には隣国アフガニスタンの内戦に軍事介入した。これは西側諸国や中国の激しい反発を招いた。日本でもソ連の東アジアでの軍備増強への警戒心が強まり、日米同盟協力の推進要因となった（前掲『戦後日本外交史』)。

他方、こうした国際環境の変化は日本国内の政治意識にも変容をもたらした。日本の経済成長からくる自信や激しい欧米諸国との経済摩擦などの刺激に加え、日本社会の道徳的退廃への不満などからアメリカの占領政策のマイナス面を強調する知識人が増えた。例えば文芸評論家の江藤淳は六〇年代にロックフェラー財団の招きで訪米した経験をもつが、次第にアメリカの占領政策が日本の精神的縛りとなっているとの批判を強め、八〇年に『一九四六年憲法――その拘束』を著した。代表的な左翼知識人だった社会学者の清水幾太郎も同年、『戦後を疑う』『日本よ国家たれ――核の選択』といった保守的な著書を公刊し、衝撃を与えた(阿川弘之『アメリカは見つかりましたか』)。こうした戦後体制批判は欧米よりもアジア諸国との関係に影響を及ぼした。中国、韓国と日本との相互依存が深まるにつれ日本の国内事情への報道が増え、植民地支配や戦争をめぐる歴史認識問題が大きく外交問題になるようになったのである。一九八二年に起きた日本の教科書検定をめぐる中国、韓国との摩擦はその最初のものであった。

「国際国家」日本

日米同盟をめぐる混乱もあって鈴木首相は政権を投げ出し、後継には中曾根康弘《なかそねやすひろ》が選ばれた。中曾根は「戦後政治の総決算」を掲げて戦後体制批判や経済ナショナリズムの高まりを受けとめつつ、民間活力の導入による行政改革路線をとり、新冷戦の枠組みの中で日米対等と日本の国際的発言力を印象づけ、国内の支持を取り付ける戦略をとった。就任直後に訪韓して全斗煥《チョンドファン》政権を支える姿勢を示した中曾根は防衛費増額、対米武器技術供与などの方針を出して訪米、レーガン大統領と「ロン・ヤス」と呼びあう親密さを示した。五月にはアメリカのウィリアムズバーグで開催されたサミットでソ連の中距離核兵力問題ではヨーロッパとアジアの切り離しを拒否してレーガンと共同歩調をとり、一一月にはレーガンが訪日した。米大統領として初めて国会で演説したレーガンは盛んな拍手を浴び、中曾根は山荘にレーガン夫妻を招くなど、欧米の手法を採り入れた演出で日本の存在感をアピールした。その後も中曾根政権は米F16戦闘機部隊の三沢基地配備、宇宙戦略防衛構想(SDI)研究への参加表明、防衛費一%枠撤廃問題などで日米同盟の緊密化を進めた(添谷芳秀『日本のミドルパワー外交』)。

同時に中曾根はレーガン、サッチャー英首相らの唱える規制緩和路線を踏襲し、行政改革、教育改革などを提起した。なかでも労使関係の悪化と輸送量の減少によって迷走していた国鉄の分割民営化の実現は大きな成果だった。他方、保守的なナショナリストとしての中曽根は八五年の終戦記念日、靖国神社を公式参拝したが、これは中国の強い反発を招いた。結局中曾根は改革開放政策を進める中国との協力関係を重視し、翌年以降の参拝をとりやめた。

日本異質論　しかしこうした中曾根政権の政策は特に政権期の後半、内外に摩擦を強めることになった。レーガン政権下での高金利、財政拡張政策によってアメリカの赤字は膨らみ、日本の対米貿易黒字も急増、アメリカは対外債務国となった。一九八五年からの第二期レーガン政権はこの問題を深刻に捉え、ドル高の是正と海外市場開放を追求する政策を打ち出し、九月にはG５（日米英仏西独）による為替協調介入によって通貨水準の変更が図られた（プラザ合意）。この調整は比較的順調に進んだが、米国内ではなかなか縮小しない対日貿易赤字への批判が高まった（三橋規宏・内田茂男『昭和経済史』）。

経済自由主義を標榜するレーガン政権は日本の輸出規制よりも市場開放を求める姿勢をとった。牛肉、オレンジなどの農産物輸入に加えて八五年には市場指向型個別分野協議（MOSS協議）が開始され、さらに半導体の市場開放も交渉対象となった。

この頃から欧米で日本異質論と呼ばれる議論が力を得はじめた。日本は自由貿易ルールの都合のよいところだけを利用しながら自国の経済力を伸張させることにしか関心のない重商主義的な国家だというものである。八〇年代後半、ソ連にゴルバチョフ書記長が登場し、急速に東西関係の緊張が緩和したこともあって、日本への風圧は高まった。

中曾根政権は国際摩擦緩和の視点から輸入拡大、内需喚起を図ったが、高齢化社会に向けて財政再建方針も貫こうとした。中曾根は世論の批判を浴びつつも売上税導入を目指したが、消費者や経済界などの広汎な反対に遭い挫折、後継に竹下登《たけしたのぼる》を指名して退陣した。

財政再建方針の下、内需拡大の主要手段は低金利政策となった。たしかに低金利によって日本の国内景気は拡大、貿易黒字も徐々に縮小傾向が見え始めた。しかし金融業界は資産投機に走り、不動産価格は高騰、国際的にも日本の金融機関が各国の不動産、芸術品を買いあさる姿が喧伝され、日本異質論をさらに強める結果となった。

レーガン政権を継いだブッシュ（父）政権は議会の日本への強い不満を受け、日米間で合意されていた次期支援戦闘機（ＦＳＸ）の開発協定の見直しを要求するまでになった。さらに議会は不公正貿易国と認めた国への制裁を規定した通商法スーパー三〇一条を可決、政権に強い姿勢で交渉を求め、八九年には構造問題協議（ＳＩＩ）が開始された。日本ではアメリカの強圧的な姿勢への不満も高まり、保守政治家の石原慎太郎《いしはらしんたろう》とソニー会長の盛田昭夫《もりたあきお》が『「ＮＯ」と言える日本』という共著を出版したことは大きな話題を呼んだ。しかし日本国内に、円高差益を実感できない経済構造にも批判があった一方でアメリカでも米経済、社会の問題点を指摘する声もあった。八九年一二月には米ソ首脳によって冷戦が終焉する中で経済摩擦が決定的な日米対立に至らなかった背景としては、日米安保体制の存在だけでなく、日米関係の多様化、成熟といった要素も指摘されるべきである。

一九八九年は日本史にとっても一大画期となった。在位六四年を数えた昭和天皇が一月七日崩御したのである。その初期においては敵国として、そして半ば以降は占領国を経て同盟国として、日本がアメリカと向き合った時代は昭和天皇の死と共に変化を迎えることになった。

5　平成期の日米関係——一九九〇～二〇〇九年

湾岸ショックと自民党下野

冷戦の終焉とバブルによる好景気によって、一九九〇年に入った頃の日本は明るさに満ちていた。日経平均株価は八九年末に三万八九一五円の市場最高値をつけたが、九〇年に入って下落し始めていた。しかし日本社会の雰囲気を一変させ、「バブル崩壊」を人々に印象づけたのはこの年の八月にイラクがクウェートに侵攻したことで始まった湾岸危機だった。

アメリカはこの事態をただちに国連の安全保障理事会に提起、西側との協調路線をとっていたソ連、前年六月の天安門事件のために国際的に孤立していた中国も西側諸国の姿勢を支持し、イラクに対する国際包囲網ができた。クウェートからの撤退を求めて経済制裁から武力制裁へと事態が進み、アメリカを中心とする多国籍軍が配備されるにつれ、世界最大の債権国であり、中東のエネルギーに依存している日本が具体的な対応をとるべきという国際的圧力が強まった。

しかし日本の内政は混乱していた。八九年にリクルート社の未公開株配布に絡んだスキャンダルが勃発、株価高騰の中で世論の激しい批判を浴びて竹下政権は退陣した。後継の宇野宗佑《うのそうすけ》政権下で自民党は参院選挙で大敗し、海《かい》部《ふ》俊樹《としき》が登場した。しかし海部は「クリーン」さをアピールして世論受けはしたものの、自民党内の実権は竹下派が握っていた。こうした構造の中で、湾岸危機に対して日本がどうすべきかが問われたのである。

日本にとって安保理で制裁決議が成立し、多国籍軍が派遣されただけでなく、武力行使事態となる見込みが高まったことは想定外だった。巨額の貿易黒字を出す日本がカネだけしか出さないのは、国際秩序維持のために危険な役割は回避し、金儲けに専念する国という日本異質論をさらに強化し、日本を孤立化させることが懸念されたのである。しかし五五年体制の中で自衛隊を日本防衛以外の任務で使うことは想定されておらず、海部政権が慌てて作った国際平和協力法案は様々な不備を指摘されて廃案となり、結局日本は一三〇億ドルの資金提供で湾岸危機とその後の湾岸戦争に対応し、戦争後、機雷除去のために掃海艇部隊をペルシャ湾に派遣するにとどまった。当時のアーマコスト駐日大使は日本政府に圧力をかける「ミスター・ガイアツ」と呼ばれたが、アメリカからの外圧なしでは当時の日本の対応はより限られたものとなっていたであろう（手嶋龍一『一九九一年日本の敗北』）。

湾岸戦争後、クウェート政府が出した感謝広告で日本の名前が入っていなかったことは日本で大きく報じられた。「湾岸ショック」として、巨額のカネを拠出しても感謝されないどころか軽侮される日本というイメージがその後の日本の内政、外交を規定することになった。九二年には左派の抵抗をのりこえて国際平和協力法が成立、国連の平和維持活動や国際災害救援活動に自衛隊部隊を派遣することとなった。折しもカンボジア内戦が終結し、戦後復興のために国連カンボジア暫定統治機構（ＵＮＴＡＣ）が設立、日本人の明石《あかし》康《やすし》がその責任者となった。自衛隊部隊がカンボジアに派遣され、共に派遣された警官とＮＧＯボランティアに一名ずつ犠牲者が出たものの、この派遣は成功と受けとめられた。

しかし湾岸ショックは既に動揺を来していた日本政治への巨大な衝撃となった。中選挙区制度下での自民党内の派閥割拠体制が政策論争を停滞させていると批判する改革派が現れ、小選挙区比例代表制の選挙制度改革を主張したのに対し、反対勢力との対立が激化した。改革派は離党して自民党は分裂し、海部に代わっていた宮澤《みやざわ》喜一《きいち》首相に対する不信任決議が衆議院において可決された。宮澤は衆議院を解散して総選挙に訴えたが、選挙後、自民党を出た諸グループから社会党までの幅広い「反自民」連合が組織され、首相には熊本県知事から中央政界に進出し、日本新党を結党してブームを巻き起こした細川護熙《ほそかわもりひろ》が就いた。自民党は一九五五年の結党以来一貫して保持してきた政権の座から去ったのである。

「ジャパン・バッシング」から「ジャパン・パッシング」へ

日本の政変の少し前、アメリカではブッシュ政権からクリントン政権への交代が起きていた。第二次世界大戦に従軍した経験のある世代は去り、太平洋戦争を直接経験しない戦後世代の時代となったのである。

そのクリントンは経済政策を中心課題に挙げ、対日政策でも通商問題を重視する姿勢をとり、しかもレーガン、ブッシュ政権期の対日交渉が具体的成果を挙げなかったとして、具体的な数値目標の提示と実行を求める「結果重視」路線をとった。

この方針は日本で強い反発を受け、当局者間で激しいやりとりがされた。その頂点は九五年春の日本の自動車及び部品の輸入に関する交渉であった。対日経済制裁の構えを見せたアメリカに対し、日本はこの年に発足したばかりの世界貿易機関（ＷＴＯ）に訴える姿勢をとった。緊張の中で円高が進行し、一ドル八〇円を越える事態となったが最終的にはアメリカがかなり譲歩した形で妥協が成立した。世界二大経済大国がＷＴＯの場で争うことは世界経済の分裂の危機をはらむと見なされ、国際的にも妥協を求める圧力がかかった。

加えて、アジア太平洋の地域情勢も影響を与えた。八九年にアジア太平洋地域をカバーする政府間地域枠組みとしてアジア太平洋経済協力（APEC）が発足し、九三年から首脳会合も開催されるようになった。アセアンの関連会合としてアセアン地域フォーラム（ARF）も発足し、政治安全保障問題を議論する多国間枠組みとなった。背景にはアジア諸国の経済成長と相互依存の進展があったが、それは各国の軍備増強など政治的不安定要因を生む可能性をもっていた。また、九二年には北朝鮮の核開発疑惑が浮上し、米朝関係は緊張、九三年夏には武力行使の一歩手前に近づいた。その後、米朝間で枠組合意が結ばれ、日本や韓国を交えた朝鮮半島エネルギー開発機構（KEDO）が発足して対立はいったん緩和されたが、アジア太平洋地域が世界の経済成長の中心地であると同時に不安定要因をはらんだ地域であるとの認識が広まった。

この情勢を受けて日米の安全保障専門家や官僚間では、日米同盟を冷戦後のアジア太平洋安定化のために位置づける必要性が認識されるようになった。アメリカでは、米国防総省で次官補となっていたジョセフ・ナイ・ハーバード大学教授が中心となってとりまとめた東アジア戦略報告の基本方針に基づいて、冷戦期の同盟関係を維持する基本方針が出された。

しかし日本政治の流動化は日米同盟にとって試練となった。細川「非自民」政権が選挙制度改革を実現した後、保守的なグループと左派グループの対立が表面化し、細川自身のスキャンダルも攻撃されて細川政権は退陣、後継の羽田孜《はたつとむ》政権は少数与党となって短命に終わり、九四年夏、自民党は旧敵社会党の党首村山富市《むらやまとみいち》を首相に据えて政権に復帰した。従来、自衛隊の合憲性を否定してきた社会党が首班をとったことは大変化を意味していたが、村山は早期に政権党としては自衛隊の合憲性を問わない方針を明らかにした。しかし九五年秋、米軍基地が集積する沖縄で米軍兵士による少女暴行事件をきっかけに基地反対運動が盛り上がった。

この状況に対して日米両政府は素早く動いた。クリントン政権は事件に対して最大限の謝罪を表明し、日本政府は九五年末には新たな「防衛計画の大綱」を閣議決定、日米安保の重要性を強調した。九六年一月、村山は自民党の橋本龍太郎《はしもとりゅうたろう》へと政権を譲ったが、橋本は沖縄基地問題に積極的に取り組み、九六年に海兵隊の普天間《ふてんま》基地返還で合意をとりつけた。

それ以上に世論に影響を与えたのは中国問題だった。九五年、原爆投下五十周年の年に中国は核実験を繰り返し、日本の世論は対中批判を強めた。さらに、台湾で初めての総統選挙が行われる運びになったのに対して中国は威嚇を繰り返し、九六年二月には台湾海峡でミサイル演習を行った。アメリカが空母二隻を派遣して中国は演習を止めたが、この経緯は日本人の中で日米安保の重要性を受けとめさせた機会となった。九六年のクリントン来日時に、日米安保をアジア太平洋地域の安定の礎石と定義する共同宣言が公表された時には、日本世論の受けとめ方は前年に比べて大きく肯定的となっていた（船橋洋一『同盟漂流』）。

しかしこの時期から日本ではバブル崩壊の経済的影響は深刻となっていた。対照的にアメリカがＩＴ革命の普及などで好景気となり、日米経済摩擦は急速に脱争点化していった。しかし天安門の後遺症を脱して改革開放政策を改めて推進した鄧小平《とうしょうへい》・江沢民《こうたくみん》指揮下の中国が経済成長のスピードを上げたのと対照的に日本経済は深刻な不況に陥った。九七年夏、東南アジアで通貨不安が顕在化したのをきっかけにアジア経済危機が発生、日本でも有力金融機関が破綻に追い込まれ、信用危機の状況となった。アメリカの経済専門家はこれを権威主義的経済発展政策の失敗と見て自由化を促すとともに、元切り下げを回避した中国の経済政策を評価した。九七年一〇月と九八年六月、江沢民とクリントンは相互訪問を行ったが、クリントンは訪中時に日本に立ち寄らず、日本では「ジャパン・パッシング」として受けとめられた。橋本政権はアセアンとの間で首脳会合の立ち上げを企図したが、これはアセアンと日中韓三国の首脳会合となり、やがて中国が主導権を握ってアセアン諸国との関係を強化することになった。

史上最良の日米関係とその後

九〇年代後半、日本人の安全保障意識は大きく変化した。中台関係の緊張に加え、九八年八月の北朝鮮によるミサイル（北朝鮮は衛星打上げロケットと主張）の日本上空通過は日本に大きな衝撃を与えた。米軍の朝鮮有事の際の活動などを念頭に日本が支援する枠組みを提供する新ガイドラインが合意され、また緊急事態法制も立法化されるなど、冷戦期にタブーとされていた事項に手がつけられた。

二〇〇一年九月一一日に起きた、イスラム系過激派によると見られる航空機ハイジャックとニューヨークの世界貿易センターおよびワシントンの国防総省突入テロは世界に衝撃を与えた。日本では橋本、小渕恵三《おぶちけいぞう》、森喜朗《もりよしろう》と続く自民党政権はいずれも支持率が低迷し、〇一年四月の自民党総裁選では、改革を訴えた橋本に挑戦した小泉《こいずみ》純一郎《じゅんいちろう》が世論の支持を得て圧勝して政権についていた。九・一一事件後、アメリカのブッシュ（子）政権が打ち出した対テロ戦争に小泉首相は積極的な支援を表明し、訪米して世界貿易センタービル跡地を見舞ってアメリカ世論の支持を得た。世界の同情を集めたブッシュ政権がアフガニスタンを根拠地とするアル・カーイダと彼らを匿うタリバン政権の打倒を目指して軍事行動を開始すると、小泉政権はインド洋に多国籍軍支援のための海上自衛隊部隊を派遣した。その後、タリバン政権を倒壊させたブッシュ政権がイラクのフセイン政権打倒に向かい、独仏やロシアの反対を押しきって〇三年三月にイラク開戦に踏み切ると、小泉政権は国内の論争にもかかわらずアメリカ「支持」を表明、同年末にはフセイン政権打倒後のイラク復興支援のため自衛隊部隊のイラク派遣を決定した（読売新聞政治部『外交を喧嘩にした男』）。

こうした小泉政権のイニシアティブは日米同盟強化を期待する米政府関係者たちにとって喜ばしい驚きとなり、ブッシュ大統領は小泉首相を深く信頼するようになった。〇五年からは三度にわたる日米安全保障協議会（2＋2）で日米同盟関係の再編成が行われ、停滞していた普天間基地の移設問題を海兵隊の一部のグアム移転などを含めて改めて進める方針がとられた他、ミサイル防衛や情報協力なども大きく進展した。この間、小泉政権下で金融機関の不良債権処理もほぼ終了し、景気回復の兆しが見えてきたが、日本経済の体質は直接投資等でグローバル化、地域化を進めており、かつてのような激しい通商摩擦は再燃しなかった。二〇〇六年に小泉首相が自民党総裁としての任期を終えて退陣する頃には日米関係は「史上最良」という言い方さえされた（春原剛『同盟変貌』）。

しかしこの間、日本のアジア諸国との関係は低迷した。九八年に江沢民中国国家主席が来日した際に歴史問題をめぐって関係が悪化、その後も日中間で経済関係が深まる一方で政治的摩擦が高まり、「政冷経熱」と言われた。さらに小泉首相は終戦記念日の靖国神社参拝を公約したことに中国は強く反発、小泉首相は戦争への反省を述べ参拝日もずらしたが中国側は小泉首相との首脳外交を拒否するまでになった。韓国も金大中政権から盧武鉉政権にかけて日本文化への開放政策がとられる一方で親日派問題や教科書問題が紛糾し、日韓関係も停滞した。北朝鮮との間ではミサイルだけでなく日本人拉致問題が世論を巻き込んだ。〇二年九月、小泉首相は平壌を訪問して金正日《キムジョンイル》総書記と会見、北朝鮮側が拉致の事実を認めたことは大きな衝撃を与えた。しかし諸懸案を解決して日朝国交正常化を目指した平壌宣言に対し、拉致被害者の多くが死亡とされた事実認定への批判や生存者の帰国問題で国内の反発が強まり、また、北朝鮮のウラン濃縮計画疑惑をアメリカが指摘したことから核開発問題が再燃し日朝関係改善の企図も頓挫した。

日本においてはアジア諸国との摩擦が日米関係緊密化を促す要因となる一方で、アメリカにとって中国その他のアジア諸国との協調も重要性を増しており、アジアの中で孤立する日本はアメリカにとっても望ましくないことが次第に明らかとなった。日本にとって「アメリカかアジアか」という選択肢が過去のものとなりつつあるように、アメリカにとっても「日本か中国か」という選択肢は意味を失いつつあった。

小泉政権を継いだ安倍晋三《あべしんぞう》は小泉よりも保守的な政治家と見られたが、就任直後に韓国、中国を歴訪し、アメリカからも歓迎された。しかし訪米を前に従軍慰安婦問題をめぐり曖昧な姿勢をとって米国内の韓国、中国系市民を中心とした批判にさらされ、国内的にも路線が不明瞭とされ、党内スキャンダルの表面化と健康悪化により一年で退陣した。後継の福田康夫《ふくだやすお》政権は対中、対韓関係の改善を推進して一定の成果を挙げたが、北朝鮮問題で進展は見られず、国内での支持低下とともにこれも一年で退陣した。後継の麻生太郎政権は折からの世界経済危機に際して「世界第二位の経済大国」としての存在感を示そうとしたが、世界の眼はもはや新興経済大国に向けられていた。〇九年八月の総選挙では自民党は大敗、民主党主導の鳩山由紀夫政権が登場して五五年体制は終わりを告げた。

日米比較文化論を専門とする亀井俊介は三〇年余り前、アメリカ像の動揺は日本の自己像の動揺の反映であると説いた。「日本人のアメリカ像がいま動揺しているように見えるのは、もちろん政治レベルでの日米関係の転換期を迎えているという事実と無関係ではありえないが、日本人自体の精神と文化といったものに再検討をせまられていることにも関係がある。つまり、日本人が自己の生活をみるとき、そこに必ずといってよいほどアメリカの影を発見する。そして自己批判はアメリカ批判につながっていく」。その「アメリカの影」は確かに今も日本を覆っている。ペリーが訪れた下田や沖縄には巨大な米軍基地が今もある（亀井俊介『アメリカの心　日本の心』）。しかし二一世紀に入ってその「アメリカの影」はアジアへと、また世界へと広がりつつあるようにも思える。太平洋をはさんで二国が対峙した二〇世紀の日米関係に比して、二一世紀には、アジアにおいて、さらには中東やアフリカ、ヨーロッパや国際機関といった世界で日本とアメリカがどういう関係をもつのかという問いが重要性をもつようになっているのである。

（中西　寛）

参考文献

阿川弘之『アメリカが見つかりましたか――戦後篇』（都市出版、二〇〇一年）
五百旗頭真編『戦後日本外交史（新版）』（有斐閣、二〇〇六年）
五百旗頭真編『日米関係史』（有斐閣、二〇〇七年）
五十嵐武士『戦後日米関係の形成――講和・安保と冷戦後の視点に立って』（講談社、一九九五年）
猪木武徳『経済成長の果実・日本の近代7』（中央公論新社、二〇〇〇年）
亀井俊介『アメリカの心　日本の心』（講談社、一九八六年）
楠綾子『吉田茂と安全保障政策の形成――日米の構想とその相互作用、一九四三～一九五二年』（ミネルヴァ書房、二〇〇六年）
黒崎輝『核兵器と日米関係――アメリカの核不拡散外交と日本の選択一九六〇～一九七六』（有志社、二〇〇六年）
高坂正堯『宰相吉田茂』（中央公論新社、二〇〇六年）
河野康子『戦後と高度成長の終焉・日本の歴史24』（講談社、二〇〇二年）
佐道明広『戦後日本の防衛と政治』（吉川弘文館、二〇〇三年）
佐藤達夫『日本国憲法成立史』第三巻、第四巻（有斐閣、一九九四年）
下村治『日本経済成長論』（中央公論新社、二〇〇九年）
マイケル・シャラー著、市川洋一訳『「日米関係」とは何だったか』（草思社、二〇〇四年）
春原剛『同盟変貌――日米一体化の光と影』（日本経済新聞出版社、二〇〇七年）

添谷芳秀『日本の「ミドルパワー」外交――戦後日本の選択と構想』（ちくま書房、二〇〇五年）
袖井林二郎『マッカーサーの二千日』（中央公論社、一九七四年）
竹前栄治『GHQ』（岩波書店、一九八三年）
田中明彦『安全保障』（読売新聞社、一九九七年）
手嶋龍一『一九九一年日本の敗北』（新潮社、一九九三年）
中北浩爾『一九五五年体制の成立』（東京大学出版会、二〇〇二年）
中西寛「講和に向けた吉田茂の安全保障構想」（伊藤之雄・川田稔編著『環太平洋の国際秩序の模索と日本』山川出版社、一九九九年）
中西寛「高度経済成長から総合安全保障へ――下村治の政治経済分析」（『法学論叢』一五六巻五・六号、二〇〇五年三月）
中村隆英『昭和史』第二巻（東洋経済新報社、一九九三年）
波多野澄雄『幕僚たちの真珠湾』（朝日新聞社、一九九一年）
波多野澄雄編著『池田・佐藤政権期の日本外交』（ミネルヴァ書房、二〇〇四年）
原彬久『戦後日本と国際政治――安保改定の政治力学』（中央公論社、一九八八年）
日暮吉延『東京裁判』（講談社、二〇〇八年）
船橋洋一『同盟漂流』（岩波書店、一九九七年）
三橋規宏・内田茂男『昭和経済史』下（日本経済新聞社、一九九四年）
宮里政玄『沖縄問題と日米関係　一九四五―一九七二』（岩波書店、二〇〇〇年）
宮澤喜一『東京・ワシントンの密談』（中央公論新社、一九九九年）
山村喜晴『経済大国への風圧・戦後日本外交史5』（三省堂、一九八四年）
読売新聞政治部『外交を喧嘩にした男――小泉外交二〇〇〇日の真実』（新潮社、二〇〇五年）
若泉敬『他策ナカリシヲ信ゼムト欲ス』（文藝春秋、一九九四年）

コラム13　象徴としての「ゴジラ」

戦後日本が生み出した最も世界的なキャラクターを一つ挙げるとすれば「ゴジラ」であろう。言うまでもなく、ゴジラは一九五四年公開の映画で生み出された空想上の怪物だが、この映画の直接のきっかけは日本漁船第五福竜丸がアメリカの水爆実験で被曝した事件だったから、それは戦後日米関係の産物であると言っても過言ではない。ただしこのキャラクターに込められたメッセージは単純ではない。

核実験の結果古代の恐竜が甦り、現代兵器によって倒されるというストーリーはおそらく前年のアメリカ映画（邦題「原子怪獣現る」）をなぞったものである。しかし映画「ゴジラ」には、円谷英二《つぶらやえいじ》が戦中に戦争映画の撮影によって育んだ特撮技術が反映されているし、廃墟になった東京の映像も大規模な空襲を受けた日本社会ならではのものである。ゴジラは日米の映画技術の融合の産物であり、また日本の戦争体験の反映でもある。

強大なゴジラは、ある意味ではアメリカの軍事力の象徴であり、その前では出来たばかりの自衛隊は全く無力である。しかし同時に、暴れ狂うゴジラは当時のアメリカが体現した先進文明に対するアジアの怒りを思わせる所もある。さらにゴジラは自然の象徴でもあり、科学技術におごる人類への警告として後の環境問題に繋がるメッセージも看取できる。そしてゴジラは科学者が発明した最新兵器によって殺されるが、兵器そのものも発明者によって葬られるという結末は、科学技術へのあこがれと共に、それが平和に資するべきだという戦後日本の信念の表明でもある。

ゴジラは、二〇世紀を造形したアメリカ文明に日本文化が向き合い、戦争と平和の時代をくぐり抜けた経験の複雑さを象徴する存在であり、そこに、このキャラクターの普遍性、永続性の源泉があるのである。

（中西　寛）

図13-1　「ゴジラ」ポスター
（©1954 TOHO CO., LTD）

日本近世・近現代史年表

（「日本の動き」は一八七二年までは太陰暦、一八七三年以降は太陽暦。「世界の動き」は太陽暦による）

和暦	西暦	日本の動き	世界の動き
永禄 二	一五五九	2・2織田信長上洛し、足利義輝に拝謁。3月信長、尾張一国を統一。4・27上杉謙信上洛し、足利義輝に拝謁。	
三	一五六〇	5・19桶狭間の戦い。	
四	一五六一	9・10川中島の戦い。	
七	一五六四	2・28徳川家康、三河一向一揆を鎮圧。7・4三好長慶没。	明、倭寇を破る。
八	一五六五	5・19三好義継・松永久秀、足利義輝を殺す。11・15三好三人衆、松永久秀と絶交。	
九	一五六六		
一〇	一五六七	2・17一条院覚慶還俗し、足利義秋（義昭）を名乗る。4・18六角義治、『六角氏式目』制定。8・15織田信長、稲葉山城を攻略。10・10東大寺大仏殿炎上。10月信長、加納に楽市・楽座を定めた制札を下す。	
一一	一五六八	9・26信長、義昭を奉じて上洛。	オランダ独立戦争（〜一六〇九年）。
一二	一五六九	1・5三好三人衆、足利義昭を襲撃。2・2織田信長、義昭の邸二条第の普請開始。	
元亀 元	一五七〇	1・23信長、義昭にその行動を戒める文書を提出。6・28姉川の戦い。11・21長島一向一揆、織田信興を討つ。	
二	一五七一	9・12信長、比叡山を焼き討ち。	レパントの海戦。
三	一五七二	12・22三方ヶ原の戦い。	フランス、聖バルテルミーの虐殺。
天正 元	一五七三	4・4信長、二条城の足利義昭を包囲、その後禁裏により和睦。7・18	

		信長、槙島城の義昭を降伏させる（室町幕府滅亡）。8月信長、朝倉義景・浅井長政を滅ぼす。	
二	一五七四	1月越前一向一揆蜂起。3・28信長、正倉院の蘭奢待を切り取る。9・29信長、伊勢長島一向一揆を鎮圧。	
三	一五七五	5・21長篠の戦い。8・14信長、越前一向一揆を鎮圧。	
四	一五七六	2・23信長、安土城に移る。7・13毛利水軍、織田水軍を破り、石山本願寺に兵糧米を入れる。	
五	一五七七	2・13信長、紀伊雑賀一揆を攻撃し、3・21鎮圧。6月信長、安土城下町を楽市とする。	
六	一五七八	10・17荒木村重、信長に叛く。11・6織田水軍、毛利水軍を破る。	
七	一五七九	5・27安土宗論。	ユトレヒト同盟結成。
八	一五八〇	1・17豊臣秀吉、播磨三木城を落とす。閏3・5顕如、信長と和睦し、大坂退去を誓約。8・19信長、大和の諸城を破却。	スペイン、ポルトガルを併合。
九	一五八一	2・28信長の大馬揃。10・25秀吉、鳥取城を攻略。	オランダ独立宣言。
一〇	一五八二	1・28天正遣欧使節派遣。3・11武田勝頼自刃。6・2本能寺の変。6・13山崎の戦い。6・27清須会議。	グレゴリオ暦制定。
一一	一五八三	4・21賤ヶ岳の戦い。	
一二	一五八四	4・9小牧・長久手の戦いで家康勝利。8・8秀吉、大坂城に移る。	
一三	一五八五	4・22秀吉、雑賀一揆を鎮圧。7・11秀吉、関白となる。8・6秀吉、長宗我部元親を降伏させる。8・20佐々成政、秀吉に降伏。	少年遣欧使節、ローマ教皇に謁見。
一四	一五八六	5・14秀吉、姉を家康へ嫁がせる。10・27家康、大坂で秀吉と会見。12・19秀吉、太政大臣となる。	
一五	一五八七	5・8島津義久、秀吉に降伏。6・19秀吉、宣教師に国外退去を命じる。9・7肥後で国衆が一揆を起こす。10・1北野大茶湯。	
一六	一五八八	4・14後陽成天皇、聚楽第に行幸。7・8秀吉、刀狩・海賊停止令。	イギリス、スペイン無敵艦隊を

一七	一五八九	9月琉球王尚寧の使節、島津義久と共に上京。	破る。
一八	一五九〇	7・5北条氏直、秀吉に降伏。7・13家康を関東に移す。8月秀吉、奥州仕置。	
一九	一五九一	閏1・8ヴァリニャーノ、秀吉に謁見。2・28千利休自殺。9・15秀吉、フィリピンに朝貢を要求。9・24秀吉、朝鮮出兵を発令。12月豊臣秀次、関白に。	
文禄元	一五九二	3・26文禄の役勃発。5・3小西行長・加藤清正、漢城を占領。8・30行長、明の沈惟敬と休戦協定を結ぶ。	
二	一五九三	3月漢城を撤収。6・28秀吉、明使に七ヶ条の講和条件を示す。8・3豊臣秀頼誕生。11・5秀吉、高山国に朝貢を要求。	一七世紀初頭にかけ、シャムの日本人町発展。
三	一五九四	2・27秀吉、吉野の花見を行う。3・7伏見城普請開始。	
四	一五九五	7・15秀吉、豊臣秀次を高野山で自殺させる。	オランダ船、インド航路を開発。
慶長元	一五九六	閏7・13慶長の大地震。9・1大坂城で秀吉が明使と会見。朝鮮再出兵命令を下す。10月サン・フェリペ号、土佐に漂着。11・15秀吉、長崎でキリシタンを処刑（二十六聖人の殉教）。	
二	一五九七	1・1慶長の役勃発。9・15李舜臣、日本水軍を破る。	
三	一五九八	3・15秀吉、醍醐の花見。8・18秀吉没。11月日本軍、朝鮮からの撤収を完了。	フランス、ナントの勅令。
四	一五九九	閏3・4石田三成、加藤清正らの襲撃を避け、近江佐和山城に引退。	
五	一六〇〇	3・30家康、リーフデ号で漂着のウィリアム・アダムズと会見。5・3家康、会津出陣を命令。9・15関ヶ原の戦い。	イギリス東インド会社設立。
六	一六〇一	1月家康、東海道に伝馬制を制定。5月伏見に銀座を設ける。10月朱印船制度を設ける。	マテオ＝リッチ、北京に天主教会堂建立。
七	一六〇二	5・1二条城の修築に着手。6・1伏見城の修築に着手。	オランダ東インド会社設立。マ

八	一六〇三	2・12家康、征夷大将軍に任じられ、江戸幕府を開く。	テオ=リッチ『坤輿万国全図』刊。
九	一六〇四	1・27幕府、松前氏に蝦夷地交易の権利を与える。5・3糸割符制度を定める。	
一〇	一六〇五	4・16徳川秀忠、二代将軍に就任。この年、幕府、慶長の国絵図を徴集。	
一一	一六〇六	3・1江戸城の増築。	
一二	一六〇七	5・6朝鮮通信使、江戸に来る。7・3駿府城の修理なり、家康移る。	
一三	一六〇八	5月フィリピン総督デ・ビベロ、家康に書簡を送る。	
一四	一六〇九	2・26幕府、島津氏に琉球出兵を命じる。3月己酉約条。7・25オランダ人、通商を許される。9月五百石以上の大船を没収。12・9有馬晴信、ポルトガル船を撃沈。	4・9オランダ、スペインと休戦。
一五	一六一〇	2月名古屋城の築城開始。8月琉球王尚寧、家康ついで秀忠に拝謁。	5・14フランス、ルイ十三世即位。
一六	一六一一	3・28家康、二条城で豊臣秀頼に対面。4・12家康、法令三ヶ条を西国諸大名に示し誓詞を出させる。	
一七	一六一二	1・5東国大名、法令三ヶ条の誓詞を秀忠に差し出す。3・21幕府、キリスト教を禁じる。岡本大八事件を処断。	
一八	一六一三	6・16公家諸法度を定める。9・15支倉常長ら遣欧使節出発。	7月ロシア、ロマノフ朝成立。
一九	一六一四	7・29幕府、方広寺大仏開眼供養を延期させる。9・24高山右近らをマニラ、マカオへ追放。10・1大坂冬の陣。	
元和 元	一六一五	4・6大坂夏の陣。閏6・13一国一城令。7・7武家諸法度。7・17禁中並公家諸法度を制定。	
二	一六一六	4・17徳川家康没。8・8明国以外の外国船寄港地を長崎、平戸に限定。	1月ヌルハチ、後金を建国。
三	一六一七	2・21家康、東照大権現の神号を受ける。9月諸大名・公家衆に領知判	

四	一六一八	物、朱印状交付。	5・23三十年戦争勃発（～四八年）。
五	一六一九	6・2広島藩主福島正則改易。8・22大坂町奉行設置。	
六	一六二〇	1・18大坂城の大修築。6・18秀忠の娘和子、入内。8・26支倉常長、帰国。	12・26イギリスの清教徒、メイフラワー号で北米プリマス上陸。
七	一六二一	7・27外国人による武器輸出、海賊行為を禁じる。	
八	一六二二	8・5元和大殉教。	5月明、白蓮教徒の乱。
九	一六二三	7・27徳川家光、三代将軍となる。11・13イギリス人、平戸の商館を閉じて日本から退去。	アンボイナ事件。
寛永元	一六二四	3・24幕府、イスパニアの復交要求を拒否し断交。11・28徳川和子、中宮となる。	
二	一六二五	11月寛永寺創建。	
三	一六二六	9・6後水尾天皇、二条城行幸。閏4・26長崎奉行水野守信、宣教師・キリシタンを処刑。	
五	一六二八	4月イスパニア艦隊、朱印船襲撃。5月幕府、ポルトガルと断交。	6・7イギリス、チャールズ一世、権利の請願を承認。
六	一六二九	7・25紫衣事件。11・8後水尾天皇譲位。	
七	一六三〇	4・2幕府、日蓮宗不受不施派を処罰。	山田長政、シャムで毒殺される。
八	一六三一	6・20奉書船制度。	6月明、李自成の乱。
九	一六三二	1・24徳川秀忠没。5・29肥後藩主加藤忠広改易。10・20駿府藩主徳川忠長改易。	
一〇	一六三三	2・28海外在留五年以上の者の帰国を禁止。3・15黒田騒動。10・6オランダ商館長の江戸参府。	ガリレイ、ローマ教皇庁により有罪判決を受ける。
一一	一六三四	5・28長崎出島の築造工事開始。閏7・9琉球謝恩使、家光に拝謁。	

年号	年	西暦	日本	世界
	一二	一六三五	3・11柳川一件。5月外国船の寄港地を長崎と平戸に限定し、日本人の海外渡航と帰国を禁じる。6・21武家諸法度を改定。	
	一三	一六三六	4・10日光東照社の造営完成。6・1寛永通宝の鋳造開始。	4月後金、国号を清と改める。
	一四	一六三七	10・25島原の乱勃発（〜翌年二月二八日）。	
	一五	一六三八	5・2幕府、軍船以外の五百石積み以上の船の建造を許可。	
	一六	一六三九	7・4ポルトガル船の来日を禁止。	
	一七	一六四〇	6・16長崎渡来のポルトガル船を焼く。	
	一八	一六四一	4・2オランダ商館を平戸から長崎出島へ移す。	
	一九	一六四二	3・26肥前藩に長崎警備を命じる。この年、前年よりの凶作・飢饉続く。	イギリス、清教徒革命（〜四九年）。
	二〇	一六四三	3・14田畠永代売買禁止令。	朝鮮にキリスト教伝来。
正保	元	一六四四	12・25正保国絵図・郷帳の作成を命じる。	1月明滅亡し、9月清の世祖、北京に遷都。
	二	一六四五	11・9朝廷、東照社に宮号を与える。	
	三	一六四六	3・10日光例幣使始まり、伊勢例幣使再興される。10・20幕府、鄭成功の援兵要請を拒否。	
慶安	元	一六四八	6・5幕府、大坂上荷船・茶船の仕置。	10・24ウェストファリア条約締結（三十年戦争終結）。
	二	一六四九	6・20江戸大地震。	イギリス、共和制に。
	四	一六五一	4・20徳川家光没。7・23慶安事件、由井正雪自殺。	10月イギリス、航海法制定。
承応	元	一六五二	9・13承応事件発覚。この月、琉球慶賀使、家綱に拝謁。	6月第一次英蘭戦争勃発（〜五四年）。
	二	一六五三	閏6・27秤座を設ける。	
	三	一六五四	6・20玉川上水できる。7・5隠元隆琦来日（黄檗宗）。	
明暦	元	一六五五	4・5糸割符廃止。	

	二	一六五六	10・13鋳銭座を浅草に設置。	清、出海私貿易を厳禁。
	三	一六五七	1・18江戸大火（明暦の大火）。2・27『大日本史』の編纂開始。	
万治	元	一六五八	9・8江戸に定火消を設ける。	
	二	一六五九	6月隠元、宇治に黄檗山万福寺を建立。7・19道中奉行を設ける。この年、朱舜水来日。	
	三	一六六〇	7・18伊達騒動。	5・29イギリス、王政復古。
寛文	元	一六六一	閏8・9徳川綱重は甲府、同綱吉は館林に封じられる。	3・9フランス、ルイ十四世、親政開始。
	二	一六六二	2・30若年寄設置。5・1上方大地震。この年、伊藤仁斎、古義堂を開く。	
	三	一六六三	5・23武家諸法度改定。6月清国の冊封使、琉球に来る。	
	四	一六六四	4～8月寛文印知。	
	五	一六六五	7・13幕府、諸大名の人質制を廃止。10・22日蓮宗不受不施派を処罰。	2・22第二次英蘭戦争勃発。
	六	一六六六	2・2諸国山川掟。3・29酒井忠清、大老就任。	
	七	一六六七	閏2・28諸国へ巡見使派遣。	
	八	一六六八	3・8長崎貿易における禁制品目制定。4・6諸国の津留、枡の調査。	
	九	一六六九	6月シャクシャインの蜂起。	
	一〇	一六七〇		ロシア、ステンカ=ラージンの叛乱。
	一一	一六七一	4・3伊達騒動決着。7月河村瑞賢、東廻航路の調査を命じられる。10月幕領農村に宗門人別改帳作成を命じる。	
	一二	一六七二	3・23長崎貿易の仕法を、市法売買に改める。6・8有栖川宮家創設される。	
延宝	元	一六七三	6月分地制限令。	清、三藩の乱。
	四	一六七六	4月長崎代官廃止。	

	五	一六七七	3月畿内近国の幕領検地。	
	六	一六七八	2・3初代坂田藤十郎、歌舞伎の和事を演じる。6・15東福門院徳川和子没。	8・10フランスとオランダ講和。
	七	一六七九	10・12越後騒動。	
	八	一六八〇	8・23徳川綱吉、将軍宣下。	
天和	元	一六八一	6・26高田藩主松平光長改易。	
	二	一六八二	5月忠孝奨励、キリシタン禁止などの高札。	
	三	一六八三	7・25武家諸法度改定。8月対馬藩と朝鮮との間で癸亥約条を締結。	7月清、台湾を領有。
貞享	元	一六八四	2・30服忌令。8・28若年寄稲葉正休、大老堀田政俊を刺殺。	
	二	一六八五	8月定高貿易仕法の翌年実施を決める。	10月フランス、ナントの勅令廃止。
	三	一六八六	4・22全国の鉄砲改。10・14松本藩領で加助論争起こる。	
	四	一六八七	1・28生類憐みの令。11・16大嘗祭再興。	
元禄	元	一六八八	1月井原西鶴『日本永代蔵』刊。11・12柳沢吉保、側用人となる。	11・5イギリス、名誉革命（〜八九年）。
	二	一六八九	3月松尾芭蕉、『奥のほそ道』の旅に出発。4月長崎唐人屋敷出来る。11月渋川晴海、天文台造る。	2月イギリス、権利の章典。7月清とロシア、ネルチンスク条約締結。
	三	一六九〇	6月小普請金制度開始。8・18オランダ商館医師ケンペル来日。10・26捨て子禁止令。	
	五	一六九二	5・9幕府、江戸での新規寺院建立を禁止。	
	六	一六九三	12・7新井白石、甲府藩主徳川綱豊（家宣）の侍講に。	
	七	一六九四	12・8江戸十組問屋結成。	
	八	一六九五	2・21関東幕領の検地開始。8・11元禄貨幣改鋳開始。11・13野犬を武	

		蔵中野の犬小屋に収容。	
九	一六九六	1・28幕府、竹島渡海を禁止。	ロシアのアトラソフ、カムチャッカ遠征。
一〇	一六九七	4・28幕府、諸大名等に国絵図・郷帳の提出を命じる。7月宮崎安貞『農業全書』刊。	
一二	一六九九	4月幕府、歴代天皇の陵墓を調査・修理。9月東大寺大仏殿再建勧化始まる。	清、イギリスの広東貿易を許可。
一三	一七〇〇	8・28日光奉行を置く。	
一四	一七〇一	3・14幕府、赤穂藩主浅野長矩に切腹を命じる。この年、大坂に銅座設置。	1・18プロイセン王国成立。2月、スペイン継承戦争（〜一三年）。
一五	一七〇二	11・28堺奉行復活。12・15赤穂藩浪人大石良雄ら、吉良義央を殺害。	
一六	一七〇三	5・7近松門左衛門『曾根崎心中』初演。11・22関東で大地震。	
宝永元	一七〇四	2月大和川の付替工事開始。12・5徳川綱豊、綱吉の養子となり家宣と改名。	
二	一七〇五	1・28禁裏料を一万石増。2月大和川筋新田開発開始。この年、伊勢御蔭参り大流行。	
三	一七〇六	6・6宝字銀を鋳造。	
四	一七〇七	10・13幕府、藩札通用を禁止。11・23富士山噴火。	5・1グレートブリテン王国成立。
五	一七〇八	閏1・7富士山噴火復旧費として国役金賦課。	
六	一七〇九	1・10徳川綱吉没。生類憐みの令廃止。5・1徳川家宣、将軍宣下。11・22新井白石、シドッティを訊問。	
七	一七一〇	4・15新井白石起草の武家諸法度（正徳令）公布。乾字金・永字銀等鋳造。	

正徳	元	一七一一	2・7幕府、朝鮮使節の待遇を改める。	
	二	一七一二	2・2江戸に大名火消を置く。3・23大坂銅座廃止。7・1勘定吟味役復活。	清と朝鮮、長白山（白頭山）定界碑建設。
	三	一七一三	1月貝原益軒『養生訓』。4・2徳川家継、将軍宣下。6・9諸国産銅の大坂銅吹屋廻送命令。	3・27イギリスとスペイン、ユトレヒト条約締結。
	四	一七一四	2月幕府、抜荷を厳禁。3・5大奥老女絵島ら処罰。5・15正徳金銀の鋳造。	
	五	一七一五	1・11海舶互市新例。	9・1フランス、ルイ一四世没。
享保	元	一七一六	4・15幕府、諸街道の名称を定める。5・16新井白石ら罷免。8・13徳川吉宗、将軍宣下。	
	二	一七一七	2・3大岡忠相、町奉行就任。6・28朝鮮使節の待遇を元に戻す。	
	四	一七一九	1・15幕府、松前矩広を万石以上格とし、蝦夷渡海・通商規則を制定。11・15相対済し令。	2月清、『皇輿全覧図』成る。
	五	一七二〇	5・22大名領の国役普請制決まる。8月江戸に町火消できる。12月漢訳洋書の輸入緩和。	8月清、チベット占領。
	六	一七二一	6・21諸国の耕地面積調査を命じる。8・2目安箱設置。12・21流地禁令。	
	七	一七二二	7・3上米の制。10・24越後質地騒動。	
	八	一七二三	2・7出羽村山郡で質地騒動（長瀞質地騒動）。3・30全国人口調査を六年ごと（子年・午年）とする。6・18足高の制。8・26流地禁令撤回。	12月清、キリスト教禁止。
	九	一七二四	6・23幕府、諸大名・幕臣に倹約令。	
	一〇	一七二五	7・1幕府、武蔵野新田の開発を命じる。	ロシアのベーリング、第一次カムチャッカ探検（〜三〇年）。
	一一	一七二六	6・7大坂の懐徳堂設立。	
	一二	一七二七	2月幕府、大坂堂島米会所を許可。	9月ロシアと清、キャフタ条約

	一三	一七二八	4・13徳川吉宗、日光社参に出立。	締結。
	一四	一七二九	3月太宰春台『経済録』。12月相対済し令廃止。この年、石田梅岩、京都で心学講話を始める。	
	一五	一七三〇	4・15上米の制廃止。	
	一六	一七三一	6・24幕府、大坂の豪商に買米を命じる。	
	一七	一七三二	この年、西国地方蝗害により凶作、大飢饉。	
	一八	一七三三	1・25江戸の米問屋高間伝兵衛、打ちこわしに遭う。この年、阿波藩、藍専売制を開始。	
	一九	一七三四	8・16各代官所に一揆鎮圧のための近隣大名への出兵要請を許可。	ロシアで『日本誌』刊。
	二〇	一七三五	2月青木昆陽『蕃薯考』。	9月清、乾隆帝（高宗）即位。
元文	元	一七三六	5・12元文金銀の鋳造開始。	
	三	一七三八	11月一時中断の大嘗祭復活。	
	五	一七四〇	この年、大坂に銭座新設。	10・20オーストリア、マリア＝テレジア即位。
寛保	二	一七四二	4月公事方御定書完成。	
	三	一七四三	2・22兵庫・西宮・紀伊以西の絞油の江戸直送を禁じ、大坂へ廻送することを命じる。	
延享	元	一七四四	この年、神尾春央西国巡見。	
	二	一七四五	11・2徳川家重、将軍宣下。	7・23イギリス、ジャコバイトの反乱。
寛延	元	一七四八	6・1朝鮮通信使、徳川家重に謁見。12・15琉球慶賀使、家重に謁見。	モンテスキュー、『法の精神』。
	二	一七四九	5月定免制の全面的実施。	
	三	一七五〇	1・20幕府、農民の強訴・徒党などを厳禁。	
宝暦	二	一七五二	8・8幕府、東国三三カ国に秤の使用方再令し、西国の秤との混用禁じ	9・14イギリス、グレゴリウス

			る。	暦採用。
	三	一七五三	6月長崎抜荷を厳禁。	
	四	一七五四	閏2・7山脇東洋ら、死体を解剖。10・19宝暦暦を採用。	
	五	一七五五	2月安藤昌益『自然真営道』なる。3・27薩摩藩、木曾川改修工事（宝暦治水）完成。	
	六	一七五六		ヨーロッパ、七年戦争勃発（～六三年）。
	七	一七五七	7月平賀源内ら江戸湯島で薬品会開催。	
	八	一七五八	7・23竹内式部、幕府に捕縛される（宝暦事件）。	
	九	一七五九	2月山県大弐『柳子新論』なる。8・8幕府、金・銀・銭札を廃止。	
	一〇	一七六〇	1・15幕府、大坂菜種問屋・綿実問屋株を定める。7月諸大名に万石につき千俵の囲籾を命じる。9・2徳川家治、将軍宣下。	
	一二	一七六二	2・22～23千人講騒動。	ルソー『社会契約論』刊。
	一三	一七六三	5・25本居宣長、賀茂真淵に入門。11・23朝鮮人参座設置。	
明和	元	一七六四	1・16大坂金銭延売買会所開設。2・27朝鮮通信使、徳川家治に拝謁。	4・5アメリカ関税法成立。
	三	一七六六	6・3大坂に銅座を設け、全国の産銅の廻送を命じる。	
	四	一七六七	3・21幕府、関八州綿実買受問屋を設置。8・22山県大弐・藤井右門処刑、竹内式部八丈島流罪（明和事件）。	
	五	一七六八	各地で打ちこわし続発する。	8・25イギリス人クック、太平洋探検航海に出発（～七一年）。
	六	一七六九	1～2月幕府、一揆鎮圧のため近隣大名に出兵を命じる。	
	七	一七七〇	4・16幕府、徒党・強訴・逃散の訴人につき高札。8・25幕府、摂津・河内・和泉の農村に油稼株設定。	3・3北米、ボストンで大虐殺。この年、エジプト独立宣言。
	八	一七七一	3・4杉田玄白ら死体解剖を見学。この年、伊勢御蔭参り大流行。	
安永	元	一七七二	4・23幕府、抜荷取締り強化。9・7南鐐二朱銀鋳造。10月大坂綿買次	

		積問屋株を公認。	
二	一七七三	4月幕府、菱垣廻船問屋株を公認。7・30幕府、秋田藩に対し、銅山経営維持策として一万両貸与。	12・16ボストン茶会事件。この年、ベトナム、西山党の乱。
三	一七七四	8月杉田玄白ら『解体新書』刊。9月幕府、諸大名に囲籾を命じる。	
四	一七七五	3月長久保赤水『日本輿地路程全図』。	4・19アメリカ独立戦争（〜八三年）。イギリス、ワット蒸気機関を完成。
五	一七七六	11月平賀源内、エレキテルを復元。	7・6アメリカ独立宣言決議。この年、アダム＝スミス『国富論』刊。
六	一七七七	5・24幕府、飛彈郡代設置。	
七	一七七八	1月江戸の札差を一〇九軒に限定。6・9ロシア船、蝦夷地厚岸に来航、松前藩に通商を要求。	
八	一七七九	8・7松前藩、ロシアの通商要求を拒否。この年、塙保己一『群書類従』編纂開始。	10月クックの探検船（クックは既に死亡）、日本を確認。この年、フランス、農奴廃止令。
九	一七八〇	8・28大坂に鉄座、江戸・京都・大坂に真鍮座をおき、専売に。	
天明元	一七八一	6月幕府、武蔵・上野国に糸綿貫目改所設置。	3月清で回教徒反乱。
二	一七八二	7・8印旛沼干拓工事始まる。11・6幕府、定飛脚問屋株公認。	
三	一七八三	1月工藤平助『赤蝦夷風説考』（加模西葛杜加国風説考）。7・6浅間山大噴火。	9・3パリ条約により、イギリスがアメリカの独立を承認。
四	一七八四	3・24田沼意知、江戸城内で佐野政言に斬られる。この年、全国的に大飢饉。	
五	一七八五	2月幕府、御普請役らを蝦夷地調査に派遣。	イギリス、カートライト、力織機を発明。

六	一七八六	8・27田沼意次、罷免される。この年、林子平『海国兵談』脱稿。大飢饉。	7月阮氏、ベトナム南北統一。
七	一七八七	4・15徳川家斉、将軍宣下。5月江戸、大坂をはじめ各地で打ちこわし。6・19松平定信、老中就任。7月寛政改革始まる。	5・25アメリカ憲法制定会議。
八	一七八八	1・30京都大火。3・4松平定信、将軍補佐となる。	
寛政元	一七八九	1月郷蔵設置令。5・7松前藩、クナシリ・メナシの乱を鎮圧。9・16棄捐令。9・17諸大名に囲米令。	2・4ワシントン、アメリカ合衆国初代大統領に。7月フランス革命勃発。
二	一七九〇	5・24寛政異学の禁。	
三	一七九一	9・2異国船取扱令。12月江戸で七分積金開始。	11月朝鮮、キリスト教と洋書購入を禁止。
四	一七九二	5・16林子平、処罰される。9・3ロシア使節ラクスマン、漂流民大黒屋光太夫らを護送し根室に来航。11・12尊号一件。	9・22フランス共和政宣言。
五	一七九三	3月松平定信、伊豆・相模沿岸巡視。6・27幕府、ラクスマンに国法を伝え、信牌を与える。	1・21ルイ十六世処刑される。1・23第二次ポーランド分割。
六	一七九四	10・15幕府、倹約令の一〇カ年延長決定。	7・27フランス、テルミドール反動。
七	一七九五		10・27フランス総裁政府成立。
八	一七九六	3月幕府、代官に伊豆諸島巡見を命じる。8・14イギリス人ブロートン、絵鞆（室蘭）に来航し、翌年にかけて日本近海を測量。	1月清、白蓮教徒の乱。この年、清、アヘンの輸入を禁止。
九	一七九七	10・2南部・津軽両藩に蝦夷地防備を命じる。12・1幕府、林家の塾（湯島聖堂）を官学に。	
一〇	一七九八	7・27近藤重蔵、択捉島に大日本恵戸呂府の標柱を建てる。	5・19ナポレオン＝ボナパルト、エジプト遠征。この年マルサス『人口論』刊。

一一	一七九九	1・16幕府、東蝦夷地を七カ年上知。	12月オランダ東インド会社解散。
一二	一八〇〇	3月30日幕府、昌平坂学問所への諸士の入学を許可。閏4・19伊能忠敬、蝦夷地測量に出発。	
享和 元	一八〇一	8月志筑忠雄『鎖国論』。	
二	一八〇二	2・23蝦夷奉行を新設（5月に箱館奉行と改称）。7・24幕府、東蝦夷地を永久上知に。	この年、イギリス工場法。
三	一八〇三	7・8アメリカ船、長崎に来航し通商を要求。	3月ロシア、貴族による自発的農奴解放を許可。
文化 元	一八〇四	9・7ロシア使節レザノフ、長崎に来航し、通商を要求。	5・18ナポレオン、皇帝に即位。
二	一八〇五	6月関東取締出役新設。	10・21トラファルガーの海戦。
三	一八〇六	1・30関東郡代廃止。9・10ロシア軍艦、樺太の松前藩会所を襲う。	8・6神聖ローマ帝国消滅。
四	一八〇七	3・22幕府、西蝦夷地も上知。6月東北諸大名に蝦夷地出兵命令。	8月アメリカ、フルトン、蒸気船の航行に成功。
五	一八〇八	4月間宮林蔵ら樺太探検。8・15フェートン号事件。12・10南部・津軽両藩に蝦夷地警固役を課す。	
六	一八〇九	2月幕府、十組問屋に三橋会所設立許可。6月幕府、樺太を北蝦夷地と改称。7・11間宮林蔵、北蝦夷を出発し、探検に。8月伊能忠敬、幕命により九州沿岸の測量に出発。この年、江戸伊勢町に米会所設置を許可。	フランス・オーストリア、ウィーン条約締結。
七	一八一〇	2・26幕府、会津・白河両藩に相模・房総沿岸の防備を命じる。この年、水戸藩『大日本史』紀伝を朝廷に献上。	オランダ、フランスに併合される。
八	一八一一	5・22易地聘礼。この月、天文方に蛮書和解御用掛を設置。6・4ロシア艦長ゴロウニンを国後で捕縛。	9月イギリス、ジャワ占領。
九	一八一二	12月『寛政重修諸家譜』完成。	6・18米国議会、対英宣戦決議。6・24ナポレオン軍、ロシア侵攻。

一〇	一八一三	3・28幕府、十組問屋仲間に株札交付。	
一一	一八一四	11・22賀茂臨時祭再興。	4・11ナポレオンの退位・配流決定。9・18ウィーン会議開始（〜一五年六月）。
一二	一八一五	杉田玄白『蘭学事始』完成。	6・18ワーテルローの戦い。11月ウィーン体制確立。オランダ王国成立。
一三	一八一六	2・16幕府、諸国の人口調査。5月徳之島の農民、砂糖買入独占に反対し強訴。10月イギリス船、琉球に来航し貿易を要求。11月掛川・浜松・田中各藩および駿河・遠江の幕領で強訴・打ちこわし。	
文政元	一八一八	2・7幕府、鎌倉で大砲試射。4・29幕府、倹約令を出し、拝借金を停止。イギリス人ゴルドン、浦賀に来航し貿易要求し、幕府これを拒否。12月幕府、近江大津の商人に御用金を賦課。	
二	一八一九	1・25幕府、浦賀奉行を二名に増員。6・25幕府、三橋会所を廃止。	
三	一八二〇	12・28会津藩の相模湾岸防衛を免除し、浦賀奉行担当とする。	1・1スペイン革命。
四	一八二一	7・10伊能忠敬、『大日本沿海輿地全図』を完成し幕府に献上。12・7全蝦夷地を松前藩に還付。	3・6ギリシア独立戦争（〜二九年）。
五	一八二二	8〜10月西国でコレラ流行。	
六	一八二三	5〜6月摂津・河内で国訴。7月摂津・河内・和泉で菜種売買の国訴。	12・2米国、モンロー宣言。
七	一八二四	この年、シーボルト、鳴滝塾を開く。	イギリス、英蘭協約によりマラッカを獲得。
八	一八二五	2・18異国船打払令。	
九	一八二六	3月シーボルト、江戸参府に随行。	
一〇	一八二七	5・21頼山陽『日本外史』を松平定信に献上。12月薩摩藩、調所広郷を登用。	

一一	一八二八	12・23シーボルト、幕府により長崎出島に幽閉。	2月清、銀の流出・アヘンの輸入が問題化。
一二	一八二九	3・21江戸大火。	
天保元	一八三〇	この年、伊勢御蔭参り大流行。薩摩藩、砂糖専売を強化。	7・27フランス、七月革命。
二	一八三一	3・8幕府、大坂に天保山築く。11月天保郷帳の調製を始める。	ベルギー王国成立。
三	一八三二	9・23頼山陽没。	ロシア、ポーランドを併合。
四	一八三三	4月美濃大垣地震。8月各地で打ちこわし。この年、奥羽・北陸・関東飢饉。	8・29イギリス、工場法制定。
五	一八三四	この年、諸国で飢饉。	1・1ドイツ関税同盟。
六	一八三五	9・5天保通宝鋳造。12・22天保国絵図調製始まる。	
七	一八三六	2月幕府、唐物抜荷・俵物密売を禁じる。5・7徳川斉昭、常陸国助川に砲台を築く（一二月完成）。7・25ロシア船、漂流民を護送し、択捉島に来航。8・17郡内騒動。この年、幕府、鹿児島藩に琉球貿易品の長崎会所での売りさばき、二十カ年継続を認可。	6・16イギリス、チャーチスト運動始まる。
八	一八三七	2・19大塩平八郎の乱（三月二七日鎮圧）。6・1生田万の乱。6・28モリソン号事件。9・2徳川家慶、将軍宣下。	6・20イギリス、ヴィクトリア女王即位。
九	一八三八	3・10江戸城西ノ丸炎上。8・1徳川斉昭、意見書（戊戌封事）を書く。この年、長州藩、村田清風を登用。	
一〇	一八三九	12・18蛮社の獄。	3・10林則除、広州に着任し、アヘン貿易を禁圧。
一一	一八四〇	7月オランダ船、アヘン戦争の開始を伝える。9月高島秋帆、砲術洋式化の意見書提出。12月庄内藩で三方領知替反対一揆。	清、アヘン戦争勃発（～四二年）。
一二	一八四一	閏1・27天皇号復活。5・15天保改革始まる。12・14株仲間解散令。	1・26イギリス、香港占有。
一三	一八四二	6月イギリス軍艦来日計画伝わる。為永春水・柳亭種彦を処罰。市川海老蔵、江戸追放。7・24天保薪水給与令。	8・29清とイギリス、南京条約締結。

	一四	一八四三	3・28人別改を強化し、人返しを図る。6・10印旛沼掘割拓工事始まる。この月、江戸・大坂に上知令。閏9・7上知令撤回。閏9・13水野忠邦、罷免される。	
弘化	元	一八四四	5・10江戸城本丸炎上。7・2オランダ軍艦長崎来航し、オランダ国王の開国勧告書簡呈す。	7・3清と米国、望厦条約締結。
	二	一八四五	7・4イギリス測量船、長崎来航。7・5幕府、海防掛設置。	11・29上海にイギリス租界画定。
	三	一八四六	閏5・27アメリカ東インド艦隊司令官ビッドル、浦賀来航。6・7フランスインドシナ艦隊司令官、長崎来航。8月孝明天皇、幕府に海防厳重勅書。	
	四	一八四七	2・15幕府、彦根・会津藩に江戸湾防備を命じる。	
嘉永	元	一八四八		2・22フランス、二月革命。この月、マルクス『共産党宣言』刊。
	二	一八四九	閏4・8イギリス軍艦マリナー号、浦賀来航。	
	三	一八五〇	4月孝明天皇、七社七寺に外患撃攘祈禱を命じる。この年、江川英龍、伊豆韮山に反射炉を築く。	
	四	一八五一	1・3中浜万次郎、アメリカ船に送られ琉球に上陸。3・8株仲間再興。	1・11太平天国の乱（〜六四年）。5・1ロンドン万国博覧会開催。
	五	一八五二	2・7水戸藩、『大日本史』紀伝を朝廷・幕府に献上。この年、オランダ商館長、アメリカ使節来日を予告。	12・2ルイ＝ナポレオン、帝位に就く（ナポレオン三世）。
	六	一八五三	6・3ペリー、浦賀来航。7・1幕府、諸大名へ意見を求める。7・18プチャーチン、長崎来航。	10月クリミア戦争勃発（〜五六年）。
安政	元	一八五四	1・16ペリー、再来日。3・3日米和親条約を結ぶ。	2・15上海にアメリカ租界画定。
	二	一八五五	2・22蝦夷地上知。7・29長崎海軍伝習所出来る。10・2安政の大地震。	
	三	一八五六	2・11蛮所調所出来る。7・21アメリカ領事ハリス来日。この年、吉田	9月広州でアロー号事件。

			松陰が松下村塾を開く。	
	四	一八五七	12・11幕府、ハリスと日米修好通商条約交渉を開始。	9・20ムガール帝国滅亡。
	五	一八五八	4・23井伊直弼大老に就任。6・19日米修好通商条約に調印。この年、安政の五カ国条約調印。	5・28ロシアと清、愛琿条約締結。6・13天津条約。8・2イギリス、インドを併合。
	六	一八五九	6月神奈川、長崎、箱館の開港。10月橋本左内、吉田松陰ら死罪。	ダーウィン、『種の起源』刊。
万延	元	一八六〇	3・3桜田門外の変。10・18和宮降嫁勅許。	11・6リンカーン、米国大統領に当選。この年、清、英・仏（一〇月）ついで露（一一月）と北京条約締結。
文久	元	一八六一	2・3ロシア軍艦対馬占領事件。5・28東禅寺事件。	4・12米国、南北戦争勃発（〜六五年）。
	二	一八六二	1・15坂下門外の変。8・21生麦事件。	9・30プロイセン宰相ビスマルク、「鉄血政策」表明。
	三	一八六三	5・10長州藩、下関で外国船に砲撃。7・2薩英戦争。8・17〜9・27天誅組の変。8・18八月十八日の政変。	1・1米国、奴隷解放宣言。12月朝鮮、大院君の執政開始。
元治	元	一八六四	7・19禁門の変。7・24第一次長州戦争勃発。8・5四国艦隊下関砲撃事件。	7・19太平天国滅亡。8・22国際赤十字条約調印。
慶応	元	一八六五	1・2高杉晋作ら馬関占拠。5・12第二次長州戦争勃発。10・5孝明天皇、通商条約を勅許。	4・15リンカーン暗殺。
	二	一八六六	1・21薩長同盟。6・7第二次長州戦争戦闘開始。12・5慶喜、将軍宣下。	6・15普墺戦争勃発。
	三	一八六七	5・21土佐・薩摩で討幕密約。10・14大政奉還。12・9王政復古の宣言。	3・30米国、ロシアよりアラスカ購入。この年、マルクス『資本論』（〜九四年）。

明治元	一八六八	1・3〜4鳥羽・伏見の戦い、戊辰戦争勃発。3・14五箇条の御誓文。4・11江戸開城。5・3奥羽越列藩同盟。7・17江戸が東京に改められる。9・8一世一元の制。	7・28米国、公民権成立。10・10キューバ独立運動始まる。
二	一八六九	5・18五稜郭の戦いが終結。6・17版籍奉還。8・15蝦夷地を北海道と改称。12・25東京・横浜間電信開通。	5・10アメリカ大陸横断鉄道完成。11・17スエズ運河開通。
五	一八七〇	1・3大教宣布の詔。10・2兵制（陸軍は仏式・海軍は英式）。	7・19普仏戦争勃発（〜七一年）。9・4フランス、第三共和制開始。
四	一八七一	1・24郵便制度開始。7・14廃藩置県。10・8岩倉使節団が出発。	1・18ドイツ帝国成立。3・28パリ・コミューン成立。
五	一八七二	8・3学制発布。9・12新橋・横浜間鉄道開業。9・14琉球藩設置。11・9太陽暦採用。	
六	一八七三	1・10徴兵令。7・28地租改正条例。10・25征韓論問題で西郷隆盛、板垣退助、江藤新平らが下野。	10・22独・墺・露三帝同盟。
七	一八七四	1・17板垣退助らが民選議院設立建白書を左院に提出。2・1〜3・1佐賀の乱。2・6台湾出兵を決定。	10・9万国郵便連合条約。
八	一八七五	5・7千島・樺太交換条約。6・28讒謗律、新聞紙条例公布。9・20江華島事件。	
九	一八七六	2・26日朝修好条規調印。3・28廃刀令。8・5秩禄処分。10・24神風連の乱。10・27秋月の乱。10・28萩の乱。	5月フィラデルフィア万国博覧会、日本出品。
一〇	一八七七	2・15〜9・24西南戦争。8・21〜11・30第一回内国勧業博覧会開催。	4・24露土戦争。
一一	一八七八	5・14大久保利通暗殺。8・23〜24竹橋事件。	6・13ベルリン会議開催。
一二	一八七九	4・4沖縄県設置。9・29学制を廃止し、教育令を制定。	10・7独墺同盟。この年、エジソン、電球を発明。
一三	一八八〇	3・17国会期成同盟が結成され、国会開設請願運動始まる。	8・11朝鮮の不平等条約改正交

一四	一八八一	7・21開拓使官有物払下げ事件。10・12明治十四年の政変。国会開設の詔勅。10・18自由党結成。11・11日本鉄道公社設立。	渉に対し、日本拒否。2・24清・ロシア、イリ条約。
一五	一八八二	1・4軍人勅諭を発布。3・14伊藤博文、憲法調査のため渡欧（～翌年八月）。7・23壬午軍乱。10・10日本銀行開業。	5・20独・墺・伊三国同盟。5～6月朝鮮、アメリカ・イギリス・ドイツと相次ぎ修好通商条約調印。9・13エジプト、アラービー＝パシャの乱。
一六	一八八三	11・28鹿鳴館開館。	
一七	一八八四	10・29自由党解党。10・31～11・11秩父事件。12・4甲申政変。この年、松方財政による農村不況が深刻化。	8・26清仏戦争（～八五年）。11・15アフリカ分割に関するベルリン会議始まる。
一八	一八八五	4・18天津条約。11・23大阪事件。12・22太政官制廃止、内閣制実施、第一次伊藤博文内閣成立。	
一九	一八八六	3・2帝国大学令。5・1第一回条約改正会議。10・24ノルマントン号事件。	7・24イギリス・清、ビルマ条約。
二〇	一八八七	10・3大同団結運動、三大事件建白運動始まる。12・25保安条例公布。	10・17フランス領インドシナ連邦成立。
二一	一八八八	4・25市制・町村制公布。4・30枢密院設置。黒田清隆内閣成立。5・14各地の鎮台を廃止し、師団を置く。	10・29スエズ運河条約。12・17清、北洋海軍成立。
二二	一八八九	2・11大日本帝国憲法発布。皇室典範制定。衆議院議員選挙法、貴族院令公布。12・24第一次山県有朋内閣成立。	
二三	一八九〇	5・17府県制・郡制公布。7・1第一回衆議院議員総選挙。10・30教育勅語発布。11・25第一議会開催。	3・20ドイツ、ビスマルク下野。この年、米国、フロンティアの消滅を発表。

二四	一八九一	5・6第一次松方正義内閣成立。5・11大津事件。	
二五	一八九二	2・15第二回総選挙で、大選挙干渉。11・30千島艦事件。	
二七	一八九四	7・16日英通商航海条約に調印。8・1日清戦争勃発。9・17黄海会戦。	4・26甲午農民運動起こる。
二八	一八九五	4・17下関講和条約調印。4・23三国干渉起こる。10・8閔妃暗殺事件。	
三一	一八九八	6・22憲政党結成。6・30第一次大隈重信内閣成立（初の政党内閣）。 11・3憲政本党結成。11・8第二次山県内閣成立。	
三二	一八九九	7・17治外法権撤廃。	3月義和団事件起こる。9・6米国、中国の門戸開放を宣言。
三三	一九〇〇	6・15義和団鎮圧のため派兵。9・15立憲政友会結成。	
三四	一九〇一	2月八幡製鉄所が操業開始。5・18社会民主党結成。6・2第一次桂太郎内閣成立。9・7北京で義和団事変に関する最終議定書調印。	
三五	一九〇二	1・23～25八甲田山遭難事件。1・30日英同盟成立。	
三六	一九〇三	11・15平民社結成。	
三七	一九〇四	2・10日露戦争勃発。2・23日韓議定書調印。8・22第一次日韓協約調印。	
三八	一九〇五	3・1～10奉天会戦。5・27～28日本海海戦。9・5ポーツマス条約締結。日比谷焼き討ち事件。	8・20孫文ら、中国革命同盟会結成。
三九	一九〇六	1・7第一次西園寺公望内閣成立。2・24日本社会党結成。3・31鉄道国有法公布。11・26南満州鉄道会社（満鉄）設立。	
四〇	一九〇七	7・30第一回日露協約調印。	6月ハーグ密使事件。
四一	一九〇八	7・14第二次桂内閣成立。11・12高平・ルート協定。	
四二	一九〇九	10・26伊藤博文、ハルビンで安重根により暗殺。	
四三	一九一〇	5・25大逆事件起こる。7・4第二次日韓協約調印。8月韓国併合。9月朝鮮総督府設置。	
四四	一九一一	2・21関税自主権回復の日米新通商航海条約を締結。3・29工場法公布。	

大正元	一九一二	6・1平塚雷鳥ら、青鞜社結成。8・30第二次西園寺内閣成立。12・19憲政擁護運動起こる。12・21第三次桂内閣成立。	
二	一九一三	2・10大正政変。2・20第一次山本権兵衛内閣成立。12・23立憲同志会結成。	
三	一九一四	1月シーメンス事件発覚。4・16第二次大隈内閣成立。8・23ドイツに宣戦布告（第一次世界大戦に参戦）。	7・28第一次世界大戦勃発。
四	一九一五	1・18袁世凱政権に対華二十一カ条要求を出す。	
五	一九一六	7・3第四回日露協約に調印。9・1工場法施行。10・9寺内正毅内閣成立。10・10憲政会結成。	
六	一九一七	1・20西原借款開始。11・2石井・ランシング協定締結。	4・6米国、第一次大戦に参戦。11・7~8ロシア革命。
七	一九一八	7・23米騒動起こる。8・2シベリア出兵を宣言。9・29原敬内閣成立。	
八	一九一九	5・23衆議院議員選挙法改正、納税資格の引き下げ。	1・18パリ講和会議始まる。3・1朝鮮、三・一運動。5・4中国、五・四運動。
一〇	一九二一	10・1日本労働総同盟発足。11・4原敬首相暗殺。11・13高橋是清内閣成立。12・13四国条約締結、日英同盟破棄。	
一一	一九二二	2・6ワシントン海軍軍縮条約締結。3・3全国水平社創立。4・9日本農民組合結成。6・12加藤友三郎内閣成立。7・15日本共産党結成。	
一二	一九二三	9・1関東大震災。9・2第二次山本内閣成立。12・27虎ノ門事件。	
一三	一九二四	1・7清浦奎吾内閣成立。1・10第二次護憲運動起こる。6・11加藤高明内閣成立（護憲三派内閣）。	1・20中国、第一次国共合作。
一四	一九二五	1・20日ソ基本条約締結。3・1ラジオ試験放送開始。4・22治安維持法公布。5・5普通選挙法(男子)公布。5・24日本労働組合評議会発足。	
昭和元	一九二六	1・30第一次若槻礼次郎内閣成立。3・5労働農民党結成。12・5社会	

二	一九二七	民衆党。12・9日本労農党結成。この年、円本、円タク登場。3月金融恐慌起こる。4・20田中義一内閣成立。5・28山東出兵を決定。6・1立憲民政党結成。6・27東方会議開催。	
三	一九二八	2・20第一回普通選挙実施。3・15共産党員の一斉検挙（三・一五事件）。6・4張作霖爆殺事件。	8・27パリ不戦条約。
四	一九二九	7・2田中義一内閣総辞職、浜口雄幸内閣成立。11・21金輸出解禁を決定。	10・24世界恐慌起こる。
五	一九三〇	4・22ロンドン海軍軍縮条約締結。11・14浜口雄幸首相、狙撃され重傷。この年、昭和恐慌起こる。	
六	一九三一	3月三月事件。4・1重要産業統制法公布。4・14第二次若槻内閣成立。9・18柳条湖事件（満州事変始まる）。10・17十月事件。12・13犬養毅内閣成立、金輸出再禁止を決定。	国産映画トーキー化始まる。英国、金本位制離脱。
七	一九三二	1・28第一次上海事件。2・9血盟団事件。3・1満州国建国宣言。5・15五・一五事件。5・26斎藤実内閣成立。7・24社会大衆党結成。9・15日満議定書調印。10・1リットン報告書発表。	
八	一九三三	3・24国際連盟脱退。5月滝川事件。	1・30ヒトラーが首相就任。3・4米国、ニューディール政策。
九	一九三四	1・29日本製鉄設立。3・1溥儀、満州国皇帝に就任。7・8岡田啓介内閣成立。12・29ワシントン海軍軍縮条約廃棄を通告。	
一〇	一九三五	2・18貴族院で美濃部達吉の天皇機関説が問題化。8・3国体明徴宣言。	8・1中国共産党、八・一宣言。
一一	一九三六	1・15ロンドン海軍軍縮会議脱退を通告。2・26二・二六事件。3・9広田弘毅内閣成立。5・18軍部大臣現役武官制復活。11・25日独防共協定調印。	12月西安事件。
一二	一九三七	2・2林銑十郎内閣成立。6・4第一次近衛文麿内閣成立。7・7盧溝	9・23中国、第二次国共合作。

		橋事件（日中戦争勃発）。8・13第二次上海事変。9月国民精神総動員運動始まる。12・13日本軍、南京占領。	
一三	一九三八	4・1国家総動員法公布。11・3東亜新秩序の近衛声明。	9・29ミュンヘン協定。
一四	一九三九	1・5平沼騏一郎内閣成立。5・12〜9・16ノモンハン事件。8・30阿部信行内閣成立。	8・23独ソ不可侵条約。9・1第二次世界大戦勃発。
一五	一九四〇	1・16米内光政内閣成立。7・22第二次近衛内閣成立。9・23北部仏印進駐。9・27日独伊三国同盟締結。10・12大政翼賛会結成。11・10〜14紀元二六〇〇年式典。11・23大日本産業報国会結成。	6・14ドイツ、パリ占領。
一六	一九四一	4・13日ソ中立条約調印。7・28南部仏印進駐。10・18ゾルゲ事件。東条英機内閣成立。12・8真珠湾攻撃。	6・22独ソ開戦。
一七	一九四二	1・2マニラ占領。2・15シンガポール占領。4・30翼賛選挙。6・5ミッドウェー海戦。	7・17スターリングラードの戦い（翌年二月二日ドイツ軍降伏）。
一八	一九四三	2・1ガダルカナル島撤退開始。5・29アッツ島日本守備隊全滅。10・21学徒出陣壮行会。11・5大東亜会議開催。	9・3イタリア、無条件降伏。12・1カイロ宣言。
一九	一九四四	6・19マリアナ沖海戦。7・7サイパン島陥落。7・22小磯国昭内閣成立。10・24レイテ沖海戦。11・24本土空襲開始。	6・6連合軍、ノルマンディー上陸。
二〇	一九四五	3・9〜10東京大空襲。4・1〜6・23沖縄戦。4・7鈴木貫太郎内閣成立。8・6広島に原爆投下。8・9長崎に原爆投下。ソ連対日参戦。8・15ポツダム宣言受諾決定、玉音放送。8・17東久邇宮稔彦内閣成立。9・2降伏文書調印。9・27昭和天皇、マッカーサー元帥を訪問。10・4GHQ五大改革指令。10・9幣原喜重郎内閣成立。12・9第一次農地改革。	2・11ヤルタ協定。5・7ドイツ降伏。10・24国際連合成立。
二一	一九四六	1・1天皇人間宣言。1・4公職追放指令。5・3東京裁判開廷。5・22第一次吉田茂内閣成立。10・21第二次農地改革。11・3日本国憲法公	10・1ニュルンベルク裁判判決。

		布（翌年五月三日施行）。	
二二	一九四七	1・31二・一スト中止。5・24片山哲内閣成立。	3・12トルーマン・ドクトリン発表。6・5マーシャルプラン発表。9・22コミンフォルム結成。
二三	一九四八	3・10芦田均内閣成立。10・19第二次吉田内閣成立。11・12東京裁判判決。	6・24ベルリン封鎖（～四九年五月）。8・13大韓民国成立。9・9朝鮮民主主義人民共和国成立。
二四	一九四九	7・5下山事件。7・15三鷹事件。8・17松川事件。	4・4北大西洋条約機構結成。10・1中華人民共和国成立。
二五	一九五〇	7・28レッドパージ始まる。8・10警察予備隊発足。	6・25朝鮮戦争勃発。
二六	一九五一	9・8サンフランシスコ講和条約、日米安全保障条約調印。10・24社会党分裂。	
二七	一九五二	7・21破壊活動防止法公布。10・15保安隊発足。	1・18李承晩ライン宣言。11・1米国、水爆実験。
二八	一九五三	2・1ＮＨＫ、テレビ本放送開始。10・2池田・ロバートソン会談。12・24奄美群島、日本に返還。	7・27朝鮮休戦協定調印。
二九	一九五四	2月造船疑獄。3・1第五福竜丸事件。6・3教育二法公布。6・9自衛隊発足。12・10鳩山一郎内閣成立。	9・8東南アジア条約機構創設。
三〇	一九五五	8・6第一回原水爆禁止世界大会。9・10ガット加入発効。10・13社会党統一。11・15自由民主党結成。この年、神武景気。	4・18アジア・アフリカ会議。5・14ワルシャワ条約調印。
三一	一九五六	10・19日ソ共同宣言。12・18国際連合加盟。12・23石橋湛山内閣成立。	2月スターリン批判。10～11月ハンガリー動乱。
三二	一九五七	2・25岸信介内閣成立。	10・4ソ連、スプートニク一号打ち上げ。

三三	一九五八	勤務評定反対闘争拡大。ミッチーブーム。	
三四	一九五九	4・10皇太子成婚パレード。8・28三池争議始まる。この年、岩戸景気。	1・1キューバ革命。
三五	一九六〇	1・19日米新安保条約・新行政協定調印。1・24民主社会党結成。5・19自民党、新安保条約単独可決。6・19新安保条約自然承認。7・19池田勇人内閣成立。10・12浅沼稲次郎刺殺事件。12・27国民所得倍増計画策定。	9・14石油輸出国機構結成。
三六	一九六一		4・12ソ連、有人衛星打ち上げに成功。
三七	一九六二		10・22～28キューバ危機。
三八	一九六三	2・20ガット十一条国に移行。	11・22ケネディ大統領暗殺事件。
三九	一九六四	4・1国際通貨基金八条国に移行。4・28経済協力開発機構に加盟。10・1東海道新幹線開業。10・10～24東京オリンピック開催。11・9佐藤栄作内閣成立。11・17公明党結成。	8・2トンキン湾事件。
四〇	一九六五	6・22日韓基本条約調印。	2・7米軍、北爆開始。
四一	一九六六	6・30ザ・ビートルズ来日。この年、いざなぎ景気。	5月中国で文化大革命始まる。
四三	一九六八	大学紛争多発。ＧＮＰ世界第二位に。	
四四	一九六九	1・19東大安田講堂封鎖解除。	7・20アポロ11号、月面着陸に成功。
四五	一九七〇	3・14～9・13大阪万国博覧会開催。3・31～4・3よど号事件。6・22日米安保条約、自動延長。	
四六	一九七一		7・16ニクソン大統領、訪中計画を発表。8・15ニクソン、ドル防衛策発表。10・25中国、国連復帰。
四七	一九七二	1・3日米繊維協定調印。2・3～13札幌冬季オリンピック開催。2・	2・21ニクソン訪中。

		19～28浅間山荘事件。5・15沖縄返還。7・7田中角栄内閣成立。9・29日中共同声明。	
四八	一九七三	2・14円、変動相場制へ移行。10月オイル・ショック。	1・27ベトナム和平協定調印。10・6第四次中東戦争勃発。
四九	一九七四	12・9三木武夫内閣成立。この年、戦後初のマイナス成長。	
五〇	一九七五		4・30サイゴン陥落。11・15～17第一回主要先進国首脳会議開催。
五一	一九七六	2・4ロッキード事件発覚。6・25新自由クラブ結成。7・27田中前首相逮捕。11月防衛費GNP1％枠決定。12・24福田赳夫内閣成立。	4・13カンボジア、ポルポト政権成立。
五二	一九七七	9・28日本赤軍、日航機をハイジャック。この年、日本人の平均寿命世界一に。	8・12中国、四つの近代化路線。
五三	一九七八	3・26社会民主連合結成。8・12日中平和友好条約調印。12・7大平正芳内閣成立。	
五四	一九七九	1月第二次オイル・ショック。6・28～29東京サミット開催。	6・18米ソ、SALTⅡ調印。12・27ソ連、アフガニスタン侵攻。
五五	一九八〇	5・24モスクワ五輪不参加を決定。6・12大平首相急死。6・22衆参両院同時選挙。7・17鈴木善幸内閣成立。この年、自動車生産台数世界一へ。	
五六	一九八一	3・2中国残留日本人孤児、初の正式来日。5月乗用車対米輸出自主規制で合意。	
五七	一九八二	6月教科書問題起きる。11・27中曾根康弘内閣成立。	
五八	一九八三	10・12ロッキード事件で田中角栄被告実刑判決。	8・21アキノ大統領暗殺事件。9・1大韓航空機撃墜事件。

五九	一九八四	1月ロス疑惑報道始まる。3・18グリコ森永事件始まる。	
六〇	一九八五	2・7創政会発足（自民党田中派分裂）。4・1NTT・日本たばこ産業設立。6・1男女雇用機会均等法公布。8・12日航ジャンボ機墜落事故。	
六一	一九八六	5・4~6東京サミット開催。7・6衆参同時選挙で自民党大勝。	2・26マルコス政権崩壊。4・26チェルノブイリ原発事故。
六二	一九八七	4・1JR誕生。5月防衛費1％枠突破。11・6竹下登内閣成立。この年、日米経済摩擦。地価高騰。	12月米ソ、INF全廃条約調印。
六三	一九八八	6月リクルート事件発覚。12・24消費税など税制改革関連法成立。	
平成元	一九八九	1・7昭和天皇死去。6・2宇野宗佑内閣成立。7・23参議院選挙で与野党逆転。8・9海部俊樹内閣成立。	6・4天安門事件。11・9ベルリンの壁崩壊。
二	一九九〇	11・12即位の礼。大嘗祭。	3~5月バルト三国独立。10・3東西ドイツ統一。
三	一九九一	1・16湾岸戦争勃発。1・24多国籍軍に九〇億ドルの追加支援を決定。11・5宮澤喜一内閣成立。この年、バブル経済の崩壊。	7・31米ソ、戦略核兵器削減条約調印。12・25ソ連解体。
四	一九九二	5・22日本新党結成。6・19国際平和協力法（PKO法）等成立。9・17陸上自衛隊、カンボジアに派遣。	
五	一九九三	8・9細川護熙内閣成立（非自民連立政権）。12・14コメ市場部分開放決定。この年、ゼネコン汚職。コメ凶作、タイ米など緊急輸入。	10・3モスクワ騒乱。11・1欧州連合条約（マーストリヒト条約）発効。
六	一九九四	3・11政治改革関連法公布。4・28羽田孜内閣成立。6・30村山富市内閣成立（自社さ連立政権）。12・8新進党結成。	5月ユーロトンネル開通。
七	一九九五	1・17阪神・淡路大震災。3・20地下鉄サリン事件。5・16オウム真理教代表逮捕。12・8高速増殖炉もんじゅ事故。	9・5フランス、地下核実験再開。12・14ボスニア問題、デイトンパリ合意。

八	一九九六	1・11橋本龍太郎内閣成立。2・16菅直人厚相、エイズ薬害問題で謝罪。9・28民主党結成。	9・10国連、包括的核実験禁止条約（ＣＴＢＴ）採択。
九	一九九七	12・11温暖化防止京都会議。	
一〇	一九九八	2・7～22長野冬季オリンピック開催。4・27新民主党結成。6・12中央省庁等改革基本法公布。7・30小渕恵三内閣成立。	5月インド・パキスタン相次ぎ地下核実験を行う。
一一	一九九九	9・30東海村ＪＣＯ臨界事故。	
一二	二〇〇〇	4・5森喜朗内閣成立。11・4旧石器発掘捏造事件発覚。	6・13～15韓国・北朝鮮、初の南北首脳会談を平壌で行う。
一三	二〇〇一	4・26小泉純一郎内閣成立。	9・11アメリカ同時多発テロ。
一四	二〇〇二	9・17日朝首脳会談、金正日国防委員長が拉致を認め謝罪。10・15拉致被害者帰国。	
一五	二〇〇三		3・20イラク戦争勃発。
一六	二〇〇四	7・18拉致被害者家族、日本に帰国。	12・26スマトラ沖大地震。
一七	二〇〇五	4・25ＪＲ福知山線脱線事故。9・11衆院選で自民党大勝。10・14郵政民営化法成立。	10・8パキスタン大地震。
一八	二〇〇六	1・23ライブドア事件で堀江貴文社長ら逮捕。9・26安倍晋三内閣成立。	10・9北朝鮮、地下核実験。
一九	二〇〇七	7・29参院選で民主党第一党に。9・26福田康夫内閣成立。	
二〇	二〇〇八	9・24麻生太郎内閣成立。	11・4バラク・オバマ、大統領選に勝利。
二一	二〇〇九	8・30衆院選で自民党大敗、民主党大勝。9・16鳩山由紀夫内閣成立。	

《編著者紹介》

藤井讓治（ふじい・じょうじ）

1947年　福井県生まれ。

1975年　京都大学大学院文学研究科博士課程修了。

現　在　京都大学大学院文学研究科教授。京都大学博士（文学）。

著　書　『江戸幕府老中制形成過程の研究』校倉書房，1990年。

『江戸開幕・日本の歴史12』集英社，1992年。

『徳川家光』吉川弘文館，1997年。

『幕藩領主の権力構造』岩波書店，2002年。

『徳川将軍家領知宛行制の研究』思文閣出版，2008年，ほか。

伊藤之雄（いとう・ゆきお）

1952年　福井県生まれ。

1981年　京都大学大学院文学研究科博士課程満期退学。

現　在　京都大学公共政策大学院教授（法学部・法学研究科教授を兼任）。京都大学博士（文学）。

著　書　『昭和天皇と立憲君主制の崩壊――睦仁・嘉仁から裕仁へ』名古屋大学出版会，2005年。

『明治天皇――むら雲を吹く秋風に晴れそめて』ミネルヴァ書房，2006年。

『伊藤博文と韓国統治――初代韓国統監をめぐる百年目の検証』李盛煥と共編著，ミネルヴァ書房，2009年。

『伊藤博文――近代日本を創った男』講談社，2009年。

『昭和天皇伝』文藝春秋，2011年，ほか。

日本の歴史　近世・近現代編

2010年５月20日　初版第１刷発行　〈検印省略〉

2023年１月30日　初版第３刷発行

定価はカバーに
表示しています

編著者　藤井讓治
　　　　伊藤之雄

発行者　杉田啓三

印刷者　藤森英夫

発行所　株式会社　ミネルヴァ書房

607-8494　京都市山科区日ノ岡堤谷町１

電話（075）581-5191（代表）

振替口座　01020-0-8076番

亜細亜印刷・藤沢製本

ISBN978-4-623-05591-3

Printed in Japan

執筆者紹介（所属，執筆分担，担当順，＊は編者）

＊藤《ふじ》井《い》譲《じょう》治《じ》（京都大学大学院文学研究科教授，近世の概観，第１章）

岩崎《いわさき》奈《な》緒《お》子《こ》（京都大学総合博物館教授，第２章）

水《みず》本《もと》邦《くに》彦《ひこ》（京都府立大学・長浜バイオ大学名誉教授，第３章）

安《やす》国《くに》良《りょう》一《いち》（住友史料館・研究顧問，第４章）

東《ひがし》谷《たに》　智《さとし》（甲南大学文学部准教授，第５章）

柴《しば》田《た》　純《じゅん》（京都女子大学文学部教授，第６章）

＊伊《い》藤《とう》之《ゆき》雄《お》（京都大学大学院法学研究科教授，近現代の概観，第８章）

青《あお》山《やま》忠《ただ》正《まさ》（佛教大学歴史学部教授，第７章１・２）

高《たか》木《ぎ》博《ひろ》志《し》（京都大学人文科学研究所准教授，第７章３・４・５）

西《にし》田《だ》敏《とし》宏《ひろ》（椙山女学園大学現代マネジメント学部准教授，第９章）

坂《さか》根《ね》嘉《よし》弘《ひろ》（広島大学大学院社会科学研究科教授，第10章）

伊《い》藤《とう》孝《たか》夫《お》（京都大学大学院法学研究科教授，第11章）

水《みず》野《の》直《なお》樹《き》（京都大学人文科学研究所教授，第12章）

中《なか》西《にし》　寛《ひろし》（京都大学大学院法学研究科教授，第13章）

※所属は初版第１刷発行時

人名索引

あ　行

か　行

さ 行

た　行

な　行

は　行

ま　行

や　行

ら　行

わ　行

事項索引

あ　行

か　行

さ　行

た　行

な　行

は　行

ま　行

や　行

ら　行

わ　行